中國近代期刊彙刊・第二輯

國風報

九

第二年第六期——第二年第十一期

中華書局

KOUK FONG PO

No. 6

Issued on Tri-monthly

大清郵政局特准掛號認為新聞紙類

日本明治四十三年二月十三日第三種郵便物認可

國風報

每月三期逢壹日發行

宣統三年三月初一日

第貳年第陸期

Annual Subscription $650 each copy 25 cents.

Published by Hor Kwok Ching

585 Foochow Road

SHANGHAI, CHINA.

愛理士紅衣補丸

治愈體質羸弱胃神鈍疲承王君欽明惠來證書玉照

鄙人體質素弱食息疲倦動輒勞頓病從中來常見各報所登 貴藥廠**愛理士紅衣補丸**能療百病曾購兩瓶試服之下果然效驗如神茲祈再發半打附上小影一張亦祈列入報端以質諸同病者鑒

福州乾記洋行帳房王欽明頓

各埠大藥房均有發售倘內地無從購買請函至上海四川路一百十七號總批發所購辦即班回件郵費不加震寰藥廠啟

國風報第二年第六號目錄

國風報第六號

宣統三年三月初一日出版

編輯兼發行者　何國楨

發行所　上海福州路　國風報館

印刷所　上海福州路　廣智書局

定價表　報費先惠閏月停刊

項目	報資	郵費		
全年三十四冊	六元五角	全年	一元	歐美每冊七分
半年十七冊	三元五角	半年	五角	日本每冊一分
零售每冊	二角五分	每冊	三分	

廣告價目表

一面	十元
半面	六元

啟者本報第一年第一號至三十五號現尚存數百分如欲補購希為從速遲恐售罄雖復再印仍恐衍期此布

本館謹白

泰山南天門

諭旨

二月十三日內閣奉　上諭浙江鹽運使衡吉廣西桂平梧鹽法道張祖祺均著開缺送部引見欽此

同日內閣奉　上諭浙江鹽運使員缺著陳玉麟補授廣西桂平梧鹽法道員缺著沈林一補授欽此

十四日內閣奉　上諭恭親王溥偉奏假期屆滿病仍未痊懇請賞假並派員署理要差一摺溥偉著賞假一個月所有差使毋庸派員署理欽此

十五日內閣奉　上諭御史玉春等奏陪祀人員越班失禮據實糾參一摺本月十四日致祭　文昌廟禮部陪祀司員員外郎閻鳳詔躋升殿上越班失禮著交部照例議處欽此

十七日奉　旨杭州織造仍著聯榮接管毋庸更換欽此

十九日內閣奉　上諭朱家寶奏查明安徽各屬秋禾歉收請分別蠲緩錢糧一摺上年宿州等三十四州縣被水被旱被風秋禾收成均形歉薄若將應徵民衞丁漕各款

照常徵收民力實有未逮加恩著照所請將被災各州縣分別輕重蠲緩以紓民力該撫卽刋刻謄黃徧行曉諭務使實惠均霑毋任吏胥舞弊用副朝廷軫念民艱至意餘著照所議辦理該部知道單併發欽此

同日內閣奉　上諭朱家寶奏查明各屬秋禾災歉情形請分別蠲緩漕糧一摺上年安徽省各屬被水被旱被風田畝收成歉薄本日已經降旨將錢糧分別蠲緩以示體恤若將應徵漕糧照常徵收民力仍有未逮加恩著照所請所有被災較重之宿州等八州縣應徵新漕同鳳臺等二十五州縣應徵新漕及節年災緩舊欠漕米均著分別蠲緩流抵以紓民力餘著照所議辦理該撫卽一併刋刻謄黃並將各該州縣區圖村莊分晰蠲緩詳細刋明徧行曉諭務使實惠均霑勿任吏胥舞弊用副朝廷軫念民艱至意該部知道欽此

同日內閣奉　上諭雲南雲南府知府員缺緊要著該督於通省知府內揀員調補所遺員缺著熊范輿補授欽此

二十日內閣奉　上諭纂擬憲法大臣貝子溥倫等奏請派員協同纂擬憲法一摺著

派度支部右侍郎陳邦瑞學部右侍郎李家駒民政部左參議汪榮寶協同纂擬欽此

同日內閣奉 上諭伊犂將軍志銳加恩著在紫禁城內騎馬欽此

同日奉 旨魁聯著賞給副都統銜作爲伊犂索倫領隊大臣照例馳驛前往欽此

二十一日奉 旨翰林院侍讀學士著王錫蕃補授欽此

二十二日內閣奉 上諭增祺著留京當差廣州將軍著誠勳補授溥㙔著補授熱河都統欽此

同日內閣奉 上諭農工商部尙書著溥倫補授欽此

同日內閣奉 上諭大學士世續著充資政院總裁侍郎李家駒著充資政院副總裁欽此

同日內閣奉 上諭法部左侍郎沈家本著回任供職大理院少卿劉若曾著充修訂法律大臣欽此

交 旨

二月十四日 軍機大臣欽奉 諭旨學部奏請定游學畢業生廷試日期一摺著於

四月十五日考試欽此　軍機大臣欽奉　諭旨著派李家駒與原派撰擬講義各員輪班撰擬進呈欽此　軍機大臣欽奉　諭旨外務部右丞施肇基著賞給二等第二寶星欽此　軍機大臣欽奉　諭旨陸軍部奏酌保辦理前鋒護軍營新班出力各員繕單呈覽一摺著依議又片奏尤爲出力之裁缺陸軍部右丞許秉琦右參議錫嘏請從優獎勵等語許秉琦錫嘏均著交部從優議敘欽此

十七日　軍機大臣欽奉　諭旨會議政務處奏議覆聯豫奏請裁撤駐藏幫辦大臣改設左右參贊一摺著依議欽此　軍機大臣欽奉　諭旨農工商部會奏援照奏案酌定勸業道大計辦法一摺知道了欽此　軍機大臣欽奉　諭旨農工商部奏華商試鍊純錫請仿照成案酌減出口稅項以恤商艱一摺又奏京師自來水公司所需材料機器請展免稅釐一年一片均著依議欽此　軍機大臣欽奉　諭旨郵傳部奏編訂第二次交通統計表並各政記要分繕表冊呈覽一摺著憲政編查館知道表冊併發欽此　軍機大臣欽奉　諭旨郵傳部奏議覆奉省防疫地方需用經費實屬無從協助一摺著依議欽此

論說壹

中國前途之希望與國民責任（續第五號）

滄江

滄江曰凡人之受性恒各有其所長與其所短大人者能自知其所長而善用之發揚之淬厲光晶之又能自知其所短而矯變不吝也其難矯變者則深思其所由來而治之於本此爲大人而已矣**夫國民性**則亦猶夫一人之性焉爾**凡一民族之性終不能有長而無短而長短之數有絕對的恒久不變者有相對的與時推移者而其所短有積之甚久而難治者有爲一時之現象而易治者**今欲語中國前途之希望亦惟使國民自知其所長所短且使知所以善用其所長矯變其所短而已

明水曰請語吾國民之所長滄江曰我國民能以一族數萬萬人團結爲一箇之政治

團體(卽國家)巍然立於世界上者數千年此現象在我國習焉不察未或以爲奇然徵諸外國史乘實欲求倫比而不可得此非有根基深厚之國民特性不能倖致也蓋民族之建設一國家爲事本極不易有自始不能建設者有建設僅至半途而遂不克完成者有雖完成而甚脆薄一摧卽壞者彼劣等之民族不必論矣至如希伯來希臘羅馬日耳曼之四族世界史上最有赫赫之名者也然而希伯來人僅長於宗教自始不能爲政治上之結合希臘人閱數百年跼蹐於市府政治之範圍始終不能建設所謂大希臘國者以底於亡羅馬人能建國矣而闢土既廣則尾大不掉帝政既立旋分爲四分合相尋卒界爲二蠻族侵入失其所以自守遽見宰割彼日耳曼人者今歐西諸國之過半皆其所自出也以族屬言之則英法德與若我之秦晉齊楚耳而中世千數百年間屢思組織所謂神聖帝國者迄莫能就卒乃諸部分化異性日著至最近三四百年間然後完全具體之國家出焉就中若德意志若意大利尤爲晚熟蓋不知經多少仁人志士之血淚而始得以一國之名義立於天地也斯何故歟蓋國家也者以人民爲分子而組織以成者也按諸物理凡合多數分子以成爲一體者必其各分子

之性質畧相等式樣略相等容積略相等然後可以結合而黏聚而不然者雖强糅之而決不能成卽成矣而決不能固聚民爲國何獨不然是故爲國家成立之障者多端宗教之齟齬也語言文字之暌違也都鄙部落感情之閡隔也階級之軋轢也有一於此則其國中分子必不能保適宜之密度動則暌離而國家常杌隉不安堵今世歐美諸國蓋竭千數百年之力以求養成此**渾融統一之國民性**者直至最近一二百年間其效始覩而其功在半途之國猶且有之（若奧大利。則其國民性之基礎。至今尚極薄弱者也。若俄羅斯。則國民性大體雖具。而未能十分渾融者也。）蓋茲事若斯之難也而我國乃有天幸藉先民之靈相洽以爲一體東漸於海西被於流沙朔南暨宗教同言語文字同禮俗同無地方部落之相殘無門第階級之互閲並世諸國中其國民性之成熟具足未或能我先也夫我國民性是否適於今日之時勢而足以優勝於物競之林此固當別論雖然**國民性之有否則國家榮悴之問題也國民性之有無則國家成壞之問題也**惟其有之乃可以釋回增美以使卽於良若其無焉則早已如果蠃之與螟蛉謂他人父不有其躬矣而更何良否之可云**夫我之有此渾融統一完全具足之國民性此卽我國家所恃以與天地長久也**社會學大家揭特氏有言『凡滅國者滅其國民性而已』大抵絕無國民性之部落滅之最易如歐人之在美非澳三洲芟夷其土人而植民於其地是也國民性未成熟之國滅之尙易如俄普奧之分波瀾其一例也國民性已成熟之國茍其壤褊人稀者猶或可積歲月以滅之然仍視其國民性之良否以爲難易之差其誠良者終古莫能滅也挪威之於瑞典匈牙利之於奧大利是其例也愛爾蘭之於英吉利亦幾其例也**若夫以具足之國民性而擁有泱泱大邦者則茍非其國民自棄擲此國民性喪失無餘則斷無他國能滅之**古代之羅馬是其例也夫他國欲滅我國則談何容易乎昔印度面積人口皆畧亞於我者也而英能滅之或且持是以例我雖然我則豈與印度伍者夫印度乃地名耳非國名也試問自有史以來曾見有所謂印度國者現於大地否耶就中惟有號稱蒙古帝

國者曾建設於斯土然蒙古人之自身本已非能建國之民族又烏能假其力以結印度爲一國今之印度猶有滯絕不通之種族三十餘言語百二十種部落酋長亦數十萬印度自始無統一之樞軸自始無國民性也援彼例我抑何自暴棄一至此極耶不然彼英人當東印度公司全盛時僅以義勇隊二千餘人戡定全印（此英人也。至其所隸印人爲兵使之自戕者。不在此數。）方挾其餘威以割我香港索五口通商豈其有所愛於我而不欲以待印度者待我然而不爲者知其業之不可企則知難而退也今如俗論所言謂中國必亡夫亡國云者則必其見亡於他國之謂若易姓鼎革不足以云亡也　**試問我中國人非僵臥以求人之來亡我則誰敢亡我者又誰能亡我者**　夫使世界上僅有一國能現出一種不可思議之力以鯨吞我盡消滅我國民性使合於彼不聽則盡薙獮之無孑遺則中國亡矣然茲事顧今日所可得覩耶欲亡我者必其出於五六國之瓜分　**而我堅強之國民性經二千年之磨練早已成爲不可分之一體**　終不能裂爲五六而各各與他國之國民性相糅合更不能如彼本無國民性之族徒以部落生涯自安雖强瓜分只一時耳楚雖三戶亡秦必楚但使國民性一日不絕滅終不能以此四萬萬人分隸於數國之下明矣夫以臺灣之內附僅二百餘年耳腹地之民渡海以殖者數且甚稀其受此國民性之感化至微薄也而割隸日版亦垂廿年日人汲汲思所以同化之者無所不用其極而至今其男女曾無一肯與日人雜婚者避地內渡歲不絕其豪儁日夜禱祀故國之一振而思有所歸也臺灣且然況乃中原**是故我之具此渾融統一之國民性即我國家億萬年不亡之券吾儕所爲怙恃之而能自壯者也**

明水曰得吾子之說使人神氣一王雖然國民性終非可僅以有之而自足也固當求其良焉而適於自存吾國民性果足稱爲良國民性與否是吾所急欲聞也滄江曰吾國民性之不良焉者固多其良焉者抑亦不少吾將先語其良者（第一）**四民平等之理想爲我國民數千年來所信仰而成爲習俗此**

建國要素之最可貴者也

夫所謂完全之國家者惟國家有統治權而凡立於此統治權之下者其公權私權一切平等夫然後可以使人人各盡其才而無或偏枯萎悴以減殺國家分子一部分發榮之力又不至國中分子常相軋轢以消耗其元氣故各國之大政治家大政治學者咸斤斤以此爲務而過去世界之政治史其什之八九則此理想之進化史而已矣歐洲諸國累革命以革命直至最近百餘年間然後此理想得現於實而印度埃及波斯朝鮮等國皆以不具此理想而卽於衰亾者也而我國則二千餘年間此理想日漸發達從未聞能以一階級壟斷政權布衣卿相習以爲常馬醫之子負販之夫但有才賢皆能自拔以立於社會上最高之位置雖非無爵秩之名號然未嘗有特權與之相麗（今世各君主國。皆有爵稱。但使不附以特權。固與平等之理想不相妨也。）高官顯宦一歸鄉井則與齊民齒今世法學之大義所謂「在法律之下人人平等」者我國當之矣（其中如皇族有特別法等。此亦凡今世君主國所不能免。其範圍甚狹。不足爲病也。況各國之特別法。猶不止此數。如軍人僧侶等皆有之。豈足爲法律上人人平等之玼累耶。）而此種善美之理想所以得現於實者實我國民固有此善美之性使然也明水曰斯固然矣然吾竊疑我國運所以凝滯不進者亦未嘗不緣此等事實以爲之梗徵諸外史緣彼階級相閱而國中各部分之人皆得淬厲以增其能力而彼特別優異之階級恆有所憑藉以厚其所養偉大人物往往出其間於以作全社會之中堅國實賴之若英德日本其最顯之例證也今我國得毋亦以久習於平等之故無競而失其中堅以致有今日之罷敝矣乎滄江曰吾子所言則可謂深入而燭微也矣大抵天下事利害常相參禍福常相倚英德日本之有今日固不得不謂爲食階級相閱之賜即其現今爲國之楨者亦多出自特別階級洵如吾子所云云雖然若謂苟非經此現象則國家無從發榮吾有以知其必不然矣彼美國者則自四百年前初殖民時代以迄今日始終未嘗有所謂特別階級存也其安富尊榮又何以稱焉要之階級制度之爲物弊恆餘於利其無之實國家之福我國民二千年來養成此四民平等之良習實爲今後之政治家省卻無數難關無可疑也

(復次)**我國民自營自助之精神又國民性中之最可貴者也**我國之施政向以不擾民爲訓耕食鑿飲晏然與帝力相忘是即我國歷史上最太平時代之現象也是故政府常取放任主義於人民日用飲食養生送死之道未

嘗一加干涉人民亦知政府之不能爲我怙恃也不得不斷絕倚賴之心而自爲謀就中如教育事業二千年來之政府未嘗聞有所謂教育方針也而民間講學之風乃大盛我國教育史之全部則私立教育之發達而已又如生計政策除農政間有設施外一切聽民之所自爲我國民生計之向榮自始未嘗一經政府之助長也其他凡百大率類是故並世各國除英美外其自營自助之精神未有如是國民之盛者也明水曰斯固可貴然稽諸外史各國皆以經一度政府干涉之結果能整齊嚴肅其民使成健全之分子我國徒以放任爲治此乃所以今日受其敝也滄江曰放任與干涉之孰爲得策本爲政治論上之最大問題學者各是其所是至今未決大抵在今日共同事業之範圍日趨擴張政府畫諾坐嘯不足爲治固無待言吾民以不得政府之助長其於各方面之能力多不能完全發達此亦無足爲諱者然謂自營自助之非美德是固不可而此美德則我固有之矣

（復次）**我國民常能以自力同化他族而未或見同化於他族此眞泱泱乎大國之風也** 揭特氏之言又曰「有滅人國而反

論說 十

被滅於人國者蓋國民性薄弱之族雖一時偶產一二豪傑揮其武力以滅彼文明之國然不旋踵則入而與之俱化反將其固有之特性消滅無餘則滅人而反見滅於人矣」（揭氏論亡國以國民性消滅爲定義）若此者求諸史乘不乏其例若馬基頓人之滅波斯滅埃及滅希臘突厥人之滅東羅馬蒙古人之滅歐亞諸國其最著矣我國數千年來之歷史其蹂躪於外族者屢見不一見然皆不旋踵而同化於我且以西國史家所考據則當春秋戰國間希伯來人入居於我山陜之地不少唐之中葉波斯人大食人入居於我廣東浙江間者尤多然一二百年後輒已渾化於我無復痕跡可尋卽以今澳門之葡萄牙人論其失其本性以從我者蓋不知凡幾也而我民之旅食於海外者其國民性終古恒在無所變壞其強立不倚在世界諸民族中蓋罕有倫比也自頃以來德國人移住於海外者歲恒數十萬而所至輒盡棄其國語國俗以同化於人德皇大憂之常引英人之不肯舍己從人以爲申儆而史家論羅馬衰亡之由亦多謂其征服希臘以後上下相率摹仿化爲希臘風又自征服東方諸國繼襲其驕侈虛榮之惡習以致羅馬固有之國風蕩然掃地遂卽於亡蓋國民失其所以自守實國家之隱憂也若我國民則

其或知免矣

明水曰吾子以此爲吾國民之所長吾以爲我國家所以不振者乃正坐是蓋舍己從人取人爲善此私人進德之良箴也國家亦何莫不然泰西之文明常由各國彼此接觸互相仿效錯綜化合而成山不讓塵川不辭盈斯乃所以爲大也故世之論者往往非笑日本謂其中無所有惟事模倣吾獨不謂然日本之善於模仿正所以使其國家常能與外界相順應而立於不敝也我國之絕不肯同化於人正乃所以凝滯不進劣敗而見淘汰也滄江曰吾子所陳之義則博矣國人所宜以作韋弦之佩也雖然以吾觀之則我國民自保守其文明之力誠甚强抑其吸收他種文明之力蓋亦非弱三代以前之文明其曾否有所受於他社會第弗深考秦漢以後其與吾接觸之諸族實無文明可以餉我我之不能有所受宜也二千年間他社會之可爲我師資者惟印度之宗教而我國人之於佛教則眞能受而又能化者也蓋自隋唐閒印度大乘教大昌未幾遂熄而獨傳於我國而其條枝暢茂乃大逾於本根諸宗並起聲光爛然蓋佛教既入中國則自成爲中國之佛教欲求其例則如英人德人之受景教於羅馬也其後宋

明諸賢復能去取其義。將中國固有之學術。別開新生面。由此觀之。則我國民於他社會之文明。非徒吸受也。且能咀嚼融化之。而順應於我國民性。以別有所建設。此則非惟日本人所不能企。即在歐洲諸國亦所罕覯耳。非偉大國民。安克有此。明水曰。前事固然矣。然自歐美文明輸入以來。乃絲毫不能吸受。即強爲效顰。亦若鯁於喉而不能化。則又何說。滄江曰。此皆由政府非人有以摑之。非吾民本性然也。茲事吾將與子別有所論。且今後之中國能否吸化泰西之文明而自有所建設。亦視吾儕所以任之者何如耳。吾儕不自勉。而猥以謗國民乎。

明水曰。子既言國民之所長矣。願聞其所短。滄江曰。請吾子言之。而吾乃衡其當否。且論其可救治焉否也。明水曰。諾。

(未完)

論說 弍

國會與外交

柳隅

頃者英俄以兵力脅我。國事艱危。資政院議員要求開臨時會。而政府以外交之權。應在　朝廷。不准其請。夫謂外交之事。非議會所能干與。微特其理論不健全。即徵諸他國。雖有一二可據爲口實。而多數之立憲國。實非爾爾也。政府此等謬想。苟無辭以闢之。恐不特其對於資政院。不肯予以參與外交權。卽將來國會開設。恐亦不肯使其得與聞外交之事。而以現在之中國危機日逼。外交之事。豈能全倚賴乎政府。則此中所關。不特係乎民權之消長。抑亦係乎國權之消長也。故吾竊欲有所論。

國家最重要之機關。一爲政府。一爲國會。政府爲執行之機關。國會爲議決之機關。此相對待而立者也。故政府執行權所及之範圍。卽爲國會議決權所及之範圍。此實爲政治之原則固不能謂或種之事惟政府宜獨有其權而國會則不能分有其權也雖然關於內政之事政府與國會其權限爲對等之比例此固各國之所同獨至於外交則有一二國焉其事十之七八皆以全權畀諸政府而國會不得參與其議此固由外交之事有若干項焉其性質宜於秘密迅速一付國會之討議恐不能力制機先抑亦由其國之國情實宜如是故獨開此特例也然而其應以全權委諸政府者固有一定之範圍非謂凡外交之事國會皆不得干與且行此制者不過一二國固非多數國之通例也而今之政府動持外交權宜在　朝廷之說一切外交之事皆排斥人民之干與前此發布憲法大綱既以外交列爲君上之大權矣而今者資政院要求召集臨時會又以外交之事非議會所得與聞拒絕之政府既懷抱此種之見解則兩年後國會召集其外交權亦必悉被剝奪無疑也夫謂外交權宜全在政府使政府而能引他國以爲証據也吾願聞其例使政府而能持一徤全之理論也吾又願聞其說願以吾所見謂外交一切之事皆宜由政府主持而國會不得干與則全世界之立憲國蓋未聞有若此者而按之理論謂國會干與外交必有害而無利斯又理之不可通者也吾欲

明國會之不能與外交無關係也。則且一引他國之例。

各國國會其參與外交之權限廣狹不同。約而舉之可得七種。

第一外交之權全屬於國會者。如瑞士是也。瑞士爲純粹之民主國。主權在於國會。故外交亦與其他庶政同由國會議定之。若行政部不過執行國會所議定者而已。此國會關於外交其權限最廣者也。

第二外交之權國會與元首分有之者。如美國法國是也。美國與外國結條約。雖由大統領行之。然必得上院之批准。始有效力。若法國則與外國結條約其以全權畀諸大統領者。僅限於無害國家利益及安甯之事。然必速報告於兩院。若夫關於財政或通商之事。及關於居留外國之本國人身體及財產之事。非經兩院之承諾。則效力不發生。至關於領土之讓與變更及獲得。非以法律行之。尤絕對無效力。而法律則必經國會之議決者也。故美法兩國關於外交之事。元首與國會其權限殆略相等也。

第三一般外交之事。其權全在於君主。惟關於領土之變更與財政之負擔。必經國會議決者。如普魯士比利時是也。此則國會之外交權大爲縮小矣。

第四一般外交之事其權亦全在於君主惟限於財政之負擔必經國會議決者如墺大利是也此則國會之外交權僅有協贊關於財政之事矣

第五外交中惟關於領土之變更必經國會議決者如荷蘭是也此則國會之外交權僅有協贊關於領土之事矣

第六外交中惟關於立法之事項必經國會議決者如德國是也此則國會之外交權僅有協贊關於立法之事矣

以上諸國其憲法上皆明以外交之權予諸國會特其權限有廣狹之差而已

第七外交之權憲法上規定全屬於君主者如英國日本是也雖然就實際而論亦有或種事項必須經國會之議決焉其事項爲何則關於立法之事是也蓋立法之事必經國會之議決此爲各立憲國共通之原則而英日亦然也故君主雖有外交權而國會則有立法權同爲憲法上規定之權限斷不能以一方之權力而破壞他方之權力故君主與外國結條約苟其與立法之事有關必不可不付國會以議決何也以君主不能借外交之事以破壞憲法上所賦與國會之權力也日本有賀長雄博士之解釋

日本憲法謂『條約中苟非以法律則難執行者必不可不具法律案而提出於帝國議會以求協贊』蓋立法所必循之手續雖關於外交之事君主固不能不遵憲法以行之也而此等限制豈特君主宜遵守之卽外國亦必遵守之日本副島義一博士有言『締結條約之權各國憲法所規定常異其機關故一方之國家其締結條約委其權於何種機關在他國有從其憲法而承認之之義務而其機關在憲法上應受如何之限制在他國亦有當知之之義務既知其受限制而與之結條約則是已承認其條件故所結之條約苟與其國之國會權限有關係而國會不與以協贊則當然被解除而不得挾異議也』蓋兩國交際有與他國結條約之權而無蹂躪其憲法之權在他國不能借外交以蹂躪人國之憲法猶之在君主不能借外交以蹂躪本國之憲法也故英日之外交苟其與立法無關者固可由君主獨斷以行之若其事與立法有關則必更提出法律案於國會而求其協贊蓋國會之立法權無時不保留之者也夫英日兩國由法理上論之其國會固非絕不能參與外交之事矣若由政治上論之則其政府實對於國會負責任苟政府與外國結條約不足以爲國利民福則斷不能免於國

會之詰責不觀乎日俄戰後日政府所結之和約不滿於其國人之意而桂內閣遂至於倒乎故英日兩國憲法上雖言外交之權屬於君主然國會亦非無參與外交之機會而外交之事政府亦非能不對於國會負責任也

由上觀之凡屬立憲國其國會斷無不能參與外交者雖其權限有廣狹之不同與有直接與間接之異然其不能與外交無關係則一也然則中國之國會其關於外交權當如何規定乎吾以爲中國爲君主立憲國非民主立憲國則國會關於外交之權限自不能引瑞士美國以爲例而現在之國勢危若累卵外交問題常爲國家存亡安危之所繫又不可不集羣策羣力以謀補救故吾今茲所欲論有爲將來計者有爲現在計者試分別論之

今試先就將來論之　外交之舞臺常有貴於舉動活潑者使事事必經國會之議決則或坐失事機而誤國家百年之大計故吾以爲外交之事必有若干項焉當以全權委諸政府而不必容國會之參與雖然其範圍則必明爲規定也今試爲舉之則第一爲宜於**秘密**者外交之事苟其性質宜於隱秘者一付國會之討議則因聞知其事

者多難保人人皆能守秘密之義務而事機一洩或功敗垂成或患生意外皆足以貽禍於國家故此等外交事件必當以全權委諸政府也第二爲宜於**迅速**者國際之交涉常有其事逼於眉睫須當機立決者倘必召集國會議定而後行之則機會一逸常貽噬臍無及之悔故此等外交事件亦必以全權委諸政府也此兩者之範圍其事項難列舉故不妨概括的言之而許政府專有其權也而此外則有須經國會協贊者今爲舉其事項焉(1)則關於領土之變更也土地爲組織國家之一要素領土而有變更不特人民之休戚繫之卽國家之安危亦繫之故此等事件必不可不付諸國會之討議蓋由對內言之經國民代表之承認可以不致惹起人民之反抗而由對外言之有國民代表之協贊亦可爲政府壯聲援也且國家將變更領土宜以愼重行之而不宜以輕忽行之故又非屬應迅速舉辦之事至以秘密論則欲變更領土不特不必守秘密且欲守秘密亦不可能也故協贊外交上變更領土之事實爲國會應有之職權也(2)則關於財政之負擔也國會有監督財政之權此爲立憲國之通例政府斷不能因外交之事而違法以籌措財用故此等事件亦不可不付諸國會之討議蓋課國民

以負擔必不可不經國民代表之承認也且此等事件之執行亦無須於秘密迅速故協贊外交上財政負擔之事又爲國會應有之職權也(3)則爲關於立法之事項也外交之事乃國家與國家交涉而非國家與個人交涉故締結一條約直接負其責任者乃國家而非個人即直接受其拘束者亦國家而非個人是故政府與外國結條約苟因履行義務而其拘束力及於人民則不可不依國法以行之苟國法規定此等事項屬於立法之範圍必不可不付諸國會之協贊蓋立法之事微獨爲國會應有之職權抑常與人民之權利義務有關也雖然此等事項又有必須分別者在焉苟其事爲必須秘密迅速者則可由政府逕行與外國結條約而別具法律案以付諸國會之協贊若其事爲無須秘密迅速者則必先由國會議定而後政府始得與外國結條約蓋立法之次第應如是也以上所區分政府與國會之權限亦畧分明矣雖然外交上之事務常有臨時發生難以先爲列舉者苟其事非屬於應秘密迅速者之範圍亦非屬於領土財政立法等之範圍則其職權應如何分配乎竊以爲若此者皆必付諸國會之協贊蓋政府執行權所及之處即國會議決權所及之處苟非特別之事情必不可不

守此原則也夫外交上應守秘密及須迅速執行之事固可以全權予諸政府而無俟國會之協贊然政府非能不對於國會負責任也故此等事項當國會開會時議員可以質問於政府而要求其說明（若須十分守秘密者則可不說明其內容）其有貽不利於國家人民者則可以起而彈劾政府之失政而使內閣之更迭此皆國會應有之權限也雖然以上所論特就學理上言之而非爲現在之時勢言之也此必俟諸國權稍振之後外交上能保持對等之地位乃可畫出應秘密與迅速之事而使政府獨專其權若現在則未足以語此也

次則就現在論之　現在之外交殆無可使政府獨專其權之餘地也蓋外交之可使政府獨專其權者第一爲須守秘密之事而其所以必須秘密者謂其能攫取外國之利以爲我利也若現在之政府欲望其能攫取外國之利以爲我利奚啻望馬生角耶但使其能維持現狀不多演出喪權失地之事斯固已如天之福矣而更何敢多望也夫十餘年來之外交所以屢演出喪權失地之事者固半由於國勢不振無武力以作外交之後援而非必盡由於當道者無能之罪然外交之局面既已如斯矣則必無須

秘密之事何也既不能攫取他國之利以爲利而又時或並土地權利而不能保守則亦何須秘密者毋甯付諸國會之討議焉集思廣益猶易於保持國權也第二爲須迅速執行之事夫其所以必須迅速者謂政府能利用機會或攫取敵國之利或聯與國以漁掠第三國之利倘稍一遲徊而其機將遂逸去也而現在外交之局面既成有保守而無進取之勢則必無可利用時機以漁掠他國利益之機會則又何有於須迅速執行者乎夫外交之事既無須迅速執行者則欲愼重國事必以付諸國會之協贊始可防政府一時之疎失也要之一國外交之方針苟能持進取主義斯乃有須秘密迅速之事耳中國今日之外交必不能持進取主義斯固舉國人之所共知矣政府更有何詞謂外交上有須秘密迅速者且政府之以秘密迅速喪失權利者已屢見不一見矣今日而猶謂秘密迅速可有裨於現在之外交斯實頑鈍無恥也且就令今之當道者才非庸懦然以現在之國勢使外交必經國會之協贊斯實有利於國家何也外交之事必有後盾焉斯其氣始壯而外國乃不敢相凌後盾爲何其器之最利者則兵力是也然今之中國以言兵力實非所長矣則必求諸兵力以外之勢力於是乎又有一

十

爲足以爲政府之後盾而懾外人之氣者則民氣是也蓋全國之人苟有衆志成城之心有一毫不挫之概則雖軍備不修彼虎視眈眈者猶將望氣而却步故中國今日既無兵力以作外交之後盾則必借民氣以作外交之後盾然而一國之人民散處各方何從集合其心思材力以作政府外交之後援於是有其集合與代表之機關焉其在今日則資政院是也在兩年以後則國會是也故中國之外交苟未能與列國保持對等之地位則一切外交事件必以付諸國會之協贊借民氣爲後盾斯實可以壯政府之聲援也要之外交上既無須秘密迅速之事則亦無須使政府獨專其權之事由議會與政府有對等之權限言之一切外交之事已必須經國會之協贊況以今日之國勢借議會爲政府外交之後盾尤大有利於國家耶故我以爲現在之外交無論何種之事皆必經議會之協贊苟政府而猶靳此使能說明其理由也其幸有以語我來而不然者非百敗百創抵死不悟則必甘心誤國願犧牲國家之權利以見好於外人也吾信政府聞吾言必能怒而不能答也

由上觀之國會之協贊外交其權限之廣狹既應因時而異然則國法上之規定應何

如。吾以爲今後若干年間。國法上應規定外交之事。悉必經國會之議決。俟他日國力回復。能與列强立於平等之地位。外交上能持進取之方針。然後改正憲法及議院法。舉外交上應須秘密迅速者。以全權予諸政府。而無須勞國會之協贊。斯最當矣。

時評

將來百論（續第五號）

滄江

（十三）北京之將來

昔唐人朱朴之論建都也。曰關中周隋所都。我實因之。凡三百歲。文物資貨奢侈僭僞皆極焉。又曰。自古中興之君。去已衰之衰。就未王而王。宋鄭樵作通志。論長安洛陽三都。謂雖金湯之業。屢爲車轂之場。斵土既多。地絕其脉。積汚復久。水化其味。所謂甚不宜人者也。其言蓋含至理。說地運者常稱道焉。

北京之爲帝都。蓋自黃帝邑於涿鹿之阿。然遐哉邈乎。不可深考矣。石晉以燕雲入契丹。耶律德光於晉之天福二年。始號爲南京。耶律隆緒又於宋之祥符五年。改爲燕京。及女眞得其地。廢主亮以宋之紹興二十三年。定都於燕。改爲中都。蒙古鐵木眞於宋之嘉定八年克燕。謂之燕京路。忽必烈以至元元年。復號爲中都。四年更置城郭而徙都焉北京者實遼金元之故都也明成祖本分藩於燕既篡大統取爲帝家本朝承之以迄於今於是帝王之宅於茲蓋九百二十餘年矣地運之久雖長安洛陽未之或逮他更無論也

夫遼金元皆起朔漠安其所習宅此固宜明成祖雖云顧戀潛邸然當時亡元餘孽猶盛歲事征討居燕資控馭良稱得地本朝起遼瀋因明故宅於勢亦順北京之久爲帝京其所由來深厚也雖然地本寒苦瀉鹵物產穀薄自千年來恒仰東南之漕以爲養自昔引爲博患而又以政令所出冠蓋所輳洵有如朱朴所謂文物資貨奢侈僭僞皆極者昔人常稱京師爲首善之區今京師實首惡之區也蓋舉世界之千罪萬詬奇毒痼病無不叢集於京師又豈僅如夾漈所謂地絕其脉水化其味而已自今以往苟一國政治之中心點不移於他地恐中國遂永無清明之日也

且北京疇昔之所以可都者東距海以爲固而北界以長城於以控制西南有建瓴之勢利甚博也自西力東侵海道撤險庚申之役庚子之役外敵乘陷殆如破竹甲午之役苟和議稍濡滯者事蓋未可知耳加以近年以來南滿爲人外府旅順天險又以資

敵。北京藩籬盡撤。建都之價值。蓋久失矣。自今以往。爲利用東南物力計。則或徙宅江關。爲鞏固西北國防計。則或返居豐鎬。要之。中國而亡則已。苟猶不亡者。則將來政治之中心點。其必不復在北京也。

（十四）上海之將來

自海禁既開以後。上海遽一躍而成中國之第一都會。非直中國第一都會。抑亞細亞東部之中樞也。

然自西伯利亞鐵路與東清南滿兩鐵路既開通。我京奉京漢兩路與之接續。形便漸移於陸運。而上海大受其影響。近數年來。上海寥落蕭索之象。視二十年前如隔世矣。將來粵漢川漢兩路既通。或在北方絡之以錦愛張恰。則歐亞通道之中軸。將全去上海而之漢口。上海衰落。或更當數倍於今日。此稍明地勢者所常稱說也。

雖然上海之趨勢果如是。其每下愈況乎。一方面則日本之產業界歲歲向榮。方將以我國爲尾閭。其在北部。固以大連及滿洲各口岸爲策源地。其在中部南部。仍集散於上海。再東則美國亦乘方興之運。而距今四年以往。巴拿馬運河開通。其東部南部物

時評 四

產。取。道。以。轉。輸。諸。我。視。前。利。便。數。倍。而。皆。走。集。上。海。即。以。歐。洲。論。雖。有。鐵。路。之。便。而。貨。物。輸。送。終。以。海。運。爲。廉。鐵。路。不。足。以。妨。海。港。之。發。達。自。昔。然。矣。況。乎。印。度。澳。洲。及。南。洋。羣。島。將。來。之。興。且。未。有。艾。其。與。中。國。貿。遷。皆。不。能。不。取。徑。上。海。耶。然。則。上。海。前。途。至。竟。樂。觀。多。於。悲。觀。耳。

比。年。上。海。之。彫。敝。非。上。海。一。隅。之。彫。敝。實。全。國。國。民。生。計。之。彫。敝。而。上。海。不。能。以。獨。榮。也。全。國。生。產。力。消。費。力。日。日。減。殺。則。小。都。市。蕪。廢。而。大。都。市。衰。謝。斯。豈。獨。上。海。之。憂。哉。

（十五） 羅。馬。教。皇。之。將。來。

凡。天。下。不。適。於。時。勢。之。物。未。有。能。終。存。者。雖。其。陳。跡。至。極。盛。大。亦。秖。以。供。後。人。考。據。憑。弔。之。具。殭。石。層。中。之。恐。龍。飛。鱷。是。其。類。也。今。後。之。羅。馬。教。皇。亦。其。類。也。

歐洲中世史之後半期。全歐稱黑闇時代。其一綫光明。惟有羅馬教會。當時、羅、馬、教、會、固、時勢所必需也。當其全盛也。列國帝皇。必待教皇灌頂加冕。然後即眞。受教皇宣告破門之罰。則如墮沍淵。不能自拔。以亨利第四號稱不世出之英主。而跣足垢面。冒風雪立加那薩城外者三日。以冀回教皇之怒。舉、天、下、之、物、其、勢、力、之、偉、豈、有、比、教、皇、者、哉。然而權力濫用之既極則人厭之天亦厭之。馬丁路得也。喀爾溫也。無拳無勇。一布衣耳。振臂一呼。天下響應。宗教革命之巨浸。遂汎濫全歐。間接以助國家主義之發達。展轉數百年。懸崖墜石之勢。愈接愈厲。至意大利建國奠都羅馬。盡籍沒教皇所領地。則固已爲羅馬教會屬纊之時。過此則營魂已謝。餘息空留。於世界史上不復有絲毫之價値焉矣。而近數十年來。意法葡班等國。尚頻頻以政教分離問題。勞政治家之旰食。則直餘孽之未肅淸者而已。

羅馬教皇若能審大勢所趨。知白守黑。稍紆降尊貴以與時推移。則此虛號尚或可更擁數紀。而教皇之舉措。一若猶夢想千年前之盛軌。不能去懷。傲然自謂尊無與上也。最近之事實足徵矣。去年美前大統領盧斯福游歐洲。竭誠請謁。而教皇乃要以不許往訪美梭的士特教會。盧氏憤其干涉箇人之行動自由。拂衣而去。今年陽歷二月十九日。爲意大利統一建國五十年紀念之期。意帝既以恐傷教皇感情。不肯盛張祝宴。而各國君主有欲修私覲者。教皇輒下令尼之。坐是與德帝生意見。此皆其最近而最著之事實也。嗚呼。教皇若猶率此度不變。吾恐其並此虛號且不可以久耳。

嗚呼彼過去時代之遺物瞢然不知量枵然自大逆時勢之潮流以自取滅亡者又豈獨一羅馬教皇乎哉

(十六) 朝鮮貴族之將來

日本併韓網羅其門第華貴者與夫功在新朝者賚以五等之爵列爲貴族復應於其分位授以公債俾得豐殖其子孫此輩新貴族感高天厚地之恩囂囂然其有以自樂也

未半歲朝鮮總督下令命新貴族散其傔從舉所得公債量給之使各歸鄉里毋得麕聚坐食於京城其萬不得已者只准留少許而其數當俟命於總督凡貴族當盡其力所能至自治其生毋許不事事而役人以天理論以人道論此令原殊不爲苛蓋天地物力本待農而食之虞而出之工而成之商而通之或勞心或勞力各應於其勤勞之分際以受報酬夫安可有無事而食以蝨於社會者哉雖然朝鮮之兩班其壟斷全社會之生活資料者已數百年直至今日脂膏朘盡皮骨僅存猶復養尊處優侈然迥異於齊民巨室動役數百人次者亦數十執唾壺虎子香爐麈尾者列侍左右一步趨須

人扶掖蓋朝鮮貴族雖穿衣吃飯亦幾於不能自了其四肢五官皆久已棄塞不用失其本能僅能借他人之耳目手足以爲己視聽言動之助今茲總督之命令實不啻加彼等以劓刵刖黥之刑也嗚呼此輩在理本宜列於天然淘汰之數今復加以人爲淘汰其化爲糞壤可立而待夫此輩則何足憐惜最可笑者則方揚揚然以賣國爲得計至今不寤也

嗚呼應受天然淘汰者豈惟朝鮮貴族中國最高貴之無業游民一階級視此矣

（未完）

時評

著譯

新疆危言

明水

日者中俄交涉日見危殆。俄則一味恫喝。我則一味孱懦。夫其恫喝也。有可以恫喝之具也。其孱懦也。有不得不孱懦之苦也。雖然。國於天地。權均力敵。而何以一則可以恫喝人。一則惟事事以孱懦自處。此中消息。請當局者明示我國人。抑更願吾國人有以自省也。夫俄所垂涎者新疆也。其用力甚久。其布置甚周。使此次交涉而一有蹉跌。則新疆必歸俄人之手。數千里之土地。數百萬之人民。袞袞者固不甚愛惜也。獨悲夫。 祖宗締造之艱難。先民血汗。生死以得之者。今竟如是也。使起 聖祖左文襄於地下。悲憤當何如耶。嗚呼。新疆乎。吾豈特爲爾危哉。頃見東報有此一文。亟譯述之。以見人之謀我。匪朝伊夕。而政府之棄地棄民。其罪爲不可勝書也。

今者俄國藉口中國不履行光緒七年伊犁條約。而提出六款。以爲要挾。中國亦據約逐條答辯。各皆持之有故。言之成理。其是非曲直。非國際法無能爲之斷定也。雖然。中俄所爭。關於條約之解釋者。其事尙小。而關於新疆之安危者。其事正大也。請言新疆之危。

新疆者。中俄必爭之地也。中國則自康熙以來。不知經幾許戰亂。僅乃得之。以爲西邊之屏藩。而俄則自一八六九年（同治八年）侵踞伊犁。勢力漸植。且欲進窺陝甘。以問鼎中原。雖攻守之勢不同。而其爲兩國所必爭則一也。然新疆果能永爲中國之領土乎。抑遂攙奪於俄人之手乎。其關繫於東亞大局甚偉也。今得分地理貿易政治軍事之四項。以研究之。亦觀世變者所當察也。

（一）地理上之研究 新疆僻在西陲。而與俄屬土耳其斯坦密邇。由中國本部以通新疆。惟有蘭州一路。而由京師經蘭州以至迪化府（新疆省城）九千餘里。行百三十日。近新闢一道。由歸化城縱貫蒙古以達古城。費日略短。然由北京至迪化。急行七十五日。緩行仍須百二十日。若更由迪化以至塔爾巴哈臺。固爾札。喀什噶爾等省之要闢都會。近者十八日。遠者五十四日。此由中國本部通新疆之道。其不便莫甚矣。若夫由俄屬土耳其斯坦以通新疆。則於天山南北兩舊道外。復有塔爾巴哈臺一路。其天山南路。則由塔西金有鐵路通至安集延。乘馬踰葱嶺。以入喀什噶爾。而赴南路諸都。其天山北路。則由塔西金或由些米帕清士。陸路出撒馬爾。沿伊犁河。以達固爾札。（固爾札俗稱伊犁又名甯遠城）而赴南路諸都。其塔爾巴哈臺一路。則自華俄銀行開後始有之。由些米帕清士。陸路出塔爾巴哈臺。經老風口。至庫爾喀喇烏蘇。（一名西湖）西通固爾札。東通烏魯木齊。（即迪化府）自伊爾齊斯河輪船西伯利亞鐵路開通後。此路極便。由塔爾巴哈臺乘馬車。七日而至些米帕清士。由些米帕清士乘輪舟三日而至阿謨斯克。由阿謨斯克改坐西伯利亞火車。二十日而至北京。故由俄京至塔城。纔一月。由塔城至固爾札及烏魯木齊各十八日。較之中國之由蘭州或蒙古者。近二之一至五之一。近者俄國復有修築由塔西金經些米帕清士以達阿謨斯克鐵路之計畫。若此鐵路成。更由各要站開支路以通固爾札塔爾巴哈臺。則新疆益近俄屬。儼同一國。而回顧新疆與中國本部。則長途萬里。天涯地角。今猶昨也。中國之識者。亦有憂於此。擬築伊犁鐵路。以與俄競。

然中國今日之鐵路僅至河南府欲延長至伊犂無慮二千七百哩以一哩建築費七萬兩起算當費一萬萬八千九百萬兩中國今日之富力能乎否乎藉曰能之而此不生產之鐵路每歲所失寗得謂小中國有此力以永久維持之否耶此又不待辨而知之者也**如是乎以地理言新疆之必為俄有自然之勢矣**

(二)貿易上之研究

新疆密邇俄屬而與中國本部相隔閡前既言之矣故其貿易亦彼多而此少彼盛而此衰是又相因而至者也雖然抑更有原因焉查新疆物產以羊毛皮貨牛馬羊駱駝家畜棉花葡萄等為大宗凡此諸物皆為俄屬所需要且其距離既近商賈易於獲利而中國本部則不然除良馬外其他馬牛羊諸畜蒙古青海陝甘多產之棉花菓實徧地皆是無為賴新疆之供給加以遠道致此非易故俄與新疆輸出輸入反得均衡而中國與新疆有輸入而無輸出此俄屬貿易之所以多而本部貿易之所以少其原因一也且也俄人之貿易於新疆者大抵皆土耳其斯坦人而與新疆土著人種同宗教同風俗同言語同情款已洽經商自便而中國人反不能此俄屬貿易之所以多本部貿易之所以少其原因二也不寗惟是俄國因條約之

結果固爾札喀什噶爾塔爾巴哈臺烏魯木齊四處皆有領事館設專管租界有步騎砲兵若干隊以保護之又在些米帕清士塔西金架設電線兩條以通固爾札塔爾巴哈臺四處皆有郵政局故其交通甚便且無危險之虞而俄商入中國國境皆可自由旅行天山南北兩路並無課稅之事以是其貿易絲毫無所束縛華俄銀行亦分設四支店流通彼之銀幣紙幣以便商人然中國於此等機關一無所有反行釐金落地等稅阻其發達此俄屬貿易之所以多而本部貿易之所以少其原因四也故新疆貿易幾全歸俄人之手卽由漢口運往塔爾巴哈臺之茶葉亦十九爲俄人代辦 **如是乎以貿易言之新疆之不能不歸俄人又可斷然矣**

(三)政治上之研究 新疆者伊古以來卽爲東西兩人種爭戰之地也故各種族之人皆生息於是大別之則有纏頭回漢回哈薩克滿漢蒙古六種人然此六種人中其總數大約二百萬卽纏頭回百萬漢回三十萬漢人三十萬哈薩克人二十五萬蒙古人十萬滿人五萬是也纏頭回東干哈薩克三人種則奉回敎蒙古人奉喇嘛

敎。滿漢人奉佛敎與儒敎。互相軋轢。曾無寧歲。就中纏頭回漢回與俄屬土耳其斯坦人同種。而爲滿漢世仇。自乾隆以來至於今日大亂四次。小亂不知其數。最慘者則張格爾阿古伯之亂。互相屠戮。肝腦徧野。極類歐洲中古宗敎之爭。今纏頭回與漢回雖復爲勢所屈。無可如何。然乘機報復之念。則未嘗一日或息也。前此亂時逃入俄屬之苗裔。歲時灑掃墳墓。言歸舊里。則又未嘗不謳歌俄人之功德。欲借俄人之勢力以雪仇恥也。俄亦竭力收攬人心。有歸化者輒優遇之。凡經商旅行之入新疆者。無不力爲保護。使與己國人等。其同種之未入俄籍者。竊心慕之。以是新疆回族之心。泰半皆向俄國。一朝有變。此屬眞不可信也。至哈薩克人固因俄干涉其宗敎。怨而來歸。然其心非眞忠順也。苟其同族之人多爲俄用。則彼亦幡然改圖。棄舊怨而尋新好。未可知矣。又蒙古人之王公與中國親善。然其人民頗不喜漢人。而與俄甚睦。由此觀之。新疆人口十之六爲纏頭回漢回。與我爲世仇。其十之二之哈薩克蒙古人。又非可信。則我所恃者。惟十二之滿漢人。衆寡懸絕。如是緩急之際。一身之靖獻。能有幾何乎。凡治異種雜處之國。必宜恩威並用。然後人心得有所歸。今之中國。萬事掃地。恩且不可。何威之足云。如是乎以政治言。而俄之得新疆。直指顧間事耳。

（四）軍事上之研究

新疆與俄接壤。又回亂不絕。故我之兵備。亦在在留意。置將軍於伊犁。以總八旗。置巡撫於烏魯木齊。以統撫標。置總兵於巴里坤、阿克蘇。以督鎮標。而彈壓全省。力非不厚也。無如軍紀廢弛。器械陳腐。其不可以一戰。盡人皆知矣。比年以來。政府始有整頓之意。以長庚爲伊犂將軍。而當防衛新疆之任。故長庚自居烏魯木齊。而移巡撫於阿克蘇。廢舊兵。新置三鎮。分駐各要害。建議興修伊犂鐵路。以爲緩急之助。雖然。今惟有烏魯木齊新軍若干協。自餘計畫。悉未施行。且新軍亦皆自內地雇傭以至者。思歸之心甚切。觀其屢欲倡亂。是可見矣。故俄兵一旦入新疆。則破竹之勢。無能禦者。或曰。俄攻新疆。必分三道。一由些米帕清士。以衝塔爾巴哈臺。二沿伊犁河。以襲固爾札。三經塔西金。以畧喀什噶爾。然後進取烏魯木齊。而撫有新疆全省。雖然。塔爾巴哈臺、固爾札、喀什噶爾三地。雖爲天山南北之重鎮。然各僻一方。盡取之不足以制新疆全省之死命。且須動大兵。糜歲時。無寧由些米帕清士。溯伊犁河。入齋桑湖。由此陸行出姜阿坡。乃分二隊。一隊進綏來。一隊入古城。東西夾攻。則烏魯木齊不勞可得夫烏魯木齊者新疆之中樞也扼天山南北之咽喉既取烏魯木齊則塔爾巴哈臺固爾札喀什噶爾已爲囊中物矣若用此策則舉烏魯木齊只消精兵數千裹糧一月而大事集矣今俄兵壓西陲者數十萬致此如反掌耳 如是乎以**軍事言而中國之不能永保新疆雖智者無能爲謀矣**

就以上四事觀之則新疆之不能不易主洞若觀火矣雖然新疆者中國之領土也夫以今日之國際言務尙平和尊重正義豈容俄國之妄事侵畧而貽全局之憂乎故中國而苟能愼重國交令俄人無所藉口則縱其以橫逆相加列强亦必出而抗議中國卽乘此事變未起之時力培國本以外杜覬覦內全疆土策之上也然而觀今日中國之所爲則頗有不滿人意者故此次交涉列國悉表同情於俄而反不直中國無有一國爲彼辯護者新疆其終爲俄有矣乎然新疆苟去則中國益瀕於危此現時機會均等主義無可如何者也言念隣邦杞憂實切願中國君臣上下際此時艱其以臥薪嘗膽爲懷也

明水曰東報之言其可信也耶抑不可信也耶使其言而不可信則俄人此次之

要挾誠爲無賴然俄之處心積慮固已如彼其久一旦發難非萬全必不肯一試且吾聞日本有東亞同文會者於吾國邊腹諸地所在多有其會員窺吾虛實而西北一帶俄人之勢力範圍也日本雖能挫俄於東陲不能保俄之不侵畧西鄙則於東亞全局所關匪細而日本尤爲切膚之痛也故日人拳拳於西北事而時有人以出沒彼土者蓋有廹之使不得不然者也今茲所論其必得於游歷者之報告抑又彰彰矣則吾雖欲不信其言豈可得乎信如是也吾亦將曰**使吾國而不能發憤有爲則西北萬里之地將盡爲俄人蠶食寗獨一新疆也**夫以俄人今日在西北之勢力無一不占優勢既已若彼而我乃事事甘居人後肉食者流無事時惟知驕奢淫佚一旦有事則倉皇失措而惟知搖尾乞憐也大勢已去雖有聖智豈能爲謀且也俄人既與日本協商東顧之憂不復爲慮又與德新睦西事亦安若磐石則逞其封豕長蛇之謀豈易當者嘵夫不能自競以數萬里之山河數萬萬之民衆甘心爲鹿以被人

逐誰實爲之能不令人髮豎皆裂當此情勢煎廹不可終日之時乃始議築鐵路練守衛豈惟臨渴掘泉於事無補而其兒戲國事至此亦已極矣吾國民乎汝其不可徒怒人之以無禮相加也而當自怨自艾於根本上奠國家於長治久安之基也**根本維何則改良政治是已改良政治奈何則必當推翻此窮凶極惡之政府而後他事有可著手也不然而徒枝枝節節以爲功吾恐如今日俄國之要脅者將層見迭出而中原無一片乾淨土也我國民其念之我國民其念之**

或曰今日之世一機會均等之世也各國皆有協商以保全吾土宇則俄雖欲包藏禍心安知不如東報之言列國將起而抗議乎今所以未發者不過觀交涉尚未竟緒因有所待耳不然彼各國皆務自封殖豈其令俄之獨張牙舞爪也應之曰嗟乎安得此不祥之言哉吾國而果恃此以自存則其爲存也幾何矣況今日

所謂機會均等所謂協商者皆起於不得已也故不以之施於治强之國而惟施之於乳弱之國也何也乳弱之國常足以擾亂世界之和平而於治强者大不利也由是觀之若無機會何用均等且亦何用協商其所謂均等者必其有不均等者存也其所謂協商者必其有不協者存也雖暫時均等暫時協商而終必破裂者也即如此次交涉苟俄人而得如願以償則所謂均等者已有間矣他國必繼起要挾旅大膠廣之案行將見於今日也如是則吾國雖存亦名義耳波土之事可爲前車也我國民其念之我國民其念之

文牘

兩次批准保和會條約（續第五號）

第二次保和會藏事文件

第二次保和會由北美合衆國總統提議。旋由全俄國皇帝陛下邀請和蘭君后陛下召集。於一千九百零七年六月十五號開會於海牙。威廉第二宮。此次保和會係以一千八百九十九年第一次保和會所本仁愛之基礎。加以擴充。庶世界各國。皆依公理。以增人類之幸福。

左開各國爲第二次保和會與會之國。其派出之議員如下。

大清國　頭等全權大臣全權議員陸徵祥　前美國外務部大臣全權議員福斯達

駐和全權公使全權議員錢恂　陸軍部軍法司司長陸軍議員丁士源

德意志帝國　國務大臣駐土頭等全權公使第一全權議員男爵彼勃士登　全權

公使外務部法律諮議官海牙常設公斷員第二全權議員奇愛士　駐法頭等公使館海軍隨員海軍少將海軍議員西格爾　普魯士參謀部長陸軍協都統陸軍議員根特爾　勃恩大學法學教授法律諮議員普魯士上議院議員專門議員朱恩　公使館參議外務部參議上行走副議員古班爾德　海軍參謀本部少佐海軍副議員羅而次孟

北美合衆國　前駐英頭等全權公使全權議員趙忒　前駐法頭等全權公使全權議員鮑塔　頭等全權公使全權議員羅斯　前外務部侍郎駐和全權公使全權議員希爾　前海軍大學長全權公使海軍少將全權議員施潑蘭　陸軍軍法總長全權公使陸軍協都統全權議員台維司　前駐巴拿馬阿秦丁全權公使全權議員比先那　外務部法律官專門議員斯高忒　大理院書記員專門議員比忒賴

阿根丁共和國　前外務部大臣駐義全權公使海牙常設公斷員全權議員貝那　前外務部大臣下議院議員海牙常設公斷員全權議員特賴谷　前外務部大臣

海牙常公斷員全權議員賴里大　駐德公使館陸軍隨員陸軍協都統專門議員
李諾爾特　前海軍大臣駐英公使館海軍隨員海軍大佐專門議員馬丁
奧匈國　國務大臣頭等全權公使第一全權議員庫巴麥爾　駐希全權公使第二
全權議員男爵馬西阿　維也納大學教授奧國大法院法律諮議官上議院議院
海牙常設公斷員專門議員賴馬先　海軍少將海軍議員霍斯　駐士希頭等公
使館陸軍全權委員陸軍協都統陸軍議員男爵席斯林夕　宮內外務部參議上
行走騎都尉議員威爾　公使館參議議員非立斯　海軍大尉海軍副議員腦威
爾
比利時　國務大臣下議院議員法比羅馬尼亞等國學士會會員國際法研究會會
員海牙常設公斷員全權議員倍爾那　國務大臣前法部大臣全權議員豐登納
文　駐和全權公使羅馬尼亞學士會會員全權議員男爵威廉
玻利維亞　外務部大臣海牙常設公斷員全權議員畢尼拉　駐英全權公使全權
議員加削拉

巴西　頭等全權公使下議院副議長海牙常設公斷員全權議員拜濬薩　駐和全權公使全權議員立司薄阿　駐和公使館陸軍隨員陸軍正參領專門議員阿爾美達　海軍中佐專門議員摩拉

布爾加利　侍從將官陸軍參謀協都統第一全權議員維納洛夫　大檢察院檢查總長第二全權議員加瑱席洛夫　海軍參謀長海軍中佐議員地米立夫

智利　駐英全權公使全權議員加納　駐德全權公使全權議員馬忒　前陸軍部大臣前下議院議長前駐阿秦丁公使全權議員公沙

哥倫比亞　陸軍正都統全權議員霍爾根　全權議員忒立阿納　陸軍正都統駐法全權公使全權議員法爾加

古巴　海拂那大學國際公法教授上議院議員全權議員彌司塔孟德　駐美全權公使全權議員阿洛司堆　前海佛那預備科學堂長上議院議員全權議員桑祺利

丹馬　駐美全權公使第一全權議員勃能　海軍少將第二全權議員希爾利亞

宮內禮官外務部司長第三次全權議員物特爾
多彌尼加　前外務部大臣海牙常設公斷員全權議員加爾德謝　實業講演會講員海牙常設公斷員全權議員得斯拉
厄瓜多爾　駐法駐日斯巴尼亞全權公使全權議員琨度恩　代理公使全權議員阿爾西阿
西班牙　上議院議員前外務部大臣駐英頭等全權公使第一全權議員伊立武拉　駐和全權公使全權議員加爾復　貴族院議員全權議員伯爵加馬作　陸軍大臣副官陸軍議員陸軍參謀正參領蒙多式　海軍議員海軍大佐創貢
法國　上議院議員前內閣總理大臣外務部大臣海牙常設公斷員全權議員蒲爾茄　上議院議員全權公使海牙常設公斷員第二全權議員龔士當　巴黎海科大學教授外務部法律顧問官海牙常設公斷員第三全權議員勒拿　駐和全權公使第四全權議員俾爾　陸軍議員陸軍副都統歐穆爾　海軍議員海軍少將阿拉各　控訴院律官專門議員佛來馬前　第二海軍議員海軍大佐拉加斯

駐比駐和使館陸軍隨員第二陸軍議員陸軍副參領西勃

英國　樞密院行走頭等全權公使海牙常設公斷員全權議員愛德華佛來　樞密院行走海牙常設公斷員全權議員薩道義　樞密院行走前公法會會長全權議員陸蘭　駐和全權公使全權議員何懷爾　陸軍議員陸軍副都統愛勒　海軍侍從武官海軍議員海軍大佐惡勒　頭等使館參贊專門議員高爾　頭等使館參贊法律議員何司得　駐丹比和等使館陸軍隨員陸軍專門議員陸軍副參領阿爾皮勒　專門議員海軍中佐斯格拉夫　專門議員陸軍參謀副參領郭克立

希臘　駐德全權公使第一全權議員郎加倍　安仁大學公法教授海牙常設公斷員第二全權議員斯忒賴　參謀總長專門議員陸軍礮隊正參領專門議員沙布若開

瓜地馬拉　駐英和代理公使海牙常設公斷員全權議員馬削度　駐德代理公使全權議員加利洛

海地　駐法全權公使全權議員達爾倍馬　駐美全權公使全權議員來踐　國際

法教授律官全權議員依特哥

義大利　上議院議員駐法頭等全權公使海牙常設公斷員第一全權議員伯爵董尼爾　下議院議員外務部侍郎全權議員邦璧爾　下議院議員前學部大臣全權議員非希納篤　專門議員陸軍協都統洛皮郎　專門議員海軍大佐加司的利亞

日本　頭等全權公使第一全權議員都筑馨六　駐和全權公使第二全權議員佐藤愛麿　外務部法律顧問官海牙常設公斷員戴尼孫　馬隊檢察長官專門議員陸軍協都統秋山如方　專門議員海軍大學校長海軍少將島村速雄

盧克森堡　國務大臣總理大臣全權議員意森　駐德代理公使全權議員尼賴

墨西哥　駐意全權公使第一全權議員爰司得代　駐法全權公使第二全權議員米爰　駐比和全權公使第三全權議員白拉

孟的內葛　俄國樞密院行走駐法頭等全權公使全權議員納列度夫　俄國樞密院行走外務部參議全權議員馬丁斯　俄國駐和全權公使全權議員夏立耶夫

尼加拉瓜　駐法全權公使全權議員墨地訥

腦威　前內閣總理大臣海牙常設公斷員駐丹和等國全權公使全權議員哈克列　下議院議員專門議員克力愛　貴族院書記專門議員郎奇

巴拿馬　全權議員巴拉司

巴拉乖　駐法全權公使全權議員馬襄

和蘭　前外務部大臣下議院議員全權議員倍福　國務大臣海牙常設公斷員全權議員雅賽　國務大臣陸軍副都統前陸軍部大臣全權議員博的加爾　海軍侍從武官海軍中將前海軍大臣全權議員陸爾　下議院議員法部大臣全權議員洛夫　陸軍大學教習陸軍議員陸軍副參領稜時　海軍議員海軍大尉希利　內務府行走藩部副司長副議員客納勃　外務部行政股長副議員恩森加

秘魯　駐法全權公使海牙常設公斷員全權議員剛達目　駐法使館頭等參贊副議員公忒

波斯　駐法全權公使海牙常設公斷員全權議員沙爾達納　駐和全權公使全權

議員米克　外務部法律顧問官專門議員亨南必克
葡萄牙　國務大臣前外部大臣駐英全權公使頭等全權公使全權議員侯爵索物拉　駐和全權公使全權議員塞立　駐瑞士全權公使全權議員稷立物爾　陸軍議員陸軍參謀副參領羅薩譯　海軍議員海軍中佐福來齊
羅馬尼亞　駐德全權公使第一議員倍爾地孟　駐和全權公使第二議員孟物洛
各達　專門議員海軍參謀大佐斯篤爾
俄國　樞密院行走駐法頭等全權公使全權議員納列度夫　樞密院諮議官外務部諮議官海牙常設公斷員全權議員馬登斯　駐和全權公使全權議員夏立廓夫　駐巴西全權公使全權議員格洛垂爾　駐英頭等公使館陸軍隨員專門議員陸軍協都統垣摩洛夫　駐德頭等公使館陸軍隨員專門議員陸軍正參領米西松　駐英頭等公使館海軍隨員專門議員海軍大佐勃爾　海軍大學公法教員海軍部正參領專門議員獲物西廓夫
薩瓦多爾　駐法代理公使海牙常設公斷員全權議員馬則　駐英代理公使海牙

常設公斷員全權議員忒拉納

塞爾維亞　內閣總理大臣全權議員加羅　駐義全權公使海牙常設公斷員全權議員米羅瓦諾維次　駐英駐和全權公使全權議員米立吹維次

暹羅　全權議員陸軍協都統削的特　駐法使館參贊全權議員獲米立　全權議員陸軍參謀正軍校訥力拔爾

瑞典　駐丹全權公使前法部大臣海牙常設公斷員第一全權議員哈馬爾斯　前大理院推事海牙常設公斷員第二全權議員海爾內　專門議員陸軍砲隊正參領罕馬夕　海軍參謀股長專門議員海軍參謀中佐克林

瑞士　駐英和全權公使全權議員高林　陸軍參謀正參領兼大學教授全權議員包爾　蘇里墟大學法律教授全權議員韋培

土耳其　頭等全權公使大理院總長第一全權議員土耳根巴削　駐義頭等全權公使全權議員佩義　全權議員海軍中將穆漢穆德巴削　民政部法律顧問官副議員雷福勃依　副議員陸軍正參領三勃依

烏拉乖　前任總統海牙常設公斷員第一全權議員亞爾鐸　前上議院議長駐法全權公使海牙常設公斷員全權議員加斯篤　專門議員陸軍砲隊正參領皮該委訥端拉　駐德代理公使全權議員福多爾

上開各議員在第二次保和會會議時間爲一千九百零七年六月十五日至十月十八日。各國議員皆設法願行保和會發起者所倡之博愛主義。並秉承本國政府之意旨將本屆保和會所議定之條約及宣言。逐款附載於後。並由各國全權議員畫押爲憑。

(一)和解國際紛爭條約　(二)限制用兵力索債條約　(三)關於戰爭開始條約　(四)陸戰規例約　(五)陸戰時中立國及其人民之權利義務條約　(六)關於戰爭開始時敵國商船之權利條約　(七)商船改充戰船條約　(八)敷設機械自動水雷條約　(九)戰時海軍轟擊條約　(十)日來弗紅十字約推行於海戰條約　(十一)海戰中限制捕獲權條約　(十二)設立萬國捕獲物審判院條約　(十三)海戰時中立國之權利義務條約　(十四)禁止氣球放擲砲

彈及炸裂品聲明文件

以上所開各約及文件。均係單獨條件。其簽押期限。可由第二次保和會與會各國全權大臣。於一千九百零八年六月三十以前。在海牙簽押。與會各國。彼此協商。意見大致相同。除關於投票認許事件。仍由與會各國自由決定外。合將各國會議時所承認之三綱要表明於後。

(一)本會全體承認強迫公斷之原旨 (二)各國有關解釋或施行國際條約之事件者。均得由強迫公斷辦理。並無限制

凡四月間所會議事件。雖尚不能將強迫公斷事件訂約施行。然與會各國彼此磋商。莫不謂各國間所生之爭議。無非屬於解釋法律之事。故議論之際。各國咸開誠相親。感情深切。且於尊重人道之觀念。亦均羣相默喻。

又本會全體議決者並有

一千八百九十九年提議之限制軍備問題。本屆保和會亦深表同情。惟自一千八百九十九年以來。各國幾無有不擴張軍力者。大失第一次保和會維持平和之至意。是

以本屆保利會更欲廣告各國政府。重行將此問題切實研究。其他期望並錄於左。

(一)本會深願簽押各國注意本件所附之擬設公斷法院草案。俟各國選定裁判員公斷法院組織成立後。卽照該約實行。 (二)本會深願簽押各國雖當戰爭之時。無論文武官員俱有保守和平維持國際關係之責。而於交戰國及中立國人民之工商業尤當注意。 (三)本會深願訂約各國訂立專約。將寄居本國之外國人。關於兵役事件有所規定。 (四)本會深願下一次開會時。將關於海戰規例事件。列入應議條款。並願簽押各國無論遇何情形。將陸戰規例條約。設法推行於海戰。

本會深盼各國於召集第三次保和會時。其時期當與第二次保和會與第一次保和會相距之時間相等。但其開會日期宜由各國公共酌定。第三次保和會應議之事件。當先期預備。以免臨時竭蹶。貽誤時機。欲達此目的。本會尤願於下一次開會時二年之前設立一預備保利會。以便蒐集各種草案。調查應行訂立各國國際條約之事件。並從速預備一提議錄。以便各國加以研究。預備保和會並當提議平和會組織之方法及議論法。

爲此各國全權大臣在本藏事文據簽押蓋印

年　月　日訂於海牙。原稿一份存儲於和蘭政府檔案處。按照原文鈔稿校勘。通知與會各國。

和解國際紛爭條約

爲保持和平大局起見。竭力和衷商定。和解國際紛爭條約。文明國團知有同志。欲推廣法律範圍。並鞏固國際公道。深信於獨立各國之間。設立無國不可赴訴之常川公斷法院。最足達此目的。又察知組織一公斷訴訟通則之有益。皆與保和會倡議者所見相同。亟應將各國國家所賴以治安。並國民所賴以生存之公平正直之原理。以國際協商規定之。並願將國際審查委員及公斷等事件見諸實行。凡使應用簡便訴訟法各案。向公斷院上訴之事。益形利便。特於和解國際紛爭法中查有各節。亟應修改。以竟第一次保利會之功。爲此締約各國議定訂一新約。遣派全權大臣如左。

各全權大臣將所奉全權文據校閱合例。議定各條如下。

第一篇　保持和平大局

第一條　爲維持各國邦交起見。締約各國。竭力議定國際紛爭平和辦法。

第二篇　和解調處

第二條　遇有邦交衝突。成紛爭事件。當於未用兵之前。締約各國。得酌度情形。請友邦一國或數國和解。或從中調處。

第三條　如締約各國。視爲有益應辦之事。局外之國。一國或數國。可不待相爭國之請求。自願酌量情勢。爲之和解調處。即在開戰期內。局外各國。亦有和解調處之權。施行和解調處之權。相爭國不得視爲有傷睦誼之舉。

第四條　調處者應辦之事。係將相爭國衝突之意見。設法解釋。融合嫌隙。

第五條　調處者之職任。以相爭國或調處國。察明所擬調和諸法。不能允從之時爲止。

第六條　和解調處。或出於相爭國之所請。或出於局外國之自願。只有商勸性質。不得强令遵服。

第七條　除另有特約外。允受調處之舉。並無停止展緩或阻止徵調及各種備戰舉動之效力。　除另有特約外。此舉若在開戰之後。亦不得因此停止用兵。

第八條　締約各國公同議定。於情形相當時。可用特別調處之法如下。　如遇重大衝突有礙和局相爭國各舉一國。畀以委任。由所舉國彼此逕相接洽。以免邦交之決裂。委任之期限。不得逾三十日。除另有專約外。該期內所有紛爭事件。相爭國應停止直接交涉。由調處國竭力將爭端理結。　倘和局業已決裂。各該調處國。仍應合力伺機。挽回和局。

第三篇　國際審查會

第九條　國際紛爭起於事實中見解之歧異。而無關於國體及重大利益者。倘外交官未克商結。締約各國可審度情形。設國際審查會。委以調查紛爭事件。俾事實得以秉公詳細查明。

第十條　組織國際審查會。應由相爭國訂立專約辦理。　所訂審查專約。應詳敘案情。並訂明審查會之程式時期。及審查員之權限。　該約中亦應訂明該會所設之地。並能否遷移。又會中應用之語言。並准其通用之幾種語言。又各造投遞訴詞之期限。及所訂一切相關之件。　倘各造以爲應派幫理之員。則約中宜訂明選派之程式。及其所有之權限。

第十一條　如審查約中未指明該會所設之地。則應設於海牙會所已定之後。非經各造允准。該會不得遷移。　如審查約中未將會中應用語言指明。則由該會自定。

第十二條　審查會之組織。除另有專條外。應照本約第四十五第五十七兩條辦理。

第十三條　如審查員或幫理員病故辭差或因事阻或因他故。應照選派該員時之章程派員代理。

第十四條　各造有選派專員到會爲代表之權。以便爲該國與該會之交通機關。並准選派顧問官及辯護士在會保護其本國利益。

第十五條　海牙常設公斷法院之國際事務處。可作爲審查會立案處之用。其房屋及一切組織。悉聽締約各國審查會使用。

第十六條　如該會不在海牙設立。則派一總書記。即以書記之事務室爲立案處。

立案處歸審査會長節制。辦理會議時應有之布置。編輯議事之文件。並管理審査時之案卷。所有案卷會畢後彙交海牙國際事務處。

第十七條　爲便利審査會之成立及辦事起見。恐各造不願用別項規則。故締約各國議定以下各項爲審査會訴訟法之用。

第十八條　所有訴訟法之一切細節。未經審査專約或本約訂明者。該會可自行酌定。並可規定各種査究憑證之程式。

第十九條　審査時應由各造對質。　各造所有訴訟字據文件公牘之可用以剖白眞情者。及欲使到案之證人。及鑒定人之名單。應於定期內知照該會及彼造。

第二十條　如各造同意審査會有權暫行遷往合宜之地辦理。或派會員一人或數人前往。惟須先得該地所屬之政府允准。

第二十一條　凡審査物質上之憑證。及到地履勘之事。應在各造所派之專員及顧問官當面辦理。或照例傳其到場。

第二十二條　審査會如有應需各造辯晰或陳述之事。有權令此造或彼造照辦。

第二十三條　各造應承認將所有於審查上有益及一切便利之法供給該會。俾案中事實易於明顯。各造應承認適用本國法律使審查會所傳在各該國之証人或鑒定人到案。如証人或鑒定人不能到案各造卽令其本國該管官就近訊取供狀。

第二十四條　凡審查會欲在第三締約國境內辦理應行知照各事。可逕行知照該國政府。如欲在該國查究憑証亦照此辦理。此等請求之事。該國可照其本國法律辦理。如非與其主權或治安有碍者不得拒絕。審查會亦可請駐在之國爲其承轉。

第二十五條　証人及鑒定人。或出於各造所請。或出審查會本意。應傳到案者均須經駐在之國爲之承轉。証人由審查會預定次序。當各專員及顧問官之前。逐一分別審訊。

第二十六條　証人由會長審訊。然會員有以爲宜將供詞申明。或案情中與証人有關之事須詳考明白者。亦可向証人訊問。各造所派專員及顧問官不得於証人供述之時。從傍插斷。亦不得逕向訊問。倘有以爲宜用補訊之處。可請會長訊問。

第二十七條　證人供述之時。不得口誦書件。倘爲案情中所需用者。會長可准其檢閱記錄或文牘。

第二十八條　證人所口述。立卽錄供。將所錄之供。對其宣誦。證人可酌行增改。附錄供詞之後。全供宣誦之後。證人應簽押於上。

第二十九條　各造專員。應於審查或審查竣事之時。將其言論及意見或事略。足以顯明案情者。錄送會中及彼造。

第三十條　審查會之定議。可祕密不宣。　定議取決於會員之多數。　會員有不願與決者。應於案內註明。

第三十一條　該會集議。不必公開。所有案中供詞及審查文件。非經各造允由該會公決。不得宣布。

第三十二條　各造既將辯詞及證據呈遞後。所有證人。均經審訊。會長應宣言停止審查。該會卽定期會議辦理報告。

第三十三條　報告須經各會員簽押。如有一員不願簽押者。一經將緣由載入該報告。仍可作准。

第三十四條　該會報告。應當衆宣讀。各造所派之專員及顧問官均須在場或照例傳集到案。各造均給報告一份。

第三十五條　報告中以證明事實爲限。絕無公斷判詞之性質。事實證明之後。下文如何。悉聽各造自主。

第三十六條　各造費用。各自承認。該會費用。各造均攤。

第四篇　國際公斷

第一章　公斷規則

第三十七條　國際公斷之義。係由各國選派之公斷員。以尊重法律爲本。理結各國之紛爭。請求公斷。卽含有承認信服判斷之意。

第三十八條　凡法律問題中。關於解釋及施行條約之爭端。爲外交官所不能理結者。締約各國。共認公斷爲和解最公至善之法。照以上所指問題。締約各國於有事時如情形相宜。自當極力請求公斷。

第三十九條 公斷條約。可爲已起之爭端而訂。或爲未來之爭端而訂。或包括一切之爭端。或專指一類之爭端。

第四十條 締約各國。除已訂公約。或專約言明應歸强迫公斷外。遇有可交强迫公斷之事。亦可另訂公約或專約。歸諸公斷。以期推廣。

第二章 常設公斷法院

第四十一條 締約各國。因國際紛爭。有外交官所不能商結者。爲便於立請公斷起見。允准將第一次保和會所設之常川公斷法院。照舊設立。不論何時。除各國另訂專約外。應按照本約所訂訴訟法辦理。

第四十二條 常設公斷法院。除各國另訂設立特別審判所外。可理一切公斷之事。

第四十三條 常設公斷法院。駐於海牙。 國際事務處可作爲法院之立案處。遇有會議之事。從中知照。並管理案卷。及經理雜務。 締約各國。允准將互訂公斷專條。及特別審判所公斷判詞。各抄稿校正之後。從速咨送該事務處。 各該國允准將法律章程文件。有時可與法院判詞相印証者。咨送該事務處。

第四十四條　每締約國。派熟悉公法名望素著者。至多四員。充公斷員。既派之後。即列名爲法院人員。其名單由事務處知照締約各國。　公斷員之名單。遇有更改。即由事務處知照締約各國。兩國或數國可商明公派一員或數員。　同一人員。得兼膺數國之簡派。　派充法院人員。以六年爲一任。其委任書亦可展期。　法院人員。遇有病故或告退。按照選派該員時之程式。派員充補。其任期亦以六年爲限。

第四十五條　締約各國。遇有爭斷。欲請常設法院理處者。應於法院總名單內選取公斷員。組織法庭。以便審決爭端。　如所選公斷員。各造未能允協者。則照以下辦法。每造選派公斷員兩員。其中惟一員可爲其本國人。或由該國所派爲常設法院人員者。此項公斷員中再公舉一總公斷員。　如意見不合。各造可公請一第三國代爲選派總公斷員。　如仍不能允洽。每造可各請一第三國。即由被請之國。公同選派總公斷員。　如兩月之內。兩國仍不能商妥。每國可於法院名單中除各造所選派之員及其國人外。各選二員。再用拈鬮之法。以定孰爲總公斷員。

第四十六條　法庭一經組織。各造應將請法院公斷之意。並請斷狀及公斷員名銜。知照事務處。事務處卽將請斷狀。及他項員名知會與審各公斷員。法庭聚集。由各造定期。並由事務處布置一切。與審各員當任事時。而不在其本國境內者。得享外交官之待遇。

第四十七條　國際事務處。應將房屋及一切組織。悉聽締約各國作爲特別審判所公斷事件之用。凡未經締約各國。或締約各國與未締約各國遇有爭端而願請公斷者。常設公斷法院。亦可按照所定章程推廣施行。

第四十八條　若遇兩國或數國因有爭端。勢將決裂。締約各國。應視同義務。向相爭國提明。常設法院正爲此而設。因此締約各國聲明。凡向相爭國提明本約各條。而勸其投向常設法院。以保平和之事。祇應視爲美意之舉動。如兩國遇有爭端。一國儘可行文國際事務處。聲明所有紛爭願遵公斷。事務處應卽將此聲明之件。知照彼國。

第四十九條　常設辦事公會。以締約各國。派駐海牙各代表。及和外部大臣組織而成。即以和外部大臣爲總理。管理稽核國際事務處。該公會可定辦事章程及一切應用規則。該公會可定各種辦事問題之關於法院執行事件。該公會有委派或黜陟事務處員役之全權。該公會酌定薪工。稽核用款。凡有會議。須召集九員到場。所議之事。方有效力。其決議以多數爲斷。該公會應將議定章程立即知照締約各國。每年將法院案件辦事情形及用項。報告各國。報告中應遵照第四十三條第三第四兩款。將各國知會事務處之公文摘要載入。

第五十條　該公會經費。應按照萬國郵政公會比例分攤之法。由締約各國分任。凡加入本約各國。對於此項經費。以加入之日起算。

第三章　公斷訴訟法

第五十一條　締約各國爲推行公斷起見。訂定以下各條。以資各造未經訂有專條者訴訟之用。

第五十二條　各國欲請公斷者。應於請斷狀上簽押。狀中載明案情。並選派公斷員期限。如第六十三條所載。及應行知會之格式次序期限。及各造預存應用之銀數。

狀中並載明選派公斷員之章程。公堂之權限。及其設立之地。所用之語言。及當堂准用之語言並各造互訂之一切規則。

第五十三條　如各造互相商明於訂立請斷狀之事。請其從中調停。常設法院即可與聞其事。　外交官協商不成之後。所請即僅出於一造者。法院亦可與聞以下所開各事。　一　凡爭端之歸於公斷條約不論其現訂或續訂在本約實行之後而約中預定各項爭端所應立之請斷狀。此項請斷狀。並不明指或隱示不歸法院與聞者。但遇有一造聲明彼之意見以爲此項爭斷。不屬於應受強迫公斷之一類。除公斷專約內。已將審定此種問題之權交付法庭外。則不得歸法院與聞。　二　爭端之由於訂有合同之債項。經此一國爲其人民向彼一國索討並提議歸公斷了結。而業已承認者。但若承認公斷而言明按照他法訂立請斷狀。則此款不得援引。

第五十四條　如遇上條所指之事。其請斷狀按照第四十五條第三至第六等款設立委員會以五員組織之。　其第五委員爲該會總理。

第五十五條　公斷之職任。可由各造選派公斷員一員或數員。悉聽其便。或各造在本約所設之常川法院公斷員中選派。如各造意見不合。不能搆成法庭。可按照第四十五條第三至第六款所指之法辦理。

第五十六條　各君主或國主被選爲公斷員。則訴訟法可由其審定。

第五十七條　總公斷員卽爲法庭之總理。倘法庭中無總公斷員。則可自舉總理一員。

第五十八條　如按照第五十四條所指之委員會設立請斷狀。除另有專條外。該議會卽可自爲公斷法庭。

第五十九條　如公斷員中病故辭差。或因事阻。或因他故。應照選派該員時之章程派員代理。

第六十條　法庭未經各造指明。則設立於海牙。法庭非經第三國允准。不得在其境內設立。法庭一經設立。非經各造允准。不得遷移。

第六十一條　如請斷狀中未經言明應用何國語言。則由法庭定奪。

第六十二條　各造有選派專員到法庭之權。以便爲各造及法庭之交通機關。並准派顧問官或辯護士到堂。以護持其本國權利。常設公斷員。只能爲其選派之國充當專員或顧問官。或辯護士。

第六十三條　公斷訴訟法。大概分爲二種。曰文訴。曰口辯。　文訴者。乃將議案駁辯或答詞加以案中各種文件公牘。由各專員咨送法庭及彼造。兩造以彼此有關係之文件互存備案。此種備案文件。可逕直咨送。亦可經國際事務處轉送。次序期限。悉照請斷狀所定。請斷狀中所定期限。如經各造允協。亦可展限。或法庭以爲宜展限。以便詳細定讞者亦可。　口辯者乃當堂陳說。以發明案情。

第六十四條　所有此造呈案之文件。應將抄稿校正。咨送彼造。

第六十五條　除有特別情形外。法庭須於截收文訴後。始開審判。

第六十六條　口辯之事。由總理主裁。　口辯之事。非經各造允准。法庭定奪可不當衆施行。所有口辯。由總理派書記官錄供。此等供詞。由總理及書記官一員簽押。方有正當文件性質。

第六十七條　文訴截收後。如此造未經彼造允准。欲將新文件呈案者。法庭有不准其引用之權。

第六十八條 所有呈案新文件。經各造專員或顧問官聲請法庭注意者。法庭聽從與否。可自行酌奪。照此情形。除應知照彼造外。法庭有索取此等文件之權。

第六十九條 法庭可令各造專員。將各文件呈案。並令其詳細講解。如有不允者。即記載情由備案。

第七十條 各造之專員及顧問官。遇有案中應行辯護之處。准其當堂聲說。

第七十一條 專員及顧問官有權將反對及指摘之情形陳說。但一經法庭判結之後。不得再行駁詰。

第七十二條 法庭人員。有權訊問各造專員及顧問官。遇有疑難之處。可令其申明。當辯論時。所有法庭人員訊問之語。駁詰之詞。不得視爲法庭全體或該員個人之意見。

第七十三條 法庭依議法律上之原則。有權解釋請斷狀。並案中所發生之各項文據。

第七十四條　法庭有權可訂訴訟各法。以便辦案之用。並爲各造定立結案時之格式次序期限。及施行搜集証據諸法。

第七十五條　各造允准將所有斷案中應用各法。儘數供諸法庭。

第七十六條　法庭欲在第三國境內辦理。應行知照各事。可逕行知照該國政府。如欲在該國查究憑證。亦照此辦理。　此等請求之事。該國可照其本國法律辦理。如非與主權或治安有碍者。不得拒絕法庭。亦可請駐在之國爲其承轉。

第七十七條　各造專員及顧問官。既將案情陳明。並將證據交出。總理可宣言停止審辯。

第七十八條　法庭之定議。可祕密不宣。　定議取決於人員之多數。

第七十九條　公斷判詞。應叙明緣由。及公斷員姓名。由總理及立案員或書記官兼管立案者籤押。

第八十條　判詞應當衆宣讀。各造所派之專員及顧問官。均須在場或照例傳集到案。

第八十一條　判詞照例宣讀。並知照各造之專員。卽成信讞。不得上控。

第八十二條　各造於實行及解釋判詞中。如有爭辯。除訂有專約外。仍歸原斷法庭審判。

第八十三條　各造可於請斷狀中敘明公斷判詞可請覆核。照此情形。除另有專約外。應向原斷法庭聲請。惟須有新查出之事實。與定讞大有關係。而於停止審辯時。爲法庭及聲請覆核之造所未及知者。方可聲請辦理覆核之事。非經法庭查明確有新出之事實。含有上節所指可以承認之性質。並宣告此等聲請可在收受之例者。不得施行。

請斷狀中應明定聲請覆核之期限。

第八十四條　公斷判詞。只能施行於相爭各造。如各造因解釋條約之故而起爭端。與此條約尚有他國公同訂立者。則相爭國應卽知照各籤押國。各該國均有干涉此案之權。其中一國或數國若用此權者。則判詞中所載之解釋。亦應一律施行。

第八十五條　各造費用。各自承認。法庭費用。各造均攤。

第四章　公斷簡便訴訟法

第八十六條　爲欲便於從事公斷起見遇有可用簡便訴訟法者。締約各國。訂定以下各條。俾未訂各種專條者有所率從。而有時亦可援引第三章內不相反背各款。

第八十七條　相爭各造。各派一公斷員。合選一總公斷員。如意見不合。除各造所選派之員。及其國人外。可在常設法院人員名單中各選二員。再用拈鬮之法。以定孰爲總公斷員。　總公斷員總理法庭。其定議則取決於多數。

第八十八條　若各造將議案呈案之期限未經預定者。法庭一經組織。卽可由其定立期限。

第八十九條　各造派一專員到法庭。以便爲本國政府與法庭之交通機關。

第九十條　訴訟祇准用筆寫。然各造有可請准證人及鑒定人到案之權。法庭爲有益起見。亦可請兩造之專員證人及鑑定人到案口辯。

第五篇　結論

第九十一條　本約批准後。締約各國。卽以本約代一千八百九十九年七月二十九號所訂之和解國際紛爭條約。

第九十二條　本約應從速批准。批准文件存儲海牙。第一次批准文件存案時應由締約各國代表及和蘭外部大臣簽押爲據。以後各次之批准文件存案時。須繕一咨文將批准文件送交和蘭政府。第一次批准文件存案之字據。及上節所載送交文件之咨文。應於抄錄校正之後。立卽由和蘭政府送交外交官轉遞第二次保和會與會各國及隨後入約各國前節所載情形。由該政府將收到咨文之日期同時聲明。

第九十三條　未簽押各國。而曾與第二次保和會者。亦得加入本約之內。願意加入之國。應將其意咨明和蘭政府。並附加入文件。此等文件。由該政府存案。該政府卽將咨文及加入文件。應於抄錄校正之後。轉送第二次保和會與會各國。並聲明收到咨文日期。

第九十四條　未與第二次保和會各國以後。倘經締約各國公允。亦可加入本約。

第九十五條　第一次批准文件存案各國。應從立據存案之日起。六十日後。此約方有效力。隨後批准。或加入本約各國。應從和政府收到批准。或入約咨文日期起。六十日後。方有效力。

第九十六條　如遇締約國中之一。願意出約。應將出約文件咨照和蘭政府。該政府立即將出約文件俟抄錄校正之後。知照各國。並聲明接到出約文件之日期出約。僅專指咨照出約之國。從咨文到和蘭政府之日起。一年之後。方有效力。

第九十七條　和蘭政府立一存案冊。載明第九十二條第三第四兩欵所指批准文件。及隨後收到加入本約文件。(第九十三條第二款)或出約文件(第九十六條第一款)之各日期。

凡締約各國。於存案冊。均有權調查。並可將校正之本摘抄。為此各全權大臣籤押於下以昭信守。

一千九百七年十月十八日訂於海牙。正約一分。在和政府存案。抄錄校正之後。用外交官轉交締約各國。

(未完)

中國紀事

孚將軍被刺記　粵人馮如。於三月初十日。在燕塘試演飛行機之舉。粵中闔城文武。皆往觀焉。時都統署將軍孚琦。亦與其列。是日四點鐘。孚將軍觀畢。自燕塘返署。至諮議局前。突有一刺客。迎面放鎗轟擊之。連放四鎗。均中要害。將軍立斃輿中。時擁衛將軍諸旗兵。以事起倉卒。駭極而奔。輿夫將輿放下逃去。兇手遂於人叢中從容而逸。當兇手發鎗時。諮議局有守衛巡士鄭家森者。聞聲出視。見兇手棄鎗逸去。急尾隨其後。兇手轉向盤龍里。出永勝街。與站崗巡士相遇。鄭即上前滾抱兇手。互相糾纏顛撲數次。而兇手卒被獲。解回二區分駐所。警道方在諮議局。隨即飭交番禺縣押候訊辦。據訊。該兇自稱嘉應人。六歲時被人拐往大霹靂埠。十餘歲回粵。曾充長隨。跟某官抵吳川。又跟某官入京。又曾在臺灣某鎮部下。保五品頂戴。回粵後。再往南洋當苦工。去年復回籍。現在廣九鐵路處工作。訊其所以刺殺孚將軍之故。則云素持排滿主義。並謂方今政治腐敗。民不聊生。實由滿人釀成之。再叩其同黨。則堅不肯吐一人。蓋亦徐錫麟後之一奇男子也。此事發現後。粤督遂據情入告。孚將軍鄘典已見十二日 明諭。若夫奔巡之旗兵。與緝捕之警兵。則賞罰有差云。

焦滇正法記　山西人焦滇者。前曾留學日本士官學校。後改入測繪學校。蓋山西之官費生也。留日時曾娶一日女爲妾。旣而畢業後。充東三省測繪局監測官。日婦偕之來。某日有一日人。誤投一函於測繪局某員。某員知其爲焦某函件。疑其中有故也。拆閱之。知其爲盜賣軍用地圖事。旋即禀之當道。聞焦某盜賣東省軍用地圖有四十餘幅。每幅售價數十元有差。此事發露後。迭經軍法會議研訊。均證據確實。東省大吏。據情咨部。請示定罪。茲已於三月初四日。接准部覆。將焦某就地正法。閱日初五。即在北門外處決矣。或曰焦某之盜賣地圖。實由日婦陰慫之。日婦生有一子。焦某死。日婦即挾貲攜子以逃。或曰。焦某實爲人所賣。果如是也。愈以見焦某之愚之不可及矣。

贛省諮議局對於丁漕議案之紛議　贛省諮議局。曾於三月初八日。開臨時會。議決撫院所發交之丁漕議案。是日開會。各屬議員。意見不一。約分爲三派。主張完洋元者四十一縣。完銅元者二十九縣。完銀者十一縣。完洋元者主加價。完銅元者主仍舊。完銀者主中立而三派中。以洋元派與銅元派。爭議尤爲激烈。聞此案之交議。係由監理官所起草。據稱一體征洋。每年可得洋九十二萬餘元。藉此或可以勻定州縣公費。於是主張完洋元者。人遂呼之爲官黨。而主張完銅元者。則謂無故增加小民擔負。極力反對之。人又呼之爲民黨。現兩黨方相持不下。據最近消息。謂反對完洋元者實居多數。現已推定起草員。預備呈院。逐條駁復。其故因二十九屬議員到者多。而四十一屬議員到者少。故洋元派終歸失敗云。

鄂省預算案之成立　宣統三年。湖北歲出預算案。原列二千一百五十餘萬。經度支部議減後。又送資政院覆核。計兩共核減銀九百餘萬。由資政院移送政務處轉行湖北。現經鄂督咨覆諮議局照准。鄂中人士。異常歡呼。業於三月二十日起懸旗張燈。以誌慶賀。而留紀念。計此次歲出總共庫平銀一千一百九十萬三千七百五十三兩一錢二分五釐。倘各省皆能如鄂省之勉爲其難。則全國歲出預算。不難指日告成矣。

交通銀行奏定新總協理　三月初八日。郵傳部有奏派交通銀行總理等差摺奏一件。探其內容。係奏陳交通銀行查帳之結果。幷謂李經楚虧空公款甚巨。應即開去交通銀行總理所遺總理一差。擬請着周克昌。(現充東三省交通分銀行總理)接理。以陸宗輿充任協理。當經奉 旨依議矣。

上海設立台灣銀行分行 日人既併台灣後。在台灣創設一銀行。名之曰台灣銀行。其初資本不過五百萬金。近已加至一千萬金。其進步之速。實令人驚異。其分行所設。除日本及台灣不計外。其設於我國各埠。爲福州廈門汕頭廣州及香港等埠者。約有十餘處。今又在上海開設一分行。業於三月十二日成立。假張園宴請我紳商各界。從此日本在上海之金融機關。於正金外又別樹一幟矣。

吉撫擴張圖們江航業之大計畫 吉林東南端圖們江。附近兩强之間。形勢天然。實爲東三省門戶。惟土界碑沿江三十里出海之路。早經劃歸俄有。然猶幸中俄國際條約有照會一通。內載允我國通行航路。吉撫陳簡師有見於此。因奏請設立航業公司。業經有旨交外郵兩部妥議辦法。茲聞其奏摺內容。定名爲圖長航業股分有限公司。擬集股本四十八萬。官商各半。惟一一按照商律。並不居官商合辦之名。其航線則擬由滬繞日本長崎。直達圖們江。設總行於上海。設分行於琿春。其琿春設立分行之故。

係因兼營琿春地方之採木事業云

●外●鹽●輸●入●之●眞●相　日前傳言有某國人。藉口於我國鹽不潔。擬輸入食鹽。以接濟彼國軍人之用。茲悉其原因係法商售洋鹽於天津一帶。經長蘆鹽運使張鎭芳偵知即將法商暨鹽觔一併拿獲扣留。電告外務部。請向法公使直接交涉。外部接電。半月有餘。並未覆電。張運司以事關重大。並駐津法領事。屢次詰問如何辦法。遂又電外部。外部無可如何。旋電囑其通融辦理。勿釀交涉爲要。張運司謂輕之則無濟於事。激之則恐生事端。遂請鹽政處指示機宜。澤公謂洋鹽不准銷售內地。早已訂在條約。今法商違章運售。其曲在彼。除照章扣留充公外。應如何辦理之處。速向法領事協商云。

●奉●天●萬●國●研●疫●會●紀●事　奉天萬國鼠疫研究會。經於三月初五日。行開會禮。其會塲內分實驗室陳列所。媒介物陳列所。所謂實驗室者。係羅列凡罹百斯篤人之心肺臟腑。及鼠類解剖之屍體是也。又如病者之血痰。及培養於玻璃管中之百斯篤黴菌。均備焉。所謂媒介物者。係爲百斯篤之媒介。如旱獺類及鼠類是也。以外尚有報告寫眞。凡關於東三省各埠死亡及救護諸狀。皆製成模型。以備考鏡。計是日出席會員。除奉天各官紳。及駐奉各領事。外其餘我國及外國各醫官。共三十四員。各醫官演說時對於肺百斯篤。與核百斯篤二症。紛紛各有辨論。其後由外部派來之施丞肇基。提出問題十條。以供各醫官之研究。茲照錄如後。（一）此次疫氣因何流行。有何辦理方法。（二）此種疫氣。是否滿洲境內產生之病。者有何最善之法。可向該處施救。（三）其產生疫氣之蟲。所含毒力。是否較核疫蟲毒力爲大。以顯微鏡觀之。蟲之形類相同。以疫蟲學理驗之。亦無少異。而何以在滿洲則成肺病血瘟。在印度等處則成核瘟而鮮成肺瘟者。（四）檢查各醫報告。此次疫氣。何以僅染及人而未染及畜。（五）肺瘟因何而致。核瘟因何而致。其所以不同之理由何在。（六）是否因氣候不同所致。抑係偶有之事。（七）此種疫蟲。是否能於人身之外。存活數月之久。果爾必緣何種情形而能存活如此之久。關於吾儕一大問題。蓋恐今年冬令再有復發之事。（八）黃豆皮貨。爲本省出口大宗。遇疫氣流行之時。應否照常輸運出。抑應有何限制。（九）各城鎮鄉村。是否應令一律設法施種疫漿。（十）據諸君所經歷者而言。凡發現疫之家屋。是否應令焚燬。抑按法消毒。即可無礙。

世界紀事

日英新條約之內容　日英新條約。以陽歷四月六日。兩國同時發表。其內容共有二十七條。凡關於舊條約之議定書及信敎自由之規定。永代借地權之規定。工業所有權保護之規定。一律廢止。今將其餘之二十三條列後。　一關於旅行住居自由身體財產保護。暨租稅均等。兵役義務諸保障。　一通商航海並營業權之自由。　一住居店舖帳簿書類之不可侵。　一關於相互版圖內之生產品及製造品輸出入之均等。　一內地通過稅之免除。　一對於相互版圖內輸出入貨物之稅率。準據別表所規定。　一關於國境貿易及內國生產輸入稅之待遇。　一噸稅港稅引水燈臺稅檢疫費之均等。　一關於船舶繫留貨物積卸之均等。　一法人之互證。　一旅商之特遇。　一除沿岸貿易外。當依據相互國內法。　一關於遇難船之規定。　一關於遇難船救助上費用之規定。　一商船國旗之互證。　一關於脫船人取戾之規定。　一最惠國約款之規定。　一領事官及代辦領事之設置。　一關於不動產所有。宜依相互主義最惠之國待遇。一舊條約之無效。一新條約之實施期有効期廢棄預告期。一批准交換期。此條約以十二年爲滿期苟有一國欲廢棄者當於一年以前豫告。惟關於協定之關稅率不論何時。可於六個月以前豫告而修正之。

日英條約與英紙 英國報紙對於日英條約約分爲兩派。自由貿易派之新聞紙。對之大爲歡迎保護貿易派之新聞紙。對之大肆攻擊。

日英條約與日人言論 日人對於此次之條約。如林董伯氏。則謂比之日美條約。其屈辱更甚。尾崎行雄氏則謂協定關稅率。全屬於偏務的。

併韓後與英國外交之關係 前印度總督加梭翁卿。(保守黨)攻擊英外部之政策。謂日本併韓後。英國並未得有何等之報償。且於朝鮮撤回治外法權。破壞條約上之權利。與經濟上之現狀。有著名經濟學者之銀行家阿布辨里卿又論云。自日本併韓後。英國商業之被其損害者不少。

日英同盟與英美之仲裁裁判 日英同盟。與英美兩國間現所欲行之仲裁裁判。頗不相容。美國上院之外交委員。目下專從事於日英同盟條約之研究。該委員並謂倘將來美國對於日本有戰事。對英國爲同盟之誼。恐不得已而有援助日本之事。是與仲裁條約有大障碍也。

德相之國防論　德國議會。當討論國防之際。其首相化路威希云。軍備縮少。本爲海牙第一和平會議以來之一大問題。然無論何人。對於此問題。終不能提出實行的計畫。英國本爲希望軍備縮少之國。然其海軍。常以優勝於三國之聯合艦爲標準。故軍備縮少之議。及一般仲裁之實行。容易破壞云云。

德相非和平論與英法　法國首相。既不以軍備縮少。及設置國際仲裁裁判之制度爲然。於是英國之外相。美國之大統領。及其他一般之熱心平和論者。均大失所望。法國諸新聞紙。至撰爲論說。以發無聊之寄慨。

法國建造戰艦　法國上院。建造戰鬥艦二隻之法案。業已通過。其時海軍卿答反對軍備超過論者云。法國宰相演說。謂軍備縮少。難見諸實行。是則此議現方隱於曙光之裏。籌畫國防。本爲余之職責。余惟努力使法國國防。比之他國不形遜色云。

俄人非難政府　俄國十月黨進步黨立憲民主黨及社會黨等。均謂政府依其特權。

實施地方議會法。非立憲的行動。在下院提出非難政府之動議。以八十八票對百七十四票而可決之。

俄國首相之勝利　俄國首相蘇特列辨氏。依然留任。不得不歸功於該首相之高壓手段。有以致之。該首相能使俄皇引退上院有力之政敵。又能使俄皇命議會停會四日。而議會停會之期。該首相遂依皇帝之大權。發布往日上院所否決之地方議會法案。其故因俄國憲法。如在議會閉鎖中。俄皇有不必經議會之協贊。而有立法之大權也。

法國對於摩洛哥亂事之態度　摩洛哥之官軍。自被叛徒擊破後。岌岌不可終日。法國政府欲援助摩洛哥王。頃已得西班牙政府之同意。惟欲爲武裝之干涉。與列國均有關係。現正試探列國之意嚮。

日本東京火災　日本東京新吉原中心之淺草下谷大火。計燬去房屋六千六百餘所。流落無歸者數萬人。損失約在千萬元內外。聞保險者僅得七十五萬。

美國紐約火災　美國紐約舍路奈特地方。其大部分皆爲製造業者所居住。由十層樓起火。死者百五十四人。負傷者二百人。幸免於難而逃避者三百人。

叢　錄

春冰室野乘

春　冰

曾文正李小湖往來書稿

同治甲子。金陵初復。曾文正葺鍾山書院。以書延李小湖廷尉聯琇爲山長。李以書報之。兩書皆爲一時傳誦。曾書稿出何廉昉太守手。其辭曰。京華盍簪。曾覿光儀。近歲展轉兵間。無緣瞻對。伏審乘軺閩嶠。移節吳門。爲國儲材。矩司空之家法。明刑弼教。踐大理之世官。方賚禮樂之風。以靖干戈之氣。而乃文成誓墓。錄就歸田。迴宦海之征帆。主師山之講席。仙雲彌好。（李集名好雲樓、）卿月自高。遜聽之餘。欽企曷已。某忝承、　明詔。謬領師干。無曾游勛伐之可言。誦李白詩篇而滋媿。（大理感事詩云、聞道曾游新奉詔、可無勛伐咎　皇朝、自注謂湘鄉公也、）際　中興之景運。値元惡之貫盈。幸收建業之城。稍雪敷天之憤。思欲滌蕩瑕穢。潤色山川。爰開甲子之科。冀采東南之美。斗牛之英光依舊。雲龍之際會方新。既占二八之升。於斯爲盛。更思九兩之繫。以道得民。登彼鍾山。問誰鼓篋。周彥倫之隱廬何在。雷次宗之精室焉存。瞻言顧之。可勝喟歎。將投戈而論道。擬置蕝而習儀。載葺講堂。重開學舍。擬擇大宗師而從事。乃集都人士而爰謀。僉以爲閣下天人共貫。望實並隆。正直剛柔之德三。文行忠信之教四。早已施于有政。可以爲師。不揣愚蒙。敢爲禮請。聆羣倫之陳說。識衆志之歸依。試述一二。畧塵清聽。或謂地以人傳。文與年進。昔使星之戾止。猶祓彗之方張。金陵適陷于黃巾。玉節莫游於白下。鍾阜之烟雲寡色。蔣山之香火無緣。今則虎踞龍蟠。江山如故。鸞飛龍振。旗鼓一新。培此邦之華英。補當年之闕憾。咨詢碑碣。憑弔滄桑。扶杖而吟。皆成詩料。携朋而出。亦有勝游。躡惜抱之前塵。定卜伏生壽永。沿隨園之舊例。何憂崔愼兒遲。此一說也。或謂古學淺。夷今文曼衍。江南之顧惠秦錢孫洪張段。江北之閻賈王任。劉阮焦汪。並皆與會儒宗。　熙朝耆碩。似流風之漸沫。慮隊緒之將淪。閣下則嗜古得敲。接人用柵。枕周葄孔。包嬴越劉。崔儦之卷五千。支公之籤三百。未足喻其宏通。自合資之提倡。集中經解策問諸目。小游學海。即是津梁。此又一說也。或又謂士鼓不能嗌九成。椎輪不能禁五路。徇俗之藝。羔鴈藉以先資。大斲之文。蟯蟬豈能陳化。或是丹而非素。遂愛古而薄今。技繼屠龍。骨誰市駿。閣下則以鄭許之學。淵雲之才。濂洛之傳。正嘉之格。合之一手。沛之寸心。洗洮庸音。追軌前哲。譚藝必衷諸古。致人必盡其才。下至試帖小詩。律賦末節。亦復力排佻巧。崇尚清眞。餘事足了。夫十人。端儀合光平四國。此又一說也。或又謂儒生貴在識時。經術原以致用。倘使千言落紙。詞盡筌蹄。遂致一策莫籌。儒爲詬病。閣下親編堯典。總答番書。摹天口之昭垂。紀海沙之漸被。中更潢池之警。屢陳軌里之條。廷尉恭纂宣宗實錄、又編洋務全書、幷陳奏團練方畧、天人治安。遠睎董賈。經義治事。定繼蘇湖。此閒百度維新。五諮並用。廣設中衢之勺。樂聞鄉校之言。咨政乃魏之客卿。議兵則齊之祭酒。通名鄰里。廡仲遠之譽望彌隆。折節陸生。周孝侯之丰裁益峻。茲又一說也。綜是羣言。敢祈一諾。輒令儀從祗迓高軒。毋金玉爾音。願賡繫維之雅。如松柏之茂。共培梁棟之才。區區寸忱。伏維垂察。

李復書云。蓋聞嶽神鍾地。甫侯翰周。昴精炳天。蕭相興漢。宮太保侯中堂三公左轄。八柱中樞。皋牢衆能。籥勺羣愚。萌隸慰更生之望。國家倚再造之勛。七政駢華。瑞令莫先克皖。六月獲醜。專征由是平吳。龍躍鳧轉。夫上元鹿宴。特開夫大比。遂見鱗游大壑。王

叢錄 四

褒麕多士之詩。羽翩高岡。召奭奏作人之雅。興言蹈詠。罔罄敷宣。某蒲柳早衰。枌榆遲返。頻歲憂傾於燕幕。一朝止怖於鵾茗。喜城頭子路之無蹤。實江左夷吾之攸賴。回憶夙瞻北斗。敬禮南豐。撫歲琯以如馳。想戎旃之鮮暇。未敢率塵尺素。輕溷鈴嚴。乃絳雲在霄。而甘露滋野。隆頒函幣。殷問衡茅。坐荐謙衷。謬采虛譽。昨者命呈私集。深媿小言。叨大匠之不遺。冀南車之有指。遽加盛獎。愈危本懷。伏念某自棄明時。久成隱志。半生鈉薫。末路堇穖。累安邑之猪肝。差可偏隅托足。躋楊震之鱣席。敢於都會抗顏。仰荷關垂。畀以鍾山主講。於某有三幸焉。有三慙焉。何言其幸。昔東國招旌。荀況三為祭酒。西巖築館。次宗再入延賢。是人師之德冠千秋。非地主之賢高一世。維公輪扶大雅。冶鑄羣英。詣習者勝讀十年。識韓者抵封萬戶。而且覘馬周之家客。認班彪於幕僚。瑰傑滿前。孤陋無歎。一也。夫緬六朝之裙屐。詩人每愛住金陵。裹半山之頭巾。寺主有吾鄉介甫。而某乃渡艱靡扇。跡阻爭墩。采風幾徧於三吳。攬勝獨遺於首郡。或者龍華會上。留白足因緣。虎踞石頭。待青蓮題句。如公所論。補我未經。二也。至於翟門羅雀。早見交情。泰山依羊。都非固結。苻朋之鄉關不見。變傳之身世堪悲。滄海為家。雖皋比之忝占。洞胥領局奈祠祿之甚微。何意拓此脩羊。免爲飢鳳。無煩牀足之繞。永給杖頭之需。三也。乃言其慙。一則瞻鈞範而悚焉。杜祁公之辟孫甫。重其對必引經。廉宣武之荐許衡。謂其學能造士。若某文惟塗抹。道乏淵源。是臏者而攀岱華之高。對健步則成蹶。昧者而辨袞冕之飾。遇明眸而頓盲矣。二則震士氣而餒焉。緗黃旗紫蓋之都。舊是人材藪囿。滌白馬青絲之厄。今當文字萌芽。若某待問何方。持衡寡識。是異孫陽而相馬。應羞紫燕桃花。非輪扁而斲材。定損青牛文梓矣。三則踵前型而怍焉。袁詩雄而姚文雄。遞掌烟雲壇坫。盧經學而唐理學。迭標漢宋津梁。若某器無足稱。處非其據。是謬職之誚。有譏於畫虎續貂。敗官之尤。或議於喧盧吠鵲矣。凡此慙與幸。并書難言罄。既承敦引。敢不祇遵。輕用瀆聞。何勝依慕。抑有啓者。通泰一帶。時値濬河。路多攔壩。舟煩屢徙。裝不便齎。計彼工竣。當逾月望。尙擬少延時日。檢束書囊。准於月內起程。無重煩從者之迓。幸恕遲愆。徵鄭朗於岑居。柳公綽知人。及遠就富公之帥幕。韓持國求誨無窮。

姚龔唱和詩

歸安姚彥士方伯覲元。博雅好古。喜刻書。世所傳咫進齋叢書者也。其官粵藩時。闓文介長戶部。以事劾罷之。龔藹人方伯易圖。實繼其任。用老杜諸將詩韻賦詩慰之。姚曰。我僅和第三首結韻曰。薏苡明珠從古有。敢將白簡怨司農。龔應聲曰。我再和此韻云。彈劾本爲臺諫事。如何倒用出司農。人服其敏。

紀曾文正更名事

寶應朱文定公士彥。當道光朝。歷典文衡。有知人鑒。戊戌會試。文定於是三主春闈矣。榜發。曾文正獲雋。文正原名子城。釋褐來謁。文定大異之。謂曰。子必爲國家柱石。惟尊名於引見時。恐難邀館選。我　朝非翰林出身。不易早躋顯秩。雖有名世之才。亦無由得展其用。盍更名乎。文正以爲請。文定遂取爲國藩輔之義。囑更名國藩。遂以三甲進士改庶吉士。文定有布衣交高郵名士薛雲侯者。函詢此科得士。以誰爲最。文定復書云。惟有曾某一人。乃非常之士。一時都下傳爲佳話。而文定旋下世。不及覩文正後來功業之成就矣。此事文正本傳年譜皆未載。竟不知原名何以不能邀館選也。咸同以來、臣工命名、皆諱鑄字、凡名鑄者、引見時例改爲金壽、如咸豐朝之何金壽、同治朝之華金壽、皆是、疑是避　文宗嫌名、然柱字則又不避、此亦不可解、

輓聯彙錄

葉使相名琛之喪歸自印度也。華樵雲觀察挽以聯曰。身依十載春風。不堪回首。目斷萬重滄海。何處招魂。靑墨卿中丞麐以武漢失守伏法。臨刑時。軍民皆痛哭失聲。蓋其居官廉潔。馭下有恩也。涇陽張文毅芾挽以聯曰。雷霆雨露總天恩。可憐秉節孤忠。原拚一死。成敗功名皆幻境。即此蓋棺論定。已足千秋。此兩聯皆極難措詞。而能恰合分際。

金陵湘軍水師昭忠祠落成。彭剛直題一聯云。江淮河漢。浪駭濤驚。三千里埽盪縱橫。公等能擔天下事。矢石戈矛。血飛肉薄。一萬衆同心死義。國殤惟有楚人多。

沈文肅公夫人林氏。名敬紉。爲文忠次女。助守廣信。贛撫上其事。 詔賜雙忠格天扁額。夫人生卒皆以八月十五日。慈谿張魯生司馬挽以聯云。爲名臣女。爲名臣妻。江右佐元戎。錦繖夫人分偉績。于中秋生。于中秋逝。天邊圓皓魄。霓裳仙子證前身。文肅自撰悼亡聯云。念此生何以酬君。幸死而有知。奉泉下翁姑。依然稱意。論全福自應先我。顧事猶未了。看膝前兒女。那不傷心。

何廉昉太守栻。咸同閒詩人之傑。其卒也。薛慰農觀察春黎挽之曰。翰墨中人。詩酒中人。江山花月中人。薄宦豈能羈。頻年擺脫風塵。逸興豪情。跨鶴占維揚勝蹟。循吏一傳。文苑一傳。貨殖游俠又一傳。通才無不可。平昔服膺師訓。感恩知己。騎鯨爲上相先驅。蓋太守爲曾文正弟子。平生風義最篤。太守歿後數日。文正亦騎箕也。相傳太守罷官後。業鹺揚州。搆壺園。觴詠極盛。座客常滿。自撰一聯。懸之聽事云。釀五百斛酒。讀三十車書。於願足矣。製千丈大裘。營萬間廣廈。何日能之。其豪俠可想見也。

程文恭公景伊。以大學士薨於位。 高宗純皇帝賜御筆挽聯云。執笏無慚眞宰相。蓋棺還是老書生。

胡文忠之騎箕也。正當 文宗賓天後。曾文正一聯。已膾炙人口。同時李次青聯曰。赤手障南天。持節遽乘江渚鶴。丹心依北闕。騎箕猶護鼎湖龍。文正挽羅忠節聯云。率生徒數十人。轉戰而前。克廿餘城。殺幾萬賊。亦良將。亦純儒。獨有千秋。羅山不死。報國家二百年。養士之澤。提三尺劍。著等身書。是忠臣。是畏友。又弱一个。湘水無情。硬語盤空。一時詫爲挽聯僅見之作。

李文忠遺詩

李文忠官編脩時。頗落拓不得志。嘗有丙辰年明光題壁詩二首云。四年牛馬走風塵。浩刧茫茫剩此身。杯酒借澆胸塊壘。枕戈試放膽輪囷。愁彈短鋏成何事。力挽狂瀾定有人。綠鬢漸凋旄節落。關河徙倚獨傷神。巢湖看盡更洪湖。樂土東南此一隅。我是無家失羣燕。誰能有屋穩棲烏。袖攜淮海新詩卷。歸訪烟波舊釣徒。徧地槁苗待霖雨。閒雲欲去重踟躕。

何廉昉感事詩

道光辛丑和議既成。何廉昉有鼓吹詞詠其事。中二首云。不用將軍霹靂弓。旄頭未展已平戎。但憑割地爲長策。猶欲貪天冒戰功。南海無珠猶苦索。北門有管竟潛通。振振麟趾無窮意。盡在吁嗟一歎中。談笑從容却敵兵。允文眞不媿書生。百蠻通市原非計。萬里投荒獨有名。黑白更誰持大局。東南從此壞長城。惜公不合開邊衅。直道常留愛歎聲。前首刺弈山弈經之僨事。後首惜林文忠之謫戍也。當時海疆從事諸臣事後猶謀開保。故有貪天冒功之語。南海無珠。則指二人之黷貨也。

文苑

臘不盡二日遣懷

滄江

淚眼看雲又一年倚樓何事不淒然獨無兄弟將誰懟長負君親只自憐天遠一身成老大酒醒滿目是山川傷離念遠何時已捧土區區塞逝川

其夕大風雨徹旦不寐重有感

前人

三十年前心上事爲誰千轉入中腸學裁春勝同依姊泥索年餻各喚娘此日天涯空涕淚他年夜雨莫思量却緣詩夢翻無寐詒我何由致汝旁

元日放晴二日雨三日陰霾

前人

入春三日覺春深隔日春如判古今容我曹騰行坐臥從渠翻覆雨陰晴擁鑪永夕成微醉袖手看雲得短吟落盡檐花無一語百年誰識此時心

祁門道中

苞父

四圍山木合一角夕陽青入影落深碧沙痕生碎明灘多篙手亂船小箬篷輕僕僕客

何事嚴寒迸遠征。

去住　前人

去住兩無着。悲歡不奈何。柏浮頌酒德。婉轉教琴歌。蜃氣成雲麗。龜年伏息多。崑侖有孤竹。平視太山阿。

秋心　前人

秋心細如髮。微逗一蟬知。積水庭中月。孤花檻外枝。酒悲能貯夢。淚尚痕衣。兀兀十年事。人間世已非。

天街　前人

天街官樹萬迴環。牆宇森森欝祭壇。芻牧昔曾供客廄。埽除今見屬祠官。翠華欲涖金魚啓。黃幄長垂玉陛寒。珍重上儀三古事。送迎前路盛衣冠。

寄題孫師鄭前輩詩史閣圖　前人

虛堂如拜萬詩魂。人海蕭然自閉門。風雨此聲秋滿地。龕鐙獨夜佛無言。溫馨芳草懷中字。婉嫵脩眉夢外痕。辛苦叢殘生較晚。虞山歷下儻同論。

宿燕郊 鈍宧

滾滾驚埃暮色橫。前頭鐙火有人聲。林間乍吐二分月。馬背初休一日程。沙草雲深埋戰壘。關城天險拱神京。攜來智朴盤山志。消得茫茫夜四更。

萬松寺舊名衛公菴登樓望遠忽發歸思 前人

天半高樓獨倚闌。悲來雙淚落汍瀾。有田自是躬耕好。垂老方知出世難。一晌鐘魚依淨域。十年車馬誤麤官。家山亦有荒菴在。余家水繪園亂後易名水繪菴誰與松篁共歲寒。

李衛公舞劍臺 前人

兀兀荒臺峙夕曛。山僧能說李將軍。倉皇馬革東征骨。慘澹龍旂北地雲。愛妾儻攜張一妹。故人偏值蓋蘇文。蓋蘇文即虬髯客兩雄相阨宜高麗之役無功也匈奴未滅英雄老。撫劍淒然淚雨紛。

見之必生疑畏也。彼所指數俱係通衢大道，尤有深意，蓋使其人不易覓歧路而遁。又使其御福奈可以遙相追逐，不致或迷蹤也。其人意似不欲往，若別具深心，然又不能不往。謬爲附和者而應曰。如此便去。二人遂並肩行。剛騰復問之曰，夥計，子囊中何物。其器械耶。今夕既非立意行事，何苦負此纍纍之物以俱往，子何如是之不憚煩耶。曰吾之行囊。固常隨身者，事未可逆料，終以預備爲佳也。剛騰笑曰。子之言然，行至意大利公園。剛騰一回顧，遙見坡下雙燈掩映，緩緩而來。知福奈驅車緊隨，果能如命行事也。鵜鶘雖徑行。而心實緊伺剛騰舉動。見剛騰回首。彼亦一回首。因問之曰。子回顧何爲者。剛騰曰。吾恐或有人潛尾吾儕之後耳。曰。是則無憂，此間中夜以後，從不見一警吏者。後面惟有一車來耳。曰。想必歸貸馬閑中去者。曰。子何以見之。吾意殆不然。觀其燈火甚有類於人家之馬車也。曰。使如此。亦有何妨。彼必非尾隨吾人。警務中人從無有作此舉動者也。曰。子何能決之。彼輩之行動。固日有變更也。曰。吾惟勸他人毋來相鬬耳。吾身有六發短銃。儘足禦侮。辣底爾之爲人。尚非容易就逮者也。乃故意一瞬，竚立若示己無畏之狀。而不知其行道至此。恰須轉灣。特教後來之馬車認視逼眞。俾勿迷于所往耳。鵜鶘急曳之曰。子眞教人瑣屑死。盍速去。吾渴欲飲矣。曰。惡。子毋憂。倫乃特酒家中不少。而盃中物也。吾人今可轉灣。遂折入哥備連孔道去。此處較爲繁鬧。柯連斯交通鐵道之發端處。即距此不遠。汽車時時往來。人多有事於車驛間。故運輸之車。絡繹於道。然徒步之游人。轉鮮有來往者。滿道惟見車馬。至此鵜鶘更不能着眼於尾隨之車。而剛騰之御人。轉能釐然辨認彼二人之蹤跡。剛騰知鵜鶘體力不及。已斷不憂其作難。惟慮其潛逃。是以刻刻提防。其人茍露躲閃狀。便當立拘縶之。剛騰之心原不欲驚動警吏。以自礙其行事。然茍至於無可如何之際。則亦不能不出此也。二人良久無語。鵜鶘更自默然。剛騰忽又問曰。子善飲乎。曰。亦稍能飲。然須烈酒乃佳。曰。倫乃特之酒。固較別家尤爲猛烈者。曰。如此最佳。子能飲幾何耶。曰。吾僅飲兩三升足矣。倘飲過量。必且醉倒酒鑪邊。然吾亦不復計此。以有子同行。當能扶掖我也。剛騰此語。可謂謙抑之甚。彼素以豪飲著。曾與英吉利軍中之最善飲者較。罔不甘拜下風。今特欲藉此能力。以醉倒鵜鶘。俾得刺探其隱事。故爲此撝謙語耳。鵜鶘固未能知之。乃轉慰剛騰曰。子毋憂。吾從不肯棄同道之人而不顧者。子倘眞醉倒。吾當送子歸。何處耶。

曰。阿被西路第七十九家之第五層樓。子宜問取希羅伊其人。是爲吾女兒。其名字已榜於戶間也。曰。可哉。一閃光。子可無慮。但有我在。子便安然若居衽席。明朝吾來登門。問子安否。且從子家一啖葱湯也。曰。甚善。希羅伊之作葱湯。無人能及之者也。二人行且語。漸及牟博忒廣塲。此地今已變置。以聖惹曼康衢橫斷其間。已頓改其舊觀。在曩時直一空曠之市塲耳。鶺鴒曰。今已至此矣。酒肆安在。曰。距此不遠。今將左折入於加蘭路。由是再轉入英吉利路。卽見此酒肆也。剛騰至此。頗爲其御者慮。此兩轉灣。皆爲狹路。衆之路口紛歧。車馬必不能入。則不得不就外方之大道駐車。如此則恐致相失。且既入酒肆。更不知需幾許時。乃能復出。尤恐御人之不耐久待。然事至於此。亦無他法。惟有任其自然。自計福奈倫能相機以行。不至相失。固佳。萬一不復相値。則已當奔回旅舍。另取衣冠着之。然後往俱樂部赴約。亦無不可也。又自念曰。此人之情狀。似已知吾之不信其爲竊盜也者。經多方試探。終不肯以其居址相告。彼既慮吾之知其蹤跡。其意必將醉吾以酒。而後舍吾潛逃。吾方欲醉彼。而彼反欲醉吾。彼爲計誠左矣。前路紛雜。須妨其遁逃。吾當更有以尼之。乃與之把臂而行。將入加蘭路口。畧一回顧。見福奈之車。方及於聖惹曼道旁心竊慰。至英吉利路。行過半。見有舊衣肆。衣袴等物。滿掛門首。其對門之店爲單扇玻璃門者。招牌塵黷黯澹。幾難辨認。此即倫乃特酒肆也。其地乃下流社會之聚飲處。往來者多半盜竊之流。剛騰少年時。剽悍喜事。此等藏垢納污之地。皆曾一歷其境。是以知之。其導斯人來此者。蓋深知此中皆猥賤之倫。必無有認識己之眞面目者故也。剛騰不忘戒愼。若甚加敬禮于其人者。特讓彼先入。而自踵隨其後。旣入門。則狹若隘巷。兩人不能並肩行。其兩旁。一方爲鐵闌干。一方爲排列之酒桶。過此乃達空闊處。其地爲庭院。惟上有遮篷。其中滿排木桌凳。皆屬塵垢破敗之物。煤氣燈高懸室內。座中飲客。皆能照見顏色。鵝鵰見此中垢污。光景亦不免生嫌惡心。又見其中座客。皆面目獷悍。箕踞而坐。案上各置巨觥。飛觴引滿。烈酒一吸輒盡。而四座却無喧呶者。即有共話。亦皆低聲細語。蓋恐隔座有偵探。或得聞也。二人闖入。諸醉客多曲肱支頤而坐。毫不驚異。惟有三數人。畧一回首。稍露驚疑色。殆誤疑爲警署諜者之來偵耳。剛騰悄問其人曰。老伴。此中人。子有相識者否耶。曰。無之。子亦無所認識者耶。曰。吾更無之矣。吾以爲子居此附近。或有相識。故問子耳。二人遂見客座虛處。

有空間之座。乃挨擠凳邊跨越而進。既就坐。其人曰。此間稍可與衆人相去較遠。吾人可以暢談。剛騰曰。老伴。吾今作主人。且向鑪間買酒去。視壁上牓告。謂須先付酒值而後飲酒。遂探懷取五佛郎付酒家。于是酒保以瓦壺盛酒來。又將巨盞二。置于案頭。剛騰注酒。二人舉盞對酌。剛騰細審其人之面目。自思曰。此人鬚髯乃假裝者也。其人亦細視剛騰兩手。謂之曰。咄咄。子若甚保愛其指爪者。人將一見而知子非勞力作苦者矣。剛騰曰。子誠少見而多怪矣。是何足異。吾之手但用以博塞游戲。安得不爾耶。曰。雖然。猶有可駭笑者。子兩手何汚穢如是。人將謂子故涅之者矣。剛騰不禁暗驚。方知手既染汚。反與秀整之指爪不相稱。此誠不可掩之事矣。乃變計曰。唉。子何愚騃。吾適纔將至意大利通衢。道經小徑。偶一顚躓。兩手據地。適陷泥淖中。故汚穢如是。頃行道上。屢思濯之。而無自得水。今此肆中又向禁酒客取水。何從蕩滌之。至於指爪之修整。乃爲吾職業所拘。不能不爾者。苟不如此。即爲傭者所不喜。故特保此纖纖十指耳。今且置此。吾且問子何處得此一部美髯。此必以重價購來者。其不然乎。曰。惡惡。有是。吾髯乃天生者也。子欲與吾爲好。與其眈眈視吾。毋寧更進一觥之爲愈也。曰。可也。遂引酒後醻一觥。謂之曰。老伴。今及子矣。鵜鶘亦引頸舉杯。然已有不勝之態。一翻方下。兩眉已蹙。剛騰知其非敵手。數四酬酢之後。故謂之曰。此酒頗淡。吾殊未領畧其滋味也。遂復滿泛一巵。一吸盡之。無殊飲水。鵜鶘亦思效顰。然飲未及半。辛辣已棘於喉。不能不作停頓矣。剛騰笑曰。嘻。子何爲如是耶。曰。今夕似不甚適者。曰。子病乎。吾可護子至吾家將息。命吾女希羅伊爲子具茶湯可乎。曰。勿須。吾非病。乃以此酒不甚佳耳。曰。子嗜何酒。盍言之。吾當更沽。曰。毋。此地譁囂殊甚。吾亦不喜。且座中人有眈眈厲目。若吾輩者。恐有警署諜人。溷跡其間也。曰。子殊誤會矣。渠儂方以吾二人爲間諜。故驚疑相目耳。曰。此地究當速離去。恐有與吾人爲難者也。曰。惡。吾何懼。吾懷中有物。足以禦之。更無論此一雙老拳矣。勸君且盡一杯。鵜鶘推盞作厭惡聲曰。毋。然吾已足矣。遂默默如有所思。剛騰知彼樽俎之謀既敗。必將另設詭計。以圖脫身也久之。鵜鶘忽語曰。一閃光。吾今與子謀之。吾人流連於此。不免徒費光陰。既相約合夥。曷不卽今圖事耶。剛騰聞此。眞覺得諸意外者。不覺大訝。念曰。此人果眞穿窬之盜乎。果非別有陰謀而窺伺嫣娜母女者乎。是眞難索解矣。雖然。吾既至此。終當一覷其究竟。察其情態詭秘。終類於別有深心者。吾今不能終夜隨之。莫若姑從其言以期得其情僞。乃漫應之。曰子且詳言之。待吾審擇可否。吾非不欲走此道。然事太危險易致破露者則吾亦不願厠身其間也。鵜鶘曰。此事無大艱險。苟能得當。且將大獲。去此不遠。有一小宅院。居者爲一富豪。但有一僕。而主人則每夕適俱樂部。終夜沈湎於賭者。曰。此種內情子何從得之者耶。曰得諸其僕。此僕每夕必到鄰近酒肆沽飲至醉乃歸。吾屢遇之。每乘其醉便餂之以言。具得其中情實。知其家中廣有金帛。並藏貯之處亦悉知之。此家眞巨富者也。曰雖然。但恐入室匪易耳。曰。並不難。室中無他人。其主僕常俱出。其室外有園。園牆高僅及仞。吾有繩梯可以踰垣而入。今正其時。其主人殆已適俱樂部。其僕則覓醉於酒家。室中無人。直若取諸宮中耳。吾越牆入得贓。復越牆出。然後與子平分之。曰子誠惠顧我矣。似子所言。大可無需吾臂助者。而猶分潤及我。實爲難能。曰吾非得子之爲我守望。吾得贓出。恐爲邏者所拘。今既得子爲我瞭望。則苟有人來。子能以暗號警我。由此視之。子固大有造於我者。寧得等於贅瘤耶。吾向之所以不敢行事者。徒以無助耳。非子來。吾安能成功哉。曰。子言是矣。然子入室之後。幸毋一去不返。悄然遠颺。令吾露立終宵、空勞盼望也。曰。寧有是哉。此宅僅有一門戶。吾出。子必見之。吾安能棄子而逃耶。子倫終不見信。吾人可交換行事、子自入室。吾在外瞭望可也。剛騰忖曰。此賊奸猾甚。彼其心終不能無疑於吾。今所以如此建議者。既以示不疑。又可圖遁耳。乃應之曰。子誠惠我。然吾素非蹻捷、不慣緣牆、且內情亦不如子熟悉也。曰。似此仍用前議可耳。子如首肯。吾人即今便行。曰。此宅院安在。曰、在鯉門道。去此不遠。曰。可也。吾人即今便去。遂共起身出酒肆、鵜鶘仍挽其革囊繩索以行。酒肆中人。亦不訝兩人歸去之速。剛騰緊隨鵜鶘行、心竊係念其馬車不知在何處。詎出至外方。遙見福奈尚攬轡停驂、待於聖惹曼道口。蓋惟堅守於此、並不他去也。剛騰竊喜、鵜鶘此際。似更無所覺察者。惟匆匆前行。福奈見剛騰行、亦復驅車遙相追隨。俄而歷盡幾條街巷。已至鯉門道。鵜鶘曰。至矣。暗指其宅院。剛騰視之。其宅樓高二層。頗華美。宅門右旁爲一帶園牆。牆作方式。一方向鯉門道。一方向一小巷。道上闃其無人。室中亦不見燈火。剛騰見兩方惟有一門戶。彼既入園。當無別路可潛遁者。心竊喜慰。鵜鶘指曰。此牆上有巨釘密排。志在防我輩。而不知適墮我術中。吾繩端繫有巨鉤。拋上牆頭。挂着釘上。愈益穩固也。乃就巷中擧繩拋之三數拋。果罥鉤於牆端。其繩節節緊結。可以扳援而上。顧謂剛騰曰。事不宜遲。吾今便去。子宜立牆隅間。果有人來。可壁口發聲爲號。剛騰曰。可也。子需幾何時乃復出耶。曰。至多不過二刻。遂背負其鐵。援繩猱升。若毫不費力者。頃刻已及牆巓。以牆上排釘。不能穩坐。乃四體並用。俯伏其中。復以一手理繩。盡收上牆頭去。然後節節向牆內垂下。復悄語剛騰曰。老伴。吾今去矣。子且少安毋躁。遂翻身入牆內去。觀其手段之輕捷。眞若積年竊賊也。剛騰念本欲刺探其眞情。故宛轉隨之。今其眞情既不可得。己寧肯隨之爲盜者。初意本不欲使警吏干預。然至此亦更無他法。惟有呼警吏拘之而已。無論其果否別有奸謀。但以行竊論。卽宜付警吏懲罰。終算爲媽娜母女除却一害。正欲吹警笛時。又見隣近並無警吏蹤影。恐警吏不能聞。徒以驚賊。憶方纔道經隣街。見救火局門外有守望者。今雖非火警。乞彼代召警吏來。當亦無不肯者。往返數分時。此賊未必遂能遁去。然又念己身如是襤褸。恐人見之亦不信其言。非覓得御人仍易其初服不可。回視後面鯉門道盡處。忽現雙燈。乃知福奈已驅車在彼。念相去不過十數丈。便趨往易衣。兼召福奈來協助。亦不過費數分時。未必遂致此賊潛遁。乃疾趨就之。福奈見剛騰來。喜曰。公勞苦甚矣。猶幸未相失也。此賊今何如、剛騰遙指曰。今方踰牆入彼家行竊。吾當速易冠服往召警吏來。子宜驅車至彼。立牆隅間守之。彼果逃出。便可拘之。以待吾返。子宜懷吾火銃去。便足以制之也。乃匆匆易服。福奈曰。公毋憂。彼不但無可逃、且亦不能盜物、室中人將靜伺其來矣。曰。不然、室中固無人者。曰。殆非也。樓上固有燈火在。豈得無人耶、剛騰回顧。果見隱隱有燈光、訝曰。此光吾初未之見也、竊賊喜就黑暗。斷無入室自秉燭者。然則此中果有人在、賊殆不得逞、雖然、室中惟有一僕耳。賊苟懷有兵刃。見不能遂其欲。將至殺人以强行刧奪、此事誠不能久待矣。吾當變計。言次已易衣冠如舊。爰謂其御曰。子宜如吾言。速驅車至彼牆隅守待賊。苟越牆出。便掩捕之。吾當徑往其宅。門振鈴。告警室中人、得吾相助。此賊必可就擒也。遂急奔返原處。福奈亦驅車隨後來。剛騰既至門首、猛曳其呼鈴、寂無答者。再三曳。始見樓上窗扉呀然半啓。一人伸首出。問曰。何事。客何爲者。剛騰恐驚賊。低聲應曰。有竊賊一人。潛入此宅中去也。其人曰。有是哉。剛騰曰。速啓戶。吾當助子捕之。曰。吾今即來。客且待。窗扉遂闔。燈光亦隱。少焉門闢、啓僕人秉燭立。剛騰視其人。身量偭長。頗

廣智書局發售書籍碑帖

內簡尺牘	六角
山谷老人刀筆	六角
王夢樓先生著 快雨堂題跋	四角
吳趼人先生著 趼廛筆記	二角
今世說	三角五分
北宋搨 王右軍聖教序	八角
李壁碑	四角
董香光天馬賦墨蹟	三角
曾文正手札墨蹟	三角
張黑女碑	八角

上海福州路

二十世紀大著作名家童君愛樓實驗自來血保証書

明州童君愛樓著作等身生平擅長詩文書畫小說戲曲等一切撰作大江南北久噪文名歷任本埠各譯局各報館秉筆多年海內文學界中莫不知有此君其爲文莊諧並作獨闢町畦實爲近今二十世紀著作家中有數人物因其朝夜著作操勞過甚以致心血大衰精神困憊時患喘咳百藥無功今讀其來書能知其服本藥房自來血後其病如失精神倍增仍能深宵著述不知勞倦深讚本藥房自來血有起衰扶弱之功今特將其惠書照登於下藉見自來血大有功於人之以思慮致疾云云○五洲大藥房主人雅鑒今啓者鄙人向以筆墨餬口歷在廣學會山西大學堂譯書院萬國商業月報館字林滬報娛閒日報文娛報鶴鳴報春申諸處辦事多年自顧不文著書至數百萬言一人精神有限終日埋頭窗下竟成了肺喘之症近更書寫稍久神志易昏不能如舊時深宵著述莫知苦辛鄙人亦稍諳醫理念小恙之來多由心血暗耗致陽氣飛越成神衰咳喘痰多內熱之症服多方均不見效後自去秋八月間服貴藥房自來血後不覺喘平痰少仍得耐勞蓋由補血而得能若此也心感之餘爲作此書聊伸謝悃幷告學界諸君之抱有同病者即頌財安

厲本埠大馬路德仁里六弄志强學堂內童隱頓

海內諸公如蒙惠購請認明全球老牌商標每瓶內加附五彩認眞券一張值洋一角保證書一本方不致誤小瓶一元二角大瓶弍元每打十二元二十元託局函購原班回件

總發行所上海四馬路老巡捕房對面五洲大葯房抄登

●太倉中斌學堂監督兼歷辦普通震旦校務聞君冠

塵服自來血之後精神倍增舊病全除之保證書

五洲大藥房主人執事敬謝者鄙人自東瀛游學因病歸國瞬將十年歷辦普通震旦校務並獨力担任創辦中斌公學一所學生日見發達一切校政教科鄙人均有監督之責祗以舊患痰喘逢寒必發深受其累去秋在太倉中英大藥房購服自來血四瓶功效甚速鄙人素不信醫藥自服之後精神倍增目下舊病全除面部紅光大來日漸肥胖一切校務勝任愉悅爲此敬告中外學界仝人之同病者庶得早占勿藥也專鳴謝悃即頌○○日祉

自來血價目大瓶二元 小瓶一元二角 每打二十元 十二元 託局函購原班回件凡各界諸君如蒙惠顧須認明全球老牌商標每瓶附有值洋一角之認眞券一張五彩保證書一本方是眞的

●總發行所上海四馬路老巡捕房對門五洲大藥房

抄登

蘇州閶門九十七號萃昌綢緞莊經理吳誌彝君承惠玉照以作證云○余左腿曾患癱疽常流濕水步履艱難身甚輭弱夜不成寐困苦之情莫能言喻後服韋廉士大醫生紅色補丸六禮拜後癱疽全消今者身甚康强更勝疇昔

蘇州商人腿患癱疽身體虛弱服韋廉士大醫生紅色補丸而獲全愈

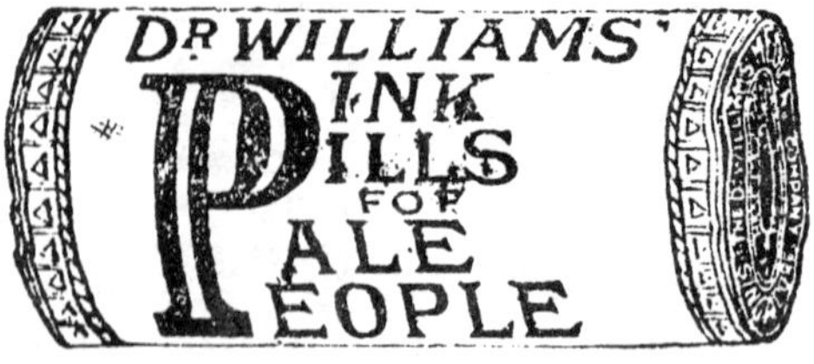

須買眞韋廉士大醫生紅色補丸

中國各處藥局商店凡經售西藥者均有出售或直向上海四川路八十四號韋廉士醫生藥局中國總發行或向重慶白象街分行函購亦可價銀每一瓶大洋一元五角每六瓶大洋八元遠近郵費一律不取

KOUK FONG PO

No. 7
Issued on Tri-monthly

大清郵政局特准掛號認為新聞紙類
日本明治四十三年二月十三日第三種郵便物認可

每月三期逢壹日發行

國風報

宣統三年三月十一日
第貳年第柒期

Annual Subscription $6.50 each copy 25 cents.
Published by Hor Kwok Ching
585 Foochow Road
SHANGHAI, CHINA.

愛理士紅衣補丸

治愈體質羸弱胃神鈍疲承王君欽明惠來證書玉照

鄙人體質素弱食息疲倦動輙勞頓病從中來常見各報所登貴藥廠**愛理士紅衣補丸**能療百病曾購兩瓶試服之下果然效驗如神茲祈再發半打附上小影一張亦祈列入報端以質諸同病者鑒

福州乾記洋行帳房王

欽明頓

各埠大藥房均有發售倘內地無從購買請函至上海四川路一百十七號總批發所購辦即班回件郵費不加震寰藥廠啟

國風報第二年第七號目錄

宣統三年三月十一日出版

編輯兼發行者　何國楨

發行所　上海福州路　國風報館

印刷所　上海福州路　廣智書局

定價表

報費先惠閏月停刊

項目	報資
零售每冊	二角五分
半年十七冊	三元五角
全年三十四冊	六元五角

郵費

全年	一元	歐美每冊七分
半年	五角	日本每冊一分
每冊	三分	

廣告價目表

一面	十元
半面	六元

钦天监天文台

號外雜文

遊臺第一信

滄江

編輯部諸君鑒僕等以二月二十四日成行矣。茲游蓄志五年。今始克踐。然幾止者且屢。若再荏苒。則彼中更炎歊不可住。又當期諸一年以後。故毅然排萬冗以行。首塗前蓋數夜未交睫也。吾茲行之動機。實緣頻年居此。讀其新聞雜誌。盛稱其治臺成績。未嘗不愀然有所動於中。謂同是日月。同是山川。而在人之所得。乃如是也。而數年以來。又往往獲交彼中一二遺老。則所聞又有以大異乎前。非親見又烏乎辨之。此茲行所以益不容已也。大抵茲行所亟欲調查之事項如下。

一　臺灣隸我版二百年。歲入不過六十餘萬。自劉壯肅以後。乃漸加至二百餘萬。日人得之僅十餘年。而頻年歲入三千八百餘萬。本年度預算且四千二百萬矣。是果何道以致此。吾內地各省。若能效之。則倘何貧之足爲憂者。

二　臺灣自六年以來。已不復受中央政府之補助金。此四千餘萬者。皆臺灣本島

之所自負擔也島民負擔能力何以能驟進至是

三　臺灣政府前此受其中央政府補助數千萬金又借入公債數千萬金就財政系統言之則臺灣前此之對於其母國純然爲一獨立之債務國今則漸脫離此債務國之地位矣此可謂利用外債之明效大驗也吾國外債可否論方喧於國中吾茲行將於茲事大有所究索

四　臺灣爲特種之行政組織蓋沿襲吾之行省制度而運用之極其妙也吾國今者改革外官制之議方嘵嘵未有所決求之於彼或可得師資一二

五　吾國今後言殖產興業要不能不以農政爲始基聞臺灣農政之修冠絕全球且其農事習慣多因我國他山之石宜莫良於斯

六　臺灣爲我領土時幣制紊亂不可紀極日人得之初改爲銀本位未幾遂爲金本位其改革之次第如何過渡時代之狀態如何改革後之影響如何於我國今日幣制事業必有所參考

七　日本本國人移殖於臺灣者日見繁榮今日我國欲行內地殖民於東三省蒙

古新疆諸地其可資取法者必多。

八　臺灣之警察行政與日本内地系統不同。不審亦有可以適用於我國者否。我國舊行之保甲法。聞臺灣采之而卓著成效。欲觀其辦法如何。

九　臺灣之阿片專賣事業。自詡爲禁烟之一妙法。當有可供我研究者。

十　臺灣前此舉行土地調査。備極周密。租稅之整理。其根本皆在於此。何以能行而民不擾。又其所行之戶口調査。係適用最新技術。日人自誇爲辦理極善。今者日本本國將行國勢調査。卽以爲法。欲觀其實際詳情如何。

吾茲游所調査之目的畧如右。其他則俟臨時當更有所觸發也。首途以來入夜必爲游記。歸後當更布之。或亦吾國治政聞者所急欲覩乎。舟次百不備。文蕪不可讀。惟亮察。

二月二十六日某頓首　　笠戶丸門司舟次發

遊臺第二信

編輯部諸君鑒。昨二十八日抵臺矣。沿塗水波不興。雖深畏海行如明水先生者。亦飲啖勝常。致可喜也。前日舟掠溫台界而南。遙望故國青山一髮。神往久之。占一絕云滄波。一。去。情。何。極。白。鳥。頻。來。意。似。閑。却。指。海。雲。紅。盡。處。招。人。應。是。浙。東。山。

舟中設備極新娛樂之具畢陳。日本人航海事業之發達可驚也。已置無線電報。在舟中發行報紙。未至前一日。遺老林君獻堂即以無線電報歡迎。且祝海行安善。亦占一絕云。

迢。遞。西。南。有。好。風。故。人。相。望。意。何。窮。不。勞。青。鳥。傳。消。息。早。有。靈。犀。一。點。通。

舟次多暇。日以詩自遣。得十數章。當以入游記。不復鈔呈矣。

舟入雞籠。警吏來盤詰。幾爲所窘。幸首塗前先至東京乞取介紹書。否則將臨河而返矣。臺灣乃禁止我國人上陸。其苛不讓美澳。吾居此十年而無所知。眞夢夢也。

雞籠舟次。遺老歡迎者十數。乘汽車入臺北。迎於驛者又數十。遺。民。之。戀。戀。於。故。國。乃。如。是。耶。對。之。惟。有。增。慚。舍館甫定。匆匆奉布。不盡萬一。

二月二十九日　某頓首　臺北日之丸旅館發

遊臺第三信

編輯部諸君鑒首塗後奉兩書。計以次達。抵此已五日。日則詣各局所調查。夜則與遺

老相晤對無片晷得休息也雖爲日尙淺然已起種種異感諺所謂百聞不如一見不虛也棖觸萬端豈片紙所能述俟諸異日耳

此間百無所有惟有一總督府耳總督天帝也立憲國之君主視之蔑如矣其官吏別有一種習氣居日本十年所不能覩也吾至此不得不以禮往謁乃適如昔人所謂因鬼見帝者殊可一笑三謁不得要領卒辭以疾殖民地之官吏如是其尊大也猶謝其派一通譯官爲嚮導乃得徧歷諸局所調查獲種種便利此莫大之人情耳

劉壯肅所營故城毀矣留其四門以作紀念今屹然於西式堊室與東式木屋之間日過其下劌心怵目故撫署今爲總督府吾曾入之歸而累欷得一絕云

幾處榱題斂舊椽斷碑隊剝草成烟傷心最有韓南澗凝碧池頭聽管絃

遺老之相待有加無已自顧何以當此昨日乃集百餘輩設大歡迎會於臺北故城之薈芳樓吾席間演說之辭眞不知如何而可屬耳在垣笑譽皆罪耳他日當以入游記此弗述也夜歸賦長句四首以謝今錄呈其一傷心人讀此應同玆懷抱耶

遠遊王粲漫懷歸却踏天涯訪落暉花鳥向人成脉脉海雲終古自飛飛尊前相見

難啼笑華表歸來有是非料得隔江諸父老不緣漢節始沾衣

明日將入臺中矣。懷抱殊惡。不罄百一。悉容續報。惟眠食自攝。

三月三日　某頓首　臺北日之丸旅館發

遊臺第四信

編輯部諸賢鑒吾茲行乃大失望。臺灣之行政設施。其美備之點誠極多。然此皆一般法治國所有事耳不必求諸臺灣也吾所爲殷然來遊者。徒以臺灣居民皆我族類性質習俗同我內地欲求其制度之斟酌此性習而立者與夫其政術之所以因此性習而利導之者吾居此浹旬而不禁廢然思返也臺灣之足稱爲善政者則萬國之公政無論措之何地而皆準者也若夫臺灣特有之施政爲日本內地及他文明國所未行者斯則非直吾國所能學抑又非吾之所忍言也吾旬日來劌心怵目無淚可揮擬仿白香山秦中吟。爲詩數十章記之。今先寫三首奉寄以當面語。

斗六吏

警吏陣斗六。數百如合圍。借問此何者。買地勞有司。赫赫糖會社。云是富國基。種蔗當得田官價有程期小人數畝田死父之所遺世守亦百稔饘粥恒於斯願弘一面仁貸此八口飢欲訴吏先嗔安取閑言辭府令即天語豈天乃可違衆離各有命何不食肉糜出劵督畫諾肘後吏執持拇印朱爛熳甘結某何誰昔買百緡强今賣不半之便願不取直方命還見笞一日買十甲一月千甲奇入冬北風起餓殍闐路歧會社大煙突驕作竹筒吹

墾田令

府帖昨夜下言將理原隰自今限名田人毋過十甲聞官方討番境土日安集墾草宜待人官獨親畚鍤官云汝母國齒稠苦地隘每每此原田將以世其業舊田不汝追帑賚已稠疊安得非分求無厭若馮鋏貴人于于來生事須長鬣汝能勤四體自足丐餘汁吁嗟討番軍巨萬費楮帖借問安所出甿隸與饑妾舊田賣已空新田取難襲羈身與官家救死儻猶及悠悠彼何人哀哀此東溼

公學校

道周逢羣童人言是學生借問何學級所學何課程此間有良校貴人育其英島民

賤不齒安得抗顏行別有號公學不以中小名學年六或四入者吾隸萌所授何讀
本新編三字經他科皆視此自鄶甯足評莫云斯學陋履之如登瀛學塗盡於斯更
進安所營貴人豢我輩本以服使令豈聞擾牛馬乃待書在楹漢氏厲學官自取壞
長城秦皇百世雄談笑事焚阬

右詩不過舉其一二事即一事亦不過舉其內容之百一實則重傷累感豈筆札所能傳者臺灣自有所謂土地收用規則者與日本現行之土地收用法迥別凡官吏認爲公益事業所必要者得任意强取人民之所有而所謂行政訴訟行政訴願者絕無其途前年斗六廳下至出警吏數百合圍强攫猶其最著者耳其他類此者月有所聞臺灣人之財產所有權罔無一時可以自信自安也至於教育事業則更如兒戲詩中所言乃其學制耳若夫學校教授管理之內容乃更有意想所萬不及者（吾別有詩未成）要之臺灣識字之人本少更十年後則非惟無識中國字者亦將並無識日本字者矣**寄語**

國中父老昆弟勿以亡國二字爲口頭禪勿謂爲大國

順民可以耕食鑿飲也。懷抱萬千。書何能究。

三月七日　某頓首　臺中丸山旅館發

游臺第五信

編輯部諸公英鑒奉手示。並剪寄**神州日報**己讀過。眞可發噱。吾在此方無聊懊惱無限憤抑覩此亦不禁破涕爲笑也。彼言臺灣總督招我往豈知我親往東京求介紹書費爾許周折耶。豈知吾至雞籠幾於臨河而返耶。豈知吾在臺時因鬼見帝之難耶。彼謂我將頌揚彼都功德彼安知我頃者每夕所作之日記作何語者。又安知我懷抱無量數深痛隱恨而爲遺老計投鼠忌器猶不敢盡以形諸楮墨耶。前寄尊處數書想已達吾非萬不得已又何苦居人國而非其大夫耶。曾是受人指使者而許作此等語耶。**此種報紙閉門造新聞。**眞大省事所惜者未免自汚損其價値耳。公等恚怒何爲者。桀犬之吠。而與校耶。

顧吾有不能不一言者。吾茲游本欲察臺灣行政之足爲吾法者而記述之以告國人。

今固大失望也。雖然。其中又豈竟無一二之可師者。就中若改幣制、辦專賣、興水利、調查土地戶口、干涉衛生等。多有獨到之處。應用最新之技術。萬國所共稱歎。吾又安能違心以詆之耶。吾國人又安可不虛心以效之耶。吾他日有所言。彼輩則將曰是劇秦美新也。是李完用也。天下有此無理取鬧之輿論耶。夫以現在無法律之中國。爲報館者安心欲誣陷一人。亦誰得捫其舌。但君子惜其太不自愛耳。

臺灣之治。其最可佩服者。在於整齊嚴肅。使其將外視本島民之一點除去。則眞官僚政治之極軌也。吾所最生感者。在其技師之多。而賤吾國欲效之。則養成各項技師。最少亦須十年。眞不易哉。至此深有味乎南海之物質救國論也。

今日清明。旅思增重。俯仰身世。云何可言。惟自愛千萬。

三月八日　某頓首　臺中霧峯莊萊園發

諭旨

二月二十三日奉 旨訥勒赫著調補正白旗滿洲都統所遺廂紅旗滿洲都統著奎俊調補遞遺正白旗蒙古都統著增祺補授欽此

同日內閣奉 上諭大學士世續奏資政院總裁責任重要請收回成命一摺該大學士夙矢公忠不辭勞瘁務當仰副委任勉爲其難所請收回成命之處著毋庸議欽此

同日內閣奉 上諭孫寶琦奏藩司懇請開缺回籍修墓一摺山東布政使朱其煊著准其開缺欽此

同日內閣奉 上諭山東勸業道著童祥熊調補蕭應椿著調補安徽勸業道欽此

二十四日內閣奉 上諭度支部奏請飭各省督撫切實遵照前奏維持預算辦法一摺各省各官公費業經電飭各省督撫暫照部定預算數目辦理至預算各項款目所有部定院覈之數悉爲撙節帑藏覈實開支起見値此時艱款絀尤應統籌全局著各該督撫等仍懍遵本年正月十五日諭旨凡經常用項按照認定數目愼重出納毋少浮濫遇有特別重要事件籌有的款方准再議追加爾京外各衙門務當同心協力互

相維持毋負朝廷諄諄誥誡之至意欽此
同日內閣奉　上諭學部右侍郎著林紹年調署李經邁著署理民政部右侍郎欽此
同日內閣奉　上諭大理院少卿著王世琪署理欽此
同日內閣奉　上諭志森著調補山東布政使山西布政使著王慶平補授欽此
同日內閣奉　上諭山西提法使著李盛鐸補授欽此
二十五日內閣奉　上諭總檢察廳廳丞著許受衡署理欽此
二十七日內閣奉　上諭順天府府丞著裴維侒補授欽此

交旨

二月二十日　軍機大臣欽奉　諭旨外務部會奏遵議各項勳章并擬定章程繕單呈覽各摺片著依議欽此
二十一日　軍機大臣欽奉　諭旨大理院奏建造法庭開工日期並呈進圖式一摺知道了又片奏建築法庭所需華洋各種材料可否准予免稅等語著該衙門查核具奏欽此

二十三日　軍機大臣欽奉　諭旨大學堂總監督劉廷琛奏新律關繫重要請申明宗旨以定國是一摺又奏請飭禮學法律兩館以大清律例爲本參考各國法律以維禮教一片著該衙門知道欽此

二十四日　軍機大臣欽奉　諭旨憲政編查館會奏議覆程德全奏上海商埠照章增設高等審判分廳一摺著依議欽此

二十五日　軍機大臣欽奉　諭旨御史麥秩嚴奏司法警察關係重要請飭認眞整頓一摺著該部知道欽此

二十六日　軍機大臣欽奉　諭旨載振奏奉命專使英國酌調隨員一摺著依議又片奏開用關防暨備贈國禮各等語均知道了欽此

二十七日　軍機大臣欽奉　諭旨農工商部奏彙核各省辦理農林工藝情形開單呈覽一摺知道了欽此　軍機大臣欽奉　諭旨郵傳部會奏洛潼路綫擬請援案穿過新安城垣一摺著依議欽此

論說壹

中國前途之希望與國民責任（續第六號）

滄江

明水曰。西人之訾我也。謂我國之學問。徒拘文牽義。支離破碎。或談空說有。馳於空想。而所謂科學觀念者。始終不能發達。博士埃彌爾來黑曰『支那人雖解磁針之秘密。而航海術不聞進步。雖能知某星象之定期再現。而始終以極幼稚之天文學自甘。千年前己解三角法。且知用水準器。而製造工業上絕無發明。此其智能劣下不逮歐美人種之明徵也』（滄江案博士匈牙利人其說見所著國民功業論以一九〇四年出版）此論吾雖未敢盡從同。然聞之竊內愧且滋懼焉。子其有以釋之。滄江曰。詩有之。他山之石。可以爲錯。博士之言。眞吾石也。其所以警策我國民者至矣。雖然。遽以此指吾種人智能劣下之徵。則吾未之敢承。今者歐西諸國。其實用科學之昌明。洵前無古人矣。然不過近二三百年事耳。當前明中葉以前。今之所謂文明國者。其人舍戰鬬祈禱二事外。殆一無所知。厥後乃有所謂煩瑣哲學者與其支離破碎穿鑿附會視我乾嘉間之漢學抑更甚焉。其時回教國民於數學幾何學物理學化學機械學等皆有專家立於學官。歐人覩之舌撟而不能下。使當時回人逕作武斷謂日耳曼種人科學觀念缺乏斯足爲實論矣乎。吾恐今日歐人所以誚我者亦若是已耳。況來黑氏所言固多有不衷於事實者。法人黎杜荷芬所著支那交通史云『西歷第一世紀之後半西亞細亞海船始至交趾凡二百年間繼續航行。（按此時代西人東漸。以後則我西征也。羅馬帝安敦來通使。即在此期中。）至第三世紀中葉支那商船漸次西向由廣州達檳榔嶼至第四世紀漸達錫蘭第五世紀更由希拉以達亞丁終乃在波斯及米梭畢達美亞等地獨占商權至第七世紀末而阿剌伯人始與之代興』（按黎氏自言據第八世紀時亞剌伯人大旅行記。其言當可信。）由此言之謂我國人不解航海術得乎。蓋我國海運力當千餘年前已直偪歐境惜也有蘇彝士地峽閡其間耳。否則吾旣以全歐爲市場矣。其後雖中衰而至明時鄭和復以修四十四丈廣十八丈之樓船六十二艘前後七次徧歷南洋羣島最後乃由滿剌加海峽（今稱麻六甲）經濱角灣（暹羅京城）至錫蘭沿印度半島之西岸入波斯灣更道阿剌伯海至亞丁灣（瀛涯勝覽作亞丹灣）溯紅海抵戾達復從非洲東岸即今亞比西尼亞之沿海航摩森比克海峽以至馬達加斯加島邊此其距好望角咫尺耳（吾前著鄭和傳記此頗詳見新民叢報）而葡人維哥達嘉馬繞好望角抵印度歐人詫爲振古偉業者乃在鄭和通航後七十餘年由此觀之則我國人於航海術果何如者夫艱鉅之業往往非私人獨力所克舉而常賴國家爲之後援非有班后伊沙比拉則哥侖布安見能通美洲非有葡王約翰第一則維哥達嘉馬安見能通印度而我先民乃以自營自助之力通歐人亘古未通之海道彼我相校何慚德之有爲逮明中葉以降政府設海禁犯者處極刑則玆業中絕固其所耳吾非欲炫陳史料以擾清聽不過聊舉反對之證據以正來黑氏所識之謬其他則固可類推也抑科學之爲物也非賡續研究不能大成試一繙泰西科學發達史何一非前人幾經失敗而後人乃收其成者彼近世歐人之於科學所以能繼長增高良由其政府常干涉獎厲之有國立大學以集中研究而我國緣放任政治之結果教育事業悉委諸私人是故科學上雖時有發明或則以未能自信或則以自祕絕技不獲傳與其人於是其緒遂絕由此言之**則我國科學之衰息強半由政治使然非吾民智能本不若人也**且即如來氏言謂歐人所

以強全由科學觀念之優越而絕非他種人所能望吾舉我國前事或不足以折之則盍取證於日本日本人當三十年前曷嘗知科學之爲何物者以云吾國人此種觀念缺乏則其缺乏之程度至極亦不過與日本等耳而日本不聞以此得亡吾何懼焉

明水曰史家皆以尚武精神爲立國元氣而吾國人則此種精神最爲缺乏吾深懼吾國之遂終不競也滄江曰斯言吾蓋熟聞之且日本人尤好以此誚我我在今日殆若無以問執其口然謂我國民性本來如此且將來永當如此此決非篤論也大抵列國並立之世其人多好武大一統之世其人多右文徵諸羅馬史其最可見者也我國古代尚武之風本甚盛春秋戰國間遺蹟可考者甚多（吾昔嘗著中國之武士道略舉其證）洎秦漢以降海內爲一環列皆小蠻夷在我原不以齒諸玉帛干戈之列其不能淬厲於武勢使然也夫以一族之子姓同處一國中而因一二梟雄攘奪神器之故糜爛而戰之又或以一二霸主與無名之師徼幸邊功以爲己榮民之不願爲之致死固其所耳故詩人發爲勞歌史家引爲深戒濡染漸劘其銷鑠國民邁往之氣者雖不少雖然其根器之受自先民者終不失墜有所觸而輒見也近世史實如鄭成功以一旅之師而攘荷蘭闢臺灣

鄭昭率鄉人子弟絕無憑藉以王暹羅皆奇績之最可誦者至如最近對外之歷史雖言之羞憤然如廣州三元里之役大東溝海戰之役團匪時大沽之役及聶軍縱以失敗終而猶使敵人贊歎至今**敵蓋知我雖易侮而有時未盡可侮也故其狡焉之心亦不得不稍戢**且夫尙武精神之爲物也非言夫其人之能豕突虓作愍不畏死而已所貴者乃在其重名譽尊責任厲氣節而急公家之難此種精神之有無乃國民强弱之表徵今我國民於此種精神萎悴誠甚矣**然吾固信其根器之本極深厚而磨礱而光晶之固甚易易**

吾徵之曾胡羅李諸賢之治湘軍而可知也二三君子不忍於生民之禍思欲手援天下寖假而子弟化之而鄰黨化之而聞其風者化之其倡焉者非有他急君父之難焉耳其和焉者非有他急師友之難焉耳然而流汗相屬唯恐居後觸白刃冒流矢議不反顧計不旋踵人懷怒心如報私讎彼日本人所豔稱之武士道豈有加於是耶夫茲事豈其久遠今之君子尙所及見也今特患無曾羅其人耳而何民俗不武之足

爲患者抑曾羅亦豈有天賦絕特之才予人以不可幾及今之君子莫或肯以曾羅自居則曾羅之緒遂久絕於天壤也

明水曰外人動誚我爲無愛國心吾每聞之未嘗不怒其無禮然無奈事實固有不可揜者夫國中賢士大夫眞能先國家之急而後其私者豈曰無人然而終無道以烝爲風氣碩果一木何補時艱比年以來侊侊學子固常有慷慨悲歌之容往往不移時而改其度以故愛國一語漸變作口頭禪而爲君子之所厭聞吾子亦能言其故乎且玆病吾竊未知可藥焉否也滄江曰吾國民之愛國心以視今世諸方興國信病其薄無足爲諱此其中有一大原因焉**則國家觀念之不明瞭是已** 姚江王子之教曰未有知而不行者也若其不行只是未知吾生平最服膺斯言蓋不知而責以行未有能焉者也國家之爲何物雖若盡人所能喻然古今中外之國民眞知灼見者實鮮歐人常指國家爲近世史新產之現象良不誣也蓋社會現象級數非一而國家實位乎其中間欲明國家之觀念則不及焉固不可也過焉亦不可也其不及焉者則其眼光所及在彼位於國家以下之一級知有家族部落市府而不知有國家其過焉

者則其眼光所及在彼位於國家以上之一級知有天下而不知有國家是故國家主義也者內之則與地方主義不相容外之則與世界主義不相容者也而我國人愛國心之久不發達則世界主義爲之梗也 吉朋者英國之良史也所著羅馬興亡史歐洲有井水飲處匪不誦之其言曰『羅馬自征服意大利以後其人民無復愛國心（滄江案前此羅馬人亦僅有愛市府心耳不足云愛國心蓋未成其爲國也）彼非不愛羅馬然所愛者羅馬之文化非愛羅馬人非愛羅馬國也其人常以保存增長其文化爲己任以擴張其文化施於世界爲己任無論何族之人有能完此責任者則羅馬人奉權力以予之不稍吝故羅馬歷代帝王起於異族者居其半』 此其言不啻爲我言之也吾國先聖之教言齊家治國平天下以平天下爲學治之終鵠焉故曰天下之本在國國之本在家於天下之中而別私其國非先聖之所貴也然則其所謂平天下者何耶以吉朋氏之言言之則將我先民之文化施於世界是已夫在前古海外大九州溝絕不通所謂世界者則禹域而已（當時羅馬人亦以其交通所及之地謂世界）

盡於此。正與我同。而此偉大之世界主義非久遂現於實疇昔所謂國者盡溶解於此世界主義中（即天下）而無復存如是者二千年以迄於今夫國家也者對待之名辭也標一現象而名之曰某國是必對於他國然後可得見猶對人而始見有我也既已舉天下僅有一國則復何國之可言而更復何愛國之可言秦漢以降吾先民所知之世界則僅有一國而已故先民不名之以國而名之以天下其蠻族小部落本不成其爲國我固不以國視之卽彼未嘗以國自居等是羣居於天下間之一人類特文化有淺深耳

坐是之故我國自昔未嘗以愛國大義爲倫理一要素非有國而不愛不名爲國故無所用其愛也

我國哲人常懸一平天下之大理想於心目中而謂使此理想現於實際者則帝王之職也是故帝王之位非一姓一族所可得私惟有德而克舉此職者宜居之（周公營洛邑而曰。有德易以興。無德易以亡。最足以代表此思想。蓋我國先民。其於無德之族。則臣民無忠事之義務也）夫此種理想極難實現誠不俟論雖然不謂之爲一種高尚純潔之思想焉不可得也外人徒見乎我國之屢被他族侵入而恬然奉以爲君則以是

爲卑屈受諸天性豈知數千年來我先民之所信者以謂普天之下莫非王土率土之濱莫非王臣夫如是則其視金源斡難與豐沛鳳潁亦何所擇等是以天下之人治天下之事而已既無他國相對峙則固當如是而後生小子不審歷古所處之境遇雷同他人之說而以背親亡恥謗其先人不亦誣乎若夫自愛其文化則我民之忠誠蓋更甚於羅馬他族之入而君我者苟能盡舍其所有而從我我固安之而不然者則非排而去之不休也五胡之與元魏較蒙古之與本朝較其最著也夫國家者一國人之公產也文化者亦一國人之公產也**人苟無愛護公產之心則誠根性劣下不足以自存若我國民則固有之矣是在善推其所爲而已矣**　明水曰吾聞子言而稍有以自壯雖然子固言之矣世界主義與國家主義不相容者也而在今日則非國家主義發達無以自立者也然則我先民之以世界主義爲敎者其無乃貽深害於中國矣乎滄江曰天下事利害常相倚伏故言非一端而已世界主義者將來最良之主義也而亦我國二千年前最良之主義也今

有告者曰山西巡撫與湖廣總督搆兵江蘇巡撫與浙江巡撫宣戰聞者亦孰不大詫以爲不祥然昔之晉楚吳越則數百年習爲固然矣是故以過去論則緣此世界主義發達之故而人民獲無窮之福**即以將來論而此世界主義又實爲國家主義發達之助蓋非經此階級不能舉全國之民治爲一丸我今日所以能擁此廣漠之國土厖大之國民凜然具有雄視全球之資格者則先哲之賜也**（明水）曰斯固然矣然羅馬徒以誤於世界主義故而取亡今吾國乃正蹈其覆轍吾聞子言滋益懼也滄江曰斯誠宜憂然我之與羅馬其趨勢抑非盡從同也羅馬自世界主義發達以後始終未嘗遇敵國不過以未成國之蠻野部落入而託庇於其宇下而已其後此等部族歲以發榮羅馬遂裂羅馬之裂裂於內也故其世界主義乃所以使其境內之分子游離而背散我則適得其反我之世界主義乃所以使我境內之分子融洽而合併故在彼宜得惡果而在我則猶可以得善果也雖然此階級固不可不經既

已經之則又當遷化以求適應於時勢**夫與今之時勢相適者惟一國家主義而已** 我國民自六十年來漸習覩夫有他國之與我對待所謂國家觀念者亦已句出萌達不過故見所積者深故新見不能甚瑩亦由執政太非其人故以謀之不臧使國家與國民之關係愈閡愈遠而愛情無自發生今者我民之愛國心誠弱於他國無可爲諱若之何以振之則先覺之責也

明水曰國家也者對於外而有不羈之獨立權對於內而有最高之統治權者也我國以大一統之故其對外思想之不發達固無足怪而對內政治之進化則亦無可表見何也吾讀泰西史見其政治現象複雜變化往復繚繞詩人所謂行到水窮坐看雲起者庶幾似之使人鼓舞興起而不能自已也還觀吾國則二千年來之政治若一邱之貉史家記錄不過帝王世譜而已其號稱政治家之所施設則凡以爲一姓一族固其權威也而求其有合於所謂政治之目的者乃不可得見（滄江案政治之目的。一在圖國家自身之生存發達。一在圖組成國家各分子（即國民）之生存發達。吾旣屢言之矣。） 外人誚我爲政治思想薄弱政治能力缺乏吾蓋赧然無以應也

且立國於今日其萬不能不采用立憲政體既爲有識者所共覩而立憲政體果能適

用於中國乎世人且多以爲疑蓋泰西諸國此種政體之成立雖曰在近今一二百年間然其淵源實至遠且厚自希臘羅馬以來政權既出自議會要職皆由民選舉中間若南意大利諸市府當中世黑闇時代已養成獨立自治之風而英人之民權政治尤以漸發達積之數百年以有今日故其國中雖耦耕之夫竈下之婢聞人談政治問題猶且津津有味每遇選舉舉國流汗奔走若營其私焉夫立憲政治質言之則人民政治而已使大多數之人民而無政治上之智識無政治上之能力無政治上之興味則立憲之元氣不具雖襲其貌徒增歔耳夫今後中國之存亡以憲政能否成立爲斷而憲政能否成立則以人民能否運用憲政爲斷而吾還觀我國民則於此事蓋有不能躊躇滿志者吾深懼我國民處今世物競之林遂不免於劣敗之數吾子於意云何滄江曰善哉善哉吾子之憂深思遠也可謂知本也已矣大抵專制政體最足以錮人民之良知良能我國人政治能力本非薄弱徒以久壓於專制之下末由遂其發榮耳明水曰子之言蓋未免倒果爲因矣夫專制政體曷爲能久存則正乃人民政治能力薄弱使然使稍强者則暴君汚吏其何能以一朝居滄江曰願子毋躁吾請更畢吾說凡

一國之政治現象與其地理甚有關係不可不察也夫在疆宇寥廓之大一統國則恒非專制不足以爲治勢使然矣希臘羅馬皆古昔民權最張之國也然希臘自亞歷山大大王建一統之業亞歷山大崛起於馬基頓。馬基頓亦希臘人之別派也。已不得不盡棄其舊俗而法東方之治以爲治當時希臘爲民權政治之代表。波斯爲君權政治之代表。亞歷山大既滅波斯。純采用其政治。此後分爲四大王國。而政治原則仍無變也。「不自由毋寧死」之諺起於羅馬古代羅馬之元老院其權力之偉大猶今茲英國之巴力門也及其既征服意大利全境戰勝加爾達額以地中海爲池所至設留守以鎭撫其民遂尾大不掉以釀成武門政治蓋羅馬共和政之末葉舉國鼎沸酷類中晚唐方鎭之禍其民水深火熱望專制政治如大旱之望雲雨也故愷撒屋大維乃得因民所欲以建帝業自是羅馬遂爲專制之政者垂千年合東羅馬言之也夫豈羅馬人之政治能力前優而後絀哉國勢之變遷使然耳蓋古代無所謂代議政治國有大事則聚一國之公民於一堂而取決焉此惟在極狹小之市府國家而民數極稀者爲能行之波希戰爭前斯巴達之市民。僅九千人耳。我國古代周官朝士之職所謂致萬民而詢焉者正此類也及乎市府人口之孳殖漸繁則此種制度效力已損其泰半若版宇日恢而於本市府之外別有領土則此制度益復無術以維持蓋既已萬不能聚全國之民於一堂而當古代交通未開之世就使采用代議制而中央政治之利病亦斷非地方人民所能洞悉則亦益其敝已耳（史家多言羅馬共和政治之消滅由於不知適用代議制度而謂英人之發明代議制度爲有天幸此其論固甚精然亦有未盡者代議度制仍須有種種機關與之相輔在古代雖發明之亦未必能全其用也）於斯時也其政治遷化之狀態惟有兩途其一則如希臘令新闢之殖民地純然離母國而獨立母國與屬地各在其所宅之小區域內設政府議會以行民權政治而不相統攝若是者民權固能常保矣而統一强固之國家終未由建設忽遇强敵遂見摧拉而莫能禦其非國家之福不俟論矣其一則如羅馬集其權於中央使全國各地方如身之使臂臂之使指則能使國力大莫與京然而政體遂不得不趨於專制夫我國過去之歷史則正與羅馬同其塗轍者也中國之由封建而進爲大一統也其良果能否償惡果而有餘且勿具論然以中國之地勢欲求不一統得乎歐洲山脈縱横海汊錯雜自然華離破碎成割據分立之局雖羅馬人强欲合之而不能也中國則山河兩戒平原萬里天開一統之局雖欲宰割之而亦不能也夫以天然一統之國而境土如此其厖大當疇昔交通機關百不一備之世非專制

政體何以治之由此言之我國二千年不能脫專制政體之羈軛實地勢與時勢使然不足引爲我國民政治能力薄弱之證也若夫專制政體行之既久致其固有之能力蟄伏而不得伸且潛銷暗蝕而不逮其舊此固事實之無可爲諱者然此則其果也而非其因也且我國雖云專制政體然其政治之精神有與歐洲古昔之專制政體迥異也者其行使專制權之形式雖同而此專制權發生之淵源乃絕異也歐洲前此之言君權者謂君主之地位乃生而受之於天君主與皇族所以不可侵犯者以此族本來爲一特別之階級天生之使爲治人者而與彼被治者絕非同類也此等謬想近百年來雖日漸銷熄然猶未能盡滅四十年前俄普奧三帝猶復倡神聖同盟即此理想之代表也（日本人則全屬此等理想）故法王路易十四有朕即國家之言而德相俾士麥雖當立憲後猶有天授君

權無限之論彼中所謂專制權力之淵源大略如此我國不然**我國雖亦言君權為天所授然與彼大異者彼言天常私於一姓我則言天道無親惟德是輔**是故堯之命舜舜之命禹既言天之曆數在爾躬而又申之以四海困窮天祿永終書曰惟命不於常詩曰天命不又師曠曰天生民而立之君使司牧之豈其使一人肆於民上孟子曰天與賢則與賢天與子則與子此種大義若悉徵引則累千牘而不能盡然又以所謂天者常為抽象的而漠乎不可見也於是乎有具體的方面以表示之**則民意是也**故曰民之所欲天必從之又曰天聰明自我民聰明天明威自我民明畏又曰天視自我民視天聽自我民聽此種大義若悉徵引又累千牘而不能盡合此兩義而得一結論焉曰、**天以專制權授諸君而所授者恒必為人民所願戴也**是故由歐洲之君權說其正當之解釋義則誠有如法王路易所謂「朕即國家」由中國之君權說其正當之釋義乃實有如普王腓力特列所謂「朕乃國民公僕」也夫君主既為國民公僕其有不盡職者或濫用其職權以痡毒於民者民固得起而責之責之不改固得從而廢置之故書曰用顧畏于民碞易曰湯武革命順乎天而應乎人孟子曰殘賊之人謂之一夫聞誅一夫紂矣未聞弒君也是故人民選擇其所好者然後戴之以爲君其所惡者則廢黜之甚且誅戮之在我國認此爲倫理上之一大原則認此爲人民正當之權利此非吾牽合虛造之言試一繙六經諸子凡言論之涉於政治者豈非以此大義一貫乎其間也哉故歐美日本人常稱我爲「民主的君主國體」此其命名雖似詭異然實甚有見於其眞也夫一方面既主張君主專制一方面復主張民權自由驟視之若極相矛盾而持之不能有故言之不能成理雖然此何足異者霍布士洛克盧騷皆倡道民約論而泰西言政治學者所奉爲泰山北斗也今世立憲政治之昌明則此三子者功最高焉而霍布士與洛克則謂人民以求自由故各從其意之所欲以建國置君及其既建置也則舉己之自由權以奉之而惟爲絕對的服從而不得復還此以民權自由爲前提而以君主專制爲結論也（此其說甚似吾國之管商卽墨子亦然）盧騷雖稍有進於是謂選擇元首之權當常操之自民然其謂既建國之後人民當絕對服從公衆

之總意而不能有箇人的自由意志則亦與彼二子同雖非以君主專制爲結論然亦以專制爲結論也由此言之則所謂「民主的君主國體」原不足爲奇不過彼中則近世哲人始懸爲理想我則在遠古已成爲事實耳夫霍洛盧三子之學說雖其罅漏不少往往爲近儒所糾正然不謂之爲歐洲近世政治思想之淵源不可得也歐人得此學說詫爲瓌寶而我則二千年前先哲已發揮無餘蘊（墨子尙同篇。荀子禮論篇。商君書立君篇。其所論建國之淵源。政治之目的。與霍洛盧三子所說若合一契。吾前此著述。屢徵引比較之。）又且深入於全國之人心**此而猶謂我國民政治思想之不若人則可謂懷寶迷邦也已矣**然則我國民得毋徒抱此虛想而未嘗求所以現於實際乎是又不然我國歷代革命相仍即人民之實行此理想也蓋先哲之教謂人民當選戴聖哲而誅除殘賊非直以是爲正當之權利也而且以之爲應踐之義務彼草澤英雄所以能號召天下者徒以此種權利義務之觀念深入人心而始得乘之而起也然及其既取而代之也復一率前代之所爲而無憚者則有數故其一則喪亂既久民心厭倦思得蘇息稍假以恩而遂帖安也其二則幅員太廣非循專制之舊則無自統一也其三則治道雖存治具未備雖有仁心仁聞而不能使民之被其澤者垂於無窮也此三義者其前二義淺而易明無俟贅論其第三義則有可言焉夫我國先哲之教謂民相聚而成國選其最賢者而立以爲君使一國之人事無大小悉受治焉此實理想的最良之政治雖今之共和政體不能逮也（希臘大哲柏拉圖分政治爲六種而第其高下其所最贊美之立君政治即指此也）雖然有一最難解決之問題焉則當用何法以選得此最賢者是已其在泰古部落政治市府政治之時代地狹人希選之自易孔子稱三代以前天下爲公選賢與能是也及拓土愈廣黎庶愈繁則茲事之實行愈益困難投票機關既不能如今日之完備賢否標準孰能正之則選舉反爲召亂之媒不得已而易爲傳子夫既已傳子則其最初之理想所謂「選最賢以爲政長」者（墨子尙同篇語）則既已不相應矣然爲己亂計不得不爾乃復於傳子之中而別求所以得賢之道賈生所謂天下之命懸於太子太子之善在於早諭教與選左右此其治本之最先者也及其立而爲君則有記過之史徹膳之宰進善之旌誹謗之木敢諫之鼓瞽史誦詩工誦箴諫大夫進謀士傳民語設爲種種限制機關使之不得自恣蓋遵吾先聖之教則天下之

最不能自由者莫君主若也猶懼其未足復利用古代迷信之心理謂一切災異悉應在人主之一身而告之以恐懼修省及其殂落則稱天而謚動以名譽名曰幽厲百世莫改吾細繹此種種制度而於其間見有一貫之原則焉**曰君權有限之精神是已**以臣民之意限之以天之意限之凡欲求其進於賢也雖然此制度經歷代試驗之結果遂以失敗終斯何故歟蓋所謂善教太子者雖著明訓然虛有其表實則生於深宮之中不離阿保之手其趨惡恒視常人爲更易而百僚士庶之箴諫謗議總不能有節制驕主之實力天道之邃遠乃更不足以動其心矣於是聖人之所以限制君主者遂幾於窮而於其間乃別得一法焉則置丞相以爲天子之貳而大重其權天子御坐爲起在輿爲下事無大小悉以咨之然後施行而使之負其責任故有災異失政則策免之此其立法之本意以視今世立憲國之所謂責任內閣幾於具體而微矣故黃梨洲謂君位傳子相位傳賢而天下治（明夷待訪錄置相篇）誠知言也然猶有一間未達者則始終未能設一獨立之機關以與相府相對待故驕桀之君常能蹂躪相權而無所保障惡黠之相又常能盜竊君權以爲護符則責任之實終不可得舉也**由此言**

之我國數千年相傳之政治論其大本大原所在與今世所謂立憲政治者無一不同所異者其具有未備耳質而言之則缺一民選之制限機關(即國會)而已而此機關所以久缺之故又非吾先民智慮有所未周也固亦嘗竭無限心力以圖建設(如上文所述朝士詢萬民及誹謗木敢諫鼓瞽史誦詩士傳民語等皆是。後世之黃門給事中御史臺等。尤其具體者也。)而所以不就者乃緣時勢地勢使然良不足以爲先民咎也夫以我國民浸淫於此種健全之政治思想既歷年所徒以其具未備不能自淑今采泰西立憲國之治具以爲用無削趾適屨之患而有漬鹽入水之功慮其不能適用抑已過矣

至如新設之機關如資政院諮議局等吾民運用之未能盡如法或失之於選舉之時或失之於會議之際而人民之多數未能感政治之興味無以鼓舞乎其後此則憲政

萌芽時代各國之所同有不足爲吾病也。夫他國且勿論。若英國豈非所謂立憲政體之祖國耶。試考百年前英民之所以運用此憲政。蓋有令人啞然失笑者。紐波士者。並世第一良史也。其所著歐洲現代政治史。（紐氏法國人任巴黎大學教授有年此書以一八九四年出版各國皆有譯本）述十七八世紀間英國政治之狀態。其中一節云。

當時各選舉區。當行選舉時。選民多不列席。僅由二三大紳。指名所欲選者。告諸地方官。便認爲當選耳。時有傳爲笑柄者一事。有市名標佛者。人口一萬四千。而有選舉權之人僅二十一。屆選舉時。其二十人皆棄權。惟一人列席。此人卽自組織成選舉會。自選爲選舉會長。自爲推選自己之演說。自投票而書己名。自己宣告以全會一致而得選。此所謂無競爭之選舉也。

英之選舉區四百八十餘。而當時有競爭之區不滿五十。而所謂有競爭之選舉區。其行選舉時尤爲可笑。多數人羣集於空地中。地方官每介紹一候選人。則羣衆無論有選舉權者。無選舉權者。皆相率喝采。或笑罵。沸亂如麻。至一七八四年。始設立選舉人名簿。以整齊之。然以競爭劇烈之故。勢豪富紳。競以賄買投票爲事。公然不譁。甚至有某某鎭鄕。懸價拍賣議員以充自治費者。一八二九年。有公爵名紐基察士兒者。嘗因己之佃丁。違己之命而選舉別人。將彼輩五百八十七人悉行放逐。議員有攻擊之者。公爵恬然答曰。余獨無任己意以處分己物之權利乎。其腐敗之狀可見一斑矣。蓋當一八一四年之交。英國國會議員三分之二。皆由世襲賄買得來。其人全然爲君主貴族之鷹犬。名爲國民代表。實則國民之敵耳。

其時英國人民。除宗教戰爭租稅三事外。其他一切政治。皆漠然視之。曾不稍感痛癢。至十九世紀之初。有喚醒國民於沈睡中者。則「政治的報館」是也。前此雖有報館。皆以營利爲目的。至是而始有眞人物主持其間。堂堂發表政見。共集矢於政府。政府所以遇之者亦至酷。蓋自一八〇八年至一八二一年。凡十三年間。而報館主筆之處刑者九十四人云。而繼起者不衰。卒喚起全國輿論。成一八三二年改革之大業。以有今日。

由此觀之。以彼號稱文明元祖之英國。而前此之情狀。不過如是。此其事豈在遠。不過距今八十年前耳。夫人類本有普通性。故無事不可以相學而相肖。**病不求耳**

未有求焉而不致者也病不爲耳未有爲焉而不能者也而我民乃或以一時之障礙遂頽然以自放謂他人之特長終非我之所能企及甘爲牛後不亦謬乎且歐美諸國姑勿論乃如日本者試問其歷史上果有何種之憲政根柢其古昔人民政治思想政治能力優勝於我之證據果何在今日本之憲政成績且裒然矣嗚呼我國民觀於此其亦可以蹶然自興而毋餒矣

滄江乃重爲言曰我國民未嘗有一事弱於人也而今乃至無一事不弱於人則徒以現今之惡政府爲之梗我國民不併力以圖推翻此惡政府而改造一良政府則無論建何政策立何法制徒以益其斂而自取荼毒誠能併力以推翻此惡政府而改造一良政府則一切迎刃而解有不勞吾民之枝枝節節以用其力者矣然而此惡政府者並非如英法前此之貴族曾與君主

分土而治植深根固蒂於社會者也又非如日本之藩閥曾有大勳勞於國手贊中興之業躬親兩次戰勝而有以繫民懷思也又非如曹孟德司馬仲達能延攬天下之豪俊使供我驅策以養成莫能與抗之勢也又非如梅特涅坡鼈那士德夫有絕倫之學過人之才能操縱羣衆而觝排異己也又非能如潑硜函士德拉佛能結主知使人主倚如左右手也其人皆闒冗佻薄無一豪堅强不屈之氣其黨羽皆以勢利相結集進則相軋退則相怨闇昧愚蠢無些少思前慮後之識並無么麽團體之可察見而其得罪於天下賈怨毒於人心亦非一日我國民不欲推翻之則已誠欲推翻之稍一協力則疾風捲隕籜千鈞之弩潰癰未足以喻其易也而我國民不聞惟此之圖則是國民放棄責任以促國家之亡謂天亡我天其任受乎哉

明水曰。吾子之言。眞如發蒙振落。吾復何以相難。吾悉承其爲是矣。惟尙有一事焉爲根本之根本者。茲事不解決。則子說皆爲空華。子能容我盡言而更爲下轉語乎。滄江曰諾。

（未完）

論說

論說弍

外官制評議

更生

國會將開。責任政府將設。（本名內閣但鄙意以內閣爲明世君主專制之官名今行憲政宜用漢世公府唐世政事堂之名合爲今通用之政府二字爲宜下倣此）政體之本原既異。官制之張置應殊。頃者滇督李仲帥聯請諸督撫請縮短國會於先。又偕諸督撫聯請劃定京部與地方行政權于後。其大義分內外官治爲三級。以中央閣部爲上級。計畫國務。統一政綱。外官行政。以督撫爲次級。秉承內閣計畫。此外邊地各省。措施控制。情事不同。宜參取各國屬地總督之制。特別組織外交財政軍事司法之權。比腹省加重。而關於國家計畫。仍受成於中央。此其立制。誠爲定義。公忠碩畫。遠猷辰告。爲近者之宏謨昌言矣。然其他條。有可商畧。鄙人於外官制。致思頗深且久。戊戌上奏。及箸官制攷。已極言之。今將實施。關於中國得失至鉅。敢附末議。以備採擇。

按此議者有可商榷者凡四焉。今錄原議。商之如右。

一日省制署若閣制。裁道設司。以補助督撫。各就其主管事務對於督撫負責任。各司宜由督撫保薦。

竊以爲布政。度支。提法。三司。萬不宜統屬於督撫者也。夫立國之力。全恃兵財。若夫司法。尤應獨立。郵政貫通全國。不獨外交已也。所議以新軍直接統諸中央。而留防軍以代巡警。內治未完。亂萌時見。現有巡防軍隊。尚不敷用。斷難裁減。將來巡警推廣。果收實效。防軍始漸撤。亦不得已也。外交。除私權事歸主管督撫。其關於國權與私權而涉及國權者。應由京部主決負責。如京部因辦事上之便利。指定事件。委託督撫。亦應於委託一部分對部負責。若是於軍事外交可矣。雖留防軍。未合宜。爲新政未完之時。其與節制。新軍亦不得已。惟布政爲全國理財之滙。提法爲司法之支。未見聲明隸於閣部。則似是舊制。在督撫轄下。與勸業巡警二司。同爲補助負督撫之責任。受督撫所保薦。此則萬不可行矣。

夫立憲之義。在三權分立。立法權。行政權。與司法權。各不相統。乃能保國民之治安。故美。之總統。可傳訊於法部。前八年。英屬助督。亦傳訊於法官。令行政官與司法官各立。

互制而無一人能專肆於民上乃立憲之精意也今聽督撫轄提法保薦之而責任之則提法失其獨立矣全省法官又爲提法之所轄保薦而責任之督撫妄用私人爲提法則是全省刑法在督撫手督撫能必賢乎卽賢能矣保無不誤於一時惑於一人乎則是顚倒是非濫用刑法生殺刑戮惟其所爲而小民壓於大勢無與控訴矣若不肖者之爲害更無論是破壞憲法之精神萬不可行者一也且京師法部所以統全國之法官者也各國地方提法官除美國由民舉外餘皆派於法部由上級提法官選各區判官乃收指臂之効若督撫可自選法官則是京師祇供最上之控訴設一大理院足矣法部拱手無爲何事多設一大部爲其不可二也各國治屬地新滅定之國或有以法官屬督撫予以威嚴鎭壓之權元之以行省中書省統廉訪爲此制也若治內地之同胞乎則凡稍文明之國亦無是制若行之是以夷虜待同胞不可三也吾國地大卽謂宜假督撫以行政重權不能引他國以相比然行政與司法何關乎督撫既任全省千里之地數千萬之民政劇事煩日不暇給若又兼綜法官則一切提法司之寃獄仍上控於督撫是民刑之事皆歸於督撫之身如今日之制卽使賢明能雪民寃而他政

之叢脞多矣況其位高多蔽是非最易顛倒者乎夫督撫地位尊重有所寃抑控訴更難故督撫多一重法官即國民多一重寃滯其不可四也且全省羣官皆督撫所保薦無論賢不肖皆督撫私人也交情至深保護自薦比今之部選欽簡及其舊官督撫藐不相視者迥異矣行省地大多彌月乃通而督撫私人爲吏作威即有顛倒縱橫而全省法官亦皆督撫私人小民從何控訴昔有大官輿夫踢斃命官而不敢辦若羣官與官親踐死民命尤爲常事今比昔按察使尙爲欽命其害更甚此尤萬萬不可五也明初未設督撫以布政使行政按察使司法亦行政與司法各立直隸京部若宋之知州行政轉運理財提刑司法亦各獨立直達京都苟非封建之制未有付一人以兵刑財賦之權者明世加督撫以都察院都御史銜故得轄按察蓋按察受轄於都察院也非轄於督撫也今督撫旣專爲地方長官不爲國務大臣受治於閣部不統新軍自不帶兵部尙書侍郎之銜矣然都察院爲行政裁判之司與國務大臣立於平等之地位者也地方長官之督撫仍帶都御史銜乎則可轄提法使然都御史不能受治於閣部則與原議全反矣若督撫今旣爲地方長官不帶都御史銜則提法使自直達於法部由

法部保薦而與督撫爲行政司法之各獨立督撫以何名義轄之其不可行六也吾聞江督張安帥謂審判獨立爲防行政官兼權武斷且議員親戚牽連訟事因行法傷及感情仍以司法直接中央爲是固知之矣況有此六不可義然則提法司萬無隸於督撫之制矣

布政司設於明初本爲全省行政長官自兵刑外無所不兼因裁元行省中書平章政事而設之今卽裁國務大臣之督撫而爲地方行政長官之制也今既專爲理財政之司其管民政者固可隸於督撫保薦之而責任之若理財之司則全國之財政所係命乃督撫仍舊總之此尤萬萬不可行者也

立國之道凡百權可分而兵財權必不可分者也萬國財權無不總收於中央政府度支部實總其出納且尤重視其事以總理大臣兼度支英意皆然其各地行政區稅吏皆隸於度支部而發往之以收指臂之用凡國稅總歸之無有以財權歸於地方長官者也其地方長官非不別有藏吏稅官只兼地方稅耳與國稅無與焉此萬國必然之通例不能少違者也惟其總出納於中央政府也故總一國之歲入而預算之量入爲

出以分給諸部行政之費而各州郡應屬國政之補助者咸仰支焉凡全國之巡警費應若干全國之學校費應若干全國之司法費應若干全國之農商費應若干全國之外交費應若干全國之衛生救卹費應若干全國之土木墾闢費應若干全國之皇室費官俸費賞卹費兵餉應若干然後更撥鉅款以爲整海陸軍購器艦之用皆統計統收而自度支部日支給之以銀行爲之樞紐以通其用度支部之收各稅既由本部所派駐各州郡稅官收之其隨時議增之稅亦然皆非地方長官所能預聞也夫然故呼應靈通輸發便速佈置周密經政均一內閣一朝會議而大事定度支部一朝下令而大餉立發無有遠邇僻壤窮鄉遠邊絕域異國殊方度支部一電告銀行而中外立行豈有待催款之符檄哉豈更有協餉之奇聞哉豈有因長官好惡而殊舉哉豈有因地力富瘠而異制哉萬國國權之强健敏速由是也地方之均一由是也各國皆已行之皆已有效又至淺而易知易行者矣至於今日雖波斯之亂突厥之貧亦皆集財權於中央無有能違之者矣今將開國會又行責任政府新定官制乃復以財權歸於督撫則向者之鉅害豈猶以爲未足而再欲奉行之乎中央政府欲舉某政需款若干則中

央政府本無有也乃遍問諸各督撫能籌若干各督撫則置之弗恤也及夫符檄並急嚴旨交下乃謀於其屬而勉强籌撥以應之一省之大又時有水旱疫兵不虞之事警變之舉則出常浮於入時有不足之患者物之恆情也然則督撫又持之有故而不能應中朝之命矣事出因公雖有賢吏不能不自謀其疆圉雖有嚴相不能不深諒其艱難然而中國經營全國之大政遂爲之而屈矣夫國務大臣體國經野整武備文防患禦災在在均關國命安有爲疆吏分財權之故舍國政而不舉哉顚倒甚矣夫顚倒不過失義猶之可也萬國競爭豈能少失稍縱即逝後救爲難天下之失政誤國莫此爲甚近者欲辦海軍而求餉於督撫雖以廣東之富歲僅應三四十萬餘省乃僅十數萬是海枯石爛海軍終無得而舉也勒限某省成陸軍若干鎭而由該省籌餉然而其省窮瘠則亦海枯石爛而該省之若干鎭無得而成也今各省宜有高等專門各學兵學商學及强迫各小學而窮省無款必不能舉也甚至令各省辦地方自治巡警法署監獄而各窮省無款亦不能舉也海陸軍欲有所增問之度支部而度支部以無款辭乃問之督撫又以無款辭甚者攷察各大臣海陸軍親貴出洋遊歷之費亦分求於各督

撫致爲外國笑以此而求百政咸舉以與各國競爭是猶欲其入而閉之門也其不可行一也杜詩曰諸侯春不貢使者日相望蓋今之貢制猶行封建之貢制也貢者有所待夫未有有所待而能行其政者各督撫分任財權而省有肥瘠貧富之不同貧瘠者百政不能舉則朝廷令富省助之名曰協餉夫財者至難籌也以朝廷徵財王者求金諸侯猶將不貢況鄰封之相助哉彼羅掘百方冒怨蒙謗而後得此財而肯以助鄰乎且疆圉之司各有攷成鄰封得牛與彼何預責任不在而竭力協助之雖曾左之賢猶難之況中人以下乎吾官制攷則裁行省議已言之矣苟非文書百反委員坐催請旨屢下未易得協餉之涓埃匹夫之情以父主持全家均養諸子則易若父待子養旦旦而問之已爲難事況待之兄弟之助乎今中國之僻郡窮州山縣邊壤將二千餘萬里皆賴中央政府之振興乃政府空手一切仰諸鄰省之協餉腹鳴永飢必無濟矣是則荒僻窮壤永無振興之望也且今滇桂則邇於英法新疆蒙古則界於強俄東三省則俄日之爭益急矣凡有待協餉之區皆爲極要之邊稍有疏失疆圉乎而大局壞矣而邊帥舉措仍待協餉未有不誤敗者也今即還問之諸邊督撫豈尚未以爲憂苦乎其

必不可行二也。

或者謂各地方稅官。直達於閣部。以爲統一財權之計。固可矣。昔者督撫不隸於閣部。宜定稅官直達閣部之制。今督撫改爲地方長官。已統轄於閣部。一切聽閣部之調度。否則懲黜之。雖有財權與稅官之屬部無異。則何妨聽其兼轄布政度支之司也。難之者曰。今督撫名雖直隸君主。不隸於國務大臣。然今之軍機首座。自恭禮慶諸邸。多以親王叔父爲之。若榮祿當國。尤爲權重。試問督撫之得擢官保位。何在不奉首輔意旨耶。相王之頤指百僚。何時不視督撫爲僚屬耶。故典例雖不以督撫屬宰相。而實則無不統屬於宰相。不過如不成文之典例而已。且卽謂督撫不統於宰相。豈不統於皇上乎。乃奉旨催款。而置若罔聞。卽嚴旨交迫。督撫亦常上抗。不曰府庫空虛。無計羅掘。則曰疆圉戒嚴。不敢貽誤。試攷覽咸同年間章奏。若斯之類。盈屋連棟。未聞以此黜逐之。若左文襄之奏革布政使林壽圖。不解協餉以誤西征。則甚少矣。然亦施之布政使耳。夫以君臣之天澤至嚴。帝者之雷霆至厲。而求餉於督撫。艱難若此。不應若此。誤事若此。而况度支部與督撫之位相去幾何。調度難靈。其不可三也。

論說

且督撫之不可總財權更有要者焉各國財權皆分出納二司然且司令之權與保管之權又復分而爲二即在度支部與其諸司主管財權亦僅主出納之命而已至於收稅官遍於地方自爲一官而納管支出皆歸金庫與銀行或有暫收暫管之司以補銀行金庫之不及復有審計之司以覆核之故其立法分司周密而後調度靈通也吾國上自督撫布政使以至州縣皆以一人統財權出納不分保管與司令支付亦不分夫以命令者而兼收納則有藉名加收需索無厭之害以命令者而兼支發則有挪移浪用浮費之害以保管者而兼支發則有支長短欠虧空逃死之害其弊久著矣卽令今財政直領於度支部而各省收稅官與庫官尙須分司何況以督撫一人總領國稅與地方稅之全權又兼命令收支保管之諸司乎財政之險不可言狀夫一省之大督撫旣爲地方長官有地方行政之責有疆圉捍禦之任興利除弊百政咸集修防補敗一身並任況當新政厲行之日乎夫以一官一身而並兼出納險之又險者也況督撫乎請支者無事不宜發給者無時少已而出者常多入者常寡財源常竭庫藏多不給聞各省藩庫存款寥寥或有僅數萬數千者及其困極至急非借洋債商款卽妄請開捐

十

或加稅向來各省徵賦無定督撫惟有問之藩司聽其設法法無可設則委而去之蓋百度實撙節而無從也而各省歲不足尚皆千數百萬蓋舊制新政相迫而來日應凡百之度支假有閻文介之精廉爲督撫凡百不支亦豈維新之所宜故地方行政官之於財也日在不足之中責不足者以供億其財雖剜肉啖皮不可得也即至近專海軍以洵邸之親重其檄催督撫之文曰各省解款拖延遲緩非待累催嚴促不交已成習慣云云夫拖延遲緩至待累催嚴促而國家之大政不舉矣即今者資政院核定支費而以今者政體、極疏當近者强鄰之交迫臨時之費豈能預算即經常之款能無或絀乎以各省財政之困如此督撫之總出納命令保管之權如彼而望其悉若各國理財部之收稅官絲毫悉上於度支絕無截留不待催問邊省無須協餉中旨不聞嚴催豈能之乎度支部其能取懷而予指臂相使乎有以知其必不能也使今督撫諸公遷就度支部其能信督撫之纖毫應時皆上於部若各國隸部之收稅官有以知其不敢信也督撫有一省之財政久矣其地位與度支部平等久矣若仍其舊之權任不分出納二司而度支部欲以一時統轄盡收之有以知其必不能也而國政何所賴以舉措乎況當危急之秋乎其必不可行四也有四不可能則布政司度支司必直隸於部而不能統轄於督撫乃斷斷之理也故布按兩司萬無歸督撫統轄之理粤督所電商見此義至明透也至於財政惟有畫分國稅與地方稅仍設一地方稅官以領之此則由督撫保薦之責任之可耳

惟東三省蒙藏新疆特設總督與夫吉林黑龍江之巡撫誠如原議特付重權如英印度總督日本臺灣高麗總督制此則須領財政以備邊防度支司可隸督撫而提法司仍當獨立也

二曰督撫主決本省行政事務督撫非國務大臣而一省行政得失對於內閣完全負責原奏既稱地大俗異交通阻滯而不縮小區域則行政必有失而無得無人能負此完全責任也夫行政分區之大小若何而可爲定則乎攷諸歐之所以治者各國行政未有出一日鐵路以外者也故能轉運靈通而不滯塞所謂治也立國猶然況分劃行政區乎吾不問其治地之廣狹若何專以路道能一日通否是爲劃區之斷也夫列國競爭之世寸土尺壤一民一物當至纖至密以發揚之惟其一日交通故諸歐小國能

以一郡縣之地而歸然自立也若廣漠數千里經月難通荒蕪不治是同於棄地棄民也故雖以中國之大而貧弱日甚用行省之制故也普大地萬國未有劃行政區之大若吾中國者也諸歐政區畧若吾州縣其至大之奥普僅若吾府而止矣吾中國自古政區未有若今行省之大者也漢百郡六朝唐宋皆數百州其大小皆若吾今道府直州之比耳惟元混亞洲乃有此行省荒陋之制而明與國朝誤循之昔猶可也不過棄民今乃以當各國一日交通之治猶以沙漠之乘障而當電氣之治圍也猶以剡木之方舟而當今精甲之魚雷也吾丁酉戊戌上奏既頻力言之吾官制議及裁行省議亦極言之視此制爲棄萬里國棄五萬萬民之鉅蠹大賊期期不可深切著明今各府鐵路皆未通也卽裁行省而以府爲行政最大之區每府尙須十日乃交通不能比歐一國也不意今者憲政更始欲比諸强大文明之國而仍此陋制也自塞其途矣夫治地者分之愈細則其治愈精乃天下古今之通理也今以道里未通之國而控數千里之疆人民未富未敎之時而領數千萬之民財用若此其困政治若此其疏事權又不若昔之重也寸寸鑿空事事創新徵論今人材消乏也卽今之人才皆子產西門豹皆諸

葛武侯皆嘉富洱而嘉富洱不能致意國土地之治也蓋治國尙易以全權行法度治地方則法權人才皆不足故有以知人才之萬不逮也故以今行省之大令諸公皆竭忠盡智殫精敝神以治之窮其成效仍不過聽其荒蕪以棄地棄民而已試問吾國昔之賢督撫若胡曾左李諸公之治效若何則諸公能致效若何可推矣非諸公之有所短也行省荒疏之制無論何才實無人能治之故也諸公若謂一人之身假封建之權當今艱難之世能任此千餘里之地數千萬之民皆開闢而富教之乎今以子路之才冉求之藝不過能任百數十里之兵食若今有人自謂能負一省完全責任非愚則謾也程雪帥昔已言之矣諸公必不爾也夫昔爲大一統之朝君主專制之世誤用蒙古大一統之制已舉文明之全國投之荒榛矣然苟得君與親於相也尙可以臥治行之以邊遠多變朝廷非假以廣土衆民不能重節鉞之寄雖騖廣而荒猶無恙也今則强鄰迫於外士民訌於內非認眞闢土富民治教兼程寸尺畢舉不足以立國圖存不足以牧民靖亂豈危迫至今諸公猶不思富教治强而更投全國萬里之疆於荒蕪乎卽不負此完全責任又諸公所必不忍也夫使諸公未知中國之地大俗殊交通阻滯則

保存省制猶可言也諸公既知之且熟之稔矣千餘里之地數千萬之民諸公能一一燭照之而一一若家人計畫之歟鄰敵之迫壓以吾行省經月乃通之路諸公能調兵籌餉備守禦之具於一二日之間乎有以知其必不能也諸公不言負一省之完全責任猶可也若言負完全責任而爲一省之大也則非獨無人能任之亦無此理也夫諸公既知吾國地大俗殊交通阻滯矣鄙人向來議改官制之意亦爲吾國地大俗殊交通阻滯耳夫交通者爲治最要之義也治地而交通阻滯猶人身之血脈阻滯也夫血滯則病矣然則交通阻滯治地安得不病今明知阻滯交通之病于治也爲醫發藥當對病而治之地大難通者分劃使小俗殊難通者近便使同乃救病之方也今乃診得其阻滯交通之病而千餘里行省之治又汰府州之一級則是熱病而投以羌附之藥寒病而與以大黃之劑也非徒藥不對症病且益深且致死也今但請諸公議官制者熟念吾國地大俗殊交通阻滯之害思之重思神不旁騖則所以救病之方自出矣夫救地大俗殊交通阻滯之病之方自必不能不出於分小其地近便其俗之一法然則行省之太大而荒有碍交通無以爲治不得不裁雖有百萬蘇張之舌爲省制作辯護

無能保全之矣故今議官制督撫之權任不必議裁也惟權任乃可舉事所斤斤爭之斷斷行之在第二級縮小行省之劃區而已

夫發地力富民之道在於纖悉而欲興作立事奔走工商非權位崇高不能後先疏附呼吸靈通也若使吾千五百縣皆直隸於朝勢若封建卿大夫士佈列職任尤易舉事然吾國大安能令千五百縣直隸於朝乎行省既太大縣數又太多故酌其地理之中因乎漢唐宋及與普之制則以府爲官制第二級地方至大之區重主管之權任升其長官如順天奉天之尹或加巡撫銜名稟承閣部負其責任如所議督撫之制莫之能易矣雖道路未能一日通亦不得已也

夫整頓地方莫先於開通路道吾國汽軌多未通也乃至馬路電綫亦不通將何以行政乎更何有於行省千里之大乎今觀各督撫之所治道大率在其所居之會城如張之洞督粵及江則募修粵之長堤江甯城之馬車路若其各府豈能以餘力及之其他守令豈無賢者然無督撫之權力則不能舉之矣若使各府升尹之權位或加巡撫銜則各府徧開馬路樹電綫而後遍通郵政以便交通乃有可望也

（未完）

著譯

豫算制度概說

明水

第三 會計年度

本報前載滄江先生所著國會開會期與會計年度開始期一篇於會計年度要義已無餘蘊此文本可省略惟茲事體大宜博采各國之成規爲我立法之楷則前文於制度未暇細及故不嫌駢枝聊以補闕或亦讀者諸君所樂聞歟 編者識

會計年度問題有二。一曰會計年度開始期。當以何月爲最適宜也。一曰會計年度期限。修短之間果孰得也。今請先述前問。次及後問。

今世諸國所行會計年度制可分三種。一曰歷年制。二曰四月一日制。三曰七月一日制。（省指陽曆下同）是也。歷年制者以每歲正月朔日始。十二月晦日終。今法蘭西、比利時、荷蘭、澳地利、匈牙利、俄羅斯、西班牙、瑞典、瑞士、希臘。以及南美諸國。德意志聯邦中之巴威倫、索遜、巴顚行之。四月一日制者。以每歲四月朔日始。翌年三月晦日終。今英吉利、德意志帝國、普魯士、丹嘜、日本、羅馬尼亞諸國行之。七月一日制者。以每歲七月朔日始。翌年六月晦日終。今美利堅、意大利、諾威、塞爾維亞、英屬坎拿大、墨西哥、巴西諸國行之。故言會計年度制。要不外是三者而已。

雖然。一國之會計年度。必宜斟酌其國國民生計之情形。政治之習慣。與夫金融之節季。非可漫爲相師而已。惟三制之中。其最不合理論者。莫如歷年制。何以言之。人事變遷無常。不當以人事强就天時。而當以天時合乎人事。此其一。會計年度開始期。以國家收入豐饒之時爲原則。縱不能恰相符合。亦當令之相近。且國家收入。往往以直接稅爲大宗。而直接稅中。又以田賦爲大宗。如行歷年制。則當農家播種之時。政府從而取之。病民莫甚矣。不取。則政府無所得經費。兩者皆不可也。此其二。且也籌製豫算之時期。與執行豫算之時期。不宜相距太遠。遠則所豫算者。將悉無效。何也。人情在近則易知。在遠則逆睹難中也。而行歷年制。則丙年之豫算案。甲年即須籌製。乙年議決。丙年施行。其間距離。總在十四五個月以上。如此而欲豫算之正確。不綦難乎。此其三。有此三弊。故現行歷年制之國。既已不勝其擾。就中尤以法國為最。請得舉彼中政客學者所攻難。及三次提出改正會計年度案。以證明之。

法國會計年度。其始即仿羅馬所謂政治歷者。以元旦始。以除夕終。中間雖屢有變易。或由五月。或由三月。然至一五六三年。復采歷年制。降至一七八九年立憲的豫算之萌芽也。亦因沿不改。以迄於今。而一八一九年、一八八二年、一八八八年。無端而啓議會之爭論者三度。至今日猶嚣嚣於國中也。爰述其略於左。

當一八一九年。法國度支部大臣。為有名之路易男爵。而司法大臣則奢爾氏。議會開會後。由政府提出一案。謂欲廢止歷年所行會計年度制。而改用七月一日制。其理由所在。則兩大臣各有說明。路易男爵之言曰。所為改行七月一日制者。非故為是紛更也。蓋欲使提出豫算之時期。與執行預算之時期。互相接近耳。奢爾氏亦言曰。豫算準備之時期。與豫算執行之時期。相距過遠。故種種障礙緣是以生。不僅豫算案之歷時彌久。而彌失其本眞也。且亦何從豫算加以行政各部。懼今日所籌製者。他日或有不敷。則皆爭求多許。以自為衛。亦勢所必至矣。此政府之所以倡議。欲改弦更張也。奢爾

著譯

四

氏又曰議會開會期與會計年度開始期劇有關繫此諸君所盡知也然此會計年度果誰定之乎此不待言而知爲諸君又不待言而知諸君爲諸君之政府便宜計而定之也然政府之便宜又不可不與諸君之便宜相一致夫議會開會之期以冬季爲最適當固無疑義則止此一事已可以決定會計年度開始期矣

兩大臣之倡議改正會計年度也皆以籌製豫算與執行豫算互相接近爲詞果何故哉蓋法國因行歷年制故丙年度之豫算甲年十月十一月之交即須籌製而乙年提出議會經兩院議決後於年度開始前公布之以是由籌製豫算至會計年度開始之間大抵須費十四五月今欲除此不便而使兩者距離相近則捨改正會計年度開始期別無善法何以故蓋籌製豫算之時期與議定豫算之時期（即議會開會之期）宜緊相銜接而議會開會期又非可妄事更變者也故**無論何國議會之開皆擇一年中產業最閑暇之時爲之此一定之原則也**而此閑暇之時莫如冬季蓋雖議員亦必各有職業而多數又不外農工商三途故於其職務繁劇之際

而召集議會勢有所不許也。今如法政府所提出改正案。則以七月朔爲會計年度開始期。而豫算則成立於其前。故由籌製時至執行時。大凡相距八九月。而比之舊制縮短六閱月也。

斯案也。以吾輩觀之。政府爲一國財政大計。不敢晏安耽逸。而行此大英斷。有監督政府之責者。其亦可以躊躇滿志矣。乃法國當時之議會。絕不如是。反對者反居多數。而反對論之尤激烈者。則藉口憲法。謂政府案爲違憲也。蓋法國憲法第四十九條有云。地租承諾期。以一年爲限。若改正會計年度。則此過渡之期間。涉十八月。是顯然與此條相背也。此種議論。僅就法理言。寧得謂之不當。而無如書生迂腐之見。實太可笑。故奢爾氏。謂爲適法。僞信者雖復善謔。抑亦此等人有以自取也。反對之外。又有修改政府案。以十月朔日爲開始期者。其後付之表決。政府案幸得以多數在右院通過。然移至左院時。反對黨乃大獲全勝。而此案遂暫蹶。此一八一九年法國第一次提出改正會計年度案爭論之情形也。

至一八八二年。議會開議次年度豫算。其時右院豫算報告委員奈波氏起而言曰。在十四五月以前籌製十四五月以後之支出其豫算之不精確雖有巧舌不能爲之辯也故某種經費將來當增某種經費將來可減而欲於事前逆億十不失一卽聖智亦有所不能矣因極陳七月一日制之善謂爲必當更張然當時之度支大臣命奢氏獨以爲否越廿六日乃徐答之曰據此案則豫算之籌製與議決其間可節省許多時日吾非不知之然變更會計年度開始期果能耶否耶是不可不討論者也以吾所信雖仍舊制亦不爲害而其他大多數議員亦憚於改作遂再被黜此第二次提議之情形也

此問題直至一八八八年又復提出議會是爲第三次矣當時之內閣爲自由黨所組織而度支大臣則倍特爾氏其議案之標題則曰變更會計年度開始期之法律案先提出右院其所主張變更之理由與一八一九年同蓋務使豫算籌製之時期接近執行之時期也倍特爾在右院演說之言曰如依此案一面可使籌製豫算與執行豫算之期相銜接一面又可使豫算案所權衡之價値比較近於眞實云云

此案在右院通過然左院則復如一八一九年之故態其財政委員會已豫決必當反

對此案。至開議時。命耆首倡異議。多數和之。竟遭否決。自茲以來。此案遂不復見諸議會。君子觀此而知人情習於安常。改制易俗之非易易也。

以此次否決之實狀言。則學者緇廉之說。至爲可聽。蓋其所以反對之故。純爲黨略。苟議案而爲自由黨之大臣所提出者。他黨之人。不問其是非曲直。皆竭力以反對之。自然之勢也。雖然。彼反對者亦自不能無相當之理由。約爲計之。可得三事。

第一。若行改正案。則國家會計年度。與地方團體會計年度。不能一致也。法國省府城鎮鄉之會計年度。亦同以元旦爲開始。故議決豫算之省府城鎮鄉等議會。爲便宜計。必以八月開會爲合。若國家之會計年度。一旦革易。而以七月朔日開始。則兩者互相扞格。其於事實上必生種種困難無疑矣。何以言之。地方團體以百分一之附加稅（對於國稅之直接稅也）爲主要之稅源。今以八月開會之地方議會。其所議決者。則次年度由正月初一日至十二月三十一日之地方豫算也。國家而改爲七月朔日爲會計年度之始。翌年六月三十日爲會計年度之終。則其國稅之直接稅。僅能於此期間內發生効力。而由翌年七月朔日至十二月三十一日之稅。則非新經國會議定。不能妄徵也。如是則

著譯

地方議會何所標準以得其百分一之附加稅乎。

第二若行改正案則政府工務以及買賣契約皆將蒙不利也。蓋現在之會計年度以元旦開始故該管官吏利用冬末春初以夏期始業爲目的而與企業者訂定契約也。今若改正會計年度以七月朔開始則訂定契約不能不費於夏期而政府之工務不至不良之節季末由始事也。

第三若行政正案則法國現行之豫算評價法苟不悉變亦同於無效也。蓋以支出豫算言則改正會計年度後倘有額外支出之時亦可自由增加固矣。然以收入豫算言則法國租稅之全體皆以兩年前之收入爲準則。故籌製豫算者於收入之額不能妄事更變。既無更變收入豫算之權則雖改正會計年度亦何益哉。

上所言者則政府與議會爭論之大略也。至彼中學子對於改正案之意見又何如乎。緇廉者爲學界中首表同情之一人。其言有曰因準備時期之適否而豫算有眞僞之分。故與施行時相距太遠之豫算案實敗錦耳。盧累波留者。（現時法國著名之財政學大家與德之華克尼爾齊名）亦贊成改正案之一人也。盧氏之言曰若變易會計年度而更能將租稅之配賦法改爲

八

定率法。（租稅分類中有配賦法定率法兩種配賦法者先定租稅收入之額而配賦之於租稅主體之納稅者或配賦之於租稅客體之課稅目的物是也定率法者國家先以法規豫定稅率凡租稅單位皆能適用是也）則其利更大。雖然。亞里克氏則曰。法國改正會計年度。其爲有益。固不待言。然亦未嘗無害。而兩者相較。害餘於利。故與其改正會計年度。無寧加長修正豫算案之時期。使之事實上與執行之期相近。效亦略等耳。又有波亞特者。亦持反對之說者也。大旨與亞氏同。故不具徵。要之法國會計年度。於學理事實。兩皆背謬。雖改正之議。三次被屈。然將來仍不失爲一重要之問題。有斷然者。

會計年度之爭。又不特法國而已。卽行四月朔日制之日本。亦曾有之。雖其所爭之點不同。而以現制爲不備則一也。並述之以供參考焉。

日本會計年度。始行歷年制。中變爲十月一日制。再變仍爲歷年制。至彼明治十七年。今制始萌芽。其後開國會頒憲法。遂著爲令。然行之既久。非議之論亦漸多。雖具體的法案。見於議會者。僅有一度。而其不滿於此制者。固未嘗無人也。其法案如何。則彼明治三十二年。由議員提出者。題曰改正會計年度建議案。大旨謂令制與民間決算期不能一致。流弊甚大。又謂因行此制。故議決豫算不能不在四月以前。故議會之開常以十二月至三月。然此數月者。跨新舊兩歷（日本雖改行陽歷而民間習慣多依舊歷在今日且有然當時更無論矣故云）以日本習慣言。正一歲中最忙之時也。夫以劇冗之人。使之爲議員。而責以盡心國事。不其難乎。爲此二故。如將會計年度改正。以七月朔日始。翌年六月三十日終。則一面可與習慣相符。一面可改爲三月召集議會。使議員得安心効職。愼重國事。即爲政府籌製豫算計。亦甚便宜云云。然格於衆議。卒不果行也。而彼中學者亦攻之。曰此案要旨。雖云有二。而其最置重者。則在改召集議會期也。故吾人於此案。終始不能表同情。雖所言國家會計年度與民間決算期不相一致。流弊滋多。未爲無理。然至於更易召集議會期。則自表面觀之。似與法意等國所生之爭論。如出一轍。實則根本中含有差異之點也。何以言之。蓋法意等國所爲。囂囂然。欲改正會計年度者。純因豫算籌製期與年度開始期相距太遠。緣此而豫算不精確。經費日膨脹。故捨改正會計年度。提前其開始期。則此弊無從剔除。故其所主張者。全出於財政上之目的也。而此案。何有焉。非財政上有不得已之苦也。非豫算之不精確也。其所以欲改正者。則純爲議員個人之私利。惡今制之不便也。以此而欲得同情於多數人。抑亦難矣。且議員所謂私利者。非必於改正會計年度後而始得之也。今日本議會期雖三月。然自歲暮以迄新春。何嘗不休會二十餘日。其加惠議員。亦已多矣。不自責放逸而顧欲以一己之私。變國家大計。毋乃太甚矣乎。

然則日本會計年度。遂無改正之必要乎。是又不然。今以法意諸國之慣例。與日本慣例相較。則日本之籌製豫算也。以每歲十月十一月之交行之。而會計年度開始期。則在翌年四月朔。故由籌製起以至施行。所費不過五六月。若以之與英吉利比利時比。英國提出豫算在會計年度開始前一二月比國提出豫算在會計年度開始前二月歲以爲常固不免稍長。雖然以與法意較。意大利在一八八三年前豫算由籌製至執行之間亦費十四五閱月與法國今制同則不可同日語矣。即以此外諸國論。日本制度亦決不能謂爲失之太長也。以是因籌製豫算之問題。而變更會計年度。在日本則謂之不成問題也。然而猶謂日本亦有改正之要者。其故安在。蓋其根本之理由。不在於籌製豫算。而在於執行豫算也。易言以明之。則豫算執行上。於年度開始時。而歲入歲出失其均衡也。蓋日本歲入因財政不得其宜。故於會計年度開始之數月。實爲一年中收入最少之節季。不得已乃發所謂大藏省證劵者。以濟其窮。而歲歲所發少者五六百萬圓。多者三千餘萬圓然此種證券其償還之期法不得過一年至期限逼迫之時則借新還舊而日本大藏省證券乃無時或絕矣緣此而每年所損失之利息亦在二三百萬以上收入既少支出復多此當改正之理由一且也會計年度開始期必宜兼顧民間生計之狀態使雖負擔國課而不覺其苦斯爲良法然欲致此則人民產業之繁閑市場之張弛不可不在在留意然今制與民間決算期（日本通例以六月十二月爲決算期）互相乖違其不利於納稅者豈待言哉此當改正之理由二

而日人之言改正也有主七月一日說者有主九月一日說者有主十月一日說者然日本歲入其最豐饒之時多在十月十一月以後故以此點論則九月一日說爲最可取雖然爲籌製豫算議決豫算計則行九月一日制距執行之期當較今制爲長且因改正會計年度故所需款項亦絕不小何也蓋由四月至九月半歲之間收入不足宜有以補之也若從七月一日說則將議會開會期改至暮春此非甚難且籌製執行之期距離亦與今相等又與民間決算期略相符合故彼中學子多以此制爲善也

雖然其主張不必改正者亦自有說蓋凡變易會計年度其影響所及範圍甚廣且初

改之時所以補此過渡之不足者動須鉅款故實行良非易易夫今制之缺點不過會計年度開始時收入不足之一事耳然欲救此弊豈患無法何至輕於改制以徵不可必之利哉即如納稅期苟能略改而其效可立覩矣夫徵收租稅自應爲人民便宜計非國家所能妄定雖然提前或恐病民置後當無滋擾如彼田賦酒稅爲日本收入之大宗據彼最近豫算額一次所徵田賦千四百萬酒稅二千萬而田賦之第三期與酒稅之第四期皆限三月末清納今若改爲四月以後則屬於甲年度者移屬乙年度如此一轉移間而會計年度開始時可得三千餘萬雖有未敷其決不如前此之窘迫者有斷然矣雖曰仍須豫籌一款以爲臨時之用然一勞永逸舉國受賜豈較倡改正會計年度者之徒事紛紛爲也

上所論列連篇累牘皆舉他國已往之陳迹慮讀者惟恐思臥雖然吾人緣此而知會計年度有如許關係當此立法之初他山之石豈云無補且綜論其要可得而言

會計年度開始期務宜與籌製豫算時相接近一也**因是而**

著譯

歷年制萬不可採。二也。會計年度開始期。又宜與民間決算期相一致。三也。會計年度宜擇國家收入最豐饒之時開始。四也。此實會計年度上之原則也。然則吾國之會計年度果以何月爲適宜乎。曩滄江先生所著文。謂宜以六月朔至次年五月晦爲一會計年度。其主張之理由。則以吾國歲入田賦爲大宗。而徵收田賦之法。以六月爲上忙。十月爲下忙。又國中慣例。通以端午中秋除夕三節爲結算期。故行六月朔制。則會計年度開始時。已可得豐饒之收入。而又與民間金融季節相應。其言不偏於理論。不離乎事實。斯亦可謂至當也已矣。雖然。以吾所見。則仍以四月一日制爲善。蓋有三故。爲吾國官府簿籍向分四季報告。若行四月一日制。則以初夏開始。恰與政治上之慣例相符。而令新舊交代時易於辦理。此其一。吾國上忙下忙之制。本無學理可根據。將來似宜改歸三節徵收。以與民間決算期相應。而四五月之交。卽宜開征。若行六月朔日制。則端節前後所入。當置諸上年度之末。雖未嘗不可。緩至六月後。然又與民間決算期畧遠矣。

此其二且也度支部短期債券雖不宜多發然苟有限制於市塲多一種融通之物未爲無益縱令徵稅之期不改而行四月一日制開始時不免小困可發度支部債券補之以吾國金融澀滯如此有之於產業上亦大受其利此雖旁義然一舉兩得何爲不可此其三有此三故故吾以爲行六月朔日制不如行四月一日制之善也質諸滄江以爲何如。

雖然。前計言之矣。會計年度。宜斟酌國民生計之情形。政治之習慣。金融之節季。而此三事。又非可空言爲理也。必閱歷甚深。考究甚熟。有眞知灼見。然後立法精審。粗疏如不佞。而顧妄言國事。其亦不自量之甚矣。匪惟開罪滄江。抑爲天下識者所共笑。惟一得之愚。不敢自秘。今會計年度。亦將發表。願當局者深體此事之重大出以精誠則庶幾吾國立憲之實可得而舉也。

（此章未完）

宣統三年二月廿二日稿

兩次批准保和會條約（續第六號）

限制用兵索債條約

一國政府有因彼國政府。欠其民人訂有合同之債項。向其索償者。今欲免使以銀錢之故。致列國間有兵釁之事。爲此訂立條約。遣派全權大臣如下。　各全權大臣所奉全權文據校閱合例議訂各條於下。

第一條　締約各國。議訂凡一國政府因彼國政府。欠其民人訂有合同之債項。不得以兵力向其索償。　但欠債之國。拒絕公斷之請。或置諸不答。或允准後。乃使請斷狀。不能訂立。或公斷後不遵照判詞辦理。則不得引用上款。

第二條　並議定上條第二款所載之公斷。應照海牙和解國際紛爭條約第四篇第三章訴訟法。除各造另有辦法外。所有訴訟之格式。債款之數目。償還之期限程式。

悉由公斷法庭定奪。

第三條　本約應從速批准。　批准文件存儲海牙。　批准文件第一存案立一文憑。由與議各國代表及和國外部大臣簽押爲據。　以後各國之批准文件存案須繕一咨文將批准文件送交和政府。　第一批准文件存案之文憑。上節所載之咨文及批准文件各抄件校正之後。立卽由和政府交外交官轉交第二次保和會各國及隨後入約各國。或如上節所戴情形。該政府應同時將收到咨文日期聲明。

第四條　未籤押各國。亦准加入本約之內。　願意入約之國。應將其意咨照和政府。並附送入約文件。此等文件由該政府存案。　該政府卽將咨文及入約文件各抄件校正之後。轉送其他各國。並聲明收到咨文日期。

第五條　第一批批准文件存案各國從存案文憑日期起。六十日之後。本約方有效力。隨後批准。或入約各國從和政府收到批准。或入約咨文日期起。六十日之後方有效力。

第六條　如遇締約國中之一。願意出約。應將出約文件。咨照和政府。該政府立卽將出約文件之抄件校正之後。知照其他國。並聲明接到出約文件之日期。出約僅專指咨照出約之國。從咨文到和政府日期起。一年之後。方有效力。

第七條　立一冊籍。由和國外部執掌。載明第三條第三第四款所指批准文件存案日期。及隨後收到入條文件第四條第二款。或出約文件第六條第一款之日期。該冊籍凡締約各國。均可與知。並可索取校正之摘要。

本約由全權大臣籤押於下。以昭信守。　正約一分。在和政府存案。抄件校正之後。由外交官轉交第二次保和會與會各國。

關於戰爭開始之條約

爲維持和平交際起見。以爲關於戰爭之事。非預先宣告。不得開始。並以爲應將開戰情形。從速知照各中立國。爲此訂立條約。遣派全權大臣如下。　各全權大臣。將所奉全權文據校閱合例。議定各條於下。

第一條　締約各國。公認非有明顯之預先知照。或用有理由之宣戰書格式。或用決絕書格式。以宣戰爲要挾者。彼此均不應開戰。

第二條　戰事情形。應從速知照各中立國。亦可用電報傳達。惟於中立國接到知照之後。方有效力。若證明中立國已知戰事情形。無可疑議者。中立國亦不得以未接到知照爲詞。

第三條　本約第一條。於締約國中之二國或數國有戰事時即有效力。　第二條於締約國中之一戰國。與締約國中之各中立國。交際間有應行之義務。

第四條　本約應從速批准。　批准文件。存儲海牙。　批准文件。第一批存案。立一文憑由與議各國代表。及和國外部大臣。籖押爲據。　以後各國之批准文件。須繕一咨文。將批准文件送交和政府。第一批批准文件存案之文憑。上節所載之咨文。及批准文件各抄件。校正之後。立即由和政府交外交官。轉交第二次保和會與會各國。及隨後入約各國。或如上節所載情形。該政府應同時將收到咨文日期聲明。

第五條　未籖押各國。亦准加入本約之內。　願意入約之國。應將其意咨明和政府。並附送入約文件。此等文件。由該政府存案。　該政府卽將咨文及入約文件各抄件校正之後。轉送其他各國。並聲明收到咨文日期。

第六條　第一批批准文件存案。各國從存案文憑日期起。六十日之後。本約方有效力。隨後批准或入約各國。從和政府收到批准或入約咨文日期起。六十日之後。方有效力。

第七條　如遇締約國中之一。願意出約。應將出約文件咨照和政府。該政府立即將出約文件之抄件校正之後。知照他各國。並聲明接到出約文件之日期。出約僅專指咨照出約之國。從咨文到和政府日期起。一年之後。方有效力。

第八條　立一冊籍。由和國外部執掌。載明第四條第三第四款所指批准文件存案日期。及隨後收到入約文件第五條第二欵。或出約文件第七條第一款之日期。該冊籍凡締約各國均可與知。並可索取校正之摘要。

各全權大臣簽押於下。以昭信守。　正約一分在和政府存案。抄件校正之後。由外交官轉交第二次保和會與會各國。

陸戰時中立國及其人民之權利義務條約

為陸戰時確定中立國。及其人民之權利義務。及議定避入中立國領土內交戰者之地位起見。並願釋明中立之性質。俾得將中立民人與交戰者關係之地位。悉行協定。爲此訂立條約。遣派全權大臣如下。 各全權大臣將所奉全權文據校閱合例。議定各條於下。

第一章 中立國權利義務

第一條 中立國之領土不得侵犯。

第二條 交戰國以軍隊或彈藥或軍需品之輜重禁止由中立國領土經過。

第三條 並禁止交戰國。 甲 在中立國領土置設無綫電報所。或用以爲戰國海陸軍交通機關之各種器具。 乙 在中立國領土使用戰事之前所設此等機關。其目的專爲軍用而向未作爲公衆交通之用。

第四條 在中立國領土內不得爲交戰國編成戰鬥軍隊或開設募兵事務所。

第五條 中立國不應縱容在其領土內有第二條至第四條所指之舉動。 中立國對於反對中立之行爲。非在其領土內違犯者可不加懲儆。

第六條 人民獨自出境。前往交戰國供役者。中立國不擔責任。

第七條　凡爲彼此交戰國運出或轉運軍械彈藥及一切海陸軍所用之物品。中立國可不加阻止。

第八條　交戰國使用中立國電信綫電話綫及無綫電機。無論其爲國家之產或公司或人民之產。中立國可不加禁止或限制。

第九條　中立國若於第七第八條所指各件。欲設法限制。或禁止者。須一律施行於各交戰國。中立國應稽察爲電信綫。或電話綫。或無綫電機。業主之公司或人民。使其一律尊重此等義務。

第十條　中立國對於侵犯中立之行爲。即用兵力抵拒。亦不得視爲對敵之舉。

第二章　在中立國境留置交戰者。及醫治受傷者。

第十一條　中立國在其境內收容交戰國之軍隊。應留置於距戰場最遠之處。中立國可將此等軍隊看守於營中。亦可禁閉於礮台中。或留置於專爲此等軍隊設備儲處。此等軍隊之官佐。可否令其宣非奉命不擅離中立國境之誓。而聽其自由之處。應由中立國定奪。

第十二條　倘無專約。中立國應供給留置者衣食及人道上必需之救濟。所有留置各費用。戰事平和後。應行償還。

第十三條　中立國收容逃亡之俘虜。應聽其自由。倘准其在境內逗留。可指定其住處。上款之規定。對於避入中立國境內軍隊帶來之俘虜。亦可適用。

第十四條　中立國可准令交戰軍隊之傷者或病者經過其境內。惟載運此等人員之車內。不得載有戰員戰具。照此情形。中立國務須設法保安並稽察一切。凡一交戰國將其敵軍之傷者或病者依上項所指情形運入中立國境內。中立國應將其看守。俾不能再預戰事。其他交戰國之傷者或病者。託付中立國。中立國亦有同一之義務。

第十五條　日來弗條約可適用於留置中立國境內之病者傷者。

第三章　中立人民

第十六條　不與戰事之國之人民。視爲中立人民。

第十七條　中立人民。不能有中立之資格者。甲　對於交戰者有對敵之行爲

乙 爲利於交戰者之行爲。因而自願投入交戰國中之一國軍隊效力。 照此情形。中立人民。因不守中立行爲。故應受一交戰國之待遇。不得較諸他交戰國人民更形嚴刻。

第十八條 所有第十七條乙款所載之意義。不得視爲有利於一交戰國之事者。

甲 供給物資。或借給款項。於交戰國之一國。惟供給或借給之人。並不在彼交戰國境內。或彼交戰國佔領之境內居住。而供給之物。亦非從此等境內而來。 乙 祇爲警察及民政上效力之事。

第四章 鐵路材料

第十九條 鐵路材料。來自中立國境。或屬於中立國。或屬於公司。或人民。苟得認明爲中立國者。非因緊急必要之情形。不得將此等材料徵發而使用之。用後從速送回原國。 中立國若需用甚亟。亦可將交戰國境內所來之材料酌量扣留使用。彼此應接照所用材料之多寡時期之久暫。給予償款。

第五章 結論

第二十條 本約各條。只能適用於締約各國及交戰國。亦均爲締約之國。

第二十一條 本約應從速批准。批准文件。存儲海牙。批准文件。第一批存案。立一文憑。由與議各國代表及和國外務部大臣簽押爲據。以後各批批准文件存案。須繕一咨文將批准文件送交和政府。第一批批准文件存案之文憑上節所載之咨文。及批准文件等各抄件校正之後。立即由和政府交外交官轉交第二次保和會與會各國。及隨後入約各國。或如上節所載情形。該政府應同時將收到咨文之日期聲明。

第二十二條 未簽押各國。亦准加入本約之內。願意入約之國。應將其意咨明和政府。並附送入約文件。此等文件。由該政府存案。該政府卽將咨文及入約文件各抄件校正之後。轉送其他各國。並聲明收到咨文日期。

第二十三條 第一批批准文件存案各國。從存案文憑日期起。六十日之後。本約方有效力。隨後批准。或入約各國。從和政府收到批准。或入約咨文日期起。六十日之後。方有效力。

第二十四條　如遇締約國中之一。願意出約。應將出約文件咨和政府。該政府立即將出約文件之抄件校正之後。知照其他各國。並聲明接到出約文件之日期。出約僅專指咨照出約之國。從咨文到和政府日期起。一年之後。方有效力。

第二十五條　立一冊籍由和國外部執掌。載明第二十一條第三第四款所指批准文件存案日期。及隨後收到入約文件第二十二條第二款或出約文件第二十四條第一款之日期。該冊籍。凡締約各國均可與知。並可索取校正之摘要。

各全權大臣簽押於下。以昭信守。　正約一分在和政府存案。抄件校正之後。由外交官轉交第二次保和會與會各國。

戰時海軍轟擊條約

欲遂第一次保和會所發之願。關於海軍轟擊未設防之口岸城村事件。宜將一八九九年陸戰規例酌量推行。務以鞏固居民之權利。保存重要之建築為主。以行仁道而減戰禍。為此議訂條約。遣派全權大臣如下。　各將所奉全權文據校閱合例。議訂各條如左。

文牘 十二

第一篇 轟擊未設防之口岸城村房屋

第一條 禁止以海軍兵力轟擊未設防之口岸城村房屋。不得以一處地方僅因其港口有敷設機發水雷之故便行轟擊。

第二條 然陸軍之工作物。陸軍或海軍之建築物。軍械或軍用品之存儲所。合於敵國海陸軍使用之工廠或建置物。及軍艦之泊在口岸者。不在此禁例之內。海軍司令官可知照地方官。於適當期限內。將此等拆毀。倘地方官逾限並未照行。海軍司令官若無他法可施者。可以砲轟毀之。遇此情形而有轟擊之舉。則對於無心之損害。海軍司令官不負責任。若軍情緊急。須立時施行。而不能予以期限者。則例禁轟擊之未設防地方。仍依本條第一款所載。得以轟擊。爲司令官應設法使城中所受損害以少爲度。

第三條 海軍所到之處。如向地方官徵取現時必需之糧食或生計上之物件。而地方官不允照辦。則於知照轟擊之後。可將未設防之口岸城村房屋轟擊。但此等徵取。須視地方之物產力爲準。若有現銀。宜計值照付。否則出給收條爲憑。且須奉有海軍司令官之命令。方得徵取。

第四條　未設防之口岸城村房屋。不得因徵取銀錢不遂之故而加以轟擊。

第二篇　概論

第五條　凡宗教美術技藝善舉所用之建築。及歷史上之古跡。暨病院或傷病收容所。當海軍轟擊時。若無軍事上利用目的。司令官應盡力設法保全。居民應將以上所指之古跡建築等。用易見之標識指明。此項標識。用堅板作長方形。由對角綫分爲兩三角形。上三角形用黑色。下三角形用白色。

第六條　除軍情緊急不能照行者外。海軍司令官。於轟擊前。應竭力設法知照地方官。

第七條　以突擊佔領之城池。禁止掠奪。

第三篇　結論

第八條　本約各條。祇施行於締約各國而兩戰國均在此約中者。

第九條　本約應從速批准。批准文件。存儲海牙。批准文件第一批存案。立一文憑。由與會各國代表及和國外務大臣簽押為據。以後各批之批准文件存案。須繕一咨文將批准文件送交和政府。第一批批准文件存案之文憑上節所載之咨文及批准文件各抄件校正之後。立卽由和政府交外交官轉交第二次保和會與會各國。及隨後入約各國。或入上節所載情形該政府應同時將收到咨文之日期聲明。

第十條　未簽押國亦准加入本約之內。願意加入之國。應將其意咨明和政府。並附送入約文件。此等文件。由該政府存案。該政府卽將咨文及入約文件各抄件校正之後。轉送各國。並聲明收到咨文日期。

第十一條　第一批批准文件存案。各國從存案文憑日期起。六十日後。此約方有效力。隨後批准。或入約各國。從和政府收到批准咨文或入約文憑日期起。六十日後。此約方有效力。

第十二條　如或締約國中之一。聲明願意出約。應將出約文件咨照和政府。該政府立卽將出約文件之抄件校正之後。知照各國。並聲明接到出約文件之日期。出約僅專指咨照出約之國。從和政府收到咨文之日起。一年之後。方有效力。

第十三條　立一冊籍。由和國外部執掌。載明第九條第三第四款所指批准文件存案之日期。及隨後收到入約文件第十條第二款。或出約文件第十二條第一款之日期。　該冊籍。凡締約各國均可與知。並可索取校正之摘要。

各全權大臣簽押於下。以昭信守。　正約一分。在和政府存案。抄件校正之後。由外交官轉交第二次保和會與會各國。

日來弗紅十字會推行於海戰條約

共願將一千九百零六年七月六號日來弗紅十字條約各章。推行於海戰。俾盡力減輕戰事中所難免之禍。爲此將一千八百九十九年七月二十九號關於此事之約。重加修正。訂立新約。遣派全權大臣如左。　各全權大臣將所奉全權文據校閱合例。議定各條如下。

第一條　軍用病院船。卽由國家所造或所備之船隻。專爲救助傷者病者溺者之用。於開戰之始。或戰事之中。總在未經使用之前。將船名知照交戰國。則戰期之內。當受尊重。不得被捕。 此等船隻。停泊中立口岸時。不得與戰艦視同一律。

第二條 凡由個人或公認之善會出貲置備或全部或一分之病院船。若由其所屬之交戰國。給以命令。並於開戰之始。或戰事之中。總在未經使用之前。將船名知照敵國者。亦受尊重並免被捕。 此等船隻。應携帶該管官所給之執照。並聲明該船於裝配時及開行時。曾經稽察。

第三條 凡由中立國之個人。或公認之善會。出貲置備或全部或一分之病院船。先經該本國政府允准。並奉一交戰國命令。歸其節制。即由該交戰國於開戰之始。或戰事之中。總在未經使用之前。將船名知照敵國者。應受尊重並免被捕。

第四條 本約第一第二第三條所指船隻。救助交戰國之傷者病者溺者。不分國籍。一律救助。 各國政府約定此項船隻。不得作爲軍事上目的之用。 此項船隻。無論如何情形。不得阻礙戰鬥者之動作。戰爭之時。戰爭之後。此項船隻行動時。自擔危險。 交戰國於此項船隻。有稽察查驗之權。並可拒其救助。或命其遠離。或令其向一定之方向開行。或派員上船監察。若情形緊急。出於必要時。亦可將該船扣留。

交戰國對於病院船所發之命令務須載入該船上日記中

第五條　軍用病院船。外塗白色油漆。加以約寬一適當半之綠色橫帶一條。以爲標識。　本約第二第三條所指之船。外塗白色油漆。加以約寬一適當半之紅色橫帶一條。以爲標識。　以上所指各船之舢板。及堪供病院船使用之小船。則各塗其本船之漆色。以爲標識。　所有病院船。均揭其本國國旗。及日來弗約中所定之白地紅十字旗。若係中立國者。更於中桅上揭一歸其節制之交戰國國旗。以爲識標。

病院船若如本約第四條所云而爲敵國扣留者。應將其所揭之交戰國國旗撤去。

以上所載之病院船及舢板。若於夜間欲保全其應有尊重之權利。可商明所附之交戰國。設法使其標識之漆色。十分明顯。

第六條　本約第五條所載之標識。無論平時戰時。祇准爲保護或表示該條中所載各船隻之用。

第七條　如遇軍艦上有戰鬥者。應竭力尊重其養病所。養病所及其用物。應依戰律辦理。凡爲傷者病者所需之物。不得移作別用。　但此項養病所及其物件。在司令官權利之下。司令官有處置之權。若軍情必要時。應先將其中傷者病者安排後。司令官方之有處置之權。

第八條　病院船及船上養病所。若用之以爲害敵之事。則應得保護。卽行停止。此等病院船及養病所人員。若爲維持秩序或防護傷者而執軍械。並船上置設無線電報等事。不得因此而作爲理應停止其保護。

第九條　交戰國可請中立國之商船郵船或舢板船長。以慈善之性質。將傷者病者。收入船中醫治。凡此等船隻之應此請求者。或船之自願暫行收容傷者病者或溺者。均得享特別保護。及一定之特權。無論如何。不得因此而受捕獲。然曾有特別之約定而違犯中立行爲時。則該船等。仍在被捕之列。

第十條　被捕船中之宗教醫藥看護人員。均不可侵犯。並不得作爲俘虜。此等人員離船時。准其將所有自置物件。及解剖器具携去。此等人員。如有必需之處。仍可從事職業。至司令官以爲可無需時。則可引去。交戰國對於此等陷入權力之內人員。當給以本國海軍對品人員相等之津貼及薪俸。

第十一條　凡海陸軍人。及官派隨從海陸軍諸人。在船上病傷時。不論其屬於何國。捕獲者當加以尊重。並爲之醫治。

第十二條　交戰國軍艦。得向不論屬於何國之軍用病院。善會或個人之病院船郵船舢板等。請其將收在船上之傷者病者或溺者交還。

第十三條　如傷者病者或溺者。係收容於中立國軍艦上者。當設法使其不能再預戰事。

第十四條　此戰國之溺者傷者或病者。陷在彼戰國權力之下。則爲俘虜。該捕獲國。可酌度情形定奪。或宜收留。或送至本國口岸。或中立國口岸。或逕送至敵國口岸。若照末次辦法。此等送回本國之俘虜。戰期內不能再預戰事。

第十五條　溺者傷者或病者。在中立國口岸上陸。並經該地方官允准者。除該中立國與各交戰國。另有相反專約外。應由中立國看守。使其不能再預戰事。　溺者傷者或病者。所有醫院居住之費。應由其所屬之國擔承。

第十六條　每戰之後。兩戰國爲無碍軍事利益爲限。當設法尋覓溺者傷者病者及死者。以便保護。而免刦奪。及各種虐待。所有屍身。先宜悉心檢驗。無論土葬水葬火葬。並宜監視。

第十七條　交戰國應將死者身上所得之軍中記章文憑。及所收傷者病者之情形。從速送交該國官署。或海軍或陸軍官署。各交戰國應各將在其權力內之傷者及病者之留置移動入院並死亡等。互相知照。並應將被捕獲之船艦內所發見或在病院中傷病人等身後所遺留之一切私用物件。並銀錢書信等類。一律收集。以備送付於與其人有利益關係者。或其所屬國之官署。

第十八條　本約各條。惟締約各國及各交戰國均在約中者方可援用。

第十九條　交戰國海軍司令長官。必須實行以上各款。及其細節。其未盡載明事宜。可遵照本國政府之訓令。及本約之大旨辦理。

第二十條　簽押各國應將本約之規定。教示海軍軍人。或被保護之人員。且當設法使其國民一體知悉。

第二十一條　簽押各國。公同允准。倘國內刑律有未盡之處。應即設法。或請立法官定律。禁止人民刦奪。及虐待海軍中傷病人等。並於不受本約所保護之船舶。而濫用本約第五條所規定之標識記章者。作爲侵犯軍事徽章而處罰之。簽押各國。須將關於此項專律。至遲在本約批准五年之內。送由和蘭政府承轉互相通告。

第二十二條　凡遇交戰國之海陸軍戰爭時。凡本約各條款。僅適行於在船隻上之各軍隊。

第二十三條　本約應從速批准。批准文件存儲海牙。批准文件第一批存案。立一文憑。由與議各國代表。及和國外務大臣簽押爲據。以後各批之批准文件存案。須繕一咨文。將批准文件送交和政府。第一批批准文件存案之文憑。上節所載之咨文。及批准文件各抄件校正之後。立即由和政府交外交官轉交第二次保和會與會各國。及隨後入約各國。或如上節所載情形。該政府應同時將收到咨文日期聲明。

第二十四條　凡未簽押國。願遵一九零六年七月六號日來弗紅十字條約者。亦准加入本約之內。　願意加入之國。應將其意咨明和蘭政府。並附送入約文件。此等文件。由該政府存案。該政府即將咨文。及加入文件各抄件校正之後。轉送其他各國。並聲明收到咨文日期。

第二十五條　本約如法批准之後。在締約各國交際中。卽代一八九九年七月二十九號所訂推行日來弗條約於海軍之條約。一八九九年之約。於曾在該約簽押而不批准本約之各國交際間仍有效力。

第二十六條　第一批批准文件存案。各國從存案文憑日期起。六十日之後。本約方有效力。隨後批准。或入約各國。從和政府收到批准或入約咨文日期起。六十日之後。方有效力。

第二十七條　如遇締約國中之一。願意出約。應將出約文件。知照和政府。該政府立即將出約文件之抄件校正之後。知照其他各國。並聲明接到出約文件之日期。出約僅專指咨照出約之國。從咨文到和政府日期起。一年之後。方有效力。

第二十八條　立一冊籍。由和國外部執掌。載明第二十三條第三第四款所指批准文件存案日期。及隨後收到入約文件第二十四條第二款。或出約文件第二十七條第一款之日期。該冊籍。凡締約各國。均可與知。並可索取校正之摘要。各全權大臣籤押於下。以昭信守。正約一分在和政府存案。抄件校正之後。由外交官轉交第二次保和會與會各國。

海戰時中立國之權利義務條約

凡遇海戰之時。中立國與交戰國交際間。每有意見紛歧之事。茲爲減少此等意見。並預防因紛歧而生爲難之事。以爲目前即未能協訂專條。推及於實行所見之各種情形。而設法訂立公共章程。以備不幸而啓釁端之用。實爲有益之舉。無可疑議者也。若遇本約未盡之事。則以國際公法之常例爲準。所望各國宣布定章。以便議定中立界所應有之事。以資採用。即以採用各章。公平施諸交戰國。實爲中立國所公認之義務。中立國當戰事之際。設非閱歷所得。見有必需如此。方足以保其權利者。不得將章程更改。且此等章程。與現在大概所有各約專條。並無違礙之處。爲此議訂公共章程。以資遵守。遣派全權大臣如下。各全權大臣將所奉全權文據校閱合例。議定各條如下。

第一條　交戰國必須尊重中立國主權。並將在中立國領土或領海界內。一切違犯中立行爲。卽使爲他國所認許者。亦應設法避除。

第二條　凡交戰國軍艦。在中立國領海界內所有一切戰爭行爲。及施行捕獲。或察驗權者。均作爲違犯中立。應嚴加禁止。

第三條　凡船隻在中立國領海界內被捕者。如所捕之船。尙在該國法權之內。應設法將被捕之船。及船上人員等釋放。並將捕獲者所派在該船上之人員拘留。如被捕之船已出中立國法權之外。捕獲國政府。一經中立國之請求。應將捕獲之船及船上人員等釋放。

第四條　交戰國不得在中立國領土內。或在中立領海界內之船上。設立捕獲審判所。

第五條　禁止交戰國。以中立國口岸。或領海界內。爲海戰之根據地。以攻敵人。並不得設立無線電報。或陸上或海上交戰軍之各種交通機關。

第六條　禁止中立國。不論以何等名目。直接或間接。將軍艦或彈藥。及一切軍用材料。交付交戰國。

第七條　中立國對於各交戰國所用之軍械彈藥。及一切海陸軍所用各物。載運出口。或轉運過境。均不擔任阻止之責。

第八條　中立政府。遇有船隻在境內裝配。或安置軍械。有相當之理由。可認爲對於該中立國之友邦行戰爭之舉動者。當盡力設法阻止。其有船隻在其境內改造。全體或一部分。準備爲戰事之用者。亦當留意阻其出境。

第九條　中立國對於交戰國軍艦。及其捕獲物。准否進入口岸港灣。或海界內之事。應自定限制。或其他禁令。知照兩交戰國。一律辦理。　但中立國對於交戰國軍艦。有忽略中立國禁令。或違犯中立者。仍可禁其進入口岸港灣。

第十條　一國之中立。不得僅以交戰國軍艦。或捕獲物。在其領海界內經過。而視爲違犯。

第十一條　中立國可聽交戰國軍艦。僱用其業經注冊之引港人。

第十二條　中立國法律中。如無規定專款。除本約所指各情形外。應禁止交戰國軍艦。在該國口岸港灣或領海界內。停泊逾二十四小時之久。

第十三條　一國既經知照開戰。知有交戰國軍艦在其口岸港灣。或領海界內者。應即知照該艦於二十四小時內。或本國法律所定期限內開行。

第十四條　交戰國軍艦。非因損壞或風浪過大之故。不得在中立口岸於例定期限外延緩停泊。其遲滯之故。一經停止。應即開行。　限制在中立口岸港灣及領海界內停泊章程。不得施行於軍艦之專爲充考察學問及宗教或善舉用者。

第十五條　中立國法律中。如無規定專款。同時在一口岸或港灣之交戰國軍艦。至多不得過三艘。

第十六條　若兩交戰國之軍艦。同時在一中立口岸或港灣內。則此戰國之軍艦開行。與彼戰國之軍艦開行。至少須相隔二十四小時。　除先到之艦因故奉准延緩停泊期限外。則開行之次序。應以艦到之先後爲定。　凡在中立口岸或港灣內之交戰國軍艦。開行不得在揭有敵國旗之商船開行後二十四小時之內。

第十七條　在中立口岸及港灣內之交戰國軍艦。或有傷損之處。非爲航行之平安所不可免者。不得修理。無論如何。不得加增其戰鬥力。其修理情形。應由中立國核定。並令其從速完工。

第十八條　交戰國軍艦。不得在中立國口岸港灣及領海界內更新或加增其軍需軍械。及添補人員。

第十九條　交戰國軍艦。在中立國口岸港灣添補需用之物。不得逾其平時所裝之數。　此等船隻裝載燃料。祇亦准其足到本國最近之口岸為度。如中立國定以限制裝載辦法。則可將所需之燃料。裝載至燃料倉貯滿為度。　若照中立國法律。非船到二十四小時之後。不能裝煤者。可於例定之停泊期限展長二十四小時。

第二十條　交戰國軍艦。曾在中立國口岸裝載燃料者。非經三個月之後。不得再向該國各口岸添載需用之物。

第二十一條　非因風浪險惡及缺少燃料。或用物不能航行之故。不得將捕獲船隻。帶至中立口岸。　不能航行之故。業已停止。應即開行。若不照辦。中立國應知照該船。令其立卽開行。再不遵照。中立國應設法將被捕之船及船上人員等釋放。並將捕獲者所派在該船上之人員拘留。

第二十二條　如不照本約第二十一條所指而將捕獲船隻帶入者。中立國亦應將其釋放。

第二十三條　被捕船隻。不論有無交戰國軍艦押解。如係帶至中立國口岸港灣。聽憑看管。以待捕獲審判所定讞者。中立國可將其帶入其所屬之他口岸。　被捕船隻。如有軍艦押解。所有捕獲者派在該船上之人員。應令其移往押解船上　被捕之船。如獨自進口。捕獲者派在該船上之人員。可任其自由。

第二十四條　交戰國軍艦。在不應浮泊之口岸。經中立國官員知照而不開行者。中立國有權用必需之法。使該艦於戰期內不能開行。該艦司令官對於此事應即照辦。交戰國船隻若被中立國扣留。船上人員亦一併扣留。扣留之船上人員。可任其在船上。或移居他船。或陸上。倘有應需管束之處。可嚴加管束。並留必需之人。以便料理船上事務。　船上人員。如立有非奉中立國命令不自擅離之誓。則可任其自由。

第二十五條　中立國應設所有應設用各法行看守之事。以便阻止在其口岸或港灣及領海界內一切違犯所有以上各款之舉。

第二十六條　中立國執行本約所定各權。承認本約各欵之交戰國。彼此不得視爲有傷友誼之舉。

第二十七條　締約各國。應及時將本國所定各種法律命令及他種條款。用以管束其口岸及領海界內之交戰國軍艦者。互相知會。先用咨文。送交和蘭政府。立即由該政府轉達締約各國。

第二十八條　本約各條。惟締約各國。亦惟各交戰國均係在約中者。方可引用。

第二十九條　本約應從速批准。批准文件。存儲海牙。批准文件第一批存案。立一文憑。由與議各國代表。及和國外務大臣簽押爲據。以後各批之批准文件存案。須繕一咨文。將批准文件送交和政府。第一批批准文件存案之文憑。上節所載之咨文。及批准文件各抄件。校正之後。立即由和政府交外交官轉交第二次保和會與會各國。及隨後入約各國。或如上節所載情形。該政府應同時將收到咨文之日期聲明。

第三十條　未籤押各國。亦准加入本約之內。　願意入約之國。應將其意咨明和政府並附送入約文件。此等文件。由該政府存案。　該政府即將咨文及入約文件各抄件校正之後。轉送其他各國。並聲明收到咨文日期。

第三十一條　第一批批准文件存案。各國從存案文憑日期起。六十日之後。本約方有效力。隨後批准。或入約各國。從和政府收到批准。或入約咨文日期起。六十日之後。方有效力。

第三十二條　如遇締約國中之一。願意出約。應將出約文件咨照和政府。該政府立即將出約文件之抄件校正之後。知照其他各國。並聲明接到出約文件之日期。出約僅專指咨照出約之國。從咨文到和政府日期起。一年之後。方有效力。

第三十三條　立一冊籍。由和國外部執掌。載明第二十九條第三第四款所指批准文件存案日期。及隨後收入約文件第三十條第二款或出約文件第三十二條第一款之日期。　該冊籍凡締約各國。均可與知。並可索取校正之摘要。

各全權大臣籤押於下。以昭信守。　正約一分。在和政府存案。抄件校正之後。由外交官轉交第二次保和會與會各國、

禁止由氣球上放擲砲彈及炸裂品聲明文件

各國政府遣派海牙第二次保和會全權大臣。深韙一千八百六十八年聖彼得堡聲明文件詞中之意。而欲將業已滿期之一千八百九十九年七月二十九號海牙聲明文件重行商訂。因宣言如左。

締約各國。允於直至第三次保和會會終之期內。禁止由氣球上放擲砲彈及炸裂品。或用他種相同之新法。　本聲明文件。惟締約各國中二國或數國有戰事者方有遵行之義務。　締約各國戰事中。若有一交戰國與一非締約國聯合。則本聲明文件遵行之義務。卽行停止。　本聲明文件應從速批准。　批准文件存儲海牙。批准文件存案。應立一文憑。其抄件校正之後。由外交官轉交締約各國。　未簽押各國。可加入本文件之內。　該國應將其加入之意。告知締約各國。用公文知照和政府。由該政府知會其他締約各國。　如遇締約國中之一欲出約者。用公文知照

和政府。立即由該政府知會其他締約各國。 出約僅專指出約之國而言。

各全權大臣簽押於下。以昭信守。 正本一分。在和政府存案。抄件校正之後。由外

交官轉交締約各國。

（未完）

中國紀事

京師大獄記　京師近日有一大獄發生焉。語其原因。甚爲複雜。其執行甚爲嚴厲。而其牽累則至數十人之多。殆亦近時政治社會中之一怪現象也。三月廿一日民政部步軍統領衙門順天府均奉有　特旨片交捉拿京師地面痞棍單開共數十餘人。現已拿獲之數。計外城總廳九人。內城總廳三人。步軍統領衙門五人。或云順天府五人。其餘尚有未經拿獲者。欲悉此事之緣起。其近因則由候選同知李雲階之妻李范氏其遠因則在乎伶人田際雲（即最名之想九霄）二人。固此案中情節之最重要者也初李范氏曾傭於故法部尚書廷杰之家。深得廷太太之歡心。後以李雲階捐升同知。李范氏遂一躍而爲命婦。不服受傭於廷府。然而仍往來不絕也。李雲階本一精於舞弊之書辦。又有其妻出入於權要之門。以傅之翼。凡有貪緣賄託。無一不經彼夫妻二人之手。京師中人至稱李范氏爲女老虎。其聲勢之煊赫。亦可畧見一班矣。貽穀者。侵呑墾務之要犯也。懸案數年。至今未結。屢思百方運動。行賄以爲反案之計。稔知李范氏出入於廷府。遂與之說合。如得翻案。即許以五萬金。既而廷尙書死。紹尙書繼任。貽穀卒有軍台之行。此中行賄之術。能售與否。非局外所得而知。而李范氏乃竟持期票往公益銀行索取。公益不肯付。李范氏到貽府大鬧。貽穀之子鍾岳。欲先發制人。逕送之警廳。然其意亦不過稍懲治之而已。李范氏恐其勢不能與鍾岳敵也。因遣人往地方審判廳刑事廷控告。其手段之辣。與鍾岳同。然聞此謀實出於伶人田際雲田際雲者。與前內監李蓮英有師生之誼。而又爲今日赫赫著名有權力之內監小德張所欲得而甘心者也。初。田際雲諸人擬開闢香廠爲公衆娛樂之地。凡戲館妓寮飯肆等皆移於香廠。香廠者京師前門外一大廣漠之塲也。新正佳日。百戲皆雜陳於其中。趁市集者如蟻附焉。故其地雖僻且穢。而特有名。京師人士之擬闢此地者屢矣。田際雲以其地可居奇。因糾合部郎某某等。稟呈商部。開設公司。招股擬以六十萬爲額。而小德張者欲起而爭之。小德張者。前本與田際雲有隙。祗以有李蓮英在。故小德張不敢與田爲難。今李閹既死。小德張屢思欲乘間而下石矣。不謂適有李范氏之案。而田際雲又爲之主謀。故二人遂同遭此難。然而其事仍未至動參本也。至動參本之原因。則由鍾岳見李范氏控告於審判廳。知其事之不可以了也。急往廷府。要求廷尙書之子。囑其設法代爲援救。廷尙書之子某者。故那相之婿也。不得已請其婦歸訴之於乃父。那相初未之允。後其女繼之以泣。那相乃召滿御史瑞賢至。而授之以意。瑞賢甘心爲人作機械。於是上摺奏參。聞其摺內畧云。京師地面痞棍。共有兩種。第一爲歛財詐騙之痞棍。以想九霄爲首。（卽田際雲）第二爲交通聲氣之痞棍。以廷氏女僕李范氏爲首。蓋其命意專在於田際雲與李范氏。而於貽穀之案。則一字未之及。說者謂其摺雖由那相間接授意。而其爲貽穀脫卸。復牽及田際雲。則固另有所授也。至其捕獲之張皇。則緹騎四出。如臨大敵。語曰國家將亡。必有妖孽。意者此案卽妖孽之見端歟。現聞所捕者。除田際雲李范氏之外。有李范氏之夫李雲階。及其子李菊濟。並瑞星橋朱旭東蕭治臣劉樹南諸人云。

紀最近借債之種類　近日政府大借外債。既不交資政院核議。卽行簽押。又不分別公布。以釋羣疑。國人皆竊非之。記者嘗綜其所借之款。約有五項。今臚列於下。　一前四國借款。此卽張文襄經手與四國銀行代表所訂借之款。爲川粵漢路線建築費者也。三月初八日在郵部會議。後又聞在盛尙書宅內磋商辦法。該代表等仍以草合同作正合同。惟湘鄂人士。拒之甚力。故現尙未解決。 二後四國借款此即發生於美國借款。而英法德三國。乘間加入者。其總額爲華銀一萬萬元。度支部所主持爲發行幣制。及興辦東三省實業之用。已於三月十七日簽押矣。 三英國借款此數總額爲二千萬。盛尙書因比年以來。滬杭甬借款問題。屢爲江浙人士所阻。現欲避其風潮。於是別借一英款。移爲他路建築費用。而陰與英使磋商。廢去滬杭甬合同。以塞浙路代表之口。是蓋盛氏移花接木之政策也。 四日本借款此款由盛尙書經手。與日本正金銀行理事小田切。密訂合同。借額爲一千萬元。已於二月二十四日簽押。內中以五百萬元。還度支部。其餘五百萬元。名義上爲充鐵路費項之用。論者謂日本爲債務國。今忽對於我國則轉爲債權國。其中恐別有陰謀焉。 五各項零碎借款（甲）郵傳部與丹麥大北公司。英國大東公司。借款五百萬磅。名義上爲改良電報電話之用。（乙）盛尙書私向正金銀行。借款二百萬。其用途未詳。（丙）鄂督瑞澂。因張文襄在任時積欠華洋各欵二百四十餘萬兩。業經奏准。向英法德三國銀行。借款二百萬兩。以爲淸還舊債之用。據以上所知者。經已有此數。其餘之秘密不宣者。恐尚不止此。我國前途。岌岌將有破產之慮矣。

五督對於新內閣權限之政見 東直江鄂滇五督。聞內閣新官制。已議定草案。大畧係內閣總理大臣。其權能監督指揮各省長官。得發訓示命令。或處分。如有認爲違背法令。或逾越權限者。得令停止或撤銷之。又總理大臣得隨時入對。除國務大臣外。凡例應召見人員。於國務有陳述者。由國務大臣帶領入對。例應奏事人員。於國務有陳述者。亦由國務大臣代遞。惟法令有特別規定者。不在此限。聞所謂特別規定。係不負國務上之責任等官。又聞現議內閣暫行辦事章程。內外新官制。未經頒行以前。向例得蒙召見人員。於國務有陳述者。由內閣總理大臣帶領入對。各省將軍督撫。除請安請訓。及特旨召見外。其餘關於國務之陳述。應先商明內閣大臣。或主管各該王大臣。會同入對。關於國務陳奏事件。除依內閣官制規定外。向例准專摺奏事者。應具摺交內閣代呈等語。各督對於此案。頗多辨論。茲彙錄如下（一）直督已發電致前奉會商外官制之四督。謂督撫應直接代君主負責任。但於行政上得內閣之同意。斷難分隸各部。原有上奏權不宜剝削。若照現所規定。各省政權。恐難統一。必多窒礙。擬聯合各督先行陳奏聲明。（二）江督贊成直督之說。聯奏允列名。（三）東督謂督撫承隸內閣。不專摺奏事。爲憲法所宜然。若督撫直接君主。則內閣可不負責任。至督撫爲國務大臣。抑爲行政長官。問題雖未解決。然總應隸於內閣之下。方合立憲政體。不贊成聯奏。（四）鄂督謂督撫隸於內閣。卽可不負連帶責任。現在各督之部銜已銷去。其必爲行政長官無疑。清帥根據憲法之論。極表同情。不贊成聯奏。（五）滇督謂按立憲制度。上奏權本爲內閣及議院所獨有。清帥所論。極是。甚爲贊同。惟邊遠地方。情勢不同。應視其有無特別規定。再行酌議。聯奏似可不必云云。合觀諸說。若以多數取決。則原有之上奏權。恐不能保存矣。

又有洋鹽輸入之交涉　日前本報曾載有法商藉口於中國食鹽不潔。擬輸入洋鹽。以濟外國駐在中國各兵之用。不謂近又有英商覬覦川藏等處。因鹽斤加價致起風潮。遂乘此機會。竟運到大批洋鹽。減價售賣者。聞已由署川督及駐藏大臣電致督辦鹽政大臣。謂英商近運到大批洋鹽若干。到處銷售。本省鹽務日形退落。長此不已。大利將盡爲外人所奪。查通商條約。洋貨入口。並無鹽斤一項。乃該洋商公然販運。殊屬違背約章。即請速咨外部。向該國公使嚴重交涉等語。澤公接電後十分焦灼。當飭鹽政處晏提調辦稿。抄錄原電。咨送外務部。請速行交涉。以維國權而保大利云。

又漢口英商和記公司。向以製凍猪肉出口。運銷外洋各埠。近欲改爲醃製。以廣銷路。因謂華鹽質劣。不合於用。擬由英國運鹽來漢。製造。以便經久不壞。願照中國現行章程。所有應納之稅。均照章繳納。刻已稟由英公使。迭向我外部要求照准。外部以事關重大。未便輕許。特分咨鹽政大臣及鄂督。妥商辦法。以防流弊。聞鄂督以各國訂約。向來不准人運鹽進口。漢口爲淮鹽行銷之地。若准外鹽入口。日久偸漏走私。損失甚大。且此端一開。必致敗壞鹽政前途。宜即拒絕之云云。

商廢隆興礦約之轉機 英法隆興公司。前所訂開採雲南七府礦約。滇人以利害所在。去年已數請滇督與商廢約。幷自立鑛務總會。調查各鑛。集資自行開採。復有熱心志士。鼓吹演說。有非將滇人殺盡。不能任外人開採之語。滇督以民氣不可遏。已數與該公司磋議。先擬改爲中外合資舉辦。以兩三礦爲限。該公司不允。復與論廢約。則公司索賠七八百萬。滇督更堅持不允。數與交涉。該公司亦以民氣可畏。恐難得良效果。始暑露另予他項利益。可望廢此礦約。已與磋議。改爲借款二千萬。以修滇桂鐵路。商明此款作爲四國公借。不由隆興公司出名。不干預路權。不以路作抵押。該公司已有允意。滇紳以權衡利害得失。亦頗贊成。惟如何議定年限。給予利息。尙未商定。聞滇督已奏請交議。如以爲然。由部省合籌辦法。否則或令隆興代表。直接赴京商辦。此事延誤多年。或者可以李代桃僵之計了之。

世界紀事

英國取締外人法案　英國內務大臣維爾斯頓查豈爾氏。近於議會將外人渡航取締法案。及拳銃法案。提出通告。但拳銃法案。惟限於居留英國之外國人。非得警察特別許可者。決不准携帶云。

英國貿易成績　一千九百十年。英國輸入額。較前年增加四十三萬四千零七十五磅。輸出額。較前年增加六百四十七萬二千三百五十四磅。貿易品以鐵及鋼鐵製品機械類船舶綿絲製品等爲大宗云。

英國排斥華人　英國巴坎斯白港地方居民。因華人侮辱婦女。大起騷擾。倡議排斥華人。聚暴徒三千人。於星期日(卽四月二日)之夜。燒燬華人家屋。幷以石子向警官擲擊。後經警兵多數追逐。始行散去。

英國上院否認權廢止　英國下院以一百四十三票之多數。上院否認權廢止法案第一條已可決矣。

世界紀事　二

英國勞働黨大會　英國獨立勞働黨。於四月十八日。在巴閩康市開大會。於該黨領袖之政策極爲非難。攻擊其盲從政府。決議自今以後。斷不仰政府鼻息。必執行完滿之獨立行動云。

法國酒地之紛擾　法國酒地暴動之事件起後。頗爲紛擾。遂至施行戒嚴令。其原因由於新定三鞭酒釀造地。惟限定三鞭州。而除去奧布地方。此令下後。遂起暴動。經過多日。當局者不務善後之策。至不可收拾。乃下戒嚴令。實處置之機宜大誤。或謂對於新內閣政治問題而然。則不可測矣。

美國上院之改革　此次美國下議院。已將國民直接選舉上議院議員之法案通過。美國舊制。上院議員。無論州之大小。人口之多寡。每州率出二名。其選舉法。則用各州議會議員互選制。故上院議員。非人民直接之代表。實各州之代表。進言之。則如各州政府。向中央政府派遣之全權大使者然。對於中央政府。隱然有獨立之威權。其制度之結果。如紐約爲人口最稠密之州。乃布阿達爲人口最少之州。其富力亦極劣。而於上院則共享同一之權利。蓋此制實因美國初建時。州之權力最大。全國宛如各小邦集合者。故其遺制如此。而對於今日之中央集權政策大爲反對。故改革之議。前已有提倡者。以小州反對不果行。此次始達其目的。於下議院通過。此後上院議員與下院議員同等。皆由一定之有資格之人民直接選舉。此實美國憲政一部分之變更。政界極可注目之一大事件也。

●美軍出境　紐約電言墨西哥政府與革命軍交戰。其流丸入美領土。創斃三人。受傷者數人。故美國軍隊出境入墨干涉其戰爭云。

●美國之排日案　美國下院議員民主黨賴喀氏準備排斥日本勞働者法案。但此案提出議會。恐一時未必能通過也。

●土耳其內亂續誌　土耳其國阿耳巴利亞亂黨。初經失敗。繼得他國兵士援助。復興失地均已恢復。并鬪叛軍用大砲攻擊。撤那十時間不絕。土國官軍及住民極力防禦。前此土國官軍與亂黨在埃緬地方開戰。土軍大敗。全隊一千八百名均已沉沒。三月間叛軍攻沒之土國官軍。計聯隊三部。僅逃歸十五名。故現在土軍僅於挨爾達及埃緬嚴守。不敢稍動云。

俄國海軍豫算　俄國上院認決海軍豫算費一億一千萬盧布。其額較下院豫定額加增三百三十萬盧布。

西班牙首相留任　西班牙國皇帝。不允前首相加拿來賈氏之辭職。命其再組織新內閣云。

葡國王黨之陰謀　葡萄牙近於潑拉市發覺王黨之陰謀。其市陸軍之一部。欲顛覆現在共和政府。因捕陸軍士官五人。故葡國近狀。復不平穩云。

英法間之飛行機　飛行家布里野氏發明之單葉飛行機。由倫敦至巴黎。中間毫無休憩。四時九分鐘。可以達到。

日本間諜就捕　聖彼得堡電云。有一日本人在近俄都之史脫來那宮殿處。被間諜嫌疑捕獲。聞該犯持有福音蘭德南岸及白泰爾荷與鄂爾尼綠泊兩市之照片數張。至該犯就縛後。尚未下獄云。

俄國海軍大臣辭職　俄國海軍大臣斡野斯啓氏。因關於海軍事務。大遭帝國議會非難。故擬辭職。

叢錄

春冰室野乘

春冰

乾隆朝大獄彙紀

乾隆一朝文字之獄。莫盛於四十年至五十年間。其案牘可稽者。則四十三年。江蘇有韋玉振之獄。四十七年。福建有葉廷推之獄。河南有祝萬青之獄。蓋當徐述夔逆詩案發時。巡撫陶易以不能覺察抵罪。於是四方不逞之徒。爭以告密爲事。有睚眦怨。輒以大逆陷之。地方有司。懲於陶易已事。相率嚴刻以圖脫罪。羅織株連。有加無已。賴　高宗仁聖。隨事駁斥。不至釀成大獄耳。今彙錄於此。藉考見當日官吏奉行之不善。而聖人明慎用刑之心。益與天地罔極矣。

葉廷推。海澄人。以甲科官知縣。其曾祖逢春。當　國初時。以商業致富。好爲任俠。恆以小惠周濟鄉里。遠近莫不仰其名。方明季海氛不靖。閩中尤爲寇所出沒。鄉曲無賴。往往引賊刼掠。然皆相戒。不敢入葉氏村。四方避亂者。爭依葉自存。順治四年。乃樹碑於大觀山麓鰲峰廟中。以頌逢春之義。其文中有魯仲連排難解紛之語。蓋紀實也。乾隆二十五年。海澄重脩邑志。延江西進士鄧來祚總其事。廷推適告假在籍。亦入局任分纂。來祚特爲逢春立專傳。稱其輕財仗義。嘗有里人爲賊虜。逢春親詣賊船救之出。賊聞逢春來。列金鼓相迎。有受恩深重久未酬報之語。志末且載來祚贈廷推詩。有誰誇南面雄。瑤林繁玉種二語。志載逢春生大觀鄉。而碑則謂其生於大觀京口。二十年後。海澄民周鏗聲者。虎而冠者也。故事海濱所產水族。聽居民采取。鏗聲欲專其利。廷推兄鼎控諸官。杖責鏗聲。勒石永禁龍斷。鏗聲憾葉氏甚。至是遂訐廷推不守臣節。詞氣狂悖。鏗聲故畧通文字。摭碑中魯仲連語。謂隱以暴秦目 本朝。且引左氏傳今京不度之言。訐碑文不當稱逢春所生爲京。并指來祚詩中南面兩字爲陰圖非分之據。閩撫楊魁得呈詞。卽飛飭漳州守黃彬逮廷推至省嚴訊。且詳細搜查葉氏所藏有無不法書籍字迹。一面更飛咨江西搜查來祚家。一面馳疏奏聞。幸 高廟燭其誣罔。嚴旨責楊魁邀功生事。令釋廷推而治鏗聲誣告之罪。鏗聲竟坐斬。而葉氏幸無恙。

韋玉振者。贛榆諸生也。其父錫以乾隆四十三年病沒。玉振爲行述。以錫曾管義倉。讓窮佃息米文中記其事。有赦不加息並赦累年積欠二語。玉振之祖儀來亦邑諸生。鄉人嘗誚其文理不通。玉振耻之。乃於父行述中記其祖著有松西堂稿。并藏書東西二樓悉經手披云云。行述刋成。印送族戚。其堂叔昭以赦字不安語玉振。玉振謂四書有赦小過語。可通用。未之改。昭懼貽累。卽詣縣投首。蘇撫楊魁得報。飭海州牧往勘。則其家並無所謂松西堂稿者。東西二小樓。但貯米麥。無片紙隻字。則又搜得其家譜。有世表一門。可指爲僭妄。日載山東日照貢生丁椒圃。曾爲儀來作傳。索傳稿則已不存。訊玉振。則謂伊祖未嘗箸書藏書。且亦無人爲作傳。所以云爾者。欲掩其弇陋之誚耳。魁不信。命有司嚴審。一面入奏。一面咨山東搜查丁椒圃家。則丁已久故。盡取其書籍。一一勘校。既無韋儀來傳稿。亦無違礙字句。獄未決而　上諭已下。時四十三年十月也。

諭曰。據楊魁奏贛榆縣民韋昭稟首伊姪韋玉振爲父刋刻行述。內有於佃戶貧者赦不加息並赦累年積欠之語。殊屬狂悖。敘其祖著有松西堂稿。因委員赴其家查無別項違悖。訊明松西堂稿。業已無存。惟家譜內云。山東日照縣人丁椒圃有傳。已飛

叢錄　三

咨國泰。密飭查覆。一面帶犯至蘇確審。又據寶山縣職員范起鳳呈控堂弟范起鵠串竊書籍。因有應繳違礙禁書。被其挾制等情。必因爲人查出。假稱被失。並據該州解到書籍。查有現在查繳之禁書亭林集等數種。卽委員赴其家嚴查有無狂悖著作。及別項應繳禁書。提齊人証。至蘇審究等因。所辦殊爲過當。卽此可見楊魁之不能實心辦事也。查繳違礙書籍。屢經飭諭各督撫實力稽查。而伊等率以具文塞責。卽如徐述夔所箸逆詩。狂悖顯然。且刊板已久。該撫並不預行查出。及被人告發。陶易尚欲爲之消弭。若非劉墉據實具奏。幾至漏網。然亦因其詩有明朝期振翮一舉去清都之句。借朝夕之朝。作朝代之朝。且不言到清都而言去清都。顯有欲興明朝去本朝之意。而其餘悖逆之句。不可枚舉。實爲罪大惡極。是以提犯解京。命廷臣集訊。定徐述夔以大逆不道之罪。律陶易以故縱大逆之條。以正人心而肅法紀。此因實有逆詞。足據。故不可不辦也。今楊魁因前案之失。意存惶惑。過有首控逆詞之案。不論其事之重輕。紛紛提訊。株累多人。自以爲辦理認眞。而不知其過當。以飾其前此不能覺察徐述夔逆詞之罪。夫章昭控告伊姪章玉振。於伊父行述。自叙其自免佃戸之租。擅用敕字。於理固不宜用。但此外並無悖逆之跡。豈可因一赦字。遂坐以大逆重罪乎。至各處違礙應燬書籍。各省現在陸續查繳。但經繳出。其遲早原可不計。若始終隱匿不交。後經發覺。即不能復爲寬貸。幷當視其所藏之書。係何等違礙。以定罪名耳。至此等控告之人。不過聞有蔡嘉樹控告徐食田一案。遂爾效尤挾制。以快其私。非實心尊君親上也。現經審明。蔡嘉樹因徐食田不允贖田。挾嫌出告。其心亦爲私而非爲公。且徐述夔詩集刊刻已十餘年。蔡嘉樹自必早有聞見。若非近時涉訟之隙。彼仍隱忍不言。以此論之。蔡嘉樹原不能無罪。第因所控逆案不妄。旣辦逆案。不必究及原告之人。是以從寬免議耳。設此復有首告逆案之人。該督撫卽應悉心研鞫。辨其眞僞。如虛。仍當治其反坐之罪。據實具奏。使奸頑知警。不敢妄行。若如楊魁所辦。則怨家欲圖傾陷者。片紙一投。而被告之身家已被拖累無辜。成何政體。且告訐之風。伊於何底乎。況如徐述夔之逆詞。久經刊印。地方官理應切實訪查。不待他人之出首。各督撫又不可因此旨而因噎廢食耳。朕綜理庶務。從不預存成見。其情眞罪當者。必不稍事姑容。其事屬虛誣者。更不肯畧使屈抑。且從不爲已甚之舉。致滋流弊。而長刁風。楊魁經朕簡任有年。豈尙不能仰體朕

意乎此　諭旣下。獄乃解。然猶論玉振杖徒。而盡焚其行述家譜印本及板片。

祝萬青者。光州富民也州俗每於正月內玉皇生日。延羽士誦經。薦亡祈穀乾隆四十五年。偶小旱。萬青與里人賀瑄共延道士誦經關帝廟。偶適大雨。益以爲唪誦有效。次年正月。復於廟內設壇誦經酬神還愿。並各自薦亡者。以經卷繁多。必十數日乃可畢事。於是村衆分日。按卷認貲萬青故武生。州人廩生蕭芳者。嘗遣其子萬載從萬青習騎射。萬載頑劣不率敎。萬青斥而逐之。芳憾甚。至是。遂控萬青歛錢聚衆。創建皇極經會。且及祝氏祠內匾額對聯有豆登行葦。及緒承中土增其式廓貽厥孫謀等語。木主並上畫龍鳳爲飾。謂萬青僭妄不法。扇惑居民。陰有異圖。河南巡撫德保。卽飭光州牧馮鼎高。親赴祝氏。逐細搜査。然別無不法經卷字跡。以萬青及其子弟。歸署研訊。一面飛疏奏聞。時阿文成以大學士督工河上。　上乃諭令提訊。諭旨略謂籩豆登鉶。如今之磁盤木碗。本尋常通用之物。並非專屬宗廟。至宗祧孫謀。尤係習聞習見常用之語。烏得指爲違礙。此等匾對。字句雜湊。謂爲文理不通則可。指爲語句違礙則不可。若如此吹求。天下何人得自解免。朕豈肯爲此已甚乎。此案看來。竟屬險詐誣罔。斷不可因此。拖累無辜。致長刀風。文成得　旨。乃悉心研鞫。究出蕭芳挾嫌誣控情實。論杖流三千里。而釋萬青及其子弟。然祝氏家已破矣。

應制文三則

孝莊文皇后升遐。事在康熙二十六年。彌留時遺令。不欲遠葬遼東。致與　世祖山陵相隔。　聖祖敬承先志。不歸祔　昭陵而別建　昭西陵於　孝陵近地。所謂禮緣情制者也。特奉安大典。遲至三十九年。至雍正三年。始克告成。蓋議禮時亦幾經審慎矣。翰林院文檔。載當時恭擬祭文中閒數聯。有迨及　上賓。豫頒　懿訓。謂　太宗之山陵已久。卑不動尊。惟　世祖之兆域非遙。毋宜從子。我　皇考祗遵　慈旨。俯詢僉謀。爰卜佳城。遂成福地云云。一時稱其得體。

乾隆時應奉大文字。皆汪文端公由敦屬艸。有所譔擬。　上未嘗不稱善。故洊升卿貳。仍未開翰林院撰文差。歲戊辰。　孝賢皇后大事。　上召文端諭曰。當日　慧賢皇貴妃之薨。定謚時。皇后泣奏曰。我朝后謚。上一字皆用孝字。倘許他日謚爲賢。敬當終身自勵。以副此兩字。今不幸竟予孝賢之謚。其將此意作爲祭文。文端承　旨撰文略云。

尙憶宮庭相對之日。適當慧賢定諡之初。后忽哽咽以陳辭。朕爲唏噓而悚聽。謂兩言之徵信。傳弈禩以流芳。念百行以孝爲先。而四德惟賢兼備。倘易名於他日。期紀實於平生。豈知疇昔所云。果作後來之讖。在皇后貽芬圖史。洵乎克踐前言。迺朕今稽古典章。竟亦如酬夙諾。興言及此。悲痛何如。數語叙事精詳。情文切摯。入宋四六中。殆無有與抗顏行者矣。

大禮應奉文字。翰林院例派能文編檢。恭撰進呈。　欽定後交繙書房繙譯清文。嘉慶甲子秋。　仁宗秋獮在灤陽未歸。英煦齋協揆和以軍機大臣隨扈。一日召見諭曰。今年九月祭　陵。爲期已迫。不及令翰林院撰文。汝可自爲。卽令滿章京繙譯。以期迅速。非常例也。協揆撰文中有橋山在望。萬年深弓劍之思。畢陌恭臨。六載積露霜之感。一聯。於時司譯事者。爲滿章京主事昌宜泰。卽繙橋山兩字爲　東陵。畢陌兩字爲　裕陵。蓋國書詞句甚少。無與此恰合者。故不得不離文而繙意也。

書熊知縣事

昔在都下。聞蜀中友人。爲道強項令熊明府汝梅事。謂足繼何易于。熊爲鄂之黃安人。

以庶吉士出宰四川。初任奉節。繼調梁山。奉節爲夔州首邑。梁山亦劇縣。其宰奉節也。張文襄方督蜀學按試夔。故事學政所臨。一切皆首縣供應。會　穆宗上賓哀詔至蜀地方官遵例哭臨。是日諸官齊集。文襄領班。立階上。將跪。視地上磚。無拜氈。令從者以氈至。左右傳呼首縣索取。熊正色曰。此何時耶。安所得氈。令以草薦至。文襄不得已。竟藉艸。固心銜之。時公館所用帷帳茵褥隱囊之屬。皆紅紫綢緞。例應以布素易之。文襄僕私取舊所供者。不以歸縣。熊索之急。則毆其從人。且詈及熊。熊大憤。召縣役四十人。率以往學政署。戒之曰。吾命汝捕。卽捕。命汝杖。即杖。即學政見罪者。吾自當之。至則植立龍門外。令諸役皆詈。且索物。如有出者。卽反走。果四人出門叱問。甫踰閾。熊亟呼曰捉。四十人蠭擁上。執四人縛以纆。卽龍門外褫衣杖之。四人者悉美錦狐裘。衣帶糾結。猝不解。則以刃斷之。杖甫施。知府已使人來召。熊語之曰。吾公事畢。卽來耳。知府不得已。親來。謂四人曰。孰令若橫至此。吾固言熊老爺不可犯。今何如者。俄而文襄遣人來。言前犯事者。已逐出。此四人者非也。熊謬曰。乃非學政僕耶。若是。愈不可逭。命盡繫之獄。文襄竟無如何。功令學政按試竣。地方官必具結聲明並無需索。詳大府咨部。學政乃得行。結不出。學政不得去。文襄試既畢。索結。熊難之。曰、吾自分與學政同落職耳。布政使某公以手書解之。乃出結。釋四人於獄。語之曰。歸語汝主。無與縣令搆怨。縣令罷。捐萬金可復職。編修能。非錢所能買也。顧文襄亦優容之。嘗語人。熊令固好官。惜太客氣耳。熊聞之。笑曰。不客氣。那敢爾。

鮑春霆爵帥。於時方乞休歸里。建大第於奉節城中。其僕役等皆倚勢橫恣鄉里。廚夫某。調一民婦不得。憾之。會天旱。婦偕其幼子女。扛小桶。汲泉灌田。某蹴其桶倒地。水盡傾。小兒詈之。某撻小兒。因及婦。道旁觀者。以某壯男侮婦孺也。譟而毆之。某歸訴於鮑謂民辱爵帥。鮑大怒。訴於令。令遣人慰解之。不從。則出坐堂皇。叱隸笞某二百。笞道旁毆者百。然預戒行刑者。笞某二百殆過千。笞毆者百。聊示辱而已。署內外觀者數千人。齊呼快。鮑大憤。謂令侮我。必殺令。令將通詳大府。鮑兄聞之。亟責鮑。謂曰。阿么生平慣聽小人言。強使謝罪於令。事乃已。鮑終不快。乃使人夜夜伺令寢。卽擊鼓鳴冤。令亟起召問。則又無大事。令自是不敢脫衣寢。且臥無定處。以爲常。及解任。民頌其德。爲立德政碑。鮑輒遣人仆之。

文苑

江上晚懷　大鶴

落南一士江湖瘦。空腹能藏天地愁。四海心孤思大俠。十年名厭客諸侯。沈廛遂冷荒波夕。蜀社詩亡古壠秋。遙夜館絃成獨恨。楓涇殘月又扁舟。

秋夜飲顧氏園有憶　前人

硐松夜弦孤鶴唳。危立空池吊秋影。露花紅滴不成淚。九疊石屏繡苔冷。衰蘭送客歌莫哀。銅駝金谷俱蒿萊。鄰聲縱有山陽笛。聽到白頭能幾回。華年樂景殘杯促。庭角新烟冷堦玉。暗聞蕉雨滴愁聲。屋牓無因題夢綠。

病起示雲間上人　前人

一夢荒荒悟昨非。十年兀兀世相違。冥搜苦爲吟詩瘦。戰勝何因得道肥。未礙狂花障天眼。故應神草起風痱。胡床自有安心地。笑見蛛絲鏁翠微。

酬眉生使君見題詩夢圖　前人

文苑 二

清譚活我孔公緒。奇句驚人陰子堅。一夢十年墮厓檢。枯愁從悔賦囚山。

送湯蟄先南歸　鈍宧

一疏金門許自陳。朝衫脫却換閒身。時艱那得忘胞與。語險眞能泣鬼神。哀樂百年同。老大。去來千里。爲君親。微官我亦如雞肋。待買溪田作幸民。

若强有力者。急謂之曰。與吾往園中察看。去此賊自園牆入者也。吾適見其越牆。故來警告。事不宜遲。恐彼已胠篋得贓矣。其人曰。客毋躁。吾尚須關白主人也。剛騰驚曰。何也。而主人固在家耶。曰然。今正易衣冠將欲外出。方呼吾召馬車來。而君適至。曰其然耶。子速導吾往見之。曰如此乞君以名刺畀余。曰此非通名之時。吾身畔亦未攜有名刺。無已。子其告若主人。謂吾爲答坡氏指揮。現膺職於非洲戍守步兵第一聯隊中者可也。若主人是何氏族。乞見告。曰吾主人爲綸提氏男爵也。請公入室。吾今往白主人。遂導剛騰入外室客座中。置燭於案上而去。剛騰視室中。點綴頗佳。念綸提之名。從未有聞之。不知何許人。如許深夜。尚欲命駕出外。或者亦爲交游倜儻之倫。未可知也。倉卒造謁。殊自嫌冒昧。倘異日萍蹤偶合。再與相逢。彼將不免舊事重提。興言今夕事至於此。則已不能不多費辭解釋。且亦跼蹐難堪。而人之聽之。且將傳爲笑柄。惟願自今以往。更不復與其人相遇。庶可免此難堪之境耳。剛騰沈思不能安坐。但往來閒步。心殊急迫。頃之。僕人復出。謂剛騰曰。主人已敬待於內廳事中矣。剛騰急曰。可導吾往見。遂隨僕前行。經數重門戶。入一陳設輝煌之廳事。則見綸提氏男爵。欣然相迎。其人身量爲中材。年齒可四十。鬚髮皆純黑色。廣額隆準。兩眸炯炯。冠服都雅。儀表不俗。與剛騰爲禮。顧謂剛騰曰。聞長者曾見一男子闌入吾家。特來警告。極感厚誼。吾人今共搜覓之可乎。剛騰曰。鄙意正欲如此。惟吾與君素無一面之識。深夜造門。自慚冒昧。徒以偶經此間。見有惡人踰牆入。不肯坐視君家之失竊。故孟浪來告耳。綸提氏曰。此人必兇悍異常者。彼殆挾械而來。料公不敢遏阻之。故明目張膽如是也。曰。吾亦不畏其持械。徒以吾適乘車行。不及下。且彼亦已及牆頭。故無由拘之耳。曰。吾深謝長者不吝來告。此賊既越牆來。此時必尚在園中。以吾人在室。彼必不敢排闥徑入也。乃命僕向武器箱中取兩火銃來。共攜以自衛。僕則攜燈以從。遂啓園門。共入於園中。園亦不廣。袤略與姌娜家之園大小相若。而樹木尤稀疏。一望可盡。適經微雨。地下泥猶潤。而偏搜各處。都無所見。剛騰大訝不解。問主人曰。室中牖戶嚴密否。得毋已入室去耶。曰。惟有此門可以入室。而門固無恙。此外雖有窗櫳。皆密嵌鐵闌。更無從可入者。剛騰疑曰。似此得毋過別家而遁耶。然此園雖有鄰牆接近。而高聳如許。又無窗櫺可入。亦豈易飛越者。曰。誠如公言。然或者此賊因爲君嘗見。知不可逞。後踰牆出。逍遙遠颺。亦未可知也。曰。是殆不能。吾已命御人伺之於牆外。彼果復出。吾御必已拘之也。曰。賊從何處入者耶。曰。從彼小巷一方入者。乃復趨至彼方牆下。剛騰曰。此處是也。其繩梯已不見。主人復審視牆下泥中。見有足印一二處。曰。誠然。賊固由此入者。其蹤跡尙瞭然可見也。然園中實無躱藏處。又斷未曾入室。謂非越牆復出。其安所逃耶。剛騰到此。殊自悔孟浪。深夜入不相識之人家。以爲必能獲賊。故不憚造次如許。今乃毫無所見。大有似於庸人自擾。冒昧登門者。此時之跼蹐。眞不可堪。念此賊方入園。已卽趨召御人去。往返亦不過四五分時。豈遂能越牆復出。得毋早料吾之必往呼警吏。乃僞爲入園之狀。俟吾一離左右。卽復越牆出耶。據理而言。則或有之。然終覺其未必至是。雖然。舍此亦更無可以釋疑之端。則亦不能不姑作如是觀也。乃謂主人曰。是必吾稍有疎忽之處。此賊殆見吾來呼門。遂越牆復出。潛從隘巷中逃去。然吾雖覺失望。終得以此賊之覬覦尊宅來相警告。使之不敢復逞志。則吾之私願亦已遂矣。今惟有向公謝造次踵門之咎。且告退。主人曰。長者何乃作是言。吾方甚德公。吾今後自當戒備。倘卒能獲此竊。公亦欲知其事否耶。曰。倘能如是。吾亦以得聞其究竟爲快。公已知吾名氏矣。吾居處則在格蘭德客館。在巴黎方有半載勾留也。主人鞠躬應曰。吾當謹誌之。遂同返會客廳中。握手言別。剛騰既出門。甚憤己之無識。竟爲小人所誑。既復自念曰。此一夕勤勞。亦非無裨。賊經此番挫折。當不敢公然再窺娟娜家矣。其御見剛騰出。急問曰。指揮已獲賊乎。曰。否。彼殆踰牆復出矣。子曾見有何蹤影乎。曰。否。吾殊無所見。彼殆乘公適纔偶離此間。遂遁去耳。今必已甚遠矣。曰。已矣。吾姑舍之。曰。公今歸客寓乎。抑赴俱樂部乎。曰。吾猶未思睡。欲與諸友人一款洽。盍御我至俱樂部。既至彼。子可歸去。明日午間再來。遂登車而坐。御人策馬。徑向俱樂部中去。

第八回　守口如瓶傾心貴爵　求皇在德不齒名門

剛騰雖久戍非洲。然終知有復返巴黎之一日。故昔日朋從。均未肯疏遠。其俱樂部之徵費。樓年輸納如故。剛騰之爲人。和藹豪爽。工笑謔。喜摴博。不戚戚於勝負。自爲軍中末弁時。即厠身此俱樂部中。衆皆喜其爲人。今一別十年。此中人士。已間有物故者。而後來增入者。又不乏其人。然剛騰昔日之狂態。猶藉藉於諸人口中。每語及之。以爲笑談之助。其爲會中人所繫念者如是。此次歸來。大衆之欣喜可知。然剛騰今已年長。非

二十世紀大著作名家童君愛樓實驗自來血保証書

明州童君愛樓著作等身生平擅長詩文書畫小說戲曲等一切撰作大江南北久噪文名歷在本埠各譯局各報館秉筆多年海內文學界中莫不知有此君其爲文莊諧並作獨闢町畦實爲近今二十世紀著作家中有數人物因其朝夜著作操勞過甚以致心血大衰精神困憊時患喘咳百藥無功今讀其來書能知其服本藥房自來血後其病如失精神倍增仍能深宵著述不知勞倦深讚本藥房自來血有起衰扶弱之功今特將其惠書照登於下藉見自來血大有功於人之以思慮致疾云云〇五洲大藥房主人雅鑒今啓者鄙人向以筆墨餬口歷在廣學會山西大學堂譯書院萬國商業月報館字林滬報娛閒日報文娛報繁鳴報春申諸處辦事多年自顧不文著書至數百萬言一人精神有限終日埋頭窗下竟成了肺喘之症近更書寫稍久神志易昏不能如舊時深宵著述莫知苦辛鄙人亦稍諳醫理念小恙之來多由心血暗耗致陽氣飛越成神衰咳喘痰多內熱之症服多方均不見效後自去秋八月間服貴藥房自來血後不覺喘平痰少仍得耐勞蓋由補血而得能若此也心感之餘爲作此書聊伸謝悃并告學界諸君之抱有同病者即頌財安

寓本埠大馬路德仁里六弄志强學堂內童隱頓

海內諸公如蒙惠購請認明全球老牌商標每瓶內加附五彩認眞劵一張值洋一角保證書一本方不致誤小瓶一元二角每打十二元大瓶式元每打二十元託局函購原班回件

總發行所上海四馬路老巡捕房對面五洲大葯房抄登

●太倉中斌學堂監督兼歷辦普通震旦校務聞君冠塵服自來血之後精神倍增舊病全除之保證書

五洲大藥房主人執事敬謝者鄙人自東瀛游學因病歸國瞬將十年歷辦普通震旦校務並獨力担任創辦中斌公學一所學生日見發達一切校務教科鄙人均有監督之責祇以舊患痰喘逢寒必發深受其累去秋在太倉中英大藥房購服自來血四瓶功效甚速鄙人素不信醫藥自服之後精神倍增目下舊病全除面部紅光大來日漸肥胖一切校務勝任愉悅爲此敬告中外學界仝人之同病者庶得早占勿藥也專鳴謝悃即頌○○日祉

自來血價目 大瓶二元 每打二十元 小瓶一元二角 每打十二元 託局函購原班回件凡各界諸君如蒙惠顧須認明仝球老牌商標每瓶附有值洋一角之認眞券一張五彩保證書一本方是眞的

●總發行所上海四馬路老巡捕房對門五洲大藥房

抄登

母子偕服韋廉士大醫生紅色補丸而獲愈

四川隆昌城内藍志道堂主人藍紫光君云○余自戒鴉片煙後身甚輭弱胃口不開夜不成寐腦筋衰殘家慈勸服韋廉士大醫生紅色補丸因家慈曾患風濕骨痛血薄氣衰以及他症十有七載爲韋廉士大醫生紅色補丸所治愈者余從母命卽試服之五瓶告罄十分全愈能照常理事余與家慈深感韋廉士大醫生紅色補丸之大恩永矢弗諼

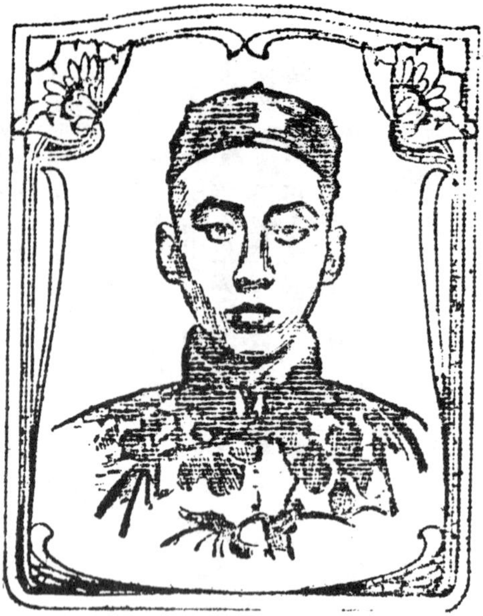

四川藍紫光君腦筋衰殘其母患風濕骨痛等症皆爲天下馳名之韋廉士大醫生紅色補丸所治愈

中國各處各藥局商店凡經售西藥者均有出售或直向上海四川路八十四號韋廉士醫生藥局中國總發行或向重慶白象街分行函購亦可價銀每一瓶大洋一元五角每六瓶大洋八元近遠郵費一律不取

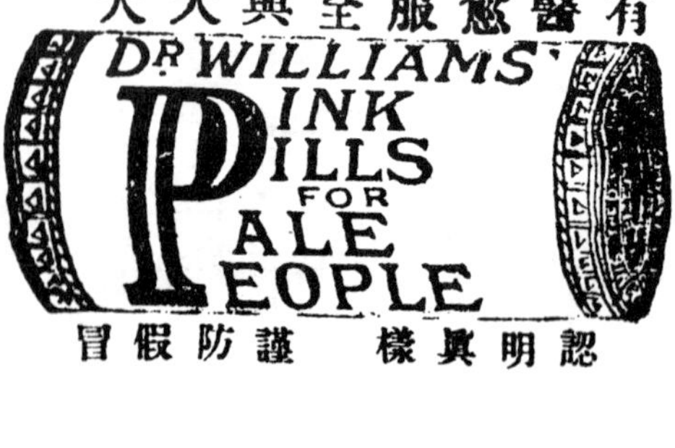

認明異樣 謹防假冒

KOUK FONG PO

No. 8

Issued on Tri-monthly

大清郵政局特准掛號認為新聞紙類

日本明治四十三年二月十三日第三種郵便物認可

國風報

宣統三年三月念一日

第貳年第捌期

每月三期逢壹日發行

Annual Subscription $650 each copy 25 cents

Published by Hor Kwok Ching

585 Foochow Road

SHANGHAI, CHINA.

愛理士紅衣補丸

治愈心腎不交不耐操勞兼精血與腦筋薄弱承煙台芝罘日報館主人兼允康人壽保險公司經理　王君炳南惠來證書玉照

僕年來俗事紛繁祇以終歲奔勞無非破耗心神精血且也身膺報務素稱瑣雜衙繁日惟往來酬應函牘交馳百事勞形積久成弱以致神思過度心腎不交且居常不耐操勞每握管凝思輒覺神惛志亂甚則頭脹眼眩兼之記力較前大爲差別隔夕便已遺忘此精血與腦筋日受損磨而成虛弱已無疑義近且身體日形消疲胃納已大不如前久思得補血補腦之方以治之而還延日久以未逢其當今秋檢閱各報見告白中登有貴廠愛理士紅衣補丸有造血培元之力細察証書彷彿與僕患甚爲吻合遂向本埠藥房試購兩瓶按日服之不期半月之間精神漸覺爽健面上血色亦由黃轉潤矣且眠食安舒日有進步於是深信是丸能補血補腦無疑且能固腎培元亦非虛語蓋耳聞不如自行實驗也遂再購六瓶日服三頓不斷及到二月竟將吾以前所患者悉行治愈前後判若兩人故目前雖日處繁劇而毫無倦意並知體魄已強腦筋亦壯乃深嘆愛理士紅衣補丸效驗神速可謂碩大無朋矣君子得惠莫忘僕愧無以報聊草泐數行并小影一張略表寸意希登於報中俾同病者知所憑証焉

每瓶補丸四十粒價洋一元二角　每六瓶價洋六元

各埠藥房商店均有發售倘內地無從購買請至上海四川路一百十七號震寰藥廠購辦即日回件郵費不加

國風報第二年第八號目錄

宣統三年三月念一日出版

編輯兼發行者　何國楨

發行所　上海福州路　國風報館

印刷所　上海福州路　廣智書局

定價表（報費先惠閏月停刊）

項目	報資	郵費		
全年三十四冊	六元五角	全年	一元	歐美每冊七分
半年十七冊	三元五角	半年	五角	日本每冊一分
零售每冊	二角五分	每冊	三分	

廣告價目表

一面	十元
半面	六元

本報啟事

啟者頃接各埠諸君來函詢及北京國風日報是否與敝報宗旨相同等語該報持論如何同人尚未得見但與敝報絕無關係特此登報聲明恕不一一作答此布

瓶廬老人七十一歲象

老人丙辰通籍丁酉參大政戊戌五月歸田居墓廬七載甲辰五月瞑化疾亟口占詩曰六十年中事傷心到蓋棺不將兩行淚輕為汝曹彈復曰我於此尚握得定二十日晡食瓜猶起賦詩夜分端坐向北而逝沒後五年甥俞鍾鑾追記

號外雜文

與上海某某等報館主筆書

滄江

上海某某等報館主筆諸君足下

數月以來。間讀貴報。知公等所以督過之者良厚。吾自始固付之一笑。未嘗校也。乃近者公等猶呶呶不已。日日以揑造事實誣人名節爲事。鄙人爲全國言論界之道德風紀起見。不能不有所忠告於公等。願垂察焉。

公等之攻擊鄙人。第一因其反對錦愛鐵路。第二因其反對中美同盟。坐此與公等政見有異同。以逢公等之怒。天下無論何種政策。莫不同時有利害之兩方面。緣此而論治者。往往各有所主張。而中間容有辨論之餘地。此各國之所同也。吾所主張。豈敢自謂其無誤。特就其所見及者而論之耳。公等不以吾言爲然。從而糾正之。此吾所最樂聞。公等所糾而足以服吾之心。吾固不憚降心相從。若猶未也。則更相與往復其論以求最後之眞理。凡以言責自居者。不當如是耶。而公等徒以政見不同之故。而誣吾以受日本人指使且日日閉門揑造新聞此則吾所最爲公等不取也推公等之意或良出於愛國熱誠以憤恨日本人之故但使有政策可以排日本者則雖加數倍之犧牲而不惜而鄙人所主張則謂我國數十年來以外交政策失宜之故所犧牲者已不少今良不願更附益之故於公等所主張不敢漫然雷同公等爲感情所激乃至以竊鈇之疑相加即鄙人亦未嘗不爲公等諒今更披肝瀝膽申明鄙人立論之根據以釋公等之疑然後將鄙人歷年來與日本人之交際及其對於日本之態度與夫吾之所自處者據實直陳願公等平心聽之

鄙人素來持論謂對外不恃空言而恃實力所謂實力者非他卽先設法求得一良政府將內治整頓完備是也故以爲全國言論界惟宜合全力以攻擊現在之惡政府使之雖欲戀棧以敗壞國事而有所不能一方面則以穩健之智識灌輸國人使之有組織善良政府之能力此著辦到然後對外乃有可議而不然者徒日日怨罵外國人之謀我甚無謂也夫國家之對於國家誰則無野心者如兩軍遇於戰場其磨刀霍霍以互欲相屠固其所也我怨罵彼彼遂能因我言而輟其謀乎若云以此警告國人斯固

宜然也然警告之本意固當使國人知現在時勢如此其危急尤當使之知所以致此危急之由其原因皆在政府之失政緣此而知改造政府之萬不容已則所警告者爲有力矣而不然者雖四萬萬人人人皆瞋目切齒於外國之謀我顧能以箇人之力各各持梃以抗之乎蓋人之謀我者乃挾其國家之力以謀我我欲與之抗亦惟挾國家之力以與之抗而司國家之總樞機者實惟政府故欲使國民敵愾心得有道以自效者非先得一良政府以統率之於上決無當也彼外國之先覺者固亦常借外交問題以鞭策其民矣例如日本人因美艦入浦賀而奏勤王討幕之功因改正條約問題而數次推倒政府其報館之立言雖借對外爲題而結論則未有不歸於督責政府者也而彼政府之欲自固其位者則又往往導其民氣使洩於對外使無暇攻我而因得以自卽安觀於此則國民對待惡政府之手段與夫對內對外先後緩急之次第不從可察耶今我國對內問題不解決而徒日日鼓吹對外論推其效果之所極不過多發起幾處國民軍多成立幾箇拒款會耳夫此等甯得曰非佳事而試問能收分毫之實效否耶能絲毫達其愛國敵愾之目的否耶而全國報館一若以此爲最大之天職而見

他人持論其對外詞鋒稍緩者輙指爲漢奸此吾所大不解也

夫對內問題不解決而徒鼓吹國民以箇人之對外則固已難免於不知本之譏矣若夫以現在冥頑不靈之政府而語之以積極的對外政策則其危險抑更甚焉政策之當否固屬於別問題且勿具論卽使有極良之政策而一落現政府之手則未有不生出極惡之結果者故立言又不可不愼也卽以錦璦鐵路與中美同盟之兩事論之則其間固有容有商量之餘地者有不容有商量之餘地者請先言錦璦鐵路所謂容有商量之餘地者則此政策是否適當之一問題是也以吾所見則謂專就東三省政策言之或可稱適當就全國政策言之則不能認爲適當者也吾素不主張借債以辦邊境鐵路在國風報中屢言之矣夫借債以辦邊境鐵路無異借債以練兵也使吾國力充實百事可以無待於外而能自舉則此等甯得非曰至急之一要政在今日而借債以辦之則最要者當問其所借之債影響於國家財政基礎者何如就東三省言東三省則錦璦鐵路誠急然他路之急則又豈讓錦璦者今者因中俄交涉而議辦張恰伊犂等路矣因中英交涉而議川藏川滇等路矣爲國防計則何一不當辦者然此諸路

一切皆爲不生產者借債數萬萬以辦之非惟將來償還計畫絲毫無著且養路之費每年尙不知幾何現在國家歲入既以其四之一充外債本息更益以此等不生產之債恐路未成而國已先爲埃及矣此吾對於一般邊境鐵路之意見也若專就東三省而論錦愛則吾固非絕對的不主張吾於國風報第三號之論文歷言此路政治上之關係及國民生計上之關係全文具在可覆按也（請公等稍出其良心以紬繹原文觀其立言之意如何勿徒摭一二字句爲攻擊之口實也）顧吾謂必有他種事業與之相輔然後其效或有可期若謂但有一錦愛鐵路而滿洲所喪損之主權即可以還於中國之手吾不信也吾文之結論實如此吾亦不敢謂必中於事理吾特言吾之所見而已其有能糾正吾說者吾固歡迎之此所謂有商量之餘地者也若夫以現在之政府現在之制度爲人擇官而官如傳舍東三省總督既不易得人即得人亦不易行其志無論何種良政策斷無能成功之理不成功則徒將爲喪失權利之媒介且如主持辦錦愛之錫淸帥今且去其位矣而政府且有繼以增祺之議亦幸而中變耳而不然者當借債築路之約既成後而以此輩承其乏則後事寧堪設想今雖得趙次山又誰敢保其能久於其位者又誰敢保無第二之增祺者故非

改造政府之後則此等事多辦一件卽多一件之後患此所謂無商量之餘地者也就中美同盟一事言之吾國一部分人所以起此妄想者不過欲借以牽制他國耳欲以得外債之財源耳中國誠能改造政府以後則外交上應爲有名譽之孤立耶應覓同盟國耶若覓同盟國則以何國爲最宜耶此容有商量之餘地者也又改造政府以後應否利用外債外債當求諸何國此亦容有商量之餘地者也若如今之倡此論者欲仰一强國之庇我而冀其爲我擯斥他强國此引虎自衛之愚計奴隸依賴之惡根性絕無容商量之餘地者也以現在冥頑不靈之政府而國民乃贊成其借債聽其犧牲無量數權利以買債權國之歡心而國民猶誦其能此則無異國民之自殺絕無容商量之餘地者也今公等所想望之中美同盟其目的之一部分則既達矣所得者則一萬萬圓新外債之負擔落於國民頭上也公等或以此爲極可慶之事耶吾不敢知吾則徒見爲中國自縊之繩又加緊一度耳且勿論干涉財政之禍立見與否而全國報館鼓吹不健全之借債論以得一債權國之眄睞爲無上之光榮使政府得乘此心理以致現在一月之間而訂結借債之約三四增加債務將二萬萬政府及諸勢要之官

吏遂得聚而咕嘬之津津乎其有餘味而陷國民於萬刼不復之厄此誰之咎也夫向來各國憲政之成立其國民無不以財政監督權爲唯一之武器所謂「不出代議士不納租稅」是其義也今政府既不敢言加租稅則惟以借外債爲自救之不二法門我國民所以能制政府之專橫者舍監督借債權亦更無術此眞民黨所宜認淸題目絲毫不容放過者也而今者國中輿論之對於此大事何其夢夢也吾之倡反對論吾知一二年後我國民將有味乎吾言耳

吾之對於此兩事其立論之根據大略如右其他言論尙往往與之相發明去年國風報全年之文可覆按也雖日本人亦直接間接反對此兩事然彼自有彼之理由我自有我之理由萬不能謂天下事凡不利於日本者必其有利於我國即如此次一萬萬圓之四國借款日本人固反對甚力也我等甯得緣此故而不敢倡反對論乎假使現政府忽焉而將某地割與某國吾敢信日本人之亦必反對也我等又甯得緣此故而不敢倡反對論乎有倡之者則公等將遽攘臂而言曰日本人所言而彼亦言之是必受日本嗾使也是必賣國奴也天下有此無理取鬧之言論乎

公等所日日引為攻擊之口實者。則以吾文中有謂滿洲為覆水難收之一語。此其言憤激過甚。立言稍為失體。吾固自承之。雖然我將以何道而始能收此覆水。此我國民所最不可不熟察也。我輩日日言日本人可惡。全國人當起而與日本人為敵。彼日本人其遂畏我乎。我遂因此而能得絲毫之實益乎。質而言之。凡滿洲一切權利為吾前此讓與俄人而俄人轉讓與日人者。無一而非制吾死命者也。而我國欲恢復之。則非經一次戰爭後。決無望者也。夫戰亦何恤。然當思我國而欲能一戰。則其道當何從。其亦必俟改造政府十年訓練之後已耳。今不此之務。而徒為大言壯語。以刺激箇人。多一次巡警鬧事人民鬧事。則經一次交涉。後多失一部權利耳。於事何濟。為若云於條約上所已失之權利外。非無餘地可容經營。斯固然也。然亦曾考日本人所投資本以經營滿洲者幾何額。我雖大借外債。能逮其十之一乎。亦曾考日本人之經營滿洲者用多少人材。我雖合全國人物。以萃此一隅。能逮其十之一乎。此且勿具論。就使財與之敵矣。才與之敵矣。現在之政府。能使經營滿洲者得行其志乎。今以滿洲時局如彼之艱。凡巧吏皆不願當其衝。故總督一缺。有力者避之若浼耳。然猶且有不知進退如增祺輩者竊竊焉謀之苟使滿洲辦事之款稍能順手則全國大小之蛀米蟲（指官吏）將攘臂爭分一臠矣而忠直任事之人復何能一日安其位者故吾極厭言滿洲政策以其實無可言也公等試平心思之吾所言果中於事理否耶要之公等之結論謂滿洲不保則中國不能保欲保中國宜集全力於滿洲吾之結論則異是謂中國能保則滿洲不期保而自保中國不保則滿洲決無術能保欲保滿洲宜集全力於中國此兩結論之孰當孰否願公等平心思之吾所最恨者今日國中忠愛之彥踸踔之才本已稀如星鳳其有一二眼光輒局於一部分而不知大體其或躬游歷滿洲或聞人語滿洲事覩聞其危急情狀則奔走相告曰中國萬事可緩惟經營滿洲爲急一旦聞俄之窺蒙古窺伊犂也則又曰惟經營蒙古伊犂爲急聞英人之窺藏英法人之窺滇桂也則曰惟經營西藏滇桂爲急夫滿洲甯得曰非急者蒙古伊犂西藏滇桂甯能曰非急者然如論者之意集全國之人集全國之財以經營此一隅其經營遂能有效乎而此一隅遂卒可得保乎由今之形無變今之政府則終亦必亡而已矣況乎既昌言經營此諸地則所以爲經營之資者必需財政府一聞此說又得假此名目以爲借一

大批外債之口實究其極則全國人民加數重負擔以促國家之亡而已而於此諸地何嘗有絲毫之補益焉就令邊吏得人其於此一隅之經營得有眉目而政府腐爛於內邊境更何道以圖存夫以政府得人而言之則全國所應急起直追之事不知凡幾此區區之財力斷不能以偏投諸滿洲專爲滿洲而借萬萬元以上之債在政策上決不能謂爲得輕重緩急之序以現在之政府言之則無論何種良政策皆不可向彼開口一開口則弊餘於利故吾之意謂國中凡有言責者惟當剪除閑言單刀直指一味攻擊惡政府而已不此之致力而日日言某事當辦某事當辦皆所謂不知務也所言當辦之事而又偏於一隅尤其不知務者也吾所持論實如此公等若緣此而指爲敎國人放棄滿洲則吾誠知罪矣顧不知公等敎人不放棄滿洲者其結局又能有絲毫補益於滿洲焉否也中國人之心理與之言排外則煽動極易與之言對抗政府則瑟然不敢前實則國人苟無對抗政府之能力則安能對抗外人不過如諺所謂躲在牀底下罵人耳辦報館者多作反抗政府之論則易於忌而惹荆棘多作無責任之排外論則易買一般人之歡心故曲學阿世之徒每舍此而就彼雖然此豈鄙人與公等相

期許之本意哉鄙人惟見夫張空拳以言排外者之毫無實益也故詞鋒別有所向而公等乃以蜚語相誣何其不諒乎記亡友黃公度京卿昔辦蘇杭租界事草約既成而忌之者誣其受日人賄十六萬大吏遂議廢約公度曰日本新乘戰勝之威何求不得使必以賄而始得此區區者則黃某重於數鐵甲矣未幾而日政府亦怒其委員內田康哉謂其爲公度所愚撤之歸此丙申夏秋間事也謂日本人謀中國而必須納賄於窮措大如鄙人者鄙人無似誠不能不受寵若驚也

尤可笑者公等謂吾論亡韓事專責韓人而不及日人指爲袒庇日本之確據不知吾所爲日本併吞朝鮮記數萬言公等亦嘗讀之否耶竊料吾國人得以知日本數十年來處心積慮之陰鷙者亦未始不由鄙文此雖共見之事實其奈鄙文未印出以前舉國言論界竟未有發之如此其透闢者也公等但返心自問其良知吾此言果虛誑否耶吾之言日人謀韓自謂則既無餘蘊矣而公等以爲未足更進焉亦不過痛詆日本之無人道而已嗚呼公等乎生存競爭之世則安有人道者虎狼食人而人將與之評理乎人食雞鴨而雞鴨亦將與人評理乎強食弱而弱見食於強即今世界上所謂最

高之德義也謂日本可責日本則有何可責者人之愛其國誰不如我古人有言竊鉤者誅竊國者侯侯之門仁義存今世所謂强國豈有一焉不從此道來者雖欲責之又烏從責之至於鄙人之痛責朝鮮人其意實爲吾國人說法匣劍帷燈稍解文義者皆能知之卽公等亦寗不知之以此爲口實不過昧著本心以强入人罪耳且公等得毋謂朝鮮人不當責耶日本曷爲不能以此施諸英俄法德美而獨施諸朝鮮耶夫豈惟朝鮮卽我國亦如是而已我怒人之謀我耶英何嘗不謀俄德何嘗不謀英者吾固言之矣國與國相遇未有不磨刀霍霍以互欲相屠者也使我國而能自立之後而謂我不欲謀人耶明乎此義則知强之謀弱絕無可怨絕無可責彼自爲其國義固然也所可責者則弱國不自爲謀而任人之謀之耳公等平心思之吾之言當耶否耶則公等所以鍛鍊人罪者其毋乃太無味已乎

更奇者吾此次薄游臺灣亦足以供公等造謠之資料謂吾受日本臺灣總督之招將往頌其功德殊不知吾游臺之志已蓄之數年凡稍與吾習者誰不知之而此次之行乃不知託幾多人情忍幾多垢辱始得登岸而到彼以後每日又不知積幾多氣憤夫

閱貴報之人。皆未嘗與吾同游。則任從公等顚倒黑白。亦誰能辨者。然吾之此行。臺灣三百萬人。皆具瞻焉。一舉一動。莫不共見。吾能欺人乎。公等之意。以爲吾此行游記於日本行政之美。必多所誦說。固得自實其言以爲羅織之口實。夫吾數年來欲往臺灣之本意。則固在調查其行政也。固欲舉其美者以告我國人也。使此行所調查而能令吾躊躇滿志。則吾固不畏公等之羅織。吾必昌言之。無奈此行乃以傷心之現象充塞吾心目中。若有鯁在喉。非吐之不能卽安。公等亦知我在彼日日所作游記作何語者。公等亦曾見我在彼通信作何語者。公等日日惟以閉門捏造新聞爲事。不轉瞬而所發現之事實。適與相反。其毋乃太心勞日拙矣乎。

公等又屢稱吾嘗以無擔保品而借金於日本之正金銀行。以是爲吾受日人賄賂之確據。夫借金則誠有其事也。然此事之由來。人多知之。吾十餘年播越於外。負債山積。債主以數十計。前年欲清理之。乃託神戶一有力之商人爲介紹於正金銀行買辦之同鄉人葉某者。求借數千金以清宿逋。約按月以賣文之貲分還。其初則與葉某交涉。非與正金交涉也。乃無端而葉某破產失職。於是吾乃驟變爲正金之債務者。正金日夜責償。吾無以應。其極則處分吾家產耳。而敝書數篋。處分之曾不抵債務之十一。乃再四與婉商。覓得我公使館員之一友人爲擔保。而負彼四千金。限六個月償還。其後尙得三四良友之助。居然銷卻此債務矣。公等所謂無擔保品而得借金者。其即此耶。我所受莫大之賄賂於日本人者。其即此耶。

吾居日本十餘年。其與日本人之交涉。稍與我習者所共見也。吾自初來時。爲極致殷勤於我者二三人。至今日本人中吾認之爲友者。亦僅此二三人。其交際固始終無間也。然亦私人交際而已。若事及兩國。則惟避而不言。免以此傷故舊之情也。而此數人者在東京。吾自避地須磨後。乃輒經年不一面。近頗樂與其學者游。欲有以廣我學識。然所交亦不過數人耳。至其政府當局者。我固始終未一見。而彼輩亦常以猜忌之眼視我。自前辦政聞社以後。日日派偵探伺我行動。並及吾友。經數年而不已。吾惟以厭與日本人交際之故。故日本全國人亦不知我爲何種人。日日加以可笑之批評。前年二辰丸案。舉國報紙。咸指我爲抵制日貨之張本人。去年公等正誣我受日本重賂時。而大阪朝日新聞之「東人西人」一門。登我相片。題爲排日派之主動者。兩兩對照。不覺爲之失笑。夫日本人不知我。則何足怪。若公等則並非不知我者。而惟思揑造謠言以相誣。斯乃可怪耳。吾與日本人之關係實如此。公等信耶。聽之。不信耶。聽之。吾惟質直以言其實耳。

公等又日日造謠。謂吾運動開黨禁。輦致巨金以賂政府。甚且言其曾親自入京住某處謁某人。若一一目覩者然。似此記事。則作報者亦何患無新聞哉。吾請開心見誠。與公等一言。謂吾不欲開黨禁耶。此違心之言也。吾固日夜望之。以私情言。則不親祖宗邱墓者十餘年。堂上有老親不得一定省。游子思歸。情安能免。以公義言。則吾固日日思有所以自效於祖國也。吾固確自信爲現在中國不可少之一人也。雖復時人莫之許。而吾固以此自居而不疑。而吾之所以自處者。又非能如革命黨之從事秘密也。恒必張旗鼓以與天下共見。故吾信吾足跡若能履中國之土。則於中國前途。必有一部分之裨益。謂吾不欲開黨禁。此違心之論也。雖然。屈己以求政府。而謂吾爲之乎。凡有求於人者。恒畏人。吾之言論。固日日與天下共見也。曾是乞憐於其人者。而乃日日罵其人不遺餘力乎。手段與目的相反。若是雖至愚不爲也。吾嘗有一不慭之大言在此曰、吾之能歸國與否。此自關四萬萬人之福命。非人力所能强致也。吾知公等聞吾此言必嗆之以鼻然人苦不自知吾亦無如吾何也故吾常以爲天如不死此四萬萬人者終必有令我自效之一日若此四萬萬人而應墮永刼者則吾先化爲異域之灰塵固其宜也是故近年以來國中有心人或爲吾摯交或與吾不相識者常思汲汲運動開黨禁彼固自認爲一種義務吾無從止之然竊憐其不知命也而公等乃日日以欲得一官相誚吾數年來早有一宣言在此矣若梁某某者除卻做國務大臣外終身決不做一官者也然苟非能實行吾政見則亦終身決不做國務大臣者也夫以逋亡之身日夕槁餓而作此壯語寗不可笑雖然舉國笑我我不爲動也雖以此供公等無數諧謔之資料吾不恤也數年以後無論中國亡與不亡舉國行當思我耳而公等乃以欲得官相猜何所見之不廣若是鵷鸞翔寥廓鴟銜腐鼠而視之曰嚇嗚呼吾今乃覩子之志矣

至公等記事中乃至有造蜚語以污衊吾妻吾女者此則請公等捫心自問凡上流社會人而應作此語耶凡有價值之報館而應造此等謠言耶語至此吾眞不屑與公等校惟憐公等之自待太薄耳

諺有之若欲人不知除非己莫爲吾若果有虧心事雖日日自辯而終必有暴露之一

日而不然者則眞所謂禮義不愆何恤人之言雖公等日日造謠亦安能汚我豪末哉顧吾猶不能不有所忠告於公等者其一則以凡立身於言論界者當稍知自重不可以讒謗爲生涯日日閉門造新聞以誣人如仰天自唾於人無傷徒自損其價値其二須知逢人便罵雖足以迎合一般社會之心理爲推廣銷報之一手段然此心理實爲社會不健全之心理辦報館者宜矯正其一部分不可專以迎合爲能辦報之目的又非可徒以推廣銷數爲事而不顧其他其三當知今日之中國危急存亡僅餘一髮爲國民者惟當併力一致攻擊惡政府以謀建設良政府凡有向此目的以進行者宜互相提携捐小異而取大同無爲排擠以相消其力而令政府竊笑於旁夫有明末葉雖國破社屋而傾軋之風猶未已殷鑒不遠我輩豈宜尤而效之其四當思現今人才寥落已極吾輩雖盡數結合猶恐不足以救亡苟其人而稍有一節之長固當隱惡揚善以期相與有成安可更萋菲以相戕者夫鄙人則何有焉二十年來日日與腐敗社會嘵門曾不能動其分毫無所短長之效於斯可見矣今也舉國人心厭倦飄飄作鬼氣嘵音瘏口迄不得傾聽者自分終爲世所棄又豈待公等擠之九淵哉使鄙人而能忘中國者則隨波逐流自枉所見迎合社會心理而月賣文數萬言以自活則亦何處不

得。區區齏鹽以爲送老之具者。則舉國亦可以忘我。而相忌之言亦可以永息矣。無奈稟賦之受之於天者不能自制。欲餔糟啜醨。而盡然有所不能自安於其心。故常以一身爲萬矢之的而不悔也。若夫社會之所以待我者如何。此則社會之責任。而非我之責任矣。

吾之此書。非有怒於公等也。公等因與吾政見不合。又因吾所居之地爲日本。以愛國嫉俗之故而致疑於我。此何足怪者。至於記事失實。則或由採訪不確。而非公等之咎。或以惡其人過甚。不惜深文以入其罪。此亦社會向來之惡習。不能盡爲公等責也。然吾立言立身之本末。則亦既盡情以語公等矣。若公等必强指吾爲巧言文過之小人。則吾亦何從辨。然公等所言。有種種正反對之證據。其又可盡掩乎。抑吾之此書。又非乞憐於公等也。吾生平受人誣謗。非止一次。公等所能增益之者幾何。筆在公手。手在公身。公等日日閉門握筆造新聞。誰能禁之。雖能淆觀聽於一時。而是非終在天下後世。於吾何損焉。顧竊欲有所忠告者。爲公等人格起見。爲貴報價值起見。爲全國言論界風紀起見。竊謂公等宜稍出其良知以讀吾此文。而於他日再欲揑造新聞時。亦當一撫良知自問。須知人自受其良知之督責。實天下莫大之苦痛也。傾臆盡陳。吾言不再。

月　日　某頓首

諭旨

三月初一日內閣奉　上諭秦樹聲著調補廣東提學使雲南提法使著沈曾桐補授欽此

同日內閣奉　上諭吳肇邦著調補江蘇巡警道湖南鹽法長寶道著汪瑞闓補授欽此

同日內閣奉　上諭湖南衡永郴桂道譚啓瑞著開缺送部引見欽此

同日內閣奉　上諭雲南大理府知府鄒志清雲南臨安府知府李世楷貴州石阡府知府陳武純山東曹州府知府黃篤瓚山東萊州府知府鮑祖恩河南彰德府知府顧家相均著開缺送部引見欽此

同日內閣奉　上諭雲南提督李福興陝西漢中鎮總兵程鼎甘肅涼州鎮總兵岳登龍山東兗州鎮總兵張宗本均著開缺欽此

初二日內閣奉　上諭雲南提督著劉銳恒補授欽此

同日內閣奉　上諭陝西漢中鎮總兵員缺著江朝宗署理甘肅涼州鎮總兵員缺著

馬萬福補授山東兖州鎮總兵員缺著田中玉補授雲南臨元鎮總兵員缺著蘇掄元補授欽此

同日內閣奉　上諭湖南衡永郴桂道員缺著錫齡阿補授欽此

同日內閣奉　上諭直隸保定府知府員缺緊要著該督於通省知府內揀員調補所遺員缺著善英補授欽此

同日內閣奉　上諭雲南大理府知府員缺著朱顯廷補授雲南臨安府知府員缺著弼良補授貴州石阡府知府員缺著毓年補授山東曹州府知府員缺著董玉卿補授山東萊州府知府員缺著楊芾補授河南彰德府知府員缺著繼銘補授欽此

初三日內閣奉　上諭王人文奏提法使因病懇請開缺一摺四川提法使江毓昌著准其開缺欽此

同日內閣奉　上諭鍾麟同著賞給陸軍副都統銜充陸軍第十九鎮統制官欽此

初四日內閣奉　上諭前經會議政務處議覆聯豫奏請裁撤駐藏幫辦大臣改設左右參贊兩缺業經照准羅長裿著補授駐藏左參贊錢錫寶著補授駐藏右參贊欽此

同日內閣奉　上諭四川提法使著常裕補授欽此

初五日內閣奉　上諭四月初一日孟夏時享　太廟遣訥勒赫恭代行禮　後殿派魁斌行禮東廡西廡派錫明錫露各分獻欽此

同日內閣奉　上諭朕維建國保邦莫先兵力安危定亂實在人心綜觀中外古今未有君民一體而國不強卽未有上下相睽而國不弱者我國家肇基東土定鼎中原我　太祖之初衆無一旅　龍興遼海建部瀋陽我　太宗嗣統寅紹丕基威加海內仰惟　聖神謨烈靡不　躬擐甲冑跋履山川用集　景命於我　世祖遂成帝業逮我　聖祖沖年繼緒首定三藩旣靖海疆遂安方夏乃復憫蒙藩之羸弱憤準部之驕橫　三往親征長驅朔漠朔方旣定中外來同猶復歲獮木蘭　躬親射獵聲靈震疊萬國咸欽是則　先聖臨戎上下一體之明效也嗣是以來　列聖代作我　世宗蕩平青海再廓苗疆我　高宗戡定新疆迭平西藏　天弧所指靡堅不摧逮及　仁宗更平敎匪八年血戰匕鬯不驚肇禋啓自　先朝　威令森乎堂陛　法宮高拱寰海鏡清尙武之風於今爲烈乾嘉而

後內患迭興　列聖相承不矜遠略懷柔至意百世所宗朕欣覩列邦輯睦之庥夙深懼　先世析薪之難荷懍懷　遺烈彌切淵兢伏念我　列聖蕩定九州沐雨櫛風規模宏遠抑亦我軍人之祖若父同心翼戴乃克成三百年來之盛軌朕纘承大統夙夜維寅深恐上負我　列聖艱難締造之勤下負我軍人祖若父盡瘁馳驅之烈用特親任大淸帝國統率陸海軍大元帥以符立憲體制爲吾民倡朕未親政以前所有大元帥一切權任事宜暫由　監國攝政王代理業經通諭全國臣民獨念國之強弱惟在軍人軍之強弱惟視士氣必上下深明保國之義然後可保身家未有先顧身家而能保國即未有不能保國而能自保身家者當此萬方競進非武不揚我軍人自祖父以來已上承　列聖涵養教育之恩下守家世效忠之訓無不深明大義何待諄諄惟朕不敢自耽暇逸負　列聖以負我軍人祖若父效命之誠我軍人亦必不忍自負其祖若父以負我　列聖安危與共之隱自應交相策勵鞏固皇圖異時軍國治安憲章明備君臣上下同履太平斯則我　列聖靈爽式憑亦我軍人祖若父默啓後人之意也其訓諭六條另交陸軍部頒發全國各軍隊咸使聞知欽此

同日內閣奉　上諭增韞奏提法使懇請開缺回籍修墓一摺浙江提法使李傳元著准其開缺欽此

同日內閣奉　上諭浙江提法使著啓約補授欽此

同日內閣奉　上諭本日陸軍部帶領引見之軍官學堂頭班深造科中等畢業學員黃治坤著授爲步隊副軍校欽此

初六日內閣奉　上諭浙江杭嘉湖道員缺著錫嘏補授欽此

初九日內閣奉　上諭陸軍部奏請將陸軍鎭協歷年派任統制統領各員懇恩分別給銜一摺陸軍各鎭統制官何宗蓮馬龍標曹錕吳鳳嶺張永成張彪徐紹楨孫道仁張紹曾呂本元孟恩遠均著賞給陸軍副都統銜陸軍各協統領官李奎元朱泮藻王占元鮑貴卿盧永祥徐萬鑫陳光遠王遇甲洪自成賈賓卿李純周符麟王得勝鄧承拔孫銘杜匯川王麒許崇智黎元洪田中玉楊晉吳介璋馬增福趙理泰施承志易盛富伍祥禎潘矩楹楊善德蕭星垣姚鴻法高鳳城張春霆毛繼成藍天蔚張行志陳甲福均著賞給陸軍協都統銜欽此

同日內閣奉 上諭陸軍步隊協參領魏宗瀚著派充陸軍第十三協統領官並賞給陸軍協都統銜欽此

交旨

三月初二日 軍機大臣欽此 諭旨貝子溥倫奏資政院暨上下議院工程應否移交一摺仍著溥倫修理毋庸移交欽奉 軍機大臣欽奉 諭旨阿穆爾羅圭等奏擬請裁併稽察守衛處改設管理前鋒護軍等營事務大臣處一摺又片奏請將三旗驍騎營兵丁仍歸內務府大臣管轄等語均著依議欽此

初三日 軍機大臣欽奉 諭旨都察院代奏度支部員外郎王樸條陳改訂官制敬陳管見呈一件著該衙門知道欽此

初六日 軍機大臣欽奉 諭旨貝勒載洵等奏謹陳現修 崇陵工程情形一摺知道了又奏遴員充補監修一片著依議欽此 軍機大臣欽奉 諭旨御史張瑞蔭奏請將明儒鹿善繼從祀 孔廟一摺著禮部議奏欽此

論說壹

裁行省議

更生

光緒三十四年戊申秋倦遊乎歐美息轍乎檳榔嶼改定舊作官制考裁行省議久藏未布今外官制將實施羣議紛淆疑莫能定門人質焉應之曰督撫之裁與不裁可一言斷之曰**視責任政府之設與不設而已夫督撫者何也歐人所謂副王君主之代治者也爲君主專制政體之要而不受統于內閣則與責任政府不相容者也**若責任政府不設乃有可議今責任內閣將設則度支諸司必與部直達政乃能行萬無仍轄于督撫之理則責任難負一也且地方行政官必受轄于內閣而無上奏權政乃能行若督撫仍自達君主不受內閣統轄誰能負責任

二也。內閣有連帶責任。又常會議。督撫。駐外。難入會議。又易失悞。將連帶而累政府。全易政府。頻易國政。不行。尤爲危險。故督撫萬無充國務大臣之理。三也。若君主專制之體。既易督撫代君主之治權。不裁自裁。雖有強力巧說。不能挽之。然猶議者枝節紛然。非愚則固也。皆未明治體之本原故也。惟今舉國只議外官制之改定。而未知行省劃區之巨害。病在本而日治其標。無當也。門人請布之以折衷時制。則吾豈敢。時遷事異。畧加潤改。以備採擇。

宣統二年冬更生序言

徧遊歐美園林之美。莫如德之威廉舒矣。昔置法王拿破侖第三處也。宮前一花畦。如大氍毹。地十弓而費十萬。凡植花草三千種。而種各異。日用工人數四。而植物學士作大匠督之。是以有若斯之奇麗也。跨明駝。張錦棚。走埃及尼羅源廿餘日。至亞東黃沙極目。亘無他物。中道索索然思歸矣。走電車于加拿大落機山陰。彌數日。白草蕭蕭。遠遠時見帳牧馬牛羣。或矮木採金炭礦而已。至佳水草處。乃小有麥或短林。吾至長城塞外亦然。吾園居粵城之花埭。花埭之花農也。佃一畝而藝百花。濃萃無隙地。自茉莉玫瑰桂菊洋桃。紅綠黃白。爛然盈目。課耕溉種。下料必足。各以時貢。其地力所有。摘盈巨籮而售之。夫婦子女數人。勞動猶不及。尙待僱散傭之助。畝租六七兩。然以養一家數口。偃然有餘。飯稻羹魚。食肉飲酒。歲時鮮衣觀劇赴會矣。昔自津乘騾車入京。道廣數丈。聽車四旁行。無斥者。一夫而種地十數頃。飛沙障目。地多不耕。農主視之若未知愛惜。然且此十數頃所入寡薄。納稅畝僅十三錢。天下之至輕稅。未有過此。而農夫居食若牛馬。出山海關之汽車。遵海旁數百里。皆蕪茀棄不耕。故北人田連阡陌。而形狀荒落貧苦。南人無立錐。或百數十畝之入。則富樂文美。蓋農田外又多事工商也。識者觀此乎。可以悟治國。可以明官制。

德之漢堡自立國。地僅二拾九啓羅邁當。若吾七十里。十年前人民五六十萬。今九十餘萬。而歲稅將二萬萬。此猶曰海港也。走馬薩遜之京參厘士頓。連岡廿里。旌旗壘塲。相屬森然。蓋屯兵四萬餘人。夫薩遜爲德蕞爾聯邦。全國山谷嶔嶇。人民四百餘萬。不過比吾粵新會順德二縣。然宿重兵如此其嚴多也。吾一大省無以比之。薩遜爲小王國。其貴族世爵。自公侯以下。凡五百餘人。其宮室之精麗。爲歐土建築著名者。其博物院爲故王宮。妙麗幾冠歐土。其他宮署。夾噴路備河者。閎麗飛驚。一屋動以千百萬計。比比皆是也。其王所藏珍寶金銀牙寶石銅延數十室。凡値八兆也。此猶曰王國也。埃士拿歪罵公國耳。地僅百餘里。而公有別苑十五所。皆有離宮豐草長林。圍皆十數里。絕無人影。只見麋鹿。歲祿百餘萬。公私產三萬萬。而民無論焉。試問吾一縣、、、公私之富幾、何。他若基窪獵坏最小侯國。亦視此矣。

若丹麥乎。與我通使駐京者四十年矣。今人民二百萬。十年前民不過百餘萬。變法不過五六十年。其地苦寒多不毛。僅恃小麥畜牧販牛脂雞子以養全國。而京城壯麗。文學崇修。其一館囿。費幾千百萬。爲歐名國。其遣使徧百國。費繁無數。是遵何道而至哉。若荷蘭比利時人民不過五百萬。地比吾一府。其民富且冠全歐。英法德吾不復述之矣。

布加利牙國。自突厥以一郡分立三十年者也。昔爲荒郡。今吾入其都。則舉目皆新工程也。築道者。營宮者。修河者。營工廠者。蕘蕘相屬。一戲館費數百萬。士人高談某事仿某國。某物仿某國。議院一議。卽行之。故驟起若狂。百事皆興。其气疏以達使然也。美國五六十年間之驟盛。固由物質學所致。然各州自立。地方自治。實有全權。故逢涌成之而極速也。是皆歐美甚遠之政。請觀于日本之取我臺灣而治之。吾昔稅臺灣歲數十萬。今日人之臺歲三千餘萬。凡百倍焉。吾昔道府至數縣令丞教職武官不過三十餘官。而日本則特立總督之重權。其下設官幾三千八。一縣官之下。並設羣司官寮百數。自不知爲政而篤守舊法者。開口豈不曰裁冗員省縻費哉。日本之爲政非愚而若此也。

又旁觀于英人之治南洋與香港。德人之治膠州。皆于彈丸數十里之地。設大官。分庶職無數。其華民政務司之條理精細入微。此其藩屬地治之至疏者。然猶如此。

試上考吾之周禮。六官之屬。三百餘職。設官六萬三千六百七十五員。百數十里至立諸侯之國。設官無數。一鄉萬五百家耳。而立鄉大夫之尊。州長黨正管二千與五百家。亦在大夫之列。其他閭師司市貨人廛人土均土訓稻人迹人草人囿人牧人牛人媒氏掌葛掌染草掌炭甸師獸人鼈人腊人羊人掌固司險候人環人山師川師禁暴野廬山虞林衡川衡澤虞場人。何其纖悉也。歐陽修謂周人設官之多。無以頒祿。實不可解蓋經後世大一統疏濶之治後。雖以大儒。亦不得古人治法之解矣。

夫歐人蕞爾小國何以富强而吾極大國何以不如之周人封建小侯何以能精密自立而吾今大一統何以凋疏若此互較比觀可以悟中國今者治國之術改外官制之方矣

夫積人民而成部落積部落而成國土積小國而後成霸國積霸國而後成一統大國此形勢之自小分而積合者也爲治之道起于人民中于立國卒于大一統皆視其地形時勢以爲推遷故爲治猶爲醫耶身異時異地異而方亦異矣哺嬰兒與飼壯夫養教之法亦不同夫人民鄉落小國之治則農田夫家牛馬之數至纖悉而莫不舉也若夫一統之世又一君專制之紀綱法律皆操于上則必網漏吞舟之魚疏濶簡易乃能舉之故文景之尙清淨蕭曹之言勿擾老子言爲者敗之二千年來必當謹循其遺軌違之則亂若王莽王安石欲行周禮卽以擾民是矣卽以王安石一身論彼自爲鄞縣而行青苗。則民獲益。彼爲宰相。而付羣有司行諸新法。則民大擾。王莽若不摹古妄變而行漢制。雖篡必不亡國。而北宋之亡。論者至溯罪于王安石。亦非無故也。蓋大一統之世必少外患一君專制之治必總乾綱夫鮮有外患則高枕臥治而不必日訓以民生之不易禍至之無日戒懼之不可怠也不妨縱民之熙熙自理故法律存之而不必密也地治聽之而不必修也養兵無多一君寡用薄收其稅國用已足于是財政不必講文學不必督衛生不必及城池道路農田溝洫不必修但求民之不亂疏綱闊目而國已晏然老子所謂治大國若烹小鮮常使民無知無欲安其居樂其業美其服老死不相往來二千年來號稱治世者如是而已太史公稱文景之治曰漢興七十年間國家無事守閭閻者食粱肉爲吏者長子孫衆庶街巷有馬非遇水旱之災人給家足人人自愛而重犯法後漢之明章唐之貞觀以及宋明之盛國朝康雍之治不過如此夫中國稱道之盛治不過爾爾中國人古今耳目皆爲蔽不能更有進化矣然以今考之歷朝治時俗化或少美然道路宮室之卑汚不修美人民衣食如牛馬學校無多書藏絕少則郅治盛時與今同也在歐美視之仍是不文明之土番耳若夫今者非練兵數百萬海軍數百艦不能致强而一鎮之費以數百萬一艦之費動逾千萬近者且飛船爲兵舞于天上矣就其民間則千人之聚公學、警署、醫院、銀行、信館、電館、書樓必備且必層樓嚴莊華艷價値百數十萬道路必修塡以塞門剛方丈之博夾以綠蔭之嘉樹田野極綠無茀草穢物人民無譁是文景明章貞觀之治所未得見也是豈有異術哉夫春秋戰國之治邑者治效多可觀若子賤之治宓李牧之治雲中吳起西門豹之治西河是矣後世一統總攬乾綱以一君之身計而一日萬幾勢必不暇地大官多理難徧及故必日裁其小官而日增其大官于是暗合幷其疆土而不自知故秦以郡縣二級爲行政之區漢置百郡制頗善矣其後則增置刺史州牧及于晉宋六朝遂于守令上加刺史都督行台諸級蓋以多防邊故也然其時郡守能直奏事而太守亦多領刺史刺史領都督實相去一階耳唐時雖有節度觀察諸使宋時有轉運提刑統制諸使然郡守知州亦皆直達奏事且多大臣朝士出領之其諸使率領兵農他職于州郡不全統也故與縣令實仍爲二級之治唐時三百餘州宋時四百餘州而今爲府治乃不及二百是今之知府實倍唐宋州治之地而宋之州地僅如吾直隸州之比也然而漢之太守秩二千石入爲三公能自辟名士爲掾屬諸曹唐之上州刺史秩三品與宰相同階而州郡司馬別駕亦可入爲宰相宋以親王宰相出典州又能妙選幕僚以佐之

縣之丞簿亦皆選自士人今但觀唐宋各州縣題名刻石之詩文字畫多可觀者其修湖堰橋道驛舍公館民事之碑記亦多文其下吏之多才而政治之較修可知也蓋州郡長官既多大臣出領否亦朝士遷謫出入調遣奏事直接于朝其權力大故能舉艱巨其才政練足以任事機其僚貳上之若別駕司馬通判下之諸司亦皆秩高多有名士任之若上州別駕司馬則四五品與侍郎諸卿同秩宋之通判皆朝官爲之故輔贊多才爲治較易也

今吾國官制之失敗固多而行省督撫之制鶩廣而荒有大國之地利而坐失棄之詩曰無田甫田維莠驕驕舉良膴而爲莠田行省之制最爲害也合中外古今官制之失未有若此之大者也

夫吾一行省畧當歐土一大國人民又少數千萬者若荷蘭比利時丹墨那威僅當吾一府地耳試觀諸國政治之密官吏之多比于吾行省奚啻百千倍哉但就其行政言之有總理大臣領其大綱各部分其政要各部下有羣司羣司下有諸曹以任庶政雖小國亦長官數十羣僚數千而吾僅有督撫一人總兼百政上則通奏朝廷承接軍機

諸部中則應接外交款洽賓聯籌謀財用整飭戎兵下則安輯民黎慎詳司獄馭察僚吏修明學校皆以一人當之諸大部米鹽雞蟲之瑣政皆必下于督撫而後及于羣司而後下于郡縣人民縣府羣司米鹽雞蟲之百政亦必上于督撫而後咨于諸部上于政府達于朝廷外交亦如之雖有絕世之才萬夫之稟其有精神綽綽任此者乎一人之精神有幾一日之晷刻有幾閱文書見賓寮日能幾何以算法推之日力與萬幾實有萬千倍之不協者知不能而強之所謂遠爲途而責不至重爲任而責不勝也責人曰汝夕挾須彌山以朝渡太平洋而與落機山合也應者謬然諾之責者與諾者之謬相若也吾國專制之有督撫與今督撫自謂能當全省之任事何以異是上下相欺粉飾爲政實制度使之然也夫今萬國相競政治少不若人卽敗亡隨之今之設行省立官司者將僅求若古昔之閉關臥治但求不亂則或可矣無如時非閉關苟求如俾斯麥之治德拿破倫之治法則不競亦陵勢且危亡何必設官司分州郡爲哉　**故按今督撫之制無人能勝任而尤不適于文明詳密之政體一也**

凡為政之體必在統治有權然後操縱如意否則散漫不舉況當列國競爭之時苟非提束整嚴何能對待乎至于兵權尤非統一不可若兵權不統于一則雖以郭子儀之忠武而九節度之師終敗矣中國郡縣之制自漢唐宋皆受治于公府臺閣惟蒙古以地大難治乃設中書行省以治之省者中書省也政府也行省者分政府也明與國朝因之以督撫獨專行省之政與京師閣部平等出入同受治于君主而不隸于閣部也實爲國務大臣故閣部不能統一指揮之國朝且多以大學士爲總督近者元功倚畀如曾文正左文襄李文忠皆以大學士侯伯領總督其視六曹尚書以翰林循資遷者望實班資地位皆遠在其後故尤輕視豈惟不能統一指揮之昔徐壽衡爲兵部尚書吾問其舉國兵數徐尚書答曰吾兵部惟知綠營兵數若其勇營練軍各省督撫自爲之吾兵部安得知夫以兵部尚書而無由知全國兵數況于調遣訓練乎更何以敵外此其可笑眞不能令外國聞也試檢閱咸同中興諸名督撫書牘各自練兵各自籌餉其末也各自爭餉雖以曾文正左文襄沈文肅之賢皆以至交爭餉而互劾左文襄與郭筠仙同鄉至交也郭爲曾文正保奏署粵撫則爲曾盡力而左文襄入粵不得餉卒

劾郭去官。而左沈又爲曾薦者也。然不免交惡。曾文正至謂同室起夫戈矛。石交化爲豺虎。豈非官制不善有以致之耶。胡文忠以湖北巡撫籌餉而供諸軍。則衆美爲齊桓封衛救邢矣。若甲午東事之起。徵師各省。經年累月。旨檄頻下。各督撫勉强應徵。則募乞丐以充。而各自供其餉。餉不一律。兵不相統。槍尤不一。此豈待敵强日哉。向見廣西有亂。請兵于湘。請械于粤。則湘粤辭之。苦請固求。卑辭類乞。乃頻請嚴旨嚴迫。乃勉强以客軍舊械應之。然已費時失事。蔓延滋害久矣。以督撫專政之故。故一省有事。敗則其地方官被處分。而鄰省不預焉。故一有事變。各督撫皆以自保疆圉爲先。復何暇分餘力以偏助鄰封哉。故甲省練兵而乙省不練。甲省多練而乙省少練。及于有事。即如張之洞竭力練武昌之兵。自籌餉借外債養之。彼豈肯浪擲于鄰省哉。豈知各省不合力圖遏大亂。必致一省養癰以成大患。乃始發欽差大使督勦。即使能平。而地方之受害多矣。况欽使無權。故曾文正亦必兼總督而後能平江南。故在昔時對內養成金田之禍。而在今日對外已見甲午東敗之効。今革命之亂四伏。而外敵之迫尤甚。而乃一兵一卒一餉一糈。朝廷皆拱手而待之督撫。督撫又皆以保疆圉爲詞。言之有故持之

成理豈能一一而盡黜之哉夫兵勢莫貴于統一而吾官制如此欲求治兵豈可得乎

方今保國莫要于兵不革督撫之制則兵無由治二也

百政之舉非理財不行庶政之興非直達不舉而度支部無權直達于下各部皆然一切仰之于督撫各省財權督撫專之別置善後局聽其調度督撫欲如何則如何部不得預聞也他政亦然一鹽政也部議如何甲省如何辦而乙省不理一學政也部議如何乙省欲如何辦而丙省不理一警政也部議如何丁省欲如何辦而戊省不理一實業也部議如何戊省如何辦而已省不理一郵政也部議如何己省欲如何辦而庚省不理一監獄也一地方自治也部議如何庚省欲如何辦而辛省不理皆惟督撫意所欲者爲之政府不得干預焉章程非不奏定嚴旨非不譴責之則又以困乏爲詞以不宜爲說且或實情也故朝議決辦海軍乃令各督撫認款雖以江浙粵之繁富亦歲任三四十萬而已然則海軍之舉雖海枯石爛必無其期也甚至游歷大臣百萬之游費亦分求于各督撫無政甚矣則外人爲笑柄矣近者清理財政之舉非以澤公之親貴躬綰度支必不能行然欲收鹽政于度支各督撫已斤斤力爭雖澤公亦無如何矣故

海陸軍規大勢言之必興海陸軍學部言必興某學民部言必備若干巡警法部言必備審判官農工商部言必舉實業督撫必曰款不能度支部必曰力不給互相推諉然則海陸軍安有能舉之日而百政安有能行之時乎萬國政體無不中央集權民間舉事亦必指臂相使安有立國而支離散漫能爲政耶**故不去督撫則度支部必不能統一財權各部必不能行政則財必不理政必不行三也**

督撫之尊重積數百年矣布政按察實爲一省長官其印爲方其銜曰使于例本可專摺奏事者也惟累壓于督撫積威之下豈惟不敢上奏乎昔香山黃槐森植庭爲廣西布政使而張聯桂爲巡撫嘗問黃曰曾致軍機書乎黃植庭震慴避嫌乃至不敢一致軍機書自謂爲二品教官祭畢衣蟒與吾累石于粵東會館張聯桂往祭其鄉韋某祠黃植庭與按察使張人駿安甫晨往伺候張聯桂謂曰兩司乃監督我耶黃植庭張安甫語我曰不伺候則責我等傲伺候則責我等監夫以兩司爲使者之尊位冠全省百

僚府州縣廳爲所牌遣而抑屈不得少行志意如此況其下焉者乎故一省之吏相聚而言則曰今日見制台或撫台云何事見何人督撫見其人辦其事則相與重敬之督撫不理則俱不理督撫微言之則相與傳而謹奉之無所謂是非也故所謂督撫者眞所謂神聖也故一督撫好文學則其下亦媚言文學易一督撫不悅學則舊之學務皆廢矣一督撫好言財則其下亦媚言財易一督撫不言財則舊之財政皆廢矣一督撫好言吏治捕盜賊則其下亦稍整吏治捕盜賊易一督撫倦勤或循例者則舊之吏治捕盜皆廢矣一督撫好儉則全省吏尙儉易一督撫尙奢則全省吏尙奢矣然此只言好尙不同猶是中流者也如老督撫好臥治不事事則一切百事皆不辦雖頻奉嚴旨之要政而其省則全局若不聞知或委權屬吏與其傔從則其人又代爲督撫惟其意所欲而布按側視無敢誰何然此猶不事事者爾若督撫貪黷則全省好貨政以賄成吏治皆奸盜賊盈野矣若督撫驕橫而好游戲則全省顚狂日陳百戲官方皆亂紀綱失常矣且　皇上有失尙有大臣言之言官諫之雖遭嚴譴而以諫　皇上雖或失官猶可得名也至督撫有失則全省皆默屬僚畏之不暇何敢與爭以爭之不可得名

徒令陰中以禍也近者有諮議局督撫少有所畏然神靈不可犯之權猶然也故夫督撫或有才賢然苟好尙不同衰老倦勤者則司道守令以下皆爲大賢皆爲專門同歸無用而貪黷驕橫者無論也夫樞府所求數人才未必得人且以及吾世同光間所見之樞府自沈文定文文忠翁常熟李高陽以外苟非謹默伴食幾見有不黷貨營私之樞相哉然則求才若渴以國爲家之賢相不世見而督撫之不以賄賂奔競得者殆不數數也督撫既不易得人則全國殆同坐廢豈惟今者卽自遠古至今賢才常乏于當時而不肖者彌滿於當路又盡然矣以中國之大豈乏二百郡守之才而以官制之謬督撫一失人坐令全國司道守令以下數千萬才皆不獲施以此求治猶南行而北其轅也**故不去督撫之制盡屈人才四也**

且泰西督撫之制只以行於屬地邊疆以威重專制行之英印總督之名曰歪士來來王也歪士副也其名義爲副王威重極矣所以鎭征服之遠藩屬地而威之法之於安南荷蘭之於爪哇日本之於台灣其總督同之若施內地之同胞乎豈有以威待同胞者乎故歐人笑吾中國內地設督撫爲野蠻**故不去督撫之制則官制**

致誚野蠻五也

雖然以上五者皆粗言督撫之制之害不足以爲政耳其萬萬不可猶人所易知也而舉國議者未計及夫至纖至悉之治以爲富强之基文明之美也此其爲害豈惟督撫官制之不善**蓋行省之劃分尤爲巨謬大害與求治最相反也不剷除省字之名目界限中國無致富強進文明之理也**夫自三代與歐美地方行政之制既莫不自至纖至悉起降至漢之百郡唐之三百州宋之四百州雖稍疎矣而猶不如今行省之疎謬也此惟蒙古之謬制明誤循之並非吾中國舊物也此但求君主獨斷易行其意惟求不亂故與求治最相反也國朝行省全因明制行之於一統君主專制之朝但求不亂猶之可也惟施之萬國競爭之時則所求者在纖悉之治一民一物皆得發揚而妙用之而不可以求不亂安也求不亂者如營長城於沙漠之山求可以遠瞭以制敵而已求治者如治數畝之圃百花衆菓五色日求其殊英碩菓日求其偉美培壅研求移種改良气冷則玻房熱管以暖

之成遲則電気熱気以速之花架高下花畦繁別地窖曲折玻室紛列其與沙漠萬里黄沙白草曠渺無垠者相反亦甚矣今百國皆行治圃之法故以小國致富强吾國乃行沙漠長城瞭敵黄沙白草極望之法故以大國致空虛其成効之得失不在他制乃全在劃分行省之故然而舉國無議剷除之者即議改督撫亦不過摹仿日本爲中央集權之說而未知至纖至悉之治故則于求治之道倘相反也非惟去治遠而已也

今先以諸歐地方行政區証之。法最先劃定八十七州。英倫爲憲政先河。其大僅雲南一省。其劃區名義甚多。而行政區則多至六十矣。以荷比之小。略比吾一大府。而荷劃十六州。比分九州。意亦僅比吾雲南一省。而分六十九州。瑞典近冰海而荒蕪。然亦分二十四州。瑞士蕞爾而分二十二州。大概英荷比分州。畧比吾一縣。故其民富爲萬國冠。英比以工商。荷以農商。比以工礦。皆由政區細密。鼓勵人民爲之。法意立州與宋制同。畧比吾直隸州。故其國富次于英比荷。惟奧國除匈九萬法里外。凡十四萬英里。分十四州。地比四川之諸府耳。普九萬餘英里。分十一州。域最爲大。然奧普制亦不過比吾一府耳。其下分區二級。而州長官以元老大臣爲之。甚權重矣。此類漢制也。若奧之分十四州。以人種語言文字不同。不得已因其舊勢而爲之。然與遂不治將亡即在此十四大州分立之制矣。若德諸小聯邦百數十里。亦皆分州縣數四。是以治精也。而德所以强也。日本地域等吾四川。而分四十四縣。則亦不過吾兩三縣之比。等吾直州焉。故亦能治强。西班牙如吾兩省。分四十九州。葡萄牙如吾半省。分十七州。若俄分六十四州。則治東俄之故。其西俄本部劃分行政地域。則甚細矣。若突厥之三十四州。則太大矣。然亦只等吾一道。普地球萬國。未有若中國疆域之大。而劃分行省政區僅二十二之疎闊者也。故爲莠驕驕。自然之理也。或謂美之大。亦不過四十五州。而美尤富盛。則美爲聯邦。地方自治最盛。與歐制不同。民主平等。與吾俗尤相反。不能妄引也。況亦已倍吾行省之數乎。故譬之歐治如治圃。而吾治若行沙漠也。凡民之才氣智識。抑遏掩閉之。則幽苦困窮。發揚蹈勵之。則光美富實。視善用之而已。小國若瑞士瑞典丹麥荷蘭比利時者。人民僅數百萬。而政府十數部。須大臣十數人。副貳參與之官數十人。出使大臣須數十人。分司長正專門久習者須數百人。然復書記數百人。守令數百人。國議員數百人。州議員數千人。縣議員數萬人。又有世爵貴族數百。兵官千數。工藝技師亦萬千數。蓋不如是不足以爲國也。德聯邦公侯國百數十里者。亦然。故亦必自立一大學以教之。瑞典三百萬人國耳。而大學在鴨沙者。于歐土有名。吾曾遊之。學生三千人。丹墨二百餘萬人國耳。自爲文字。自立大學。學生亦二三千人。藏書三十萬餘册。吾亦遊之。其貴族亦皆數百。瑞士亦百餘萬人耳。般之大學。吾亦遊之。其學生亦三千餘人。其各高等學專門學不可數。其外交官駐使數十。領事數百。其閱歷之人才多。其文學之人才盛。其博物院藏書樓醫院在京邑者數四。其偉麗者或甲諸大國。如荷蘭之博物院。瑞典之議院戲園宏麗極矣。其王與太子常步遊。吾在瑞典時。瑞王亦嘗便道入吾宅。觀吾所藏器焉。太子諸王子。常出與民戲及立語遊行民間。如吾知縣少爺耳。而大臣羣司貴族公使相望于道。于室與人民平視相洽。尤無論也。其文學智識禮法威儀以日相親聚而相灌注也。則其民智識增而氣象倜儻矣。其宮室園囿花木什器玩好。以日相過從而相仿效也。則其民宮室園囿什器美妙爭勝。而工藝日盛。商務日增矣。故能以數百里之國。百許萬之民。發駐使數十。領事數百。一切政體宮苑園館。與大國比。且或有優勝焉。文明新著于大地。其國權自立。不致若吾國之無治外法。遊美澳加者爲人淩欺。是亦深可思矣。夫吾國土地人民與丹墨那威瑞士之土地人民乃二百倍。與荷蘭比利時亦將百倍。然榮辱乃相反。若是則以爲治之若治圖與若治沙漠大相反之故。

吾國行省之荒陋。何可言耶。吾嘗兩至桂林。民無二十萬之富室。書店無大淸通禮。求一名士能撰碑寫篆者。不易得。而百工機器之乏。絕無論也。吾租一屋三間而四進者。黑柱蓋瓦甚文。後有廣園石巖。月租僅四兩。聞築費僅四百兩。吾欲製一樟木舫長七丈。分四艙室者。索價僅七十兩。而自梧州至桂。除平樂城外。民間率茅屋。屋價値錢千。以視紐約銀行街空地方五尺。値美銀三百萬。折値中國六百萬。何去之遠也。吾從叔父達爵嘗爲廣西之西隆知州。地無蒙館識字而斷鄉事者。皆仰于巫。陽朔山水之勝甲天下矣。吾門人趙生。其地盛族也。平世豐年中資而五十家中。終歲食粥者常三十家也。卽粤中封川縣。國朝二百年來。未有一人登鄉舉者。由以上觀之。則其民之困苦蒙愚。而工商難興。人才難成。可推也。昔者閉關。有若諸星之相望。不通。猶可無碍。今則萬國交通。海水平流。以富役貧。以智治愚。然則吾廣西全省之人民智識工藝財富比之比荷丹墨曾得其幾何。比荷之民攤計。每人在四百磅上。以中國幣計之。則四千五百元以上。吾廣西人民攤計。未知得四元以上否也。四川地比日本而大于英意。四倍于比荷。十倍丹挪。昔戊戌在京時。四川全省京官無一五品卿官。若英意日本貴族世爵以數千計。高等官一二級以千計。而親任官無論也。故彼諸歐國之以智識才練新學。相親聚而相灌輸者若何。吾國人之以愚蒙喬野。相親聚而相閉塞者若何。彼諸歐人之以宮室園囿什器機器珍異奇偉。相感視而相仿傚若何。吾國人之以荒陋粗頑困苦。相感視而相遏塞若何。可以是推之。嗟夫。文明者。富美之別名。野蠻者。荒陋粗頑困苦之別名耳。若夫由富美而生盛强。由粗陋困苦而生危弱。祖孫父子。生產自然。亦無事多為譬引也。春秋中原土地幾何。人民幾何。其魯衛宋鄭陳蔡曹許滕薛杞莒土地幾何。人民幾何。而人才輩出。器物精美。工商繁盛。今一統之世。乃不能比之。是果何由。及觀今諸歐小國。而恍然于其故也。又就德法比之。法無聯邦。其大都邑。自巴黎三百萬人民外。次則馬賒為海港。人民五十萬。又次為里昂。以產絲為法之中地。人民三十萬。次則波多。為法南臨海大都會。故二十萬。此外寡十萬人之都邑矣。德以有聯邦故自柏林人口三百萬外。湃認王國之免痕京民百餘萬。薩遜王國之爹鼇士頓京民百萬。漢堡近海將百萬。立色市亦將百萬。佉論近比之大都會人民五十萬。佛蘭拂爲中央大市人民六十萬。奪賒多父市亦六十萬。滑敦伯王國之士篤吉京民四十萬。他公侯邦京邑二三十萬人之都會無數。十萬以上者益不可數。吾遊歪廝埃士拿公國。其公囿十五大皆十里。長林麋鹿相望。十五離宮皆明艷。其公私蓄三萬萬。其公夫人嫁資二萬萬。民藉其數萬萬。可大振工商業矣。且既立邦有君。則有卿士大夫世爵千數。故遂爲工商走集。而民易富聚也。易富聚故宮館器物益精麗。而文明愈盛。此適與吾國得一反比例也。德之貴族三十萬。貴族皆築大第。田連阡陌。不屑工商業。德今該撒威廉二世。欲鼓勵工商業。一夕大宴三十萬之世爵。令各認一業。三十萬貴族乃盡以其大第廣田質于銀行。而舉工商業。故不年月。而百工商業驟盛。則貴族繁多之力也。法之遜于德。卽在此。美則反是。舉國平等。惟富是尙。去年放中國公使亦一商人耳。其民一舉爲邦伯。退卽復爲平民。全國惟總統與七部卿數人。稍爲貴異耳。故尤以奢麗都美相尙。而務思新藝。營大工。以自表異。而無有他物加其上。若吾中國一秀才監生即見美稱雄于鄉而其上又無論也故吾國只有師德而不能師美也然美德皆以分治極精而收治效而于中央必集權者亦必集之極密故能使地方發達以致其富國力充健以致其強此誠古今最新異之政體而美德幸遇而得分合之宜者也假使吾國千五百縣或此二百府皆略如德之聯邦每府各有君公貴族卿士大夫千數百縣如小邦則百數其卿士大夫游歷聘問駐劄其議員辦難增長才識以相灌輸若何其宮室園囿器用之增華競美若何工藝不求增而自增商務不求大而自大互相引進富盛日升以我二百之荷比一千七百之歪厤埃士拿地球萬國孰與京焉雖德之聯邦乃出天然非可摹仿吾亦非眞裂中國爲聯邦但稍師其意云爾吾此義乎與今中國尙儉尙朴尙塞之舊俗固相反抑尙儉尙朴尙塞之俗乃老子所謂使民安其居樂其業美其服老死不相往來之治所謂爲治非以明民將以愚之以致中國今日衰頹之效而適當一統閉關之時合行之也若列國並立之時如魯衛晉齊楚秦宋鄭須才孔亟富強尤殷豈可復行此愚民之俗果若行之急亡而從淘汰耳然行省之區域督撫之官制至疎極闊適以奉行此老學而與古春秋今歐美之治俗相反今之欲

議官制定行政區者亦可醒然悟矣**故行省粗制之反于求治必當剷除一也**

今舉國民皆望開國會矣以爲國會萬能可救國矣即吾亦徧覽萬國之得失與今政府之得失亦以舍開國會無救中國之良方矣然立憲不過空文持之惟有國會國會無物行之只有政黨凡政黨少者政權易行而國必强政黨多者政權難行而國必弱更多乎一事不行可以亡國英美大黨二小黨各有所附亦二故英美之治最盛法與美同爲民主而法黨將二十行政難故弱德意同時自立國德君主有權故强意政黨凡七故弱若夫奧國大政黨十八小政黨十八其間十四州以語言人種之異各爲一黨苟非其本黨執政乎則出自異黨者無論其是否必排之故政府鮮有能持三月者雖有俾士麥之才生于奧國亦無能爲矣今壹政不舉坐視其鄰德國之日盛而奧惟束手待亡是則十四州各立黨之故也吾國二十二行省之勢其類于奧若閩粵尤語言別異吾甚恐政黨之多亦類于奧也果若是吾中國亡矣雖有萬聖者無有能救矣考吾國行省之久自立由來舊矣其在科舉仕宦則以省別今諮議局亦以省立焉其

在京師各省各立本省會館。行帖及晤語。必稱同鄉。聚居行游。必入其本省之會館。宴會弔賀之誼。亦于同鄉有特別焉。言稱鄉誼。至今公事。率合其同鄉之官商而大舉焉。學生游于外國者。亦聚其本省之人士。而自立一館。或自出一報。爲其團體之堅久甚矣。其人才財力。亦恰足以備一黨之用。故昔者革義盛時。大倡十八省分立之說。吾甚恐國會開後。又復見二十二黨之出現也。其亡其亡。此吾所最私憂大恐者也。欲預救之。**苟不去行省之名義界限。無可挽救。此事尤大。故行省之必當剷除二也。**

凡官制疏通。則民事易舉。而民氣易揚。官制層多遏抑阻擱。則民事難舉。民氣難揚。瑞士一切民皆舉議員。一村之上。卽爲國。德國諸小國。自邑以上。卽爲國矣。布加利牙人告我曰。自背突自立後。行一議院制。民自縣以上。卽至國矣。故百事旦夕立舉。民氣大揚。工商大興。美自鄉邑以上。卽爲其聯邦之伯矣。故百政易舉。民氣易揚。工商大興。諸歐鄉邑以上爲州。亦僅二級。普則有三級。而政體權限不同。民事猶易達也。日本村市郡縣三級。亦多矣。故近欲去郡一級。若吾國省域既大。自鄉至縣。有行二十日者。若自邊縣至省會。有四五十日者。而一切大事。必縣上于府。府上于道。乃上于司。然後詳督撫。乃始上奏於政府。政府之下於民。亦必一切下督撫。而後由督撫飭司札府。又待府札縣。而後下于民。間有司政事叢繁。又時疾病。豈能立辦。層層延擱。級級需時。費紙筆敗人。事失機宜。其以當今萬國競爭之會。尤相反矣。夫以諸歐國土之小。而又鐵路若網。電線電話如織。然而官區層級猶若是其少也。吾國幅員至廣。地比全歐。鐵路電線電話。皆未通也。甚且馬車路未通。小民赴愬于令長。已若帝天。而行政官級乃加多至四五累焉。民事談何容易而上達。吾在瑞典僱一僕。而翌日行。其國例須外部發出境紙。乃夕間卽得。若夫吾國請官出入口文憑發照者。不費千金經三五月。豈可得哉。況外部乎。又如商律成一公司。須禀部派官查驗。試問雲南新疆之途。如何能走京師請部查驗乎。今工商林礦學校之業。例須禀告于督撫。或請願。或存案。試問邊縣談何容易走省會而爲之乎。是使民業民智難發揚也。是欲求富民智民而塞其門絕其途也。孟子言治先定經界。今亦宜先整全國土田。稅則亦籌財大道也。今欲查戶口而不能措手。何況土田。由行省太大難辦故也。若析爲府縣而責辦之。地小猶易爲也。尤謬者。

既多此行政之級卽因此級以定等差卽如學問豈有等級乃德聯邦小國猶有一大學而吾以行省之大十倍于德之聯邦也爲屈于行省之故乃亦不得名大學而名爲高等學一府之大尤當諸歐荷比丹挪諸國乃亦屈于行政區級僅設一中學縣則當德聯邦小國矣更屈爲小學卽外人譯我者以省當其州道當其縣矣府己屈譯爲一鄉縣則無可比數矣是因多設行政區級而屈吾國民之資格也 **故行省必當剷除者二也**

且既有行省之大則必存道府分治之級督撫雖極才斷無力能治及邊府纖悉之治道府雖才賢而地位名望皆卑微上之不能直達于朝廷下之不能奔走夫士夫有所興作欲請款而不能欲舉措除革而不可有所用人調遣欲奏調札派而不能士大夫懷才抱能者孰肯驅策于一道府哉夫一道府治地之大當荷比之國大于丹挪焉以中國曠莽之地百利應興百弊應除而長官不能舉措一事不易興革一事不能請款不能用人何以能治或者狃于舊說但注重于澄敘官方而不知改去行省則以吾所見粵吏張之洞爲總督吳大徵爲巡撫于蔭霖游智開蘼韶爲藩臬道首府同時盛名

皆號才廉矣而學之不治如故亦可知其故矣一言蔽之行省猶存督撫皆賢不過使地方不亂而爲曠莽之墟不能改也今萬國競爭之世猶可以曠莽之墟敵富强之强鄰乎**故欲求纖悉之治行省必當剷除四也**

且行省未裁則諮議局只有省而無府其于一府公共之利害固太疏矣就閩學論潮瓊與廣漳泉與福語言迥殊潮瓊漳泉尤有獨立之資格瓊獨處絕海尤當獎勵獨立俾易于興利除害若布加利牙自立驟易發達此其明效大驗也故不去行省則人民層級太隔議局太疏闊而興利除害難**故行省之必宜剷除五也**

萬國地方稅只有二級若三級則極多矣今既有鄉稅矣而復有縣府二稅若行省不裁必當立行省地方稅矣今憲政審查館雖未定省稅而將來必當定行省地方稅民力已困竭何能供此四層稅之重剝乎此尤萬難之事**故就民稅論之行省之必應剷除六也**

議者多眷眷于舊制議裁司道府而以督撫直領州縣則督撫之專兵財而中央不能

集權如故也行省地大而治廣易荒令長官卑而民氣不揚如故也諮議局之太疎地方稅之多級難供如故也若夫行省之遺害不改更如上所云云今司道府已久類贅瘤州縣大事無不直達于督撫若然則今之治效已足矣夫萬國內部豈有領分治之政區百餘者行政大區豈聞領分治之區百餘者其不可行殆不待駁也**行省之必應剷除七也**

議者又欲以督撫兵財之權歸之各部仍領諸司專地方之行政則省地太廣治大而荒令長官卑民氣難揚于求治之意仍相反也況行省之名義界限未除多黨將起而亂危中國如故也諮議局之太疎地方稅之多級難供如故也故吾無論督撫應裁否也**而行省最應剷除八也**

夫督撫官制之大害如此行省多級之大害如彼考古今審中外未聞有行省督撫之爲善然而不剷除者是不欲中國之治强也即不裁去督撫尚可而必舉行省之名目界限掃除之吾所斷斷者在析省地而復州郡雖使舜禹復生俾士麥復起爲中國計

不能易吾言也

昔吾戊戌上書及著官制考以人才寡乏驟難改府故權以一道爲行政至大之區而少須後時改道存府此一時之權論耳今實不可爲今之計政區只立府縣二級而以府爲行政至大之區其道制可存者惟邊要岩疆以道領縣位以巡撫餘內地皆宜爲府州矣昔唐人三百州宋時四百州今不及二百府此於唐宋實已地大逾其半比之諸歐已似奧普過於英法意瑞荷比遠矣故今必裁行省去督撫撤諸道以府爲行政至大之區上達政府每府立尹照順天奉天兩尹之事權體制視巡撫而稍簡俾尊重而易行仿唐州郡分上中下首府若繁府爲上府加巡撫銜或行巡撫事簡府爲中府不加巡撫銜可也仍因宋明制不設品級加京卿以上銜充尹或以親王大學士尚書充之更迭內外其極簡小直州爲下府去直隸字加給事中御史銜充之聽其專達其太荒陋之地則併之則於興利除弊舉措調遣用人籌款稍爲易矣中國地大府治又大百事待舉不可如日本府縣之輕大概近於奧普州長之制重其事權而以諮議局監之人才以用而易伸地利以小而易闢此爲決定之義外之歐日內之漢唐宋行之

而效漢之太守上承臺閣明初布政上承六部乃我舊制即無與普亦當我用我法行之此亦酌中外審古今而不可易者矣

至於一府之下偏設諸司合衙而治上直辦事則漢太守諸曹之舊法設行政會諸司會議而尹爲之長此又歐美所通行者此亦定義不待議者惟提法獨立兵爲國防國稅與專賣理財之司隸於度支路線遞信車船隸於郵部此數官者皆遙隸京師非尹權所能及不兼轄不設僚若夫學校警察農工商礦衛生道路土木皆因地宜設諸司立長丞下分科曹置史書如今直省之制而兼採歐日設秘書置參事加重加密焉可也惟設一長史爲諸司長受命於尹而可以權尹事者諸司長皆不設品聽尹自辟舉道府郎員充之下尹一等今之現任道府可者即暫以長史護尹事也今注意專以裁行省督撫爲主不詳參佐之制焉

其縣亦宜重之名以尹或用周制曰宰曰大夫但隸於府尹不隸於諸司蓋漢縣令不隸於郡功曹唐縣令不隸於郡司戶歐美州縣制亦然蓋縣尹爲周之子男大夫漢令千石比今三品日本之縣知事大者一等次亦二等僅下大臣一階以地位已尊不可

多屈吾國知縣自督撫而下爲司道自道而下爲府乃至同知通判亦爲長官秩僅七品故知縣權雖大而位極卑實爲極謬之制也盖以令長當侯封下有百僚令長不崇則賢士夫恥爲其屬將無人才可用也今宜極崇其地位大縣升以正四品小縣升以從四品以舊班之道府翰林郎員充之其有過百萬口者定爲從三品或採宋制爲直隸縣直達於政府不隸於府尹或加給事御史京卿銜以領之或令王公大臣遙領州而時臨之州用長史以代任事俾其氣疎以達民智民業皆易發揚試鑒德之聯邦乎所關非細故也縣立諸曹署如府州之制諸曹之長古大夫也秩以五品亦立長史總諸曹受命於縣大夫而可以權其事焉諸曹選今日之州縣同通京曹六七品充之皆合衙而治設行政會諸曹同議而尹爲之長尹並監縣議會焉

縣佐僚之制見吾官制考今注重於裁行省督撫不及詳焉兵刑財三大政者中央政府之大權萬不能假於地方分治者也今行省諸司中度支提刑二司本于宋明其來至古與提督皆上承諸部而與地方行政官不相繫屬焉其與府尹地位平行如向來將軍學政之與督撫可也其郵傳部設官在各府治者若運使之類亦與府尹平行如

織造關榷之與督撫可也。惟其分區不必限以一省。如提法之司。爲自縣上控之院。各國皆有鐵路。其地已縮。德今之聯邦百里小國皆有一上控院。其法意諸國地當吾一二省。而上控院皆十數。安有吾行省之大僅設一上控院乎。吾國既多無鐵路。邊縣詣省會。多有三四十日程者。豈可以此苦限小民乎。按道之舊制。爲按察副使。實法官也。今縱不以府爲一上控區。則復道爲按察之舊制。以一道爲一上控院。其亦庶乎其可也。若鹽運使乎。兩廣兩淮設一官。亦無限以行省矣。惟度支使乎。其屬每縣設稅官。而總領之。於一道可也。於兩道可也。半省亦可也。他日稅則日密。仍以兩道或半省爲宜江蘇有二布政使焉。臺灣本一府。亦設布政使焉。此其舊制矣。若奉天吉林黑龍江之寡簡。則一省一度支使亦可。要度支收稅。別自爲區。與行省分府之制不相關也。交涉使印度有之。此爲交涉衝繁之地設之。皆宜直隸外部。更與省府之制不相關焉。要之行省既裁。則行省之名義界限。必當盡裁。其有設官轄壤稍近於行省地界者。亦只指明府名道名。如云某某等處。或改新名焉。不可重用舊省名。以絕遺迹。庶幾行省名義界限。銷除凈盡。然後人民省界之心。乃可掃除焉。

昔禹貢劃中國地方之治。分爲五服。其意蓋深遠。惜後世不知採用。行之英之自治英倫。甸服也。士葛蘭阿爾蘭。采服也。故三島已分內外矣。其待澳洲加拿大。羈縻之荒服也。印度。蕃服也。香港星坡等。衛服也。唐之有羈縻州。亦待荒服之義。

今吾欲劃中國爲三服。其長城及截海以內。中國舊壤曰甸服。以府州立尹治之。府即州也。考府名起於宋之親王領州。故升爲府。或帝者所生之地。後宰相領州及漢公府爲府。故開府極貴重。今宜復古制。一律改名爲州。今督撫類古之開府。故州郡不必以府名。若不欲多改。則大府曰府。小府與直州爲州。沿邊要地命曰要服。以道治之。若滇桂之邊。瓊州之島。東三省之邊。四川之邊。新疆之近邊。內蒙古之近邊是也。道立巡撫。西藏新疆內外蒙古東三省之邊。命曰荒服。此可用今制之總督治之。藏總督駐拉薩。新疆名不文。漢名西域。宜用之。西域總督駐伊犂。外蒙古總督駐庫倫。內蒙古總督駐歸化城。如英之印度總督。法之安南總督。荷蘭之爪哇總督。日本之臺灣總督。兼總兵財民政。其就近之巡撫府尹之權。無所不統。以威重鎮邊。吾督撫舊制類似之。於此可留。而英印度總督。仍受統於英京印度部。日本亦然。吾可兼採英印度日臺灣之制

論說

道府州三者異名。而皆爲地方行政上級最大之區。若唐州之有上中下耳。特道以撫邊。故重以巡撫。州以地小於府。而因舊名。其爲內地民治通名爲尹則一也。但若唐中上下刺史之稍異品耳。日本縣知事。亦有一二等之殊。其制一也。但日本國小。易於控治。其府縣知事隸於內部。權任極輕。吾國地大而遠。或多在邊。萬不能引日本府縣之例。應極重府尹之權位。若奥普之州長可也。

大概吉林黑龍江皆道也。宜裁省名。其道府皆宜裁去。其縣無多。以巡撫直領縣爲二級可也。升重縣尹之位。而巡撫時巡之。各國督撫皆不常厥居。以時分巡居屬壤也。令全道之人士。開諮議局。以議全道之政。並設諸司。爲行政會。而巡撫爲之長。若慮地遠難控。設分巡使。如舊分巡道。以察吏安民。不以爲行政區焉。巡撫所以異於尹者。以兼總兵財之權。與總督同。亦與舊制巡撫同也。故殊其制。

滇桂二邊。瓊州絕島。遼遠而界强鄰。不能以內地府州治也。宜選重臣鎭之。假以兵財總權。請以南寧太平歸順龍州爲一道。古爲象郡。即以爲名。置巡撫以鎭之。直領州縣而裁道府。設分巡使。以視岩疆。並設諸司。一若吉林黑龍江之制。滇之大理騰越永昌

三十六

爲一道古爲南詔大理國請以大理或南詔名之設一巡撫滇東領蒙自之關若徵江臨安爲一道此牂柯之源名曰牂柯道置巡撫總兵財之權以鎭之瓊州孤島爲一道置巡撫直領州縣巡撫總兵財之權以經營之或割廉欽雷並屬之俾廣土衆民易爲籌辦而防守焉皆裁去道府並設諸司北海或設分巡使以鎭之不爲政區一切皆若吉林黑龍江之制四川雅州府打箭爐廳亦升道置巡撫以通藏路近西邊數府州並屬焉俾廣土衆民以資控籌唐世有西川節度使以資鎭攝今可用其名曰西川道巡撫亦一若吉林黑龍江之制內地此五道巡撫皆以控邊體制若今巡撫矣皆以才畧重臣充之次則靑海熱河察哈爾三處亦應仿吉林黑龍江制改爲道置巡撫以綏牧鎭守之若慮其瘠小則割附近府縣隸焉俾廣土衆民易爲展布重其事權而牧守之與以兵財之權而罷各省之協餉度支部歲撥巨款俾其興利與吉黑凡十道巡撫皆不可少者也德之鎭所割法之奥斯鹿林羅丁覲兩州總管者亦特重事權兼統兵戎異於諸州略若英之總督焉玆可用此例矣若夫蒙古沿邊若烏理雅蘇臺科布多阿爾泰與夫綏遠城四處舊設將軍者亦可一律改爲道置巡撫割就近之地方可隸者

屬焉雖不能如吉黑亦可以開發民治而兼總兵財法權可也其後藏阿里之處或亦可設道置巡撫惟皆節制於總督若吉林黑龍江之制合共應設十五六道十五六巡撫焉若庫倫歸化城伊犁不駐總督則設巡撫應爲十九道巡撫焉若新疆諸府縣或可分天山南天山北哈密三道置巡撫亦節制於總督其縣城太遠不能轄治者或設分巡使鎭之但不以爲行政區若今新疆人民衆多則不可荒莽爲治不若仍因舊府升重爲尹俾易行民政惟此尹隸於總督不隸閣部耳此則在熟於新疆地宜者酌定之府州將二百誰領之乎直達於朝廷乎則今設責任內閣矣但如各國設一內部以領之乎吾國地大比全歐無人能領此二百府不能任也況又有十九道五督乎中外之制無可依據吾舊著官制議特立中東西南北五部領內地之制又立遼蒙準藏四部皆設尙書於京師蓋極籌思而後得之者竊以爲不能易也今錄民政九部議於後篇以備採擇。

增東西南北中遼蒙準藏九部議

英國十一萬方里。如雲南直隸一省。尙不及吾四川土地三分之二。而其內務有八大臣。皆在京師。幷相政府。一曰內務大臣。專理英倫威耳士。二曰地方局。掌英倫自治之事。三曰愛爾蘭大臣。四曰蘇格蘭大臣。五曰愛爾蘭總督書記長官。六曰郎卡斯高公領大法官。幷殖民印度二部大臣則爲八大臣矣。皆分任各省民政之事而駐京師者也。其職掌警察衞生監獄鑛山製造等事。及夫地方自治之長吏議員集會皆歸焉。既有外吏。而京師乃有八大臣總之。如此其繁詳也。而吾國之大。乃無一官。戶部舊爲民部矣。而于數者實不及也。吏部司選。畧兼其職。而僅存名冊。用人之政。則皆歸地方長吏也。漢之司隸近之。統察十三州之吏。然亦不盡似。或者周代及漢之司徒乎。然三公職實難分也。今則無一官理之。其於各省政治之情實。惟軍機大臣得察焉。然又兼綜百務。實無少暇。況於綜核此纖悉者哉。民部之司。各國不同。綜其大端。選用地方官吏。監督其行政。凡議員選舉警察監獄衞生保險賑卹救濟地理道路祠寺醫術檢疫出版版權土木統計特許諸事。除鑛山土木另立部者。蓋皆歸焉。凡省府縣鄉之財用。官有之地。中等學堂之教育。貧啞瘋病盲聾之院。徵兵起發之役。各地方水面地上土木工費。及補助調查之事。河川道路港灣之調查。寺廟宮觀祠社僧道之數目教規。皆其職也。日本內務部設六司。曰地方局。曰警保局。曰土木局。曰衛生局。曰社寺局。曰監獄局。其土木局則分七區於全國。每區有署長。分監督轄工調查三部。皆由大臣派技師主之。其衛生局有檢疫員。各地有衛生試驗所。痘苗製造所。有血清藥院。其通商地有海港檢疫所。其監獄局分置七監於全國。以監大獄。此外政會有中央衛生會。各大臣學士各醫數十人充之。有土木會。有社寺保全會。有京市改正會。有醫術試驗委員。藥劑試驗委員。其會皆本部官會同大臣名士專門技師。考求而思保存進益者。其委員皆本部派多人試之。又有警察監獄學校神宮廳等官。神宮廳即吾國僧道官也。英國則鑛山製造統計特許亦隸焉。德國則衛生隸於教部。中國則但以其事其名造冊分報於吏戶禮刑工五部。若官員則報吏部。地方財用則報戶部。祠寺救卹寺廟僧道則報禮部。監獄則報刑部。土木則報工部。而外省則自縣至府道藩臬督撫皆造一冊焉。不過紙墨筆畫耳。所謂具文也。夫以百務責於一人。又分於層累之人。人然不過一紙之存。諸大官皆未能過目。果何益焉。其能有所整頓興利而除弊乎。況積之日久則知非關政要。幷不報矣。則具文亦復無之矣。夫苟非興利除弊。則何必多此一冊乎。以中國之積弊則具文誠可删也蓋大弊莫患於以天下百務歸於一人也故即下至知縣除收稅審獄外他皆不顧亦有所不暇故如上云云之百政在知縣已等於具文空紙不止經府道藩臬督撫而達於部也是故民政不能舉也若中國今日戶口婚姻未嘗報鄉局吏員議會未嘗立警察未嘗設衛生檢疫未嘗講醫術未嘗試賑卹救濟皆聽之善堂未嘗理地理未嘗查道路未嘗修廟祠僧道未嘗理徵兵未嘗舉學堂未嘗置是皆有待於監督創辦者也然凡諸百政似皆歸地方官之事而非中朝大臣所遠能及然若切實行之不可無專司以監督之矣且各道府大臣雖由簡用然吏部既廢亦不可無所司存則所有選用各道府督辦之才及監督其所選拔之人不可無所司也各道府州之屬官皆與各道府州會同監督而選用之至京則見而考驗之不可無所司也地方之財政雖聽各道府州之所爲各地方之自治而調和其宜不能無司存也道路之修否河渠山川港灣地理之查否不可無所監也警察之善否學堂貧病各院之舉否不可無所董率也將欲修舉其職則必不可分委五部而當立專部監督之是故英人昔割廣東之九龍葡萄牙欲得澳門而大臣乃無知九龍地在何所者甚且徐

某以澳門爲星架坡日本之來攻也每報一地總理衙門皆問之外人爲人所嗤蓋少無地理之學而長復無專門之司故至此大謬也若夫龔某使英割野人山而不知其地俄割巴未爾黑頂子而舉朝茫然則益不足道矣至于各省吏治之如何大臣僅于督撫兩司少有所知若道府以下則茫茫渺渺無論州縣矣若夫各地民風土俗物產工業商務古蹟京朝大官莫不渺茫自非遊轍曾經絕無知者若中朝有所舉措施之各地豈能知其宜否也

若夫東三省蒙古新疆西藏地方三千餘萬方里僻遠萬里或隔以蟠木流沙朝士既鮮到者乃至書記亦言之不詳近者四隣迫於俄法隣於英日而四地尤爲險遠有要隘而不知守有膏腴而不知墾有礦產而不知開有物產而不知取有人民而不知撫其吏於是者罕通人學士不能自舉其利源政要徒知暴取其民而大臣亦多武人粗官不知中外大勢政治理法又地瘠不能多容幕府幕府亦不能得人當強隣之日窺而撫治之無道眞所謂有甫田而荒之也一有邊警舉朝無所措手一則不知其地勢險要二則無人才可倚賴三則無鐵道電線以便交通則祇有委之於強敵而已從古

無有無事而割地一割而至數千里者而咸豐八年奕山之割黑龍江以東混同江以北千里於俄咸豐十年桂良花沙納再割烏蘇里江以東地數千里於俄此皆古今天下絕無之奇事也祖宗辛苦艱難而闢之子孫乃視若坭沙而輕擲之何哉乃者既授以鐵路之權又與以保護之兵中開哈爾賓爲都會西通旅順大連爲橫線遼東之地幾已他人入室非復我有矣蒙古沿邊皆有俄人其領事之撫蒙王亦既親之而西藏新疆爲俄甌脫必爭之地警報之來匪伊朝夕凡此西北隣境近於眉睫敗亡之禍急如火燎不早經營豈有及乎故當設行臺於四地聽其分立政府並設百司選重臣練重兵而經營之徙東南之民以實之造汽車電綫郵政以通之如英之於印度日本之於臺灣而京師於四地皆立四部募召通人學士講求之探檢其地自山川物產工務商業農田舟車要隘山林皆詳爲圖說鑄成形質以備知其事俾名士大夫出入其間尊重而貴顯之其有警變則本部大臣專司其事得以備君相之顧問而後措施之然後不至捫盤擿埴冥行而無救也四地建設官制吾別有篇今特明京師宜立本部之義耳

昔唐虞有四岳在京師。以備顧問。議大政。周有二伯。以周召分陝。北魏有八部大人。設之于四正四維。後改爲八部尙書。遼有南部宰相。北部宰相。今暹羅有南北部大臣。俄有芬蘭大臣。匈牙利有孤羅亞爹疎及斯拉呵呢疎大臣。法班荷葡並有殖民大臣。英有殖民印度二部。凡皆領邊部之事。近贊政府之政。駐于京師。列於內閣者也。吾中國撫有三千餘萬方里之地。倍于本國三倍。而乃委棄之。豈不重可歎哉。

吾今欲析民部爲九部。直隸山東山西陝西省爲北部。江蘇安徽浙江江西爲東部。河南湖南湖北爲中部。廣東廣西福建爲南部。甘肅四川雲南貴州爲西部。東三省爲遼部。內外蒙古爲蒙部。新疆爲回部。西藏爲藏部。各部皆立於京師。皆有管理大臣。列于政務處。其下置會辦幫辦大臣。分置司僚。曰參議。曰總辦。曰提調。曰文案。皆募通人學士爲之。不許雜途以出入。敭歷考求其政物。其先補除。在內則用薦舉。在外則召選其久敭歷之老吏以任之。自大臣出爲總督。自總督入爲大臣。更迭互用。以老其事。庶幾有挈領振裘之益。有通知邊事之用。要之保此四塞。非開鐵路不能。此又在官制之外者也。

一新疆西藏道路僻遠人士多畏之吾欲以四川合于西藏謂之川藏部甘肅合于新疆謂之隴回部然後本部大臣乃得以隴蜀之人才佐回藏之政事其亦不可已乎若如此則西部係雲南貴州二省雖然考二省之土地凡十七萬餘方里已過于英日意遠矣

各國內地除俄美外若德法奧皆不過二十萬方英里如吾國三四省之比耳今北部直隸山東山西陝西四省二十五萬一千二百二十方英里東部江蘇安徽浙江江西四省二十萬四千二百三十七方英里中部河南兩湖三省三十萬七千八百二十四方英里南部廣東廣西福建三省二十一萬一千一百八十六方英里比之德之二十六萬有八千七百二十八方英里法二十萬有四千九十二方英里與吾中東南三部等奧二十四萬有九百四十二方英里與吾北部等若英十六萬方里意十一萬方里不過吾雲南甘肅壹省之比耳今立部至大可比德奧法而已不可再大再大則有荒而不治之患每部所領之道近二十矣不爲少矣西部甘肅十一萬餘方里四川十六萬餘方里兩省合之已二十七萬餘方里若合之雲貴則四十六萬四千七百七十三

方英里領土太大苟非四川領藏甘肅領新疆則西部可分爲二曰西南部西北部爲十部可也

九部大臣皆當列於政府若慮人數太多則或以二相一管內五部號左大臣一管外四部號右大臣如古二伯之制亦事理之宜也號爲國務大臣副總理大臣爲三公亦我國域大之特制也

論說 弍

論邊防鐵路

滄江

我國之汲汲議辦邊防鐵路。二三十年來。時有所聞。而近日則此論尤盛。若錦愛鐵路。（錦州愛琿間）若張恰鐵路。（張家口恰克圖間）若川藏鐵路。（成都拉薩間）若庫烏鐵路。（庫倫烏里雅蘇臺間）若蘭迪鐵路。（蘭州迪化間）若滇蜀騰越鐵路。（重慶雲南間雲南騰越間）建議者相接踵。凡此皆直接關係一邊境之安危而間接關係全國之安危。爲統治此厖大之國家起見。此種鐵路。固萬不可缺。爲抵禦强鄰。使國家得以安堵起見。此種鐵路。尤不可缺。眞所謂國家百年大計者也。

雖然。此種鐵路。果能有益於國家百年大計與否。則有其種種之先決問題焉。（第一）夫國家所爲設此種鐵路。其主要之目的。豈非以運兵耶。所爲運兵。豈非以備萬不得已之時。與敵國決一戰耶。若是則其第一先決問題。在是否有兵可運。其第二先決問題。在所運之兵。是否可以一戰。且如此次俄人無理之要脅含生同憤於是有爲之說者曰使我有張恰庫烏蘭迪等路則糾紛將立決雖然事果如是之易易乎現在所有之兵能資調遣者幾何鎗砲子藥能接濟者幾何將校士卒之戰鬥能力若何作戰計畫之成算若何軍事財政之運籌若何諸問題類此者錯雜糾紛決非一二著所能了也今若修邊境鐵路而非思用以一戰則修之何爲既思用以一戰則當審種種軍事上之設備果已完成否即未完成抑已著手否即已著手其成效果有可期否若已著手而成效有可期所憂者僅在運輸不便之一點則注全力以築邊境鐵路宜也凡百不問而惟有事於鐵路是得爲知本矣乎譬諸作書筆精墨良固所貴也以平素絕不識字未解搦管之人而惟以購庋筆墨爲事方家笑之矣今之專言邊境鐵路者何以異是

(第二)此種鐵路之附屬目的豈非欲藉以爲內地移民之運輸機關耶然欲移民之克舉成績又有其許多先決問題焉若金融機關之設備何如移住民分子之選擇若何組織若何經營者人物之有無技術之應用何若政府保護獎厲之立法當采何方針調和移住民與原住民之計畫如何凡等此類缺一不可而鐵路不過其中之一事

而他事悉不措意而一若但有鐵路則指揮若定安見其可然吾固知吾言不足以服建議者之心也彼將曰鐵路固有待於其他種種設備然後完其用然其他種種設備亦必有待於鐵路然後完其用能同時並舉固善也卽不能而先辦其一則宜在鐵路以鐵路之成須假時日非謀之於豫不可也此說吾亦深以爲然若辦此種鐵路而不至生別種惡影響則先辦成之以待他日之收其用爲計良得雖然吾之所憂正有大者

此種鐵路其工程難易若何吾非專門家固不敢輕贊一辭然據外國鐵路專門家所計算謂錦愛鐵路建築費需一萬萬元以上洛潼蘭迪路接續建築費需二萬萬二千元以上其餘四路雖未得調查資料然每路平均需六七千萬元當有多無少大抵六路建築費合計總在六萬萬元以上以息率五釐計每年須還息三千萬元以上若爲定期定額償還之債項則五六年後便須分年攤還老本本息合計其數當每年六千萬元以上而此等鐵路純屬政治作用營業上決難望贏餘每年由國庫所津貼之養路費恐亦須在一千萬元以上夫以今年預算不足之額已一萬萬元（七千餘萬兩）自今

年以往舊債須償之本息又增於舊若銀價下落所增更不可測其餘各省督撫所借內外債又陸續到期須還而中央及地方紛紛假籌備憲政之名歲費之增益無藝似此瀕於破產之政府尚能堪歲加此數千萬之負擔乎夫使借債以辦生利的鐵路則鐵路營業所入足以償建築費而有餘其影響絕不及於國庫斯固最善也就令不然而尚須仰國庫之補助但使其路能有促進國民生計之力則稅源漸豐國庫從他途得有所入既不窮於挹注則財政基礎亦可以無搖今乃不顧其後乃出此如塗塗附之下策是得爲善謀國矣乎**此每歲新增數千萬之負擔既無術以取足於租稅則亦惟更借新外債以暫行彌補外債愈加財政愈紊言念前途能無股栗**夫使此種鐵路告成後而其他種種設備之與之相待者毫無可觀則其最初計畫所謂以運兵移民爲目的以鐵路爲手段者目的終不可得達而手段之爲枉用明矣然欲其他種種設備與鐵路同時並進所需政費又恐十數倍於此數而未有已非俟稅源大豐帑入大進之後云胡

可幾。以今日財政基礎漂搖杌隉至於此極而勸其舉重債以辦此不生利之路恐路方成而國之主權已非復吾有耳

或曰吾國人好議論而少成事。此種建議。亦不過空譚耳。豈其能現於實。而子乃竊竊焉憂之甚無謂也。應之曰不然。他事雖倡議千百吾敢信其無一能現於實。獨至借債一事。則不能以此論。夫列國固競以樹債權於我為得策者也。而舉債又我政府所最樂聞也。所患者無題目耳。尤患者輿論之反對耳。今輿論以關心國防而倡之。政府即託名國防而行之。而一度與外人交涉之後。且往往雖欲反汗而不能。則事實之竟現又豈其難也哉。夫我政府之瀕於破產。外人則誰不知者。而顧競欲以債假我。此其用心何在耶。其別有政治上之野心耶。則前途險巇。固不可思議。藉曰無政治上之野心而其結果且必至影響於政治。何也。一至我不能履行償還義務之時。則雖欲不干涉而不可得也。吾以為中國今日一切險象猶非其至獨至借

不生產之外債是恐國亡之不速而自從而斬伐之也

嗚呼世之君子其無易由言哉

二月二十三日稿

時評

時事雜感

嗚呼新外債竟成

滄江

嗚呼。一萬萬圓之新外債竟成矣。本報所爲疾首蹙頞大聲疾呼前後十餘萬言者。至竟無絲豪之反響也。自今以往。此一年中。政府可以無憂庫帑之竭蹶。除彌補預算案中七千萬之不足外。尚可以有所贏餘。又可以多立若干名目。多位置若干私人。大小上下。聚而咕嘬之。其高材捷足者腹彪然果其次者亦得沾餘瀝津津乎其有味也。而當局經手之人尤得分莫大之扣頭。以置田園長子孫。今年過去明年事又誰管得。況世界各國之金滿長者方爭出其所有以餽贈我。惟恐不賞收。到明年自又有明年之一萬萬而取諸外府無慮或竭者耶。

自今以往。我國民其無望能監督政府。其毋望能覩立憲之治。何則。不出代議士不納

時評　二

稅此促成憲政惟一之武器也今政府則誰要汝納租稅者子不我思豈無他人吾但能低心下首以博大國之歡則五陵年少纏頭稠疊此四萬萬槁項黃馘一時死絕於我何有　先帝欽定章程雖云借債必交資政院議然　先帝之言何足算者蚩蚩螻蟻我乃語之以大計乎何物資政院除議地方學務章程貨物運輸章程等外更配說何話也

自今以往吾惟預備一長大之表格以備年年續借巨額之新外債次第塡入自今以往國庫每年所入惟以十分之九還外債本息自今以往一切政務盡廢撤一切政費盡停止全國京外惟設一機關司借債派息而已足自今以往吾四萬萬人雖饑毋食雖寒毋衣所產子女盡淹溺之毋養終歲勤動爲政府輸與債主而已

嗚呼一萬萬圓新外債成嗚呼四萬萬條舊性命絕

政府何足責者獨怪乎全國輿論從而逢其惡而煽其虐彼自命達識之士且哆然日號於衆謂借債爲今日救國不二法門也夫孰不知借債之可以救國者曾亦思現時司一國命脈之政府果足以語此乎短鎗匕首誰得云非利器顧乃以授狂童乎以授

凶豎乎吾黨對於此事哀哀號呼半年於茲矣舉國報館莫或一作桴鼓應也豈惟不應猜猜然指我爲賣國矣誰爲賣國者一年數月後便當共見之何曉曉焉今聞亦稍稍有論茲事之危者矣與其今日論之則何如數月前論之曲突徙薪則見訶而焦頭爛額又安得期有功也吾他無恨焉恨不健全之輿論之誤國而已

嗚呼今事已成反對何益吾將更論監督此公債用途之法冀挽救於一二又不知我國民尚肯一垂聽焉否也

日本亦一千萬

吾屢言在今日機會均等主義之下我欲自由選擇債權國決不可得我國民尚能記憶之否耶英美德法一萬萬將成未成之際而日本之一千萬何以突如其來也

日本非今世之一大債務國耶其財政非有舉鼎絕臏之虞耶其國民非有竭澤而漁之怨耶其全國經濟界非連年陷於憔悴萎黃之境耶然而此一千萬者決不肯放過

時評 四

然而此一千萬者上自政府下至國民所以提倡之而歡受之者舉國若狂也嗚呼此何爲者

外國人皆曰今茲借款經濟的借款而非政治的借款也我政府我國民亦以自欺曰此經濟的借款而非政治的借款也試問苟非含有政治上之意味而英德法曷爲不聽美人獨占試問苟非含有政治上之意味而日本何以必嘗一臠質而言之則惟今日有債權於中國者斯他日能爲中國之主人翁今政府日日求主人翁皇皇然惟慮不得我國民其亦將求作重儓皇皇然惟慮不得耶嗚呼

三月二十日稿

文牘

兩次批准保和會條約（續第七號）

外務部奏紅十字會新約擬請畫押摺

奏為遵　旨覆陳恭摺仰祈　聖鑒事。光緒三十二年九月初七日准軍機處鈔交出使和國大臣陸徵祥奏遵赴瑞士會議修改紅十字會公約議畢畫押情形一摺。本日奉　硃批外務部議奏欽此。查原奏內稱瑞士日來弗會各國議員於五月十四日議竣。該會於同治三年議訂約款十條。為第一次保和會第三股水戰條約所自本。此次瑞政府志在改良。商邀各國會議修約。共推瑞員為總議員。分四股開議。復公舉主稿十五員。將原約十條。改為八章。釐訂三十三款。各國又以日後講解該約未合。准歸海牙公斷衙門判斷。旋從多數定議。允將此條另立一願列入蕆事文據。不隨正約批准。約稿既定。先由各國全權畫押。仍候政府批准。中國入會簽約在先。自應從眾辦理。惟西國視約文爲定本。設或全款據允。遇有戰事。必須照約施行。該約第六章公認紅十字標記。中國未經沿用於前。即須酌議第八章懲辦違約一層。應參考中西通行例章。從詳編輯。設於該約所定五年限內尚未頒訂就緒。亦不足昭示外人。是以對衆宣言。以上二端。暫緩允從。應俟詳陳政府再定。均經會衆承認。於五月十五日分別畫押。現各國公同訂定。不立批准限期。惟批准後。於六個月內外應即照約舉辦。應否全行照允。及　賜予批准之處。乞　敕下外務部核議等因。並由該大臣將約稿譯文三十三款。併藏事文據。另立一願咨到臣部。臣等以紅十字標記及懲辦違約辦法兩節。關涉軍事。當經鈔錄約款等件。咨行陸軍部查核辦理。嗣准該部復稱三十年間出使英國大臣張德彝前赴瑞士補行入會畫押後。陸軍所設各醫院及衛生等隊人員物件。均已照用紅十字徽章。且前年日俄戰時。上海奏設之萬國紅十字會亦經照行。該約第六章所載紅十字標記。似可照准。該約第八章二十七款所載應定律不准以紅十字名稱爲商號牌記一節。亦可照准。請咨行農工商部及修訂法律大臣會訂專律辦理。其第二十八款嚴禁戰時搶掠虐待一節。似指與戰事無涉之財產及虐待病傷兵士而言。現正擬訂各項軍律。俾與該約融洽。屆時另案奏咨。該款有強奪軍營徽章一語。是否指軍鎮協標營戰鬥人員所用之旗章而言。再不得擅用紅十字旗幟及紅十字袖章兩語。是否指預防戰員擅用紅十字標記而言。請知照該大臣將當時各國在會議員所發各種議論詳爲報告。併洋文原稿寄到。再行核議等情。臣等伏查該大臣陸徵祥前經臣部奏派赴瑞會議改修紅十字會約款。並奉有全權文憑。此次會同各國議員在日來弗會所分四股開議。將原約十條改爲八條。釐訂三十三條。除第六章公認紅十字標記。及第八章懲辦違約辦法兩端。聲明暫緩允從外。餘俱從衆畫押。並將海牙公斷一節。另立一願列入蔵事文據。不隨正約批准。臣等詳如查核。該大臣已經畫押各款。如救護病傷兵士既行軍醫所建定醫院之執事人員及藥材並運送病傷兵士之車輛船隻等件。俱係原本舊約。力求美備。洵爲寰球善舉。其尤將海牙公斷一願列入蔵事文據。亦係從衆定議。茲據該大臣聲明此項文據。不隨正約批准。所議均尚妥協。應准如所請辦理。至紅十字標記未經畫押。原爲慎重徽章起見。現准陸軍部咨覆。可以照准。已由臣部咨行農工商部及修訂法律大臣將商號牌記禁用紅十字名稱一節。會訂專條辦理。所有懲辦違約辦法。關係綦重。一經簽約。即應按照五年期限。先期頒布。現在中西通例。一時尚未能編輯就緒。自未便預行畫押。致與約定年限有所妨礙。此項約本並無批准限期。亦經臣部咨明駐和國大臣。將各國在會議員各種議論詳行報告。一俟該大臣覆到。及軍律奏准之後。應即行知該大臣。將未允兩款補行畫押。屆時再由臣部請

旨遵行。所有臣等核議緣由。謹恭摺具陳。伏乞

皇太后

皇上聖鑒。謹奏。光緒三十二年十二月初二日奉

硃批依議欽此

紅十字會救護戰時受傷患病兵士條約

大清國德意志國阿根丁共和國奧匈國比利時國布爾加利亞國智利共和國剛果獨立國高麗國丹麥國西班牙國北美合衆國巴西合衆國墨西哥合衆國法國英國希臘國瓜地馬拉共和國翁多拉司共和國義大利國日本國盧克森堡大公國孟的內葛羅國那威國和蘭國秘魯國波斯國葡萄牙國羅馬尼亞國俄羅斯國賽爾維亞國暹邏國瑞典國瑞士聯邦國烏拉乖共和國 大皇帝 大君主 大

總統今因咸願竭力減輕兵戎之慘禍。並欲將一千八百六十四年八月二十二號日來弗原訂設法救護爭戰時病傷各兵士條約。重行修改更訂新約。以期美備。是以各國特派全權議員。茲將各國議員銜名開列於下。

德意志帝國　宮內大臣國務大臣駐瑞士公使波洛　陸軍協都統男爵孟德德斐爾　稽察軍醫事務長軍醫協都統費拉雷　勃恩大學法學教授樞密院法律諮議官朱恩

阿根丁共和國　駐瑞士全權公使莫利諾　駐瑞士總領事莫利那薩拉斯

奧匈國　樞密院諮議官駐瑞士全權公使男爵海德勒

比利時國　第四軍管區參謀長參謀正參領伯爵才克拉斯

布爾加利亞國　軍醫長官羅塞夫　參謀正軍校西爾麥諾夫

智利共和國　全權公使愛特華

大清國　駐和全權公使陸徵祥

比利時國王陛下剛果獨立國　比利時第四軍管區參謀長陸軍正參領伯爵才克

拉斯

高麗國　日本駐比全權公使加藤恒忠

丹麥國　陸軍軍醫總長軍醫協都統洛勃

西班牙國　三等公使伯爵巴甘

北美合衆國　前陸軍部侍郎桑格　海軍大學長海軍少將施潑蘭　陸軍軍法總長陸軍協都統台維司　陸軍軍醫總長陸軍協都統鄂雷利

巴西合衆國　駐瑞代理公使倫格呂貝克洛帕夫　駐瑞公使館陸軍隨員陸軍工程隊正參領阿爾美達

墨西哥合衆國　陸軍協都統貝雷次

法國　駐瑞頭等全權公使雷服阿爾　法科巴黎大學教授外務部法律諮議官全權公使陸李拿　砲隊正參領銜鄂利徵亞　軍醫副參領卜薩

英國　陸軍協都統頭等寶星阿達　法學博士法律諮議官何蘭特　二等寶星佛爾蘭　陸軍副參領麥克勿爾森

希臘國　瑞士大學國際公法教授克貝啓
瓜地馬拉共和國　駐法代理公使阿洛缶　駐來弗總領事微斯瓦爾特
翁多拉司共和國　駐瑞總領事安帕弗爾
義大利國　陸軍正參領特等寶星侯爵馬利齊　稽察軍醫事務陸軍軍醫協都統

三等寶星鄖篤納

日本國　駐比全權公使加藤恒忠
盧克森堡大公國　比國第四軍管區參謀長參謀正參領伯爵才克拉斯
孟的內葛羅國　瑞士駐俄全權公使鄂第愛　瑞士陸軍軍醫總長苗爾善鐵
那威國　陸軍軍醫正軍校達安
和蘭國　國務大臣陸軍副都統博的加爾　陸軍一等軍醫正參領嵬才爾
秘魯國　駐法公使館頭等參贊徵安德
波斯國　駐法全權公使薩馬漢
葡萄牙國　駐瑞出使大臣鄂利攎拉　前下議院議員陸軍兵官學校長步隊正參

領拉卜世博德洛　陸軍正參領斯梯發乃司谷
俄羅斯國　樞密院諮議官外務部諮議官馬丁斯
賽爾維亞國　法部總書記官馬谷維
暹邏國　駐法代理公使王爵沙洛翁　駐法公使館參議閣拉其鄂尼
瑞典國　陸軍第二鎮正軍醫官沙郎來
瑞士聯邦國　駐俄全權公使鄂第愛　陸軍軍醫總長苗爾善鐵
烏拉乖共和國　駐法代理公使愛樂薩

以上各員。彼此將所奉全權文據校閱合例訖。議定各條如左。

陸戰時救護病傷條約（一名日來弗紅十字條約）

第一章　傷者及病者

第一條　軍人及公務上附屬軍隊各人員。有負傷或罹病者。不問其國籍如何。交戰者應一律收容。於其權內尊重救護。但一交戰國出於萬不得已。棄其病者傷者於敵人之手。限於軍事上狀況之所許。須分留軍醫人員及材料之一部。以助敵人醫治傷病之用。

第二條　交戰國之傷者或病者。如陷入敵人之手。除查照前條救護外。即作爲俘虜看待。並適用國際公法上關於俘虜之一切規則。　但此項俘虜既係傷病。各交戰國於認爲有益者可自由互相協定特別優待專條。下列各項爲應行協定之大旨。

一　戰鬥後各將戰場所遺傷者互相交換。　一　病者傷者於病傷全愈後。或經醫治。堪以運送至交戰國。不願留爲俘虜者各應送還本國。　一　商准中立國。將敵國之傷者病者。送交看管。至息戰後爲止。

第三條　每次戰鬥後占領軍之司令官。亟應搜索戰地之傷者。並設法保護死傷。嚴禁掠奪虐待等事。　司令官關於死者之埋葬或火葬時。應先嚴密檢驗其屍體。

第四條　各交戰國在死者身上檢有軍營中識認票。或可證明其身分之標記。務應從速送還其本國官長或所屬陸軍長官。至兩軍收集傷者病者之姓名冊。亦應互相通告。　各交戰國應將在其權內之傷者病者。關於留置移轉入院死亡各節。互相知照。又在戰場內。或各項醫務機關。或處所。檢得死者在傷病中所遺留之一切自用品有價物書札等。應各收存。以便送交其所屬國官長。轉給其利害相關之人。

第五條　陸軍官長。因獎勸地方居民慈惠心。得對於志願此項善舉者。予以特別保護。及一定優待其收容救護兩軍之傷病人等。

第二章　隨軍醫務機關及辦理軍醫勤務之處所

第六條　隨軍醫務機關。（卽隨從軍隊在戰地設立者）及辦理軍醫勤務之處所。交戰國均應一律尊重保護。

第七條　隨軍醫務機關。及辦理軍醫勤務之處所。倘施害敵之行爲時。卽失其應得之保護。

第八條　隨軍醫務機關。或辦理軍醫勤務之處所。依第六條應受保護者。不得因下列各情。視爲應失其保護之性質。　一　隨軍醫務機關。或辦理軍醫勤務之處所。以武裝及爲防衛自己或傷者病者起見。而使用武器時。　二　當隨軍醫務人員或辦理軍醫勤務之處所。並無武裝之護衛。而有正當命令之步哨或衛兵守衛時。　三　傷者所遺之未經繳呈所轄部署之兵器彈藥。在此項隨軍醫務機關。或辦理軍醫勤務之處所發見時。

第三章　人員

第九條　凡收容或運送及醫治傷者病者各在事人員。暨辦理軍醫勤務處所人員。又隨軍敎士不論如何情形。交戰國均應一律尊重保護。縱令陷在敵手。亦不得以俘虜看待。前項之規定。凡第八條第二款所載隨軍醫務機關。及辦理軍醫勤務處所之守衛人員。亦適用之。

第十條　凡各國政府認爲適當允准設立之救恤協會會員。充隨軍醫務上及辦理軍醫勤務各處所人員。應與前條所載人員。一律看待。但該會員等。須服從陸軍之法律及規則。此項救䘏協會。既經一國政府擔負責任。准其協助軍務。凡衛護時。應於實行之先。將該會名稱。於平時。或開戰之時。或戰爭之中。通告締約各國。

第十一條　凡中立國允設之救恤協會。非先經其本國政府承認及交戰國允許者。不得將人員及醫務機關協助交戰國之用。其交戰國若允許此項協會協助拯救。應在未用以前通告敵國。

第十二條　第九第十第十一三條所載人員。當陷在敵人權內時。應在其指揮下各盡其職務。其無需此項人員協助。應詳核軍事上之必要。酌定時期途程送還其所屬軍隊或其本國。該人員等自備之被服醫具武器馬匹均得携去。

第十三條　敵國對於第九條所載人員在其權內時。其養給及薪俸應與其本國軍隊同等級者。一律支給。

第四章　材料

第十四條　隨軍醫務機關。雖陷在敵之權內。不問其運送方法及其人員如何。一概仍有其所屬材料。該材料中並包含馬匹在內。但所轄陸軍官長如爲拯救傷病起見有使用此項材料之權。倘送回此項材料。應查照遣回衞生人員所定之條件。一律辦理。並須設法將此項材料。與衞生人員。同時付還。

第十五條　辦理軍醫勤務之房屋及材料。雖依戰爭法規辦理。然在傷者病者必要之間。不得改作別用。但野戰司令官有重大軍事上必要時。於豫籌各該房屋內之傷者病者安全以後。得便宜處置之。

第十六條　依本條約所定之條件。凡救恤協會享有本條約上利益之各項材料。均作爲私有財產看待。除戰爭之規例上屬於交戰者之徵發權外。不論在何情形。均應尊重之。　依第十條第十一條之規定。幫助陸軍衛生勤務之救恤協會所有各項材料。以私有財產看待。不論何時。不得以爲戰利品。但依陸戰法規慣例。占領軍有徵發之事。

第五章　輸送機關

第十七條　輸送機關。除左揭特別規定外。宜準隨軍醫務機關看待。　一　截斷輸送機關之交戰者。於軍事上必要時。得於接受輸送機關所收容之病者傷者以後解散之。　二　前項所載情節。凡携有正式命令。任輸送或其護送之一切軍人軍屬。應查照第十二條所定送還衛生人員之義務辦理。　凡因輸送編成之鐵道列車。及內地航行之船舶。並屬於軍醫勤務之交通車輛及船舟之裝置材料。應查照第十四條所定付還衛生材料之義務辦理。　倘係軍用車輛。不屬衛生勤務者。得連同馬匹虜獲之。及依徵發所得之各種輸送物件。及普通人民。均應查照國際公法通例辦理此項輸運物件包含輸送所用之鐵道材料及船隻。

第六章　特別記章

第十八條　爲敬誌拯救傷病之善舉發起於瑞士國。故共以瑞士國旗易白地以紅十字爲軍醫勤務上之特別記章。

第十九條　前條記章。應依該管陸軍官署之允准。用在關係軍醫勤務之旗幟及執事人等袖章。並一切材料之上。

第二十條　凡第九章第一款第十條及第十一條載明可享本條約保護利益各人員。均須在左腕上佩帶由該管陸軍官署發給鈐有印記之白地紅十字袖章。所有服陸軍軍醫勤務人員之未著軍服者。並應携帶證明書。

第二十一條　依本條約所應尊重之隨軍醫務機關及辦理軍醫勤務處所。非經陸軍官署允准者。不得升掛本條約所定之記章旗。此記章旗應與各該機關處所所屬交戰國之國旗。同時升掛。但陷在敵權內之隨軍醫務機關。於其所處地位。除紅十字旗外。不得升掛其他國旗。

第二十二條　依第十一條所定之條件。中立國之隨軍醫務機關。業經其政府及交戰國允准。前來協助拯救病傷者。應將記章旗。與所屬交戰國國旗同時升掛。前條第二款之規定。於此項隨軍醫務機關亦適用之。

第二十三條　凡屬白地紅十字記章。及紅十字。並日來弗十字稱號。不問平時戰時。非因保護或本約所載明享有保護利益之隨軍醫務機關辦理軍醫勤務處所及其人員材料。則不得濫用。

第七章　條約之適用及執行

第二十四條　限於締約各國內二國或數國間有戰爭時。該締約國有應遵守本條約之義務。倘交戰國一方有未經入約者。即停止其義務。

第二十五條　交戰軍司令長官。應各從其本國政府之訓令。並准本條約之綱領規則前項各條辦事細則及增補本條約所漏載事項。

第二十六條　籤押國政府。應將本條約所定條項曉諭各軍隊。及應受本約保護各人員。並須設法使國民全體知悉。

第八章　禁止濫用及其違犯

第二十七條　籤押國政府其現行法制有未完全者。應設法禁止享有本條約權利者以外之個人或協會。使用紅十字或日來弗十字記章及名稱。並禁止以商業上之目的用此等記章爲製造標或商標。並應提議於本國修訂法律處所修訂新例施行。

第二十八條　凡籤押國政府其現行刑法不完全者。應一面設法禁制個人在戰時掠奪或虐待軍隊內傷者病者各行爲。並禁止享有本條約保護者以外之軍人或個人濫用紅十字記章旗及袖章。其處分應以非法使用陸軍記章論。一面提議於本國修訂法律處所修訂施行晝約國政府至遲於本約批准後五年以內。應將須行新例。經由瑞士政府。互相通告。

第二十九條　本約應從速批准。批准文件存儲瑞士都城。每次收到批准文件存案之字據。應於抄錄校正之後。由外交官轉送締約各國。

第三十條　本約對於締約各國於接到批准文件六個月後發生效力。

第三十一條　締約各國自批准之日起。其締約國間之關係。應將一千八百六十四年八月二十二號舊約作廢。遵照新約辦理。舊約簽押各國在未經批准新約以前。則舊約仍有效力。

第三十二條　簽押本約期限至一千九百六年十二月三十一號爲止。此次派遣代表到會各國。暨並未派員會議。而曾將一千八百六十四年條約簽押者。均可於期內補行簽押。一千九百零六年十二月三十一號以前未曾補行簽押之國。日後仍許其自由入約。惟應備文通告瑞士聯邦政府。由該政府轉告締約各國。凡向未入約各國願遵此約者。亦可查照前項辦理。惟須自行文知會瑞士政府之日起。經過一年。在締約國內並無向瑞士政府發異議者。始發生其效力。

第三十三條　締約各國。有自由出約之權。惟須備文通告瑞士聯邦政府。經過一年後。始生效力。瑞士聯邦政府。接到以上通告。應立即知會其他締約各國。前項出約。僅於通告之國發生效力。爲此各國全權大臣在本約文件簽押蓋印爲憑。

一千九百六年七月六號訂於瑞士日來弗原稿一分。存儲於瑞士聯邦政府。抄稿校正後。由外交官送交締約各國。 修訂日來弗條約蒇事文據。 瑞士政府。因願將一千八百六十四年八月二十二號原訂設法減輕兵戎禍患之公約。延請各國會議修訂。茲於一千九百零六年六月十一號齊集於日來弗城。所有入會各國及各議員次序。按各國之名起首字母開列於下。

德意志帝國 宮內大臣國務大臣駐瑞士公使波洛 陸軍協都統男爵孟德德斐爾 總軍醫事務陸軍軍醫協都統賫拉雷 勃恩大學法學教授樞密院法律諮議官朱恩

阿根丁共和國 駐瑞士全權公使莫利諾 駐瑞士總領事莫利那薩拉斯

奧匈國 樞密院諮議官駐瑞士全權公使男爵海德勒 陸軍醫官呂利愛爾 陸軍參將校森色斐 陸軍參將兼總醫官蓄鏡

比利時國 第四軍管區參謀長參謀正參領伯爵才克拉斯 陸軍醫官持爾唐耳

布爾加利亞國 軍醫長官羅甡夫 參謀正軍校西爾麥諾夫

波斯國 駐法全權公使薩馬漢

葡萄牙國　駐瑞出使大臣鄂利滙拉　前下議院議員陸軍兵官學校長步隊正參
　領拉卜世博德洛
羅馬尼亞國　陸軍正參領　斯柿發乃司谷
俄羅斯國　樞密院諮議官外務部諮議官馬丁斯　陸軍提督棄爾馬裕夫　醫官
　魚信奈　太醫院敎習井雷登　俄都水師學堂敎習鄂甫西尼谷夫　紅十字會
　議員歌汶谷夫
塞爾維亞　法部總書記官馬谷維　陸軍副將松德瑪經
暹邏國　駐法代理公使王爵沙洛翁　駐法公使館參議閣拉其鄂尼
智利共和國　全權公使愛特華
大清國　駐和全權公使陸徵祥
比利時國王陛下剛果獨立國　比利時第四軍管區參謀長陸軍正參領伯爵才克
　拉斯　陸軍醫官特爾唐耳
高麗國　日本駐比全權公使加藤恒忠　步隊副將明石元次郎　副將參醫官芳

賀榮次郎　參將銜一條實輝　兵部參議官秋山雅之介

丹麥國　陸軍軍醫總長軍醫協都統洛勃

西班牙國　三等公使伯爵巴甘　陸軍副將蒙馬缶　行軍醫所副監督巴缶那

北美合衆國　前陸軍部侍郎桑格　海軍大學長海軍少將施潑蘭　陸軍軍法總長陸軍協都統台維司　陸軍軍醫總長陸軍協都統鄂雷利

巴西合衆國　駐瑞代理公使倫格呂貝克洛怕夫　駐瑞公使館陸軍隨員陸軍工程隊正參領阿爾美達

墨西哥合衆國　陸軍協都統貝雷次

法國　駐瑞頭等全權公使雷服阿爾　巴黎法科大學教授外務部法律諮議官全權公使陸李拿　礮隊正參領銜鄂微亞　軍醫副參領卜薩

英國　陸軍協都統頭等寶星阿達　法學博士法律諮議官何蘭特　二等寶星佛爾蘭　陸軍副參領麥克勿爾森

希臘國　瑞士大學國際公法教授克貝啓

瓜地馬拉共和國　駐法代理公使阿洛缶　駐日來弗總領事徵斯瓦爾特
翁多拉司共和國　駐瑞總領事安帕弗爾
義大利國　陸軍正參領特等寶星侯爵馬利齊　稽查軍醫事務陸軍軍醫協都統
三等寶星耶篤納
日本國　駐比全權公使加籐恒忠　步隊副將朋石元次郎　副將兼醫官賀榮次
郎　參將銜一條實輝　兵部參議官秋山雅之介
盧克森堡大公國　比國第四軍管區參謀長參謀正參領伯爵才克拉斯　陸軍醫
官特爾唐耳
孟的內葛羅國　瑞士駐俄全權公使鄂第愛　瑞士陸軍軍醫總長苗爾善鐵
尼加拉格國　翁多拉駐瑞士總領事安帕弗爾
那威國　陸軍軍醫正軍校達安
和蘭國　國務大臣陸軍副都統博的加爾　陸軍一等軍醫軍醫正參領蒐才爾
秘魯國　駐法公使館頭等參贊微安德

瑞典國　陸軍第二鎭正軍醫官沙耶圭

瑞士聯邦　駐俄全權公使鄂第愛　陸軍軍醫總長苗爾美鐵

烏拉圭共和國　駐法代理公使愛樂薩

計自六月十一號起至七月五號止。疊次會議商定本約各款。當經各國全權議員畫押。作爲一千九百零六年七月六號改訂之新約。再查照一千八百九十九年七月二十九號保和會訂定和解公斷條約第十六款所載。倘各國遇有爭端未經使臣商結者。各國已認明公斷爲和解最美至公之辦法。特於本約外另立一願如下。

倘日後訂議各國於平時講解本約致起爭端。可審度案情時勢。將此爭端送交海牙公斷衙門判斷。以便恪遵。

爲此各國議員在本藏事文件上畫押爲憑。一千九百零六年七月六號訂於日來弗城原稿一分。存儲瑞士政府藏案卷處。鈔稿校時無訛。分送入會各國。

外務部奏請添派海牙公斷院裁判員摺

奏爲請　旨添派海牙公斷院裁判員。恭摺仰祈　聖鑒事。竊查保和會所訂國

際紛爭公斷條約。業經奉
旨批准。按該約第四十四條內開。凡締約國各派諳熟公法名望素著四員。充該院裁判員以六年爲一任。同一人員亦得膺數國之簡派各等語。當經臣部奏請於光緒三十一年二月三十日奉
硃批著派伍廷芳欽此欽遵各在案。原奏聲明如有中外講求公法專家。容隨時諮訪。再行奏明辦理等語。茲查有出使日本國大臣胡惟德。出使法國大臣劉式訓。均於公法研求有素。亦深於經驗。似足以充是選。又據駐和大臣陸徵祥電稱。訪有比國前法部大臣豐登納文曾於丁未年經其政府派充保和會第二全權大臣。該員係法律名家。比利時又係永久中立之國。尤爲相宜。業經與之電商。甚願充當中國公斷裁判員等因前來。臣等伏查此項人員列名院中。無事不必親往。亦無庸支給薪俸。遇有公斷事件。臨時再行赴會。各國自第二次和會條約簽押以來。無不陸續照額選派。屢經海牙會該院辦事處備文知照在案。我國業已入會簽押。似應一律辦理。以符約章而昭體制。除原派伍廷芳年限未滿應仍留原任外。擬請
派胡惟德劉式訓比員豐登納文三員。作爲海牙公斷院裁判員。以補我國應派之額。均照定約以六年爲一任。如蒙
俞允。恭候
命

下。卽由臣部分別傳知各該員祗遵。並電知陸徵祥轉行知照和蘭政府備案。所有請
旨添派海牙公斷院裁判員緣由。理合恭摺具陳。伏乞　皇上聖鑒。謹　奏。宣
統二年三月十一日奉　硃批依議欽此

（完）

中國紀事

廣州革命黨亂事始末記　三月廿九晚。廣州有革命黨暴動之事焉。此舉也自欽廉發難後。乃見於河口。自河口發難後。今又見於廣州。蓋已屢起而屢殲矣。今欲悉此事之起因。並其結果。因綜輯各報所載。謹敘之如下。　當革黨未起事前。粵垣官場已接有秘密偵探消息。張督業於廿七晚。邀請水提李準入督署密商。並通飭各處準備戒嚴。廿八日各路防營。紛紛到省聽遣。是日下午。又密捕得黨人八名。革黨知有備。有主張解散者。有主張執行者。時黨人分爲十一部。五部主執行。六部主解散。相持未決。執行之五部。以四川湖南安徽福建省人爲多。廣東實占少數。黨人中有湘人首領黃興者。悍而善謀者也。本兩湖書院師範生。前曾派往東洋留學。原名軫。號廑吾。欽廉河口之役。彼實爲之主謀焉。因與各首領爭議曰。今日之事。宜執行進攻者。有三理由。一吾黨既全力萃此。若心存畏葸。實無面目久羈粵垣。二此次冒險輸送軍械。所費甚鉅。若解散。則難再運出。經濟部員必疑誑騙。斷送將來吾黨糧臺。三軍人性質。有進無退。既奉總司令之命來粵進攻。若不戰而退。如軍令何、如隣國訕笑何。於是五部中。與黃同意者均贊成。而進攻之計已決。時各黨人之在粵垣者。約二百餘人。是夕又由香港永安輪船載至黨人百餘。其餘之六部。尙有在港。候法郵船由越南至者。聞該郵船載有黨人三百餘。祗以途中遇霧。延遲兩日。以至愆期。其不能爲粵垣黨人之後援者以此。其不至盡爲官軍所殲滅亦以此。計畫已定。於是分五路進攻。以一隊攻督署。以一隊攻小北飛來寺軍械庫。以一隊搗旗街。以一隊出歸德門堵援兵。以一隊出大南門堵援兵。其攻督署也。皆僑扮作洋人。乘四人籐轎。僞爲進謁張督也者。至穿堂下轎。各黨人卸去外衣。內穿緊身馬甲。胸前懸一紅球。中儲炸藥。左臂纏白巾爲識。响號放鎗。有當先一人。軀偉貌獰。手持兩短鎗。向穿堂轟擊。隨放隨擲炸彈。又有一面龐瘦削者。一手放鎗。一手吹喇叭。數十人隨其後。大噪而進。署內各衛兵。伏於穿堂旁門後以俟。見革黨蜂擁而至。放鎗抵禦。當先者倒斃。吹號者亦斃。其餘則紛紛倒地矣。攻入二堂時。不過僅餘十餘人。衛隊管帶金振邦。上前迎敵。中彈陣亡。黨人直入上房。不見一人。於是縱火焚之。時張督方在署之東邊會議廳。與各司道開審查會。畢。藩學二司均未散。財政公所提調李守象宸先出。遇革黨中鎗而斃。張督知變起。急將印信文件收拾後。仍飭衛兵注意擊亂黨。衛兵與革黨正相持。間而水提暨各路援軍及警兵等皆到。亂黨不支逃出。四竄。張督遂偕藩學兩司。及其眷屬僚幕等。由各兵保護。穴後牆而出。張督眷屬。遂移居於水提行轅。此役也自事起以至敗竄不過二小時。而後來之獎案竟有賞穿黃馬褂者。以視咸同年間。中興諸將。有身經數百戰。而始得此殊恩者。抑何難易之懸殊也。至於圍攻軍械庫之一隊。則以官軍與警兵。早有預備。迎頭痛擊。生擒多名。其餘有斃者。有竄者。堵截歸德門援兵之一隊。則與官兵遇於高第街。戰敗。堵截大南門援兵之一隊。又與官兵遇於雙門底。戰敗。分擣旗街之一隊。亦被旗兵轟斃多名。終不得逞。至三十早。官軍在城內分頭搜捕。在小北直街狀元橋附近高陽里口源盛米店。發現有黨人匿聚。與之鏖戰。革黨以包米為壘。官兵無如之何。後以火攻之。焚殲三十餘名焉。自經此役痛殲後。革黨遂紛紛竄匿。而緹騎亦四出紛紛搜查。以小北一帶發現者為尤夥。聞亂黨之在粵垣者。不過三百餘人。而陣斃者與擒獲者。據各報所載。已達二百五十九人。亦云酷矣。方事起時。風聲鶴唳。人心皇皇。汽車輪船並各鄉渡。皆遮斷交通。順德之樂從墟。有革黨一隊。分頭起事。糾合至千餘人。而順德之容奇桂洲馬甯甘竹龍山。暨南海之九江等處各土匪。亦乘機而起。樂從之革黨。於三十日起事。欲牽制省城。於初二日下午。有大股由樂從墟渡河。取道瀾石石灣。擬進窺佛山渡河時適遇江固江鞏兩兵輪援兵至。發砲攻擊。斃百餘名。革黨退由淺水河滘過河。兵輪以吃水深不能駛進襲擊。革黨以三百餘人直抵佛山。於通濟橋與防兵遇。擲發炸彈。管帶馬惠忠陣亡。防勇斃二十七人。後各團勇踵至。革黨退守山崗。時適有省城援兵四十名到。駐於蜘蛛山贊翼誠善堂。方食頃。忽被革黨猛攻。斃多人。翌日大兵到。革黨不支。遂紛紛逃竄。幸初二日。香山馬協先馳往駐紮水藤。遮斷龍江九江等土匪來路。不然土匪與革黨合。革黨縱甚文明。而土匪之抄掠。將有不可言喻者。又幸省垣已甯謐。各土匪知事無濟。遂如鳥獸散矣。連日省垣搜捕餘黨。不遺餘力。然亦有被冤抑者。聞革黨審訊時。皆面無懼容。且痛論時事。又其舉動。不擾商民。以視官兵於搜捕餘黨時。藉端闖入某公館。掠去二千餘金者。相去眞有霄壤之別矣。寄語官軍。幸毋再事抄掠。致令彼黨得以收拾人心而去也。

五督為閣部與直省權責致憲政館電　參預外官制五督。日前為閣部與督撫權責。關係重大。特聯銜電致憲政編查館。略謂奉命會商外省官制。於閣部草案本不應有所參預。惟閣部制度。對於各省關係。實為改定外省官制之權輿。是以良等上年會奏內有內閣官制。不能與各部分而為二。且不能與外省各別獨立等語。竊以督撫秉承內閣。固有一定辦法。惟對於各部之關係。未知若何規定。良等推論此事。當就國務與各省行政分別觀之。國務為通籌全國計畫。內閣權責所在。自應力謀統一。各省行政。但使不背內閣政綱。因時因地。應由督撫主決。上年會奏案內。亦曾於閣部及督撫權責。詳晰聲明在案。若邊遠督撫。似宜更有特別之規定。倘蒙將草案大綱。全行詳示。設有一得之見。謹當隨時陳述。用備採擇云云。

蘇省諮議局議長副議長暨常駐議員辭職　江蘇諮議局。因甯屬預算案不能成立。屢與督院爭持。日前督院劄覆該局。擬欲援照局章第二十四條。送交資政院核議之意。而該局議長副議長暨常駐議員等。以蘇屬預算。經已蒙撫院照准。惟甯屬預算。則督院始終堅執。深恐有負人民委任之意。特於日前具呈督院。全體辭職。自此風潮發生後。近聞各普通議員。亦紛紛辭職。將來不知何以善其後也。

粵省財政不敷之總數　張督現以禁賭籌抵餉項爲難。昨日特飭陳藩司。將該主管藩糧兩庫。並財政公所。所有三年分實收實支款項數目。編造一覽總表。呈繳酌核辦理。現陳藩司已飭署內各股員。分別門類。將收支款目。編輯成表。聞統計歲入共一千五百四十六萬餘兩。歲出共一千六百五十一萬餘兩。惟賭餉一項。全年收入共四百七十餘萬兩。現存籌抵膏酒鹽三項。本年僅有二百三十餘萬兩。約短二百四十萬左右。連原有不敷。統計約在三百四十餘萬兩云云。

飛行家遇險　法人環龍者。飛行家也。由歐至滬。試演飛行機。經已兩閱月有餘。滬之人無不豔稱之。四月初八日。爲寓滬西人賽馬跳浜之期。環龍君特預告是日、將乘飛行機。由江灣駛至賽馬場。以助觀者之興。至是日午後四時。忽聞空際蓬蓬作聲。萬人翹首。則見環龍君駕飛機而來。乃該飛機駛至華人觀賽處。其時風色北向。飛機旋轉。似欲避風。詎一剎那間。該機左翼忽爾向下。機底上仰。礀然一聲。而飛機與環龍君遂墜於賽馬外圈線之旁。時五時十三分也。失事後。有西捕六七人。爭先趨救。則見環龍君頭部糜爛。胸部亦壓傷。兩足挺直。而環龍遂以身殉學問矣。嗚呼。

世界紀事

英國內閣之動搖　英國內閣首相阿斯琦氏與法官羅阿坂以名譽郡司之選任。大起衝突。歷來名譽郡司之一大部分。以出於保守黨內閣之任命。全由保守黨員組成。今次選任之期。自由黨員。豫期以本黨人員登用。以保權衡。乃法官羅阿坂任命之員發表後。依然全出於保守黨。故自由黨大爲不平。極力反抗。以致首相與大法官乃起衝突。羅氏固守其說。誓以去就爭。內閣亦擬允其辭職。故阿氏首相對於此事。大費心力。約於本星期內辨答黨員之抗議云。

英國內閣失敗　英國議會討議帝國國債契約法案。因此案至爲緊急。故於第二次讀會即行通過。於政府之發議。則否決之。其結果實政府敗北也。

英美仲裁條約　英美仲裁條約。方在協議中。列國均注目此事之成否。美大統領塔虎脫對於此事。極爲熱心。國民亦無反對者。英國雖有一部分反對。然亦大體贊成。其先經首相阿斯琦氏發議。在野黨首領巴爾佛阿氏贊成。就大勢觀之。則此事前途頗有希望。然尚不能現於事實者則美大統領塔虎脫恐元老院反對。故遲遲也。元老院之反對。自來頗爲有力。故塔虎脫對於此事。非確有元老院通過之成算。則正式之議終難開始云。

法國之輿論　法國一般輿論。皆謂法對摩洛哥。不可不用强硬政策。巴黎發行之新聞紙。咸謂法國政府。宜將對於摩洛哥之行爲。實係負强國責任。非爲暴行之理由。向列國宣布。方爲得計。扶野支市法國之代表。則謂法國任摩洛哥之鑿殺。實爲大恥辱云。

法軍在摩之活動　法軍在摩洛哥舉動。極爲强硬。扶野支附近之達撒市。聞已爲法兵佔據。日來又發輕騎隊向扶野支進攻。英國謂法此次舉動。係保護旅人。極爲贊成。德國則謂此種舉動。實破壞阿爾塞斯條約。大爲不悅。按此次扶野支歐洲人之現狀。頗似團匪亂時之北京云。

法國三鞭之亂復起　法國三鞭酒地之亂。前已安謐。近日鄂北州地方復起擾亂。傷害警官。聞有數人受傷。亦有被縛者云。

德國歲入增加　德國千九百十年度之關稅及其他各稅收入。較豫算案共超過四千萬馬克。

駐德美使辭職理由　此次駐德美使喜爾氏突然辭職。人皆莫知其故。據德國新聞紙謂德國政府以美國外交的辭禮甚爲缺略。深滋不悅。故有此結果云。

美艦隊赴俄　美國大西洋艦隊。訪問德國軍港以後。尚擬往俄國波羅的港一行。

美國之生絲貿易　日本在紐約之紫藤商務官報告。美國去歲之生絲貿易輸入額。較之前年約減七十五萬磅。其原因係自各蠶絲生產國之輸入減少所致。今特列表如下

	前年度對於全輸入額之比較	去年度對於全輸入額之比較
法國	三、四二	一、六二
比國	二〇六、六七	一三、七一
清國	二〇、二〇	二二、〇三
日本	五四、九四	六一、二七

世界紀事　四

西班牙之與摩洛哥　西班牙對於摩洛哥。亦有躍躍欲動之勢。據法國報紙云。若法軍佔據摩洛哥之拉巴多。則西班牙亦必佔領摩拉收。蓋對於法之舉動頗不平云。

墨西哥停戰　墨西哥叛徒首領馬德羅頗有講和之意。提議停戰。墨統領吉阿斯亦認可。現已定停戰五十日。

俄國之新海軍　俄國以七億五千萬盧布擴張海軍之大議案。本期議會。大約可以通過。其詳雖不可知。然其大半之額。皆係充製艦費。聞擬造戰艦、及速力巡洋艦、驅逐艦、潛水艇、等各若干隻。以新海軍面目云。

日本人負擔額　日本明治四十三年終之國債額。二十六億五千三十九萬五千百十五圓。全國人口總數。五千三百九十二萬八千四百四十名。每人國債負擔額約四十九圓十四錢。年利負擔額約二圓三十錢。合計每人當負擔額五十一圓四十九錢內外云。

叢錄

春冰室野乘

春冰

紀鄭成功賜謚始末

同治十三年十二月。督辦船政大臣沈葆楨。爲明延平王鄭成功奏請予謚建祠。其疏曰。奏爲明季遺臣。臺陽初祖。生而忠正。歿而英靈。懇　恩予謚建祠。以順輿情而明大義事。本年十一月二十五日。據臺灣府進士楊士芳等稟稱。竊維有功德於民則祀。能正直而一者神。明末延平郡王賜姓鄭成功。福建泉州府南安縣人。少服儒冠。長遭國恤。感時杖節。移孝作忠。顧寰宇難容。洛邑之頑民。向滄溟獨闢。田橫之別島。奉故主正朔。墾荒裔山川。傳之子孫。納土內屬。惟我國家宥過錄忠。載在史宬。厥後陰陽水旱之沴。時聞吁嗟祈禱之聲。肸蠁所通。神應如答。而民間私祭。僅附叢祠。身後易名。未邀盛典。望古遙集。衆心缺然。可否據情奏請。准予追謚建祠。列之祀典等因。並據臺灣道夏獻綸臺灣府知府周懋琦等議詳前來。臣伏思鄭成功。丁無可如何之厄運。抱得未曾有之孤忠。雖煩盛世之斧斨。足砭千秋之頑懦。伏讀康熙三十九年 聖祖仁皇帝詔曰。朱成功係明室遺臣。非朕之亂臣賊子。敕遣官護送成功及子經柩歸葬南安。置守冢建祠宇。 聖人之言。久垂定論。惟祠在南安。而臺郡未蒙敕建。遺靈莫妥。民望徒殷。至於賜謚褒忠。我朝恢廓之規。遠軼歷代。如瞿式耜張同敞等。俱以捐軀殉國。謚之忠宣忠烈。成功所處。尤爲其難。較之瞿張奚啻伯仲。合無仰懇 天恩。准予追謚。並於臺郡敕建專祠。俾臺民知忠義之大。可爲雖勝國亦華袞之所必及。於厲風俗正人心之道。或有裨於萬一。疏奏奉 旨賜謚忠節。

同治初陝西回亂紀聞

陝西回變。不始於同治時。當咸豐季年。已駸駸有杌棨奔駒之勢。特至同治元年始大變耳。大吏之養癰貽患。其可勝誅哉。回之肇亂也。在渭南。漢回積不相能。而地方官吏又不能秉公執法。以平亭之。始激而爲械鬥之舉。民知有司之不可恃。即有事亦不復赴質公庭。渭民馮元佐者。豪士也。以大俠雄鄉里。邑人歸之者數千餘。其勢足與回相持。故回有所懾而不敢變。元佐死。回遂叛。其未變也。深識之士。固早憂之。同州知府邵輔嘗於咸豐十年上書當道曰。渭南聚回萬餘人。蓄逆謀久矣。幸無衅則已。一有衅回必動。其變不久。且所爲計者。非以渭南之回爲足憂也。自關以西。盡涇渭南北。自隴以西。盡河湟北屬玉門。其種族所在。皆是無慮數百萬。此皆驍悍善鬥。素與民仇。又其服馬哈默之教。緩急相趨。回行過城邑。或有缺乏。同種共饋之。其固結如是。一旦渭南有變。則自隴東西數千里。其同種皆挾奸謀應時蜂起。豫蜀諸寇投其閒。必大入而秦涼魚爛。秦涼魚爛。則天山青海之道不通。西邊諸部若回疆伊犂哈薩克布魯特青海蒙古氐羌之屬。周二三萬里。隔絕無控馭。勢必相率而叛。內外句結。其禍尙可勝言哉。而亂要必自渭南始。夫務農桑奉公法。此民職也。今渭回無故屯聚。挾兵械鬥鄉邑。不服有司。於法固當誅。宜收其桀黠者。亟以法奏誅之。而撫安其衆。令諸州縣陰察所屬。盡籍其豪酋以上可用者。用之。不可用者誅之。益脩德政。練將士。和民心。固根本。此所誅不過數十百人。而威震關中。微特回種讋伏。亦足以奪外寇之氣。明公安撫西垂。上報天子。使國家得專力以誅粵寇。其爲功豈小哉。夫災常始于不戒。而禍成于燎原。是故曲突徙薪。智者重之。燕雀處堂。達士所哂。此誠今日之大機。不可不察者也。書上。當道漫不省。大亂遂成。輔字清齋。安徽績谿人。道光二十年舉人。後卒殉回亂。卹贈太僕寺卿。所箸有文內外集。及葭隴圖籍問答等書。

陝西回民。故遍布諸州縣。既叛。多忠勇帥師西征。盡驅之上隴。故時回民田產。皆沒爲叛產。令民閒承受。隴東自西安省城外。遂無一回。同治六年。陝督納提督雷正綰之請將撫陝回。悉令東歸。仍給還所沒田產。陝民聞之大驚懼。幾釀巨變。賴司道聯銜力爭議始得寢。時貴筑黃子壽先生主講關中書院。司道稟稿。先生所屬筆也。此文於西北安危大局所關甚巨。亟錄于此。以備他日史材。書云。竊司道等於四月十八日。由撫憲出示。憲臺十六日所發手書。有雷軍門招降固原逆回業經受撫一節。仰見德威廣播。莫不畏懷。本司道等。亦知非憲台平日大張撻伐。不輕議撫之本懷。不過欲東路暫事羈縻。得以專意蘭城根本。勝算在握。始出于斯。惟逆回之投誠。斷難遽信。而陝事之可慮。更復多端。有不得不詳悉覼陳者。大凡賊之乞降。勢先窮蹙。去年回竄平固以來。尙未開仗。今且陷我靜甯隆德。橫亘東北。窺伺汧隴邠鄜。較前猖獗。即使懾於軍威之盛。

亦非。網。張。圍。合。無可。遁。逃。忽然。搖。尾。乞。憐。豈眞。甘。心。帖。服。況自滇回滋事。屢撫屢叛。習爲故常。彼聞憲台方謀大舉。帖耳來歸。將來督師西馳。勢仍復叛。若非苟且。緩兵。之。計。即是。圖入。腹地。逞其。詭。謀。犬羊。之。性。貪而。無。親。貪則。其。亂。易。成。無親。則。其。衆。難。一。今乞降之頭目阿渾。即係眞心。及事定解散。不能復統其衆。既不能。與。該。回。一。一。要。盟。則。一。人倡亂。羣吠復興。謂可。永。遠。革。心。誠恐。必。無。其。事。所謂斷難憑信者此也。陝省自遭回亂。或全家屠殺。或十存二三。廬舍盡焚。田園荒廢。蕭條千里。斷絕人烟。去年憲台過陝時。目擊情形。曾爲浩歎。民間。受。害。既。廣。怨。隙。難。消。即使。臨。之。以。威。强之。以。法。令挾不。共之。仇。權。爲。同。居。之。侶。而人。懷。前。忿。如火。易。然。未。可。相。安。時。虞。生。變。可慮。一。逆回就撫。豈能裹糧入秦。秦中荒蕪數年。迄今土未畢墾。得糧無幾。衆此殘黎。既供陝省各軍。又籌甘肅軍食。亦望。早。殲。醜。類。長。享。太。平。誰。肯。罄。餬。口。之。餘。糧。養。百。年。之。仇。敵。回民無。從。得。食。勢。必。刦。奪。相。仍。納。飢。虎。於。室。中。難以。禁。其。不。噬。可慮。二。回禍數年。陝省幸未陸沈。貽聖主以西顧之憂者。以省城幸完耳。省城所以克保者。以回人內外不相應耳。省回五千餘戶。現無外援。尚屬安靖。萬一就撫之後。歸鄉之回。潛相搆扇。肘腋禍生。滇省前車。可爲殷鑒。且省中回漢猜疑。全賴官爲彈壓。回民出城一步。即有性命之虞。是鄉民之積憾既深。將來斷難安揷。日昨藥局灰燼。災由雷火。紳民皇懼。已以外回句結內回暗穴地道爲疑。互相驚擾。若聞歸陝之謀。先有瓦解之勢。可慮三。陝西以凋殘之區。籌辦接濟甘糧。倉儲不足。繼以采買。采買不足。兼行勸捐。以及車騾之屬。無在不借資民閒。若驟聞陝回就撫。懼其歸巢。新集之民。易聚難散。驚逃之後。辦理轉運。亦覺艱難。不惟陝局攸關。抑且甘有大礙。可慮四。逆回之難信如彼。民情之可慮如此。陝回與甘回情形不同。辦陝回亦與甘回有別。陝回少而民多。甘回多而民少。陝回既已離巢。甘回仍在本境。陝回倡亂在先。甘回煽動在後。論其情罪。度其事勢。甘回尙可勦撫兼施。陝回則斷難言撫。非不知盡誅之難也。既撫之後。無可位置。故除勦之外。無可設施也。考古人徙戎之策。原有遷置關外之條。現在玉門內外。警報時聞。亦未能遽議及此。而陝省廓清之後。總不宜更召禍端。苟貪目前之暫安。必貽無窮之隱患。況暫安亦不可得。而隱患則已立呈。憲台前於恩護院主撫失策。洞燭無遺。豈令陝疆蹈其故轍。萬不得已。或如撫院所籌。該回久在平固。即令暫就該處呈繳軍械。權宜安置。令圖生理。俟數年後。如果陝民疑慮漸釋。再行開導。徐令陸續東歸。若此時遽許入秦。既非所以保漢。亦非所以全回。陝境如果重遭糜爛。甘肅亦難望肅清。西北大局。何堪設想。本司道職司地方。公同商酌。既見後來之弊。不得不爲先事之防。惟懇俯採芻言。豈惟陝民之幸。

大考餘聞

國朝翰林最重大考。列優等者。編檢可躐五級。直得學士。或且超擢少詹。然自嘉道以來。已不復論文字優劣。惟視其人聲氣之通塞。以爲等第之高下。寒畯之士。硜硜自守者。雖有研都鍊京之才。亦決無高等之望。 先朝設科之初意。於是無豪髮之存矣。咸豐辛亥大考前期。陳琴山編脩枚。與其門人謝君某同分校秋闈。謝新得鼎甲。意氣方盛。聞有大考。頗踊躍自喜。琴山規之曰。子初入翰林。必豔大考。所謂初生之犢不畏虎者也。僕請爲子陳之。凡應大考者。楷法不必工。詩賦不必善。但得閱卷諸巨公平日皆我所奔走承奉。深得其歡心。而諸巨公又極思致之臺閣。以新他日之厚報者。則此人必一等矣。其貧窶雖工而結交未熟。與夫平昔相習之大翰林。待其保全者。此二等中人也。若夫能文章。敦氣節。矯矯自異。名重一時。自信其才。其學足以結主上之知。邀公卿。之。識。不。屑。希。榮。干。寵。以。他。途。進。者。則。三。等。四。等。視。其。人。爲。位。置。雖。韓。愈。李。白。鍾。繇。薛。稷。生。今。之。世。亦。不。能。翼。其。一。顧。何。況。其。他。哉。謝。愕。然。曰。若。弟。子。者。當。列。何。等。琴。山。笑。曰。子。年。四。十。方。得。一。官。復。孤。寒。無。生。產。彼。巨。公。者。將。望。子。今。日。之。餽。贈。而。子。家。甚。貧。將。望。子。異。日。之。報。恩。而。子。年。已。老。以。僕。度。之。倘。命。途。亨。則。三。等。末。或。可。幸。覬。否。則。四。等。中。當。爲。子。增。一。席。矣。謝。聞。之。廢。然。不。復。有。進。取。志。及。考。期。屆。謝。以。新。散。館。得。免。考。榜。發。果。如琴山言。凡夙有才望者。胥列下等。此事見祥符周畇叔都轉漚堂日記中。觀之足以識道咸間京朝士大夫之風氣。與今日正不相遠也。

乾隆季年大考。以眼鏡爲詩題。而韻限他字。衆皆莫喻其意。和相爲監場大臣。忽行至阮文達坐側。與同列某親王小語曰。　上平日最惡眼鏡。今　聖壽已屆八旬。猶未嘗一日戴此物也。文達聞之。即以此意爲詩曰。四目何須此。重瞳不用他。欲窮千里遠。尙隔。一。層。多。文達是時新通籍。和相頗有意延攬。其所言正非無意。有某編脩者坐與文達毗連。亦微聞其語。乃反其意爲一聯曰。聖明何用此。臣昧必須他。榜發。文達得第一。某編修亦得第二。然他卷中亦有與此意暗合。乃又抑置三等。則不可解矣。

林文忠遺事

道光十七年。湖南新寗匪藍正樽作亂。旋即撲滅。　上疑正樽未死。密諭巡撫確查。林文忠時方任兩湖總督。同被命。公奏稱正樽確已陣斃。　上意猶未釋。嚴諭斥督撫辦事顢頇。解撫臣任。鐫公五級留任。公再疏爭之。畧謂小醜已死。確無疑義。追究不已。仍歸無著。且羅織告密之風。因之滋長。非所以尊國體而安反側。疏入。　上始釋然。溫旨獎公不阿。梅伯言以啓賀公曰。不辦儂智高之未獲。武襄所以爲純臣。不言王林卿之尙生。何竝所以知大體。世傳誦之。

已革達賴喇嘛入覲軼事

上年已革達賴剌嘛之入覲也。軍機處特派一司員監之。凡達賴一日中語言動作。無問巨細。必詳紀密報。嘗在某樞密處。見其稿本。所紀甚詳密。然全屬瑣事。無一字關係西藏大局者。所紀各國使臣與達賴往來。以俄使爲最密。殆無一星期不往見。次則英使亦數數過從。它使則不過一次枉過而已。達賴見外賓時。此司員不得在側。可以知其用意矣。偶采其最可笑者一則。以見蒙古種人迷信之深云。達賴每遇放頭之期。必有蒙古男婦千餘人。或五六百人不等。各獻哈達一方●（哈達藏語謂手巾也）隨意納捐。至少者銅元數枚。或數十枚。當未放頭以前。先有刺麻兩人。據佛倉門首募捐。願捐銀者。書寫姓名。其數須在一兩以上。至數十百兩。如無銀者。以首飾銀器折算亦可。如有捐百兩以上至千兩者。則達賴必以殊禮遇之。於未放頭時。傳喚其人入內單見。既入。即長跽達賴前。達賴親手按摩頭顱。賞白米飯一木碗。或一兩合。叩謝而出。然後傳衆入見。以錢之多寡。爲進見之先後。俯伏叩頭。達賴手木捧一。各擊頭顱一下。砰然有聲。有墳起如栗。如桃者。然皆默默忍痛。或至涕下。不敢呻楚。擊畢。欣然退出。戚友見者。悉殷殷致賀以爲至榮。蒙人有大疑。悉決諸刺麻。達賴既入都。問卜者無日不至。他刺麻乃寂然無人顧問矣。卜者各自書姓名籍貫年歲與所卜何事。以哈達包之。媵以銀。跪獻之達賴前。達賴啓視之。以銀之厚薄。爲決事之吉凶焉。其銀數必在二兩以上。

達賴所居室。有　聖祖御書聯額。聯曰。大千世界宣眞諦。億萬斯年拱上京。額曰。覺迷綏遠。

紀太淸春與陳雲伯之交惡

道光中。錢唐陳雲伯大令。樹東南風雅壇坫。自命傳隨園衣鉢。廣收女弟子。聞海內有閨媛能詩詞者。必貽之以詩。要與唱和。時西林太淸春爲都下風雅主盟。雲伯以詩投之。竟見絕焉。亦國朝詩史中一大故實也。太淸集中有一詩。紀其事。題云。錢唐陳叟字雲伯者。以仙人自居。箸有碧城仙館詩抄。中多綺語。更有碧城女弟子十餘人代爲吹噓。去秋曾託雲林以蓮花筏一卷墨一定見贈。余因鄙其爲人。避而不受。今見彼寄雲林信中有西林太淸題其春明新詠一律。幷自和原韻一律。此事殊屬荒唐。尤覺可笑。不知彼太淸。此太淸。是一是二。遂用其韻。以紀其事。詩云。含沙小技太玲瓏。野鶩安知澡雪鴻。綺語永沈黑闇獄。庸夫空望上淸宮。碧城行列羞添我。人海從來鄙此公。任爾亂言成一笑。浮雲不礙日光紅。味詩意。必有重得罪者。惜行篋未携碧城全集。不得一考其本末也。按太淸與雲伯子婦汪端相友善。集中頗有唱和之什。而顧鄙夷雲伯如此。殆不可解。

續紀左文襄軼事二則

恭將軍鏜赴西安將軍以　孝欽皇太后夙重左相。乃謁之於甘肅。文襄設宴待之。酒酣大言曰。昔　聖祖　高宗。戡定絕域。其時所用之將帥。皆駱駝耳。時材官十數輩侍立左右。文襄指之曰。此輩亦駱駝也。稍負重。便要落。落音近羅、湘語謂跪伏也、旋又自指曰。我亦駱駝也。然差勝彼輩者。能負重而不致竭蹶耳。恭但唯唯而已。

文襄解江督任。乞假歸湖南。其壻陶往起居。陶故文毅公之公子也。文襄語之曰。湖南出兩江名總督三人。一即尊公。一曾文正。一即予也。然兩公皆有不及予處。予亦有不及兩公處。陶叩其故。曰、尊公惜未封侯拜相。文正侯相矣。未得還鄉。此兩公不及予處。予所不如兩公者。則長髯耳。文襄狀貌、極與李壬叔先生相類、

文苑

遊慈仁寺偕陳弢庵林畏廬陳石遺鄭太夷趙堯生胡漱唐曾蟄公冒鶴亭林山腴羅癭公潘弱父同賦畏廬爲圖

檗菴

京華數禪窟。天甯及法源。慈仁以松傳。秀出彰義門。國初設廟市。書葉何翻翻。亭林乃大儒。愛此駐高軒。誰歟共炊羹。隴西李王孫。李天生 道咸起何叟。厥臂取諸猿。古誼約祁張。建祠潔蘋蘩。曾公治許書。賃廡窮朝昏。旁奩奉大士。佛事揚風旛。滄桑一以變。愴此胡馬屯。春風二月吉。城南天氣暄。我來恣幽賞。雕甍換頹垣。煌煌教忠典。君當國殤魂。階前左右松。古者疑金元。或云非祖樹。昔聞潘子言。胡爲東一株。奇勢作龍奔。恐非百年物。鱗鬣理固存。閩叟林古度。畫筆成蜿蜒。貞元白髮翁。松下數巢痕。坐久羣動息。微聞茶鼎喧。松聲動晚吹。回車尋酒尊。後考主客圖。區區嶺南溫。

穀夫侍御約遊慈仁寺訪松並謁顧祠

漱唐

遙遙古精藍。矯矯雙松樹。宵深風雨來。鱗爪挾之怒。春日美且妍。騁轡宣南路。言尋會兩生。張文襄咏慈仁松詩云儼如魯兩生偃蹇不可招 設蕝談掌故。國初有遺老。艱貞勝孔鮒。徵車。屢。叩。門。堅。臥。不。肯。赴。六拜。昌。平。陵。就此。賃。廡。住。張稷 何紹基 隱金馬。跣足避塵污。九原。思。古。交。誅。茆。以。祀。顧。人命如朝菌。韶華不可駐。後死身獨勞。遂以石洲祔。歲久祭薦絕。悽愴感霜露。日下搜舊聞。晨星粲可數。鄭。君。遼。東。回。衣帶。檢。關。雨。善保。洴。澼。方。嚋能。用。大。瓠。陳公本清流。先朝受殊遇。薦禰。豈。云。私。用謏。亦。偶。誤。再出。事。己。非。論與。時。俗。忤。拭涕談開天。如讀靈光賦。爲言謾欲翁。白頭解樞務。盡日撿禪扉。說經尊訓詁。吟哦二松間。散髻展幽步。毘盧既荒穨。故宅竟誰屬。枯僧坐蒲團。何所乞施布。車駕長安還。故鬼失依附。借此妥忠。魂法力豈能護。或。言。秦。大。夫。己。任。爲。梁。柱。祇遺。六。孫。枝。時有。鳥。來。哺。鳥聲。一。何。苦。啞。啞。亂。朝。暮。

穀夫同官招集慈仁寺看松　堯生

長安二月乍飛雪。此雪如儺故人別。新。昌。庭。省。送。將。歸。海藏。觴。春。留。一。月。馬卿昨日方至。都。通白 不知趙子能來無。湘帆 行。攀。嵩。少。三。花。樹。併訪。秦。松。五。大。夫。今年所書游事 故人。遲。我。故。鄉。去。豹君護督 大好。浣。花。草。堂。住。小。嬸。輦。衣。兒。索。餔。絆。盡。九。州。伸。腳。處。內閣還先國會成不才。無策。贊公卿。天涯芳草看看綠。醉趁花朝歌太平。溫侯大笑君休醉。吟松快補慈仁寺。我云。詩。是。石。遺。佳。不。見。龍。身。夜。叉。臂。

前年重九曾同石遺翁一游更綴八語　堯生

一幅春雲蒼翠姿。或云。生自六朝。時人情。好事。誰。能。據。天外。蟠。空勢。自奇。古佛。與。人。爭。歲。月。老。龍。出。水。作。之。而。尊。前。九。日。渾。如。昨。蕭。瑟。前。身。問。畫。師。

穀夫侍御招集慈仁寺看松屬爲補圖幷詩其上　畏廬

蘭若已隨兵刼換。山門故物見金松。却懷前迹尋殘碣。不覺深談過晚鐘。社集若關天隱。倡。勝流何。望。世。優容。暫。拋。身外。無。窮。感。聊。養。僧。窗。半。晌。慵。

二月一日穀夫招集慈仁寺看松畏廬作圖題詩其後　石遺

廢。寺。看。松。不記回。丹青祠。廟。出。蒿萊。天留此叟。經桑海。代有遺民話。刼灰。畫裏。夜叉。雙突。臂。眼。中。春。物。百。胚。胎。戒。壇。潭。柘。誰。尊。宿。更待驅車潑墨來。

穀夫侍御兄招同人訪松慈仁寺　鈍宧

八年不訪慈仁松。風沙兀兀凋顏容。心知塵俗媿松見。却謝一語眞由衷。吾生簡傲自天賦低眉束縛衣冠中詣人落落覺冰炭獨處久久成疏慵溫侯作書昨見損約我往日同攜筇表忠御筆榜題字到眼已失梵王宮一代風雲有遷變百年運會相汚隆憶從京邑雜戎馬倉卒徹夜甘泉烽豈期亂定再相訪孤生未化隨焦桐一枝一幹何足惜詞流百輩曾相從國初耆舊不可見見汝如與汪堯峰王漁洋逢方今時世厭衰醜一鬨之肆羣洶洶薪燒論語尚不恤況汝天性難馴龍無聊姑作達者語壞空成住非人功裵徊斜日未忍去仰視太昊方夢夢

慈仁寺訪松謁顧先生祠同諸公作

瘿公

慈仁雙松不得見階前欝欝數松在東首一松作龍勢古格蒼髯異常態摩挲便作唐物看歷數金元閱年代國初阮亭哦月下三五詩人坐相對問彫何年補誰子松不能言客徒嘅毘盧閣階一堆土改祠國殤今六載人間何物堪久存況爾蒼松能勿壞亭林大儒寺旁祠佛火香龕兩蕪穢想當六謁昌平陵淚灑雙松寸心碎兒女靑紅爭蹋春折花祗向窰甕拜宣統三年二月朔溫侯速客枯僧恡何祁墨妙誰卷之差喜開成留石礎陳公三朝過松下一一貞元譚老輩健哉新昌胡御史曰歸將負南山耒吾曹

合作負苓者。豈有國事容置喙。林髯十指有松氣。胸中一幅參天黛。仙年春明羅掌故。各有題詩足搜采。癭庵同在城南角。西山落照寒城帶。蒼然不盡尋酒鑪。回首松風吟萬籟。

慈仁寺訪松圖題奉毅夫侍御

蟄公

昔我謁顧祠。初為慈仁會。其時寺半圮。搖落殆百載。肇構既崇閎。重規難狹隘。晚近寡物力。時會非清泰。剝落遂彝常。顧瞻渺殊嘅。潭潭光明殿。一二見綵繪。嚴淨毘尼額。雍正御書。大殿前亘長軸。供奉傳雯畫。高丈有六尺。其濶四丈殺。卷中指畫佛。一一具神采。頗憐殿西偏。像設兩破塊。以苫蓋覆之。僧笑不可耐。顧我所發願。於佛信無礙。側左觀音閣。窰變事瑋恠。屈臂支頤坐。相好生敬愛。霞帔萬瓔珞。藍翠類輕靄。座趺御題記。恍彿乾隆代。我時足筋力。好事出儕輩。毘盧登廢址。高瞰城內外。鬱鬱雙松樹。扶欄正偃蓋。側聞康雍盛。廟市攤書賣。我來每秋節。寂寥但餘愾。皆墀淨若掃。草芳紛可佩。叢叢黃葵花。猥籍西風內。眞賞豈必遠。恣情窮遽汰。百好固難足。一意諒不悔。人事多好乖。亂生始無賴。刼灰餘瓦礫。私耘遍瓜菜。雙松舊偃蹇。兩淚定相對。李賀銅仙移。盧同

文苑　六

玉碑碎百見百傷心一讀一感喟平生賞心處車驅不容睞沉沉兀孤懷妻兒那足話
昭忠新祠宇遜基得製裁我意固亦肯此心微帶芥披圖見松樹諦視欲下拜松如我
故人我詩儻亦解

毅夫侍御屬題慈仁訪松圖　太夷

南城往往見老樹託命精藍資掌故諸松毛骨想父祖吟嘯寺門誰與顧福陵饗殿欝
蒼蒼手撫龍腰暗斷腸瀋陽歸客休看畫挂夢渾河片日黃

辛亥二月毅夫侍御招同訪松舊慈仁寺　弢庵

街西三寺無一存慈仁獨以松留痕雙松成三久代嬗望古銷盡漁洋魂山光滿鏡昔
登閣戒公息叟遺孤墩（毘盧閣久燬同治間郁文端在寺養痾戒公和尚爲築閣寺後最高處以轆攝山影文端題額署欵息叟）顧閣龕火接涼翠中
有梵籟無塵喧詎知轉眼便泡影窣像指畫同泥洹（寺有窣變觀音像傳婁指畫佛蹟並燼矣）三松偃彊天所
赦物外不動寧非尊人間何世獨也正後秀足可追金元（金時雙松國初猶存今二松皆補植然亦百餘年矣）欲知未
來視過去詩成圖就吾何言

己酉三月訪松之作附錄　弢庵

慈仁寺燔行十朞。突見丹碧成崇祠。蚪松兩三猶舊姿。自我不見常汝危。身歷浩劫兀不知。却對雙鬢憐吾衰。吾衰乃有看汝時。向日同遊存者誰。張叟先來聞有詩。可能雪中持一瓻。亭林盦前斟酌之。仰讀乾隆御筆碑。

慈仁寺哦松圖題奉穀夫社長　　弱　父

慈仁寺松格淸古。參天拔地龍蛇怒。溜候愛松如愛客。客亦愛松是唐樹。是日雪淸春氣新。列席盡是賢俊人。自從開成至宣統。古心閱世占龍鱗。松邊軼事固多有。三百年來幾盃酒。朱王一去祁何興。荒盦載祀亭林叟。十載之前胡馬屯。化身大士刼火燔。（寺有窨變觀音庚子之亂燬於兵火）過來萬景盡如夢。爾松須鬣猶翻翻。長安人愛花如海。誰識松間立吾輩。嗟我平生失路人。披圖感在雙松外。

穀夫侍御招游慈仁寺看松畏廬作畫題後　　山　腴

我聞慈仁松。歷世六百戰。金元此蒼髯。獨立色不改。中更幾刼火。不止神拳罪。雙松不失故。龍氣依然在。長安二月吉。花事無蓓蕾。招爲看松會。座客譏元愷。入門對松揖。神敬貌無怠。却笑吉祥兒。丐瀋說凍餒。一旦託肺腑。出家自不悔。當時公與侯。拜跪通貨

文苑

八

畊。龍象瞬忽空。喧寂互倚待。可憐毘盧閣。埽地無基礎。是松如海桑。名流以時匯。高吟蒼翠地。一一吐珠琲。𩎟𩎟溫御史。孤根秀南海。淪茗聽濤聲。風至清興倍。林翁支離叟。畫筆泣眞宰。懸知柯節成。胸中蟠磵礧。詩含古松氣。羣公富文采。佇看海鶴姿。松間何皠皠。

復少年時之興高采烈。亦鮮作終夜流連。人皆不料其此夕復深夜臨蒞也。其時俱樂部中人。方團聚於堂中。競說新近之所聞。或語軍備。或談政事。以及委巷瑣聞風月游賞。亦靡不言及。或且道他人長短。信口雌黃。尤多涉及婦人女子。事良賤邪正。皆無所擇。惟求新異。不避猥褻。諸人相習成風。每夕如是。竟以此爲常課也者。剛騰在昔亦慣作此態。且更領袖其儕。今則不願爲此者。蓋彼已與姌娜。重修舊好。深恐諸人之齒及姌娜。妄施褒貶。於己殊難爲情也。然諸人既集聚堂中。己亦不能太立崖岸。乃忽見窓間別有數人立談。類皆舊識。乃趨就之。衆皆歡迎。其中迪詩頓氏之羅畢亦在。遽呼曰。勞乎指揮。今夕何又破例。以丑初來至此間耶。前此掌燈以後。未嘗一見君也。剛騰笑曰。誠然。蓋嚮者甫卸行裝。未遑寧處。今則摒擋既畢。心事已暇。胡忍坐負佳時。而不與故人及時行樂耶。吾在非洲時。日入而息。鷄鳴而起。然豈余所欲。不過其地無行樂之事。余固不得已耳。今歸至此。固當易其起居之節。以事娛樂。吾知博局須中夜以後方始。爲之頗欲於此中一賭勝負。故深夜來此。羅畢曰。君來適妙。吾儕方切盼望。思得一博塲高手也。曰。是何爲者。曰。於此有一克利柯爾種之上流人士。君所未識者。蓋其人年來已到巴黎至前月方納身此俱樂部中。彼固不常來。然來即傾動大衆。蓋彼每博輒大勝。無人能與抗衡故也。曰。彼旣非常來。今夕亦未必見。何云巧耶。曰。今適星期六日。彼每於是夕來者。前星期六日。方赢得沙提里四萬五千佛郞去也。曰。似此誠足樂吾觀聽。吾亦欲一試之。曰。吾之愛友。此中情景殊壯快可觀也。然吾且先問子。吾欲於今夕招致三數麗人。以作夜飲。設子博勝利。肯與吾人共酌否耶。曰。吾定如命。縱不勝利。亦當來也。惟子所招致者誰耶。曰。皆非君往年所見者也。乃新近登場之輩。固不佳妙。其中尤以斐拉特馬甸爲最。年未二十也。彼出場未久。已駸駸乎有出人頭地之勢。日來已能羅致一部車馬矣。曰。已矣。但願彼卒能翹楚一時。邇來博場中興致何似。吾亦欲往綠室中一視諸人狀況。曰。君盍少安毋躁。此博場高手。尙未來也。異哉。彼今夕何久不來。得勿有他故耶。曰。斯人何如者。曰。彼於非洲東岸諸島間。多有田園。日惟以揮霍爲事。其秉性頗怪僻。不事修飾。亦不喜酬應歌舞之場。游樂之地。皆鮮至者。曰。然則子何以知其富耶。曰。沙提里深知其人。將介紹於此會中。子欲知其詳。可自問之。曰。吾亦非必欲窮究子之博場高手者。今且問之。夜飲之局。將於何時何地爲之。曰。設於碧犀酒樓。寅初開筵也。諸女嘉客。今茲方在羅甸家中作投球戲。非深夜固不得來者。曰。羅甸家耶。非在般提衢路者耶。曰。然也。子與吾往昔嘗常至其中者。剛騰聞此。不禁一皺眉。陡憶及娟娟事也。羅畢忽呼曰。噫嘻。世俗慣語。良不誣哉。說着天使天使便來。此男爵今果至也。曰男爵何人也。曰。君何不悟。蓋即吾人所謂之博場高手綸提氏男爵也。剛騰愕然。急轉顧。見堂中相去最遠處。其人果在。蓋即頃間倉卒造訪之上流人士也。剛騰念適纔之行事。頗跼蹐不安。自謂曰。何巧相遭值一至此耶。羅畢又謂之曰。吾將為子二人作紹介。趁博局未開。彼此先一結識也。此人亦甚可親者。剛騰雅不欲然。際此亦斷難迴避。且綸提男爵已自逼近。不能不以禮貌周旋也。遂由羅畢介紹。彼此行見面禮。而綸提男爵早默喻剛騰之心事。絕口不提頃間事。直若前此未嘗相遇者然。剛騰乃大感激之。念此人真透徹人情世故者。吾初不料其氣量含宏如許。其人必歷練老成之士。與之納交。必能深得其益。遂大有相見恨晚之心。旋聽羅畢與語曰。君今夕可大展其技。吾友荅坡氏亦一高手。吾已以君之手段具告。便可一決勝負也。綸提氏笑曰。尚未開場乎。吾不幸以事阻。未能早來也。曰。諸喜博者皆待君來。早已在綠室中矣。君等開場。吾當再爲招羅數人來也。羅畢語竟。遂向書樓球室等處覓人去。此時左右諸人亦俱他去。惟留剛騰與綸提氏獨對。綸提氏謂剛騰曰。承迪詩頓長者以吾介紹於君。願君不相遐棄。適纔君到吾宅中會晤之事。吾未知君願齒及否。故未敢一重提也。剛騰曰。吾已深知雅意。幸長者慎言。吾殊感紉厚誼。迪詩頓氏固與吾交厚。然吾此事亦雅不欲使彼知之。以適間竟出奸人智計之下。遂使兎脫以去。倘令聞於朋從中。將成絕大笑柄。今茲重晤長者。吾亦不禁恧然。頃間之舉動。即公亦當訝其不倫者也。綸提氏曰。鄙意殊不如是。公見竊盜踰我園牆。因來告警。寗非理勢之當然者。至於盜之不獲。公固不當任其咎。吾今並告公。自公去後。吾僕尚徧搜室中。惟恐其萬一潛藏也。此賊必復踰園牆逃去者。公之御人見之乎。曰否。吾所不解者正在於是。自彼踰牆入園之後。吾即往呼御人來守於牆隅。一往返之間。隙至多不過五分時。寗得遂逃去耶。曰。公言似有不類者。吾不能無惑。公適纔非云車馬經牆外見此賊方越牆耶。胡云往召御人來也。剛騰已自悔不當瞞此君子人。反致所言。藏頭露尾。不類端人行爲。乃實告之曰。吾頃間實未以其中情節一一奉告。以吾與公素未謀面。未便瑣陳也。今知公高誼。願傾懷告公。綸提氏急謂之曰。長者幸自精審。吾未得託肺腑。何敢承公謬愛傾懷語之耶。剛騰聞此。足徵綸提氏之能自愛重。不輕强預人家秘事。此正大方君子之行徑也。乃應之曰。吾知公謹愼自愛之懷。然吾有不得不明白奉告者。彼闖入公家之人。固是奸宄之尤。惟吾未敢信其果欲入公家而胠篋者也。曰然則彼闖入吾家何爲者。曰。欲逃吾之追躡耳。曰吾誠不解公言何謂矣。剛騰與綸提氏且語且行。同向緣室來。此室固專備博塞之用者。其位置在俱樂部盡頭處。須越若干房室。始能入其中。剛騰知沿途無他人。不慮有竊聽者。乃謂之曰。吾今實告公。今夕到意大利康衢。造訪吾友之家。談久乃告別。既出門。則見有一惡人在其園外。於此更有異樣之根由。足使吾別懷疑抱者。以是之故。吾遂疑此賊非爲竊物而來。其意殆別有所在。乃思一窮其底蘊。初意實欲尾之而往。以跡其巢穴所在。故改易面目。僞爲渠輩中人者。近而與之扳談。吾爾時極當捕獲之。但私心固別有用意。以爲倘不須警吏干預。則吾之行事尤便。故但事羈縻。蓋此舉實關涉他人隱秘。有令吾不得不出以詭譎者也。吾於是僞爲欲助彼行事者。以期刺取其隱情。綸提氏笑曰。彼必不肯信公有可斷然也。

曰。固未必深信。然彼亦不能不貌爲坦然者。遂聽吾與之俱去。而其心則刻刻欲圖脫逃者也。吾隨之經行無數僻徑。且與之買醉於藏垢納污之酒肆。然欲探討其情實。而終不可得。其事今亦不細述。後此彼乃爲我詳及君家。謂此宅之主人。固不在室。其中復廣有財帛。彼將入室行竊。而囑吾爲之瞭望。吾不意爲彼甘言所紿。竟使前此時光辛苦跋涉。終無所得。纔乃變其計畫。決俟彼入室行竊。卽呼警吏執之。遂勉隨之而往。豈知吾妄行詭道。終至弄巧成拙。賊乃僞作入圜去。迨吾往召吾車馬。彼已乘間兎脫。吾竟墮彼術中。吾今毫無隱飾。均傾懷告公矣。綸提氏曰。如此坦懷。愈足見公爲人之可重。而吾謬承誠信相待。尤增光寵。惟有勉自期許。以求不負公之推心。倘得助公以破獲斯人。尤所甚願。但恐彼不敢復來嘗試耳。剛騰曰。亦不敢望後來之終獲其人。但得藉此一舉。以納交於長者。吾已無任光榮矣。遂致其爲禮之手於綸提氏。綸提氏亦懇摯握之。復謂剛騰曰。吾人舍博塞場中之外。尙冀別有聚首之所。不知能如願否。吾一身頗寡交游。固由巴黎游樂事。多非余所愜心。亦以不遇眞正之同調故也。剛騰曰。旣承見愛。今夕欲邀公夜飲。倘肯惠顧。何樂如之。曰。君夜飲乎。曰。然。有三數美人及迪斯詩氏。皆預其列也。曰。敢不如命。曰。似此吾人定約矣。寅初將與君偕往碧犀酒樓。今且向博局中。一試吾人之采頭如何。二人將至綠室。忽值迪詩頓氏來。謂二人曰。公等胡爲者。何空耗此千金之漏刻。沙提里聞綸提男爵來。已布五萬佛郎於場上。大有滅此朝食之概。然吾以爲殆終爲公所摧耳。剛騰曰。豈惟男爵爲然哉。吾亦未肯放過沙提里。今當連合破之。綸提氏曰。吾顧念其爲吾保證。俾吾厠身此俱樂部之盛心。合當少假借之。其實吾之納交於彼。亦轉藉他人之力者耳。吾自麼理梭島來。有一知交。贈以介紹書。使得納交於彼。由是遂蒙其關切提携。吾恍如得一義父焉。羅畢曰。此等義父。固亦無難再得者。綸提氏曰。姑勿具論。總之。彼既巨富如是。吾便贏得其千百佛郎。亦不值得自疚於心耳。羅畢曰。惡。彼縱一擲百萬。亦曾未損其毫末者。遂振門開。共入綠室中去。則見室中人衆擁擠踰於其常。蓋闔俱樂部之人。皆知今夕博局將有豪賭也。此時博場已開。諸人尙鮮大擲者。大都不過間下小注。經數番敗北。大衆之貲本已多半爲囊家所吸朘。各作觀望。賭興轉衰。然亦非遂肯干休者。僥倖之心。終不可已。頃之。又競來下注。再三博。復紛紛喪失其貲。莫不垂首喪氣。其時剛騰等乃適入室中。此室原不過爲賭博而設。其鋪陳自不如他室美備。當中設一絕大之橢圓案。復盤通其中一方。以爲囊家坐處。旁設若干座。以待博者。更有椅榻多具。去案稍遠。則以位置賭客之下場休息者。外此惟有微小之耖耙類若干具。用以收聚所贏得之金帛。時則沙提里方爲囊家。歸然上坐。勝利之下。金帛滿於其前。更有署名債劵若干紙。雜厠於黃白物間。此皆賭客負彼之項。暫未能償者。故署劵也。沙提里身量碩大。面貌紫赭。本諾曼地（法西北方之古地名今編作五州郡之地）之大田地主。喜揮霍。風月場中。殊有名。而娶婦極不賢。日事勃谿。且懷挾外心。彼以夫婦淪苦。鬱鬱不得志。遂縱情於飲博。今夕特備巨貲爲囊家者。實以綸提氏曾贏彼四萬五千佛耶。欲有以報之。此時雖大勝利。終以所入無幾。不甚措意也。綸提氏入。彼乃高呼曰。男爵幸會。吾今夕渴欲見公也。公若以六日安息。而直至第七日始有所作者。惟吾亦不便咎公。以公常居勝利也。雖然。吾尚未有以相報復。公其念之。噫。指揮亦來耶。此亦深夜之間所難逢者也。公之不肯夜來。想爲情愛所牽掣耳。公毋隱諱。數日前吾曾見公與陸麗氏之婀娜。方從英吉利酒樓出。想己重敦舊好者。其不然乎。諸人聞此。多作不耐色。競謂之曰。已矣。毋多言。吾人非來此縱談婦人

影宋本花間集

詞莫盛於兩宋而實導源於唐季五代詞之有唐季五代猶文之有周秦諸子詩之有漢魏樂府也詞選之古莫古於花間唐季五代之菁英咸萃於此陳振孫書錄解題稱爲倚聲之祖久爲詞林寶貴無庸贅述顧世少刻本購求極艱此爲四印齋影宋精刻本今以泰西石印法用最上等連史紙精印與原本無豪釐之別海內倚聲家當必先覩爲快

每部定價一元

寄售處上海四馬路廣智書局

宛陵集

宋都官員外郎梅堯臣聖俞著。其詩淡而能腴。華而不綺。涵演泓深。神完氣暇。當時歐陽永叔極稱之。爲宋興百年壇坫崛起一大家。早年詩甚似韋蘇州。中年以後。多得昌黎東野意境。嘗語人曰。凡爲詩。必能狀難寫之景。如在目前。含不盡之意。見於言外。乃能爲至。此語可謂自攄其詩蘊矣。近時詩人多酷嗜其詩。而罕覯全集。今覓得舊刊本。付之石印。用最上等連泗紙印成。凡六十卷。裝訂十大本。售價大洋六元。

寄售處上海四馬路廣智書局

內簡尺牘

古今名人尺牘多矣。求其文筆清雋字字典雅未有如宋孫仲益之內簡尺牘者。書凡十卷。四百十八篇。李祖堯編注。無錫蔡敦復蔡初篁增訂。廣搜羣籍旁徵博引最稱詳備。熟玩此篇。不特可爲尺牘之津梁。而當時人物亦藉此考見其梗概焉。今用鉛字校印。裝成一厚冊。

定價大洋六角

上海福州路廣智書局白

今世說

仁和王丹麓先生撰。於國初諸名流或述其片言。或紀其一節。一時才人學士流風逸韻。活現於字裏行間。言近旨遠眞得晉賢風味者也。手此一編。如與昔賢相晤對。而文筆雋永。耐人尋味。尤令人手不忍釋。此書向未有刻本。道光間南海伍氏曾刻於粵雅堂叢書中。今抽出校印。精審無訛。每部大洋三角五分

上海福州路廣智書局白

女子偵探 薛蕙霞

新會陳鴻璧譯○是書結搆奇特情節曲邃譯者以清新之筆繪聲繪色使書中人物躍躍紙上洵小說界之佳搆也

每冊定價三角

偵探小說 一百十三案

每部二巨冊定價一元

代發行所上海四馬路廣智書局

科學小說 尸光記

張默君譯是書主指在發明一種金類光質名銑者其光力之强功用之鉅得未曾有洵他日擴充實業改良醫學所必需而全書以偵探小說之結搆成之尤導人尋味其寫情處復纏綿曲致談怪處奇幻百出譯者以銳達之筆繪聲繪色引證窮理足以濬發智識使人覺研究學術有無限樂趣洵科學界鴻寶說部中佳作也每部定價三角

代售處上海四馬路廣智書局

人間第一精本 王右軍書聖教序

右軍書精本難得。在有宋時已發此嘆。人間流傳。多是翻刻失眞。於右軍面目。何嘗得其絲毫。近見坊間有北宋拓聖教序。筆意生動。少足當意。惟筆畫過細。恐仍非至善者。此本爲崇語鈴中丞所藏。題跋徧紙。號以墨皇。且稱爲天下法書名碑第一。吾家宋搨墨寶第一。又有何道州題詩。舉以與所藏肥本黄庭並稱雙絕。則其爲鴻寶可知。拓影亦極精良。臨池家所宜手置一編也。

（每部定價八角）

初拓李璧碑

此碑最新出土。神彩與張猛龍至爲酷肖。眞魏碑中之尤物也。有志書法者。不可不家置一編。　每册定價四角

寄售處上海福州路廣智書局

二十世紀大著作名家童君愛樓實驗自來血保証書

明州童君愛樓著作等身生平擅長詩文書畫小說戲曲等一切撰作大江南北久噪文名歷在本埠各譯局各報館秉筆多年海內文學界中莫不知有此君其爲文莊諧並作獨闢町畦實爲近今二十世紀著作家中有數人物因其朝夜著作操勞過甚以致心血大衰精神困憊時患喘咳百藥無功今讀其來書能知其服本藥房自來血後其病如失精神倍增仍能深宵著述不知勞倦深讚本藥房自來血有起衰扶弱之功今特將其惠書照登於下藉見自來血大有功於人之以思慮致疾云云〇五洲大藥房主人雅鑒今啓者鄙人向以筆墨餬口歷在廣學會山西大學堂譯書院萬國商業月報館字林滬報娛閒日報文娛報鶴鳴報春申諸處辦事多年自顧不文著書至數百萬言一人精神有限終日埋頭窗下竟成了肺喘之症近更書寫稍久神志易昏不能如舊時深宵著述莫知苦辛鄙人亦稍諳醫理念小恙之來多由心血暗耗致陽氣飛越成神衰咳喘痰多內熱之症服多方均不見效後自去秋八月間服貴藥房自來血後不覺喘平痰少仍得耐勞蓋由補血而得能若此也心感之餘爲作此書聊伸謝悃并告學界諸君之抱有同病者即頌財安

厲本埠大馬路德仁里六弄志强學堂內童隱頓

海內諸公如蒙惠購請認明全球老牌商標每瓶內加附五彩認眞券一張値洋一角保證書一本方不致誤小瓶一元二角每打十二元 大瓶式元每打二十元託局函購原班回件

總發行所上海四馬路老巡捕房對面五洲大葯房抄登

●太倉中斌學堂監督兼歷辦普通震旦校務聞君冠

塵服自來血之後精神倍增舊病全除之保證書

五洲大藥房主人執事敬謝者鄙人自東瀛游學因病歸國瞬將十年歷辦普通震旦校務並獨力担任創辦中斌公學一所學生日見發達一切校政教科鄙人均有監督之責祇以舊患痰喘逢寒必發深受其累去秋在太倉中英大藥房購服自來血四瓶功效甚速鄙人素不信醫藥自服之後精神倍增日下舊病全除面部紅光大來日漸肥胖一切校務勝任愉悅爲此敬告中外學界仝人之同病者庶得早占勿藥也專鳴謝悃即頌◯◯日祉

自來血價目 大瓶二元 小瓶一元二角 每打 二十元 十二元 託局函購原班回件凡各界諸君如蒙惠顧須認明全球老牌商標每瓶附有值洋一角之認眞券一張五彩保證書一本方是翼的

●總發行所上海四馬路老巡捕房對門五洲大藥房

抄登

揚州職員患腰腎虧損及風濕骨痛而得治愈

揚州鹽道署書記員郭晉安君澤民云○余嘗患風濕腰酸背疼計歷二十寒暑腿極酸痛懶於行步身甚輭弱不克支撑曾延多醫試服各藥毫無裨益當此爲難之際爰將韋廉士大醫生紅色補丸試服之不意如此痼疾一旦竟爲是丸所驅除今則身甚强健舒暢異常韋廉士大醫生紅色補丸中國各處各藥局商店凡經售西藥者均有出售如疑假冒可直向上海四川路八十四號韋廉士醫生藥局中國總發行函購或向重慶白象街分行函購亦可價銀每一

揚州郭晉安君曾患風濕腰酸背痛服韋廉士大醫生紅色補丸而獲愈

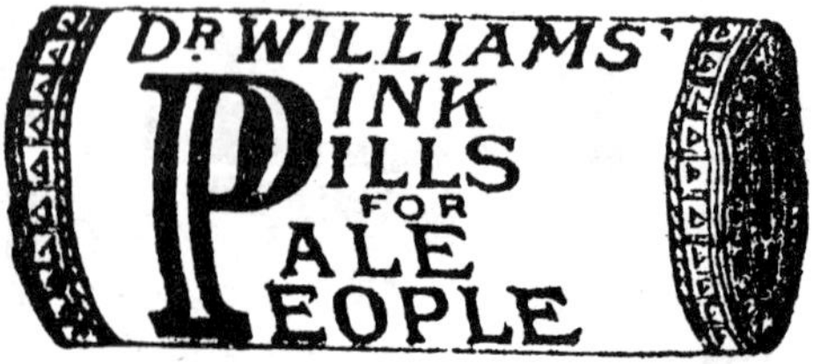

此與韋廉士大醫生紅色補丸也

KOUK FONG PO
No. 9
Issued on Tri-monthly

大清郵政局特准掛號認為新聞紙類
日本明治四十三年二月十三日第三種郵便物認可

每月三期逢壹日發行

國風報

宣統三年四月初一日

第貳年第玖期

Annual Subscription $6 50 each copy 25 cents.
Published by Hor Kwok Ching
585 Foochow Road
SHANGHAI, CHINA.

愛理士紅衣補丸

治愈心腎不交不耐操勞兼精血與腦筋薄弱承煙台芝罘日報館主人兼允康人壽保險公司經理　王君炳南惠來證書玉照

僕年來俗事紛繁祗以終歲奔勞無非破耗心神精血且也身膺報務素稱瑣雜衝繁日惟往來酧應函牘交馳百事勞形積久成弱以致神思過度心腎不交且居常不耐操勞每握管凝思輙覺神惛志亂甚則頭脹眼眩兼之記力較前大爲差別隔夕便已遺忘此精血與腦筋日受損磨而成虛弱已無疑義近且身體日形消疲胃納已大不如前久思得補血補腦之方以治之而遷延日久以未逢其當今秋檢閱各報見告白中登有貴廠愛理士紅衣補丸有造血培元之力細察証書仿單似與僕患甚爲吻合遂向本埠藥房試購兩瓶按日服之不期半月之間精神漸覺爽健面上血色亦由黃轉潤矣且眠食安舒日有進步於是深信是丸能補血補腦無疑且能固腎培元亦非虛語蓋耳聞不如自行實驗也遂再購六瓶日服三頓不斷及到二月竟將吾以前所患者悉行治愈前後判若兩人故目前雖日處繁劇而毫無倦意並知體魄已強腦筋亦壯乃深嘆愛理士紅衣補丸效驗神速可謂碩大無朋矣吾子得惠莫忘僕愧無以報聊草泐數行并小影一張略表寸意希登於報中俾同病者知所憑証焉

每瓶補丸四十粒價洋一元二角　每六瓶價洋六元

各埠藥房商店均有發售倘內地無從購買請至上海四川路一百十七號震寰藥廠購辦即日回件郵費不加

國風報第二年第九號目錄

宣統三年四月初一日出版

編輯兼發行者　何國楨

發行所　上海福州路　國風報館

印刷所　上海福州路　廣智書局

定價表　報費先惠閏月停刊

項目	報資	郵資
全年三十四冊	六元五角	全年一元
半年十七冊	三元五角	半年五角
零售每冊	二角五分	每冊三分
		歐美每冊七分　日本每冊一分

廣告價目表

一面	半面
十元	六元

號外雜文

游臺第六信

滄江

編輯部諸君鑒頃行矣。歸舟所滿載者哀憤也。舟中西望故國。豈惟慨歎。直不寒而栗耳。此行所最生感者則生計上之壓迫是也。一受此壓迫。殆永刼無擺脫之期。吾於全臺游歷過半。見其一切日用品。殆無不來自日本。即如所穿之屐及草履所食之麵及點心。皆然。舉其小者。大者可推矣。中國貨物。殆杜絕不能進口。保護關稅之功用。其可畏有如此者。臺灣本絕無工藝品。而中國貨則稅率殆埒其原價。其舍日本貨外更無可用。亦宜。而日本貨之價。亦遠貴於日本本境。以物價比例於勞庸。則臺灣物價之昂蓋世界所罕見也。以故臺灣人職業雖似加於昔。每日所得工錢雖似增於昔。然貯蓄力乃不見其增。而惟見其減。就此趨勢推之。其將來豈堪設想。而還顧我祖國。其將來又豈堪設想也。

舟中檢點日來所爲雜詩。得十餘章。錄以奉覽。

臺灣雜詩

千古傷心地畏人成薄遊山河老舊影花鳥入深愁人境今何世吾生淹此留無家更安往隨意弄扁舟

九點齊烟外蒼茫別有天下田猶再熟甘果不論錢處處泉通脉村村花欲然歲時不改舊信是漢山川

故老猶能說神功締造深廢興三國志戰伐百年心幾鑿張騫孔仍來陸賈金早知成覆水休誦白頭吟

臺灣先後爲荷蘭西班牙法蘭西三國所陷我族卒光復之日本人足跡前固未一履臺土也使鄭氏能保其世臺灣或不至有今日乎

桓桓劉壯肅六載駐戎軒千里通馳道三關鞏舊屯即今非我有持此欲誰論多事當時月還臨景福門

劉壯肅治臺六年規模宏遠經畫周備後此日人治績率襲其舊而光大之耳雞籠至新竹間鐵路二百二十餘里即壯肅舊物其他新闢容駢之道尙數百里雞籠滬尾澎湖諸砲臺皆壯肅手建臺北省城亦壯肅所營今毀矣獨留四門以爲飾景福門卽其一也余頻過其下

幽尋殊未已言訪北投泉大壑陰陰轉清流曲曲傳玉膏溫弱荇溪色滑霏煙苦憶華清夢無憀閉閣眠

北投山距臺北府治二十里有溫泉境殊幽遠沿溪數里噴烟若霏霧溫流中水藻游魚生焉

蕩蕩臺中府當年第一州桑麻隨地有城郭入天浮江晚魚龍寂霜飛草木秋斜陽

殘堞在莫上大墩頭劉壯肅本擬建臺中爲省治築城工未蕆而去位今城亦毀移城門一角于大墩頭公園曉破千峯霧迢迢爆竹聲重爲萬里客又過一清明舍館傳新火兒童報晚晴故山路幾許南望涕縱橫清明日客霧峯莊之萊園

臺南南郭路勝跡鄭王祠肅肅海天晚沈沈故國悲簷花馴鳥雀壁影護龍螭落日懷名世回風欲滿旗鄭延平王祠在臺南府南門外日人改稱開山神社

三百年前事重重入眼明天開一柱觀月照受降城胡虜到今日兒童識大名孰非軒項裔哀此乞塵氓赤嵌城俗稱王城在安平之海隅荷蘭人所築也據舊志方廣二百七十六丈高三丈有奇鄭延平克荷蘭受降于此今圮矣受降時儀式日本人猶傳以圖畫吾曾見之

五妃從死地竹淚滿南州銅輦成千古冬青共一丘珮環青冢月蘭芷渚宮秋愁絕思公子靈旗肯少留明隆武時以寧靖王朱術桂督鄭成功軍永歷十八年王遂入居臺鄭氏事以王禮克塽降王佩印綬殉國五妃王氏袁氏荷姑梅姑秀姊從死臺人既葬王于竹滬之元妃舊園復在臺南府南門外之桂子山合葬五妃即地建廟焉

鹿耳山形壯鯤身海氣麤重關常北向衆水總南趨事去勞精衛年深失滮盧東風最無賴綠到海桑無七鯤身及鹿耳門皆臺灣八景之一觀濤稱奇絕鄭延平進取時荷蘭人沈舟塞鹿耳一夜水驟漲鄭軍飛渡荷人詫爲從天而下也

曾聞民主國奄忽落人間卽事眞如戲呼天亦苦艱薜蘿哀楚鬼禾黍泣殷頑暗記
留蠶紙愁來一洗顏（故老有以臺灣民主國之鈔幣及郵政局劵相贈者）
西北濤頭起故人曾獨來徙薪謀議苦橫海壯心摧碧血隨靑史名山託古哀欲尋
舊蓁迹滹雨長莓苔（死友譚壯飛于甲午前後曾兩渡臺欲有所建樹不得志而歸其所著仁學初題曰臺灣人所箸書）
聞道平蠻使追逋竟未休網張隘勇線器淬社蕃頭弱肉宜强食誰憐祇自尤物情
如可覩不獨惜蒙鳩（日人頃方銳意犁埽生蕃廣張所謂隘勇線者蹙之于叢箐中戰畧與名稱皆襲劉壯肅之舊也今殆廓淸無孑遺吾游博物館見藥漬生蕃頭纍纍然）
暫掩新亭淚相傾北海尊春歸萬梅嶺地闢一萊園魚鳥忘賓主杉松長子孫不逢
催課吏或恐是桃源（萊園在霧峯之麓萬梅崦下逸民林獻堂所築以頤養重闈者極山水林木之勝余茲行獻堂實先後之連與接席備極摯渥館余于萊園者旬日爲徧題池館而去獻堂爲剛愍公從子與諸昆並好學能文使人生故家喬木之感也）
零落中州集蒼茫野史亭看花成壙埌耽酒得沈冥一夢風吹海無言月過庭只愁
紘絕處俛仰失湘靈（滄桑後遺老侘傺無所適相率以詩自晦所至有詩社萊園社之外汐社櫟社竹社南社等其最著也）
慘綠相思樹殷紅躑躅花能消幾風雨取次送年華北首天將壓南來日又斜金仙
行處斷鉛淚滿天涯

復有詞數闋。託美人芳草以寫哀思。並以寄上。試精讀之。或可喻其言外之意耶。三年不塡詞。今又破戒矣。

蝶戀花　感春游臺灣作

倚徧黃昏人瘦削。愁對陰陰。舊日閑池閣。燕子不來風動幕。是誰偸戲秋千索。一雨做成新夢惡。夢裏羅衾。恰似郎情薄。早識金鈴成漫約。餘英悔不春前落。

別路屏山天樣遠。苦怨斑騅。不放人留戀。波底題紅餘片片。憑君量取愁深淺。恨雨霾煙朝暮捲。便到春回。憔悴羞重見。何況夢中時鳥變。東風已共游絲倦。

歲月堂堂人草草。數盡花風。冷透春懷抱。鎭日西園鶯不到。斷紅零粉誰知道。多事庭蕪靑未了。和月和煙。牽惹閑煩惱。誰遣南雲音信杳。一年又見吳鬟老。

依約年時携手處。謝卻梨花。一夜廉纖雨。雨底蜀魂啼不住。無聊祇勸人歸去。刬地漫天花作絮。饒得歸來。狼藉春誰主。解惜相思能幾度。輕軀願化相思樹。

莫怨江潭搖落久。似說年來。此恨人人有。欲駐朱顏宜倩酒。鏡中爭與花俱瘦。雨橫風狂今夕又。前夜啼痕。還耐思量否。愁絕流紅潮斷後。情懷無計同禁受。

臺人多有欲脫籍歸故國者。故第四首及之。其第五首則當英俄邊境正劇時。故不自覺其詞之哀。實則中國若亡。則吾儕將來之苦況又豈止如臺灣人哉。

舟中復得詞一首。

浣溪紗　臺灣歸舟晚望

老地荒天閱古哀。海門落日浪崔嵬。憑舷切莫首重回。　費淚山河和夢遠。彫年風雨挾愁來。不成拋却又徘徊。

此行乃得詩八十九首。得詞十二首。眞可謂玩物喪志。抑亦勞者思歌。人之情歟。擬輯之題曰海桑吟。有暇或更自寫一通也。匆匆作茲遊。廢文課者浹月。所爲責任內閣論。尚未賡續。其他銀行政策私議政黨論等。皆亟亟欲成之者。遄返後當併日從事耳。不具

月　日頓首　讚岐丸舟中發

諭旨

三月十二日內閣奉　上諭吏部右侍郎沈雲沛奏假期屆滿病仍未痊懇請續假並簡員署理一摺沈雲沛著賞假一個月吏部右侍郎著榮勳署理欽此

同日內閣奉　上諭度支部奏請簡湖南清理財政正監理官一摺記名郵傳部丞參楊士驄著賞加四品卿銜充湖南清理財政正監理官欽此

同日內閣奉　上諭張鳴岐等電奏署廣州將軍副都統孚琦因公前赴燕塘地方查看地勢並閱演試軍用飛機回城時行至東門城外突被匪徒用手槍轟擊受傷甚重移時殞命當經拿獲兇犯嚴飭訊究等語覽奏殊堪駭惻著張鳴岐等將已獲兇犯溫生財切實研訊有無黨與及受人指使情事務得實情嚴行懲辦該署將軍副都統孚琦猝被戕害憫惜殊深應得卹典著俟該署督等查明具奏時再行降旨欽此

同日奉　旨廣州將軍著張鳴岐暫行兼署滿洲副都統著文泰調補欽此

同日奉　旨鑲紅旗滿洲副都統著恆順調補所遺鑲白旗蒙古副都統著依淩阿補授欽此

同日內閣奉　上諭御史趙炳麟著開缺以四品京堂候補欽此

十三日內閣奉　上諭現在時事多艱朝廷宵旰憂勤孜孜求治凡在臣工應如何夙夜在公勤供職守乃近來京外大臣動輒託詞請假幾於無日無之甚有一再續請者殊屬不成事體嗣後內外諸臣務當共體時艱力圖振作除實在患病准其請假外倘再有託故請假藉圖安逸者一經查出定即嚴行懲處將此通諭知之欽此

十四日內閣奉　上諭恭親王溥偉奏假期又滿病仍未痊請派員接署要差一摺恭親王溥偉著再賞假一個月正紅旗滿洲都統著博迪蘇兼署禁煙大臣著唐景崇署理欽此

同日內閣奉　上諭海軍部奏請將現充海軍要職各項人員分別除授繕單呈覽一摺薩鎮冰著補授海軍副都統並加海軍正都統銜程璧光沈壽堃均著補授海軍協都統吳應科嚴復徐振鵬鄭汝成均著賞給海軍協都統銜曹汝英伍光建李鼎新蔡廷幹鄭清濂李和林葆懌湯廷光孫輝垣均著補授海軍正參領林葆綸鄭祖彝黃鍾瑛楊敬修喜昌曾兆麟榮續葛保炎甘聯璈宋文翽鄭綸何廣成馬熉鈺朱聲岡饒懷

文均著補授海軍副參領餘依議欽此
十五日內閣奉 上諭四月十一日常雩大祀 天於 圜丘遣載功恭代行禮 四從壇派德茂扎克丹榮鑿希璋各分獻欽此
十六日內閣奉 上諭兩廣總督著張鳴岐補授欽此
十八日內閣奉 上諭伊犂將軍志銳著賞給尙書銜欽此
同日內閣奉 上諭增韞奏查明浙江各屬田禾被災請將地漕等項分別蠲緩一摺上年浙江杭州等屬田禾被水旱風蟲受傷致成災歉及歷年沙淤石積尙未墾復各田地塘若將應徵地漕照常徵收民力實有未逮加恩著照所請所有富陽等八縣成災十分各田地並仁和等二十九州縣及嘉湖衛歉收民屯學各田地與山陰縣被水坍沒坤字號花地暨富陽等十三縣並衛所沙淤石積各田地塘應徵宣統二年分地丁等項正耗錢糧漕白等項米石暨學租銀兩分別蠲免緩徵其被災各縣蠲免銀米各災戶已輸在官者准其流抵次年新賦至秋收減色之餘杭等廳縣及杭嚴台州衢州各衛所與被災歉收各州縣所未完各年舊欠暨原緩帶徵地漕屯餉各銀米均著

遞緩一年徵收以紓民力該撫即按照單開各廳州縣衛所田地塘頃畝分數應蠲應緩銀錢米石各細數刊刻謄黃徧行曉諭務使實惠均霑毋任吏胥舞弊用副朝廷軫念民艱至意餘著照所議辦理該部知道單二件併發欽此

交旨

三月初七日　軍機大臣欽奉　諭旨大理院奏各省高等審判廳成立應將大理分院事宜提前籌議一摺著憲政編查館核議具奏欽此

初八日　軍機大臣欽奉　諭旨郵傳部奏遵章臚陳本部第五屆籌備成績一摺著憲政編查館知道又片奏京奉鐵路二成餘利應撥北洋經費暫知停解又片奏擬派交通銀行總理等差各等語均著依議欽此　軍機大臣欽奉　諭旨盛宣懷奏官紳報効災賑鉅款請優奬一摺所有報効之劉承幹等十一員均著照所請奬勵又片奏皖省災情及續撥欵項情形等變知道了又片奏採辦賑糧請免釐稅等語著依議欽此

初十日　軍機大臣欽奉　諭旨貝勒載潤等會奏遴員派充陸軍貴冑學堂監督一

摺著派布政使銜分省補用道劉恩源充陸軍貴胄學堂監督欽此
十二日　軍機大臣欽奉　諭旨御史歐家廉奏內閣官制請飭詳慎定擬一摺著會議政務處知道欽此　軍機大臣欽奉　諭旨本日引見之明保侍講銜記名遇缺題奏翰林院檢討陸光熙著於本月十三日預備召見欽此　軍機大臣欽奉　諭旨本日引見之明保舉人蔣智由著以知縣發往山東補用欽此　軍機大臣欽奉　諭旨本日引見被叅寃抑之已革湖南補用知縣胡大庚著開復原官欽此
十三日　軍機大臣欽奉　諭旨本日召見之侍講銜記名遇缺題奏翰林院檢討陸光熙著以侍講升用欽此
十四日　軍機大臣欽奉　諭旨海軍部奏請賞給海圻巡洋艦人員寶星等語程璧光著賞給二等第二寶星湯廷光著賞給二等第三寶星李國棠劉冠南均著賞給三等第一寶星欽此
十五日　軍機大臣欽奉　諭旨憲政編查館奏變通各省調查辦法以節經費而裨統計一摺著依議欽此

十八日　軍機大臣欽奉　諭旨農工商部會奏議覆吳宗濂奏請專興日用工藝實業一摺著依議欽此　軍機大臣欽奉　諭旨郵傳部奏擬設商船學校大概情形一摺著依議又片奏通合公司產業購爲學堂公產等語知道了欽此

論說壹

爲籌製宣統四年預算案事敬告部臣及疆吏

(參觀第四號以下著譯門預算制度概說)

滄江

本年預算。以去年提出資政院。由院審查修正議決。會同度支部上奏。亦既得旨裁可公布矣。而內容鹵莽滅裂。貽薄海內外以笑柄。而且各部臣疆臣。視同無物。紛紛請變棄。似此情形。則擾擾焉爲此籌製議決。果何爲者。夫以今日國家財政基礎危如累卵。破產之禍。卽在目前。使非有正確共遵之預算出現。則前事何堪設想。夫籌製來年之預算。今其時矣。乃舉所懷欲陳者。爲當局一效忠告焉。

(第一)收支宜必求均衡也　此實至淺之理。不煩言而解。無論采量出爲入主義。采量入爲出主義。皆須度而後支。此度支部之所以得名也。夫安有如去年之案。歲入不足七千餘萬兩。而可以靦然提出於立法機關者哉。在理資政院得此種預算案。

宜斷然拒絕不以列於議事日程。惟劾政府之無常識不堪任事而已。去年院中以試辦伊始。不肯求全。姑以付議通過。其對於政府實已爲非常之讓步。今年資政院若猶如是。則直可謂爲議員之溺職。而政府若猶如是。則亦太不知所以自處矣。

(第二)編製之事宜由行政官擔任也　去年政府所提出之案。不過各種雜亂無章之帳簿。萬不能名之曰預算。蓋預算必須爲有系統的編製故也。資政院之審查雖不云完備。則庶幾近於編製矣。雖然。是無異以編製權讓諸資政院也。夫預算由立法部編製。各國雖非無成例。然亦惟共和政體如美國者乃行之耳。而談國聞者猶共譬其失。豈有君主國如我者而乃可效之乎。預算爲一切政務所從出。必以執行政務之人自負籌畫政費之責。然後進焉得以行其志。退焉無所諉其咎。美國制所以爲世詬病者。徒以其將此職務截爲兩橛。不勝其敝也。即如去年資政院之審查修正。其所增減是否有當。且勿論。然而各省共以爲不可行。蓋實有不可行者存也。今年政府而猶不改此度。則非徒放棄權利。抑重以自辱耳。

(第三)編製權宜集中於度支部也　立憲國之度支部大臣。其在內閣有特殊之地。

位蓋他部惟兢支出度支部則綜兢收入也各部恒欲自擴張其本部政費此人情所同然苟非有一部爲之節制則國費必增至無藝蓋國庫所入祇有此數通盤籌算以裒多益寡此度臣之職也夫在各國已舉中央集權之實者猶且有然況我國今日於各部要求政費之外更有各省所要求之政費而其數之鉅且遠過於中央者乎西人有言度臣之狀蓋如挾重金以適野各部則如萑苻之盜常思伺隙以殺越人於貨者也雖云虐謔亦洵妙喩夫在他國則眈眈以視咄咄以逼者惟在各部我國又重之以各省度臣所處抑更難矣然苟不謀所以善處之則置此職何爲者夫吾非謂度臣宜徑行直遂以威壓其僚任意削減各部各省所要求而無憚也果爾則督撫變爲下級官廳而內閣非復合議制矣惟其須以和衷之精神行綜覈之手段此各國度臣之所以難其選也若如我國去年之預算案度部徒取各部各省之帳簿編輯成帙則一憲事小吏之職耳安足以勞大臣哉度臣而不肯負此責任是使度部之權力日以落而全政府之權力亦隨而落耳

（第四）編製宜以春間著手也　言預算者謂編製時期與執行時期宜相接近此自

是正論。然徵諸各國成例。雖以號稱立法最良之國。如英普者。其編製時期。猶在會計年度開始前六箇月。日本則十箇月。法國乃至十五箇月。蓋編製預算。非可漫焉而已。必先之以調查。又非編畢而即為成案也。須繼之以議決。故備之不得不早備也。以日本之例言之。彼蓋以四月初一日為會計年度之始。而五月三十一日以前。由各省大臣提出歲出入概算書於大藏大臣。六月三十日以前。大藏大臣提出歲出入總概算表於內閣。七月十五日以前。閣議決定。此所謂調查時期也。八月三十日以前。各省大臣提出各省豫定經費要求書於大藏大臣。議會開會以前（日本議會開會以十二月為常）大藏大臣製成歲入歲出總預算。提出內閣會議決定。此所謂調製時期也。由此觀之。日本之預算案。調查約四箇月。編製約三箇月。蓋非經爾許歲月。不能審察周到。而規畫精詳也。我國各部政務。頭緒之紛繁。不讓他國。加以各省相去遼遠。不能一堂會議。往返商榷。動費時日。又事屬草創。諸有司皆乏經驗。則調查編製之期。惟宜視日本更長耳。若短於彼。決非所能逮也。今日本於此期內。共費七箇月（合以議定期三個月故共為十個月）而我資政院開院。定以九月。若二月著手編製。則所得時日。恰與彼同。

今不著手更待何時若各官吏惟以敷衍爲能則雖至中秋節以後始命鈔胥將舊年斷爛帳簿迻寫一通卽使提出固無所不可此則非吾之所敢知矣

（第五）體例格式宜釐定也　編製預算實爲一種專門技術條理萬端具有專書非所能殫述也（別詳明水所著）而其中有一問題爲我國所特當研究者焉蓋我國於中央各部之外而復有各省同爲最高官廳同有直接向內閣要求政費之權此實各國之所無也如去年各省各自以特別會計之形式提出無量數之帳簿於資政院中外古今固無此可笑之事今後之格式不能不歸於一無俟論也今後編製預算其必當仿各國通制就政務之性質以分類而不能就地域以分類惟當各省要求政費之際應由各督撫將各種政費要求度支部再由度支部將其所許之費分類以編成總豫算乎抑應由各督撫將各類之政費分要求於各部再由各部將其所屬政費爲各省所需者分省列出要求於度支部而度支部可以其所許者編爲總預算乎由前之說則省手續之煩繁使行政得趨簡易此其利也由後之說則各部於其所管轄之政務能布一貫之政策於全國而因以益重其責任此其利也二者各有

短。長。吾。蓋。不。能。遽。斷。然。竊。以。後。說。爲。尤。合。正。鵠。矣。要。之。二。者。必。當。采。其。一。而。萬。不。容。如。去。年。之。各。不。相。謀。斯。則。可。斷。言。耳。

其他與預算聯屬之事。如會計法之制定。國庫制度之確立。幣制之實施等。條緒甚多。當更爲專篇論之。

二月廿一日稿

論說弍

外官制評議（續第七號）

更生

吾國爲强敵壓淩甚矣練軍誠不可緩今一切責成于行省卽以新軍論僅令每省練一二鎭而已艱難若此然照德薩遜之例僅吾一州一府地而已屯兵四萬矣唐世六十餘節度使亦僅吾一二府地耳而擁兵若此其盛强也若今升府獨立置尹之權位或加巡撫銜令其府練一協吾國已將百鎭矣況大府且可練一鎭乎故非多分府治亦難增練軍也

欲阜商旅保人民非安靖地方不爲功則警察乃莫要之政也今行省遼濶巡警道者保護一省城猶恐未逮而謂能治及全省乎乃者各督撫奏報警政謂每縣設警卒百人夫一縣之地域幾何人民幾何百警卒者乃供數街之用耳而云每縣設百何異于無其能保人民以阜商旅乎然自督撫視之其全省警卒已萬人不爲不多矣不獨籌

款甚難而已也。日本地僅當吾四川一省。而十四年前。日本警卒將十萬。故猶有行省之大。猶有巡警之制乎。謂督撫與警道能舉全省巡警之政。未之有也。故必升府獨立爲尹。之權位。每府。設巡警司。以規定其轄下之數縣警政。或可修也。

立國賴乎人才。非學校無以成人才。德之聯邦。地僅吾一縣或半府。而皆有大學。若高等學專門學。則無數矣。薩遜僅敵吾二縣。爹釐士頓與立色。皆立大學凡二矣。今吾大省不立大學。無各專門學。固疏謬不可言。他日即立各學。而行省之制。督撫駐于省會。亦祇能爲會城立各學。斷無能令各府徧立大學及各專門學之理。則所造之人才有幾。故必升府獨立。權任爲尹。或加巡撫。令府必立一大學。農工商學。陸軍學。建築學。與因其地宜之特別學。若近鑛山之設礦學。近海之設商船學。出絲地之設絲織染製學。而後人才不可勝用也。

凡聚人阜財之所。有地。有人。水陸輻湊之區。必繁盛者。地勢也。否則號稱繁盛文明。必在其都會者。人爲也。德之柏林。三百年前一曠野耳。及普封王而都于柏林。當道光十年。末統德國。人民僅七萬。至今僅八十年。則人民三百餘萬。爲大地第四大都會。鐵路既出無有高遠惟其所通于是人事之勝過于地利矣夫設都會則人民輻湊而增繁盛文明不設都會則人民不集而凋荒喬野乃自然之反比例矣夫國之能自立于大地與夫以小國而能抗大國或弱大國而勝之滅之豈非以其文明繁盛而勝凋荒喬野者哉然則于今日而厚殖其土地人民非日思所以增其繁盛文明而何慕何思焉苟思以人力增其繁盛文明反故疎少其都會是自求喬野凋荒而惡繁盛文明之日增也豈不與求治相反哉夫所謂都會者苟不假乎地利而欲藉人力以增長之則非裁行省而以府治爲至大之區以府尹爲至貴重之官上或以王公大學士尙侍領之而加巡撫銜以大其權下多設羣司多士大夫以備其職不能致也夫今行省之會城以督撫與羣司之所在候補官多集焉巨紳大富者多居焉羣學多立而士人大聚于是商運百貨以赴之富貴既多能售精貴之物而宮室較美服器較侈于是百工集焉商貨益多赴之游人亦增多于是飲食行旅之肆車馬之盛圖書玩器之雅亦日增而文士考古言今者亦萃焉夫是以增繁盛文明也若寥寥荒縣官不過令丞教職數人士不過諸生數十人一切冥冥工商官士皆不集雖有廣土千里祗爲榛莽狐兎之

窟安得不增其榛狉喬野也卽爲今之府治僅增一守及同知通判一二人武官副將游擊二三人紳士增舉貢數人如是止矣工商必比縣稍增然亦止于是矣夫以吾全國之大敵全歐而除十餘省會及水陸要衝之諸地外能號稱繁盛文明之會城者無幾是舉國而荒之也豈不大痛哉夫以製造文明繁盛可由人力而不必盡賴地利也而吾何必力拒之而何不仿爲之爲之至易但裁行省而以府爲至大之區卽能生產發揚二百大都會比行省之制增文明繁盛者百八十矣其所增富强文明十倍昔台灣隸于福建僅設道府而極荒蕪及改行省設巡撫而開鐵路大增繁盛日本設總督府加以治具而繁盛尤增卽吉林黑龍江二省舊亦榛蕪亦增設巡撫而日繁盛焉此皆至近事可取鑑者矣

今中國田土經界不明故賦稅不確而歲入寡少且地訟易滋故孟子告滕以定經界爲始而各國爲治亦必先以清定經界爲先吾國方患貧若經界既正歲入可倍而經界所以不能清定者以行省域大難于精核也若縮小政區每府有府尹重臣督之各府開經界局分縣而畫圖帳經界易正也

若夫農田水利之宜修陂塘隄堰之宜繕森林材木之宜考植橋梁園場之宜廣置若者有待于機器若者責成于士民大者宜舉細者宜程以行省之廣大浩繁考之而不盡也舉之而不勝也唐宋之守令多能修舉地利以權位較崇之故明及國朝反是若縮小政區以府爲行政至上之級府有府尹重臣則可上請于朝下鼓其民中設專局舉之較易而近也

今若裁行省定建府爲地方上級至大之治區上承閣部每府設尹照順天奉天府尹之權位大府或加巡撫銜與行巡撫事以重之或遣王貝勒貝子公閒散大學士尚書侍郎都統領尹事如今順天尹多領以尚書之例其屬徧設諸司每司下列諸曹皆立督辦總辦會辦提調文案諸官合諸縣人士而開諮議局于府治則歲議員百數咸集府治皆立大學及各高等學專門若農工商與其地所宜學及夫陸軍校集各縣人士而教之則有教習百數生徒千數乃有特立之國家銀行圖書館博物院動植物園醫館電館信館而衞生治道巡警諸官尤繁焉聚貴官吏士旣多則商賈走集工藝振興人民日湊文學日盛財用亦日阜是以文明繁富自日盛而月增也

此皆粗舉行政之大者若舉纖悉之治條理萬方試問府治之與省治其疎密若何計以十倍得失若何亦計十倍則劃治區之宜大宜小宜省宜府乎不待智者而可決矣今督撫及諸公之才若何吾不敢知然諸公之才必出于全國四萬萬人士之上而無人焉以與二十餘之督撫比焉則諸公亦必不謂爾也然而全省人才薦用皆由于諸公何若裁行省而用州郡則二百之人才或亦與今督撫諸公等乎或疆理狹少才人猶得少竭力以闢土富民致其教養耶今爲國家計爲久大計誠宜少割壤地多分政區地治猶望不荒也吾遠考萬國諸歐行政區之至大若奧普無過府者內考前代行政區皆以州郡亦不過今日之道府而止若邊遠之地用道亦可僻荒之地倂府亦宜要大端而言之行省之大不可不裁矣其詳見吾官制議及裁行省議可備採擇

或謂今督撫諸公擁旄萬里節制百城今若驟裁土疆令同道府誰則受之與狐而謀其皮與虎而謀其爪未有能行者矣不如聽督撫之撫有行省而以諮議局監督之夫立制不爲一人一時也今督撫諸公豈常爲督撫乎他日之爲閣部者非諸公而誰託乎且以吾之私議宜設中東西南北五部以領內州郡設遼蒙回藏四部以領沿邊是

有九部尙侍十餘人足爲督撫廻翔之地班春巡邊猶是督撫之舊制也蒙古設督宜分內外新疆設督亦宜分內外與衛藏奉天共爲六督滇邊桂邊瓊島西川青海添設之六七巡撫或蒙邊十餘巡撫足爲今督撫量移之所也是則督撫之權位有增無損者矣或初改大府尹而許節制同省諸府尹若今總督節制巡撫東三省總督亦僅領昔者奉天一府耳則威望亦非銳減也而全國受其賜矣敵兵壓境舉國倉皇誰保久遠諸公體國公忠豈有爲一日之在位而棄中國之大計哉諸公更不出此也

三曰府廳州縣各治一邑。不相統轄。其權責在稟承督撫之命。令整理本屬行政。此不可行也

夫府與直州之爲地乃古今之劃行政區至精美者也上自漢之百郡下逮六朝唐宋之二三四百州成跡既著矣即元明設省道以來屋上架屋大失治道矣而州府遺跡猶可少補治效也此猶曰中國也考諸歐之政體英倫與德之聯邦荷比丹那諸小國劃區至小類縣餘則皆比吾府州之地耳此萬國已然之治跡行之最效不多不少莫增莫減不可以意爲妄改也諸公一日之知識豈能過于中外古今萬國之成跡者乎

論說

假令誤改之勢必旋踵而復也然而各府直州之文牘與舊跡恐一毀而不復存是則可惜也吾則以爲必裁行省而以府區爲外之行政長官不妨稍重其權若與國之制以今中國之荒大也非位尊權重不能有行有爲也吾所斷斷者析行省之廣土耳非欲削巡撫之權位也故欲照順天奉天府尹之地位職任領以京卿邊道大府加巡撫之銜仿用宋制自親王大學士皆可領之若此則不患不尊重也此言府之不可廢夷爲縣也若夫併縣則今江南固行之矣猶可也然以府領縣萬不可改也

若夫夷府廳州縣並爲平等如日本之府縣然而行省不裁督撫總領之則督撫領府廳州縣百數若四川者且百餘矣夫以督撫一人之身安能課百餘之府廳州縣乎自古州郡之領屬未有領至百餘者萬國州郡之領屬未有領至百餘者即各國內部之領地方分政區未有領至百餘者今酌中外而改制乃不改精良而改粗惡非所聞也

或謂今行省中間雖有司道府三級而全省州縣實已直隸于督撫一切奉承遷除黜陟之蓋已然之迹矣安在其不可行也應之曰若今制已善則中國已能墾土富民無事謀改制矣夫今制之田甫田而投之蕪荒實爲棄地棄民非爲司道府之層隔而已

八

實以州縣太微選用太輕不能舉治故也既以輕微不易稱職且多濫非人鐵道馬路未通也道里隔絕相距廿餘日電線亦多未設督撫雖神聖豈能察之其聰黠者美其文牘之言而欺上其惰頑者安其尸素之態而廢職賢督撫或慮其蔽則派委員而查之于是委員作威福而肆奸貪州縣供賕賂而銷罪案而地方之受害不可言矣此猶就振作之賢督撫言之若督撫苟安或貪庸各用其私人百餘爲州縣是不啻縱百餘虎狼于全省殺無可言矣今督撫諸公之長才對待百城安民察吏未知若何以鄙人之愚親所閱驗者言之鄙人未嘗爲吏然嘗授徒矣自門人三四十人以上日課其文學而巡視之頻延與講求激厲則成就者多至五十人與七十人之間則見面漸少課批亦簡巡視既難而成就遂難矣至于百人以外文字則堆積若山橫舍之延隔既遠登堂講說未嘗少異于舊也而批文更簡見面尤少遂無講授激厲之效更難巡視周密之事不獨成就寡少乃至舊染難革矣夫以師弟至親一堂至近而課徒百人便成循例難于成就而況道路千數百里之遙通札經彌月浹旬之隔方今教化乏絕道德頹喪人心險阻而選百餘人付以百里社稷人民之寄作威作福吾不知其可也向者

論說

司道多出欽命今猶部選雖或不才而不盡爲督撫之私人固難爲治猶難爲惡若諸司百城皆督撫之私人假令督撫庸懦苟安尸素則徒爲奸人所弄而一省之吏治將不可言若在邊省危乎險哉故必不可行也

然則裁府州而爲縣並直接督撫皆不可乎惟吉林黑龍江轄縣無多此則可耳若使眞改府廳與州縣不相統屬也則府字無用猶宜去府字而並改爲縣免令古今之公牘文書不明日制並設府縣而平等不可行于我國故吾則期期以爲萬不可也

千萬言之府必當留爲地方行政之上級官名曰尹依順天奉天府尹之事權體制而上達于閣部其首大府加巡撫銜以重之其直隸州去直隸字亦設尹若其極邊遠藩設爲邊道若吉林黑龍江二省然特設巡撫兼總兵財滇桂之邊瓊州之島宜行之川西打箭爐雅州等處亦可行之漠南歸化城青海等處可行之新疆南路各道可行之蒙藏諸邊可行之大概舊駐將軍都統之地皆可定名爲道官名以巡撫瓊州道亦升爲巡撫其下直轄縣而撤府仍與內地府州尹平等凡道凡府凡州三名與縣之亦名廳同若唐分上中下州皆爲地方分區爲行政上級者也若夫遼蒙新疆西藏四督假

十

以重權則可一切照今總督事權行之兼統兵財此則用英印度總督日本臺灣高麗總督之制其下或道巡撫或府尹皆受節制與知縣共爲三級而四督仍受轄于閣部共爲四級以此爲防邊之特制而不施于內地焉其詳見吾裁行省議今不再贅

若夫今督撫之宜撤及行政劃疆之宜縮錫清帥瑞莘帥已言之今議者亦多知之惜其多言法理而非從事于體驗故持之不堅卽其體驗事理也祗就目前人事論之而未及經國宏謨也于是疑議反從而生矣

其一以爲政府之人才凡下反不若督撫尙有老成閱練之才藉其威重以補救之若遽撤督撫之土地權任而令政府直轄之恐政府無閱練之才反以生害不若仍留督撫也此目前一日姑息之謀也試問責任內閣既設閣部之權自更大督撫無論若何必歸統轄閣部苟失其人國事日敗督撫雖賢何從能捄之且資政院已開國會卽從其後責任閣部苟非其人自有議院監督而攻倒之豈恃督撫之補救哉惟劃區一失官制一誤則政治無從而行此則經國之遠不可一日苟者也既知督撫行省之宜撤改則必當撤改也

二或慮政府非才恐驟撤各省督撫而政令反致叢脞直隸畿疆宜先撤總督以試政府之才加其閱練而後次第及于各省此亦深慮周謀之至也惟自政府行下諸司而未計升府治爲至大之綴重其權位行之固未可也且官制無論若何改定而用人仍出于政府而已今外省大吏上自督撫中而司道雖有特簡于監國者然何非政府所用之人哉苟與政府無交則雖威重才練之某某猶投閒散也今督撫中老成威重才練者數人則東三省新疆蒙古宜分內外二督滇桂二邊川西與瓊州宜增數巡撫與沿邊將軍都統應改巡撫更有多缺則新增五督十數巡撫仍可位置今裁撤之十九督撫也且夫蒙古西藏甚須才望之總督也今巡撫多自藩臬京卿新授者豈今各藩學臬與京卿必不足當方面之任也計今首府莫不要劇而天津上海潮州夔州登州寧波之繁重尙有過于內地首府者皆宜以府尹加巡撫銜或行巡撫事以重之其交涉要地若潮夔登者之比皆可照例行也內地初撤督撫之時其首府領以重臣如順天尹常以尙書領之之制先派閒散大學士及裁缺之尙書侍郞與諸王貝勒公領之而首府仍節制其省之各府尹如兩江東三省總督節制江蘇吉林黑龍江巡撫之制

其一省有兩巡撫銜者則分府節制之若兩江總督治江北江蘇巡撫治江南之制則威重甚矣何損于今督撫之體面哉至一省諸府尹除京師王公卿貳丞參試補外繁府三數卽以其省之藩學臬充尹其簡府直州則勸業巡警及諸道試充尹皆因其本秩加三四品京卿銜除兵刑財政外付以巡撫之權位亦非無益也

夫閣部但總操兵財刑法之大權則今之監理財政官已直達于度支部矣新軍已直接陸軍部矣澤公蔭大臣固有才名者也今但提法直達于法部可矣司法與行政全無關係何損焉交涉應歸于外部其交涉私人之事自歸于府尹不必重大之而設交涉司也其外部委託府尹固可代任之通商之地設交涉司固可歸府尹轄內諸司曹之下練軍以代巡警則歸于府尹依此而言政府之干涉衹在兵財夫今既行之若無事矣今但劃淸政府與地方之權限耳則恐政府之非才無閱歷者亦非切中事情之論矣

夫今之督撫之才與今藩臬學及諸道之才相去豈遠乎以今督撫能任行省而謂以今之藩學臬不能任一府乎夫上之爲王公大學士卿貳領尹下之以藩學臬道充尹

其屬偏設諸司羣司合衙而治並立參議行政會參事而尹長之民間則每道府州設諮議局而公議焉以監督之一下詔旨而事立舉有百益而無少損何所疑哉

至于縣尹亦宜益重既直隸于府尹與道巡撫則應與諸司平等以免多級隔閡之弊中國向來病隔今不可不除也惟今司縣官階相距極遠或少待令長升後徐乃議行

或謂合衙不便爲吉林已然之事此中國舊習使然蓋三司積重藩臬實爲地方行政長官故耳若今改定府州則向之諸司乃自同通升改耳臨以尊重之尹而許辟其私人爲諸司則合衙之制乃不可易者吾游瑞士之般京其議院及行政審判署同在一衙但不分室耳全瑞京無別衙者加拿大之阿圖和與美國各州皆合衙必若是而後行政公商乃敏給不滯若如吾國司道府縣日日上長官之署鳴騶而行僕僕于途夫日力有幾當其鳴騶途中之時乃萬姓請命之時矣可不改哉

若夫諸司得自發令此乃事宜之必然者吾國官制之大害在不分權限所付託者則一埤饋之故政事繁冗文書叢脞卽至勤者亦必不能任之其弊必至廢事而止如今外官制一切歸之督撫無小無大皆以咨之自樞部下之督撫自司上于督撫民間冤

于督撫其弊旣大著矣吾游印度見其總督不理諸司之事也防邊察吏舉其大政而已今若仍存行省乎以行省之大督撫之崇而欲一人兼綜羣務殆無此理也卽改爲府尹新政方繁亦無以一人兼綜羣務之理必當令各司分任其職不獨以專責任亦以去叢脞也吾國地大與日本殊卽分府乎亦當依閣部例各分曹職但當嚴定尹與諸司之權限以分受其責任耳廢司令不可行也不獨東三省現行之窒礙也

四曰督撫爲第二級秉承內閣計畫

夫合議內閣徧列諸部內閣雖無所不統而第二級官受統轄者必有主管之部如各國制地方官皆領于其內部在吾則民政部是也他日旣設責任內閣而督撫受其轄治則無論爲吾欲改之道巡撫與府尹歟抑與今之督撫歟皆合全國民政吏治之繁劇巨重而付之于民政部乎夫吾中國內之十八行省之大外之遼蒙回藏之邊地敵全歐全國人民五萬萬則倍之全歐各國內部之所領僅及吾十之一而謂有人能任之乎以英之小而地方部僅領英倫其蘇格蘭士葛蘭二島之小已各別立一部印度又立一部其餘各屬地又立一部並參居英京預內閣之席俄亦有然卽吾亦固有一

理藩部以領蒙回藏矣此乃事理之自然故不約而同也今民政部不領督撫則一京師警廳耳號令不出于京城門之外甚無謂也然新定督撫之制統于閣部則民政部尚書實統之其尚書何人而能周知此全歐廿國之地而能任之乎昔者俄割黑頂于帕米爾之案英割九龍之案舉朝莫知其地何在今邊壤遼濶地圖未精猝有邊事民政部理藩部一二人能必熟悉之乎其丞參與郎曹能必知之乎此殆無人敢自任也此言其至淺者耳百政之宜整頓事變之宜因應民俗之宜通宜人才之宜知取皆非久習其地深通其俗者必不能措施得其當也故非如英劃地設部使人才內外出入以資熟悉政必不能舉也仲帥議謂吾國域大不能仿日本府縣之制宜我川我法之言是也議此制乎眞古無可師外無可法必當今自創制顯庸矣雖然唐虞之四岳周公之二伯皆居京師實同英制則亦古今中外舊制也吾昔議此官制欲劃內地十八省爲五部以直隸山東山西陝西爲北部江蘇安徽江西浙江爲東部廣東廣西福建爲南部河南湖北湖南爲中部甘肅四川雲南貴州爲西部而東三省爲遼部內外蒙古爲蒙古部新疆名不雅古稱西域請爲西域部西藏爲衛藏部四川與衛藏切要

或爲川藏部而西部祗領甘肅雲南貴州焉每部設尙書侍郎丞參司曹皆取其所部尹丞才練者充補尙侍丞參諸司曹亦復出爲督撫尹丞而尙書並列席內閣若以九部大臣之多恐他日政黨乏才則行古者二伯之制立左大臣領內五部立右大臣領外四部左右大臣以副總理大臣亦古者三公之義也其本部尙書侍郎或以時巡視其所部又立會聽士大夫專講求其地宜其詳見吾官制議增司集權民部當分九部篇爲中國治地計雖舜禹復生俾斯麥復起無以易吾言也今雖不行後亦必行之若今慮督撫既裁恐閣部才練不及行政有失或慮各督撫久于尊重驟裁難于位置則此九部尙書侍郎皆可以今各督撫遷補如是則情形熟悉行政寡失位置合格一舉而三善備中國治安未有過此者矣今議內閣外官制者皆未及此故復贅言之

論說

著譯

中國人口問題（續第五號）

明水

日人根岸佶論中國人口之說

今執途人而問之曰。中國人口幾何。則鮮不曰四萬萬矣。進詰之曰。其果爲四萬萬矣乎。則又鮮不曰。是誠然無可致疑者。夫謂中國人口爲四萬萬。其事誠久。蓋在道光十八年。即西歷之一千八百三十八年。中國政府所報告。已有四萬萬九百萬之說。而拳匪亂後。猶號稱四萬萬七百萬。以六十四年之久。年年四萬萬。最近之數較之六十年前不過少二百萬。夫中國人口六十年來。並無停息之跡。則何以四萬萬之數。六十年如一日。既不加少。復不加多。天下寗有此巧合之事。且人口問題。至繁賾而不可究詰者也。雖一刹那頃。猶將變動不已。而謂六十年一成莫變。即至愚之人。亦不復能置信。則所謂四萬萬之說。將盡失其根據矣。且夫廣東省城之人口。不過九十萬耳。據粵海關所調查而中國人乃曰三百萬。北京戶口十二萬六千六百零八戶。（據民政部所調查）以一戶平均五人計。亦不過六十九萬六千三百四十四人耳。而中國人乃曰一百六十萬。又如四川一省。向稱七千萬。然外人之老於蜀者。謂不過四千萬耳。江西一省。向稱二千六百萬。外人亦祇許以一千二百五十萬。由此觀之。則所謂四萬萬之說。其必屬於誇張者。可斷然也。故中國人口問題。非別爲研究。殆無從解决者也。

欲知中國人口。果得幾何。則本朝歷代調查戶口之法。與其報告。不可不先講。蓋緣是而可得其誇張之由。且因以推知稍近於確實之數也。本朝調查戶口。以順治元年始。其法悉依明代保甲制度。以一百十戶爲里。推壯丁最多之十戶爲長。自餘百戶。編爲十甲。城中曰坊。近城曰廂。在鄉曰里。各置一長。每歲令各戶登載壯丁之數而報之於甲長。甲長報之於坊廂里各長。坊廂里各長上之於州縣。州縣上之於府。府則別造一大報告書。上之布政使。布政使上之總督巡撫。督撫上之戶部。戶部彙集各省所報者。具奏以聞。此中國周知一國人數之法也。惟依此制。十六歲以上。六十歲以下爲壯丁。凡民至十六歲則登載之。過六十歲則削除之。故戶部所奏報者。皆限於十六歲至六十歲之壯丁也。當時以壯丁爲課稅之標準。民爲免稅。故戶輒報一丁。其報數丁者殆於絕無也。故丁卽與戶同義。據順治八年報告全國壯丁一千六十三萬。若平均一戶戶卽丁也五人五。則全國人口。當得五千八百四十六萬五千人。其翌年忽增至一千四百五十萬丁。以前法推算。全國人口。當得七千九百七十五萬人。其增加之原因則版圖膨脹也。由順治九年至順治十八年。歲歲漸增。順治十八年爲二千一百六萬八千六百丁。卽一萬萬一千五百八十七萬七千三百人矣。迨康熙十二年。三藩之亂作。騷擾八年。乃克蕩平。故所失人口。亦復不少。康熙二十一年後。漸次恢復。四十七年有丁二千一百萬。卽有人口一萬萬一千五百五十萬也。其時　聖祖覩人口之數。少於四十七年前。窮其因由。全由保甲弛廢。淸查戶口之政。彌久不行。因下嚴命。厲行保甲。城市鄉村。一切編入戶。給門牌。牌書姓名丁男口數。出則註明所往。入則稽其所來。面生可疑之人。非盤詰的確。不許容留。十戶立一牌頭。十牌立一甲頭。十甲立一保長。依次調查戶口而報之於州縣。自厲行此制後。越三年。驟增至二千四百六十二萬一千三百二十四丁。有人口一萬萬三千五百四十一萬七千二百八十二。較前加二千萬矣。雖然。分丁課稅。非民之所欲也。且調查時之勞費。亦太繁鉅。加以隱匿之弊。必不能免。欲得戶口之實數。非以地租代丁稅不可。故康熙五十一年。悉廢舊法。以丁入地。而據當時官府所調查。則全國已墾之田。六百七萬八千頃。以上田六畝。爲課稅單位。中田十二畝。下田二十四畝。同於上田。其荒蕪之田。則六十畝或百二十畝。同於上田。復舉此六百七萬八千頃之田。配分於二千四百六十二萬一千三百二十四丁。此後無論人口如何增加。永不加賦。凡欲知戶口之實數也。自康熙五十二年以後。遂生課稅單位與非課稅單位之區別。康熙五十二年非課稅單位加六萬。六十年加四十六萬七千八百五十。雍正十二年更加九十四萬。雖然。其新墾之田。亦歲歲有之。故課稅單位亦加。雍正十二年有二千五百五十萬。故其時人口。仍以一戶五人五計。當有一萬萬四千五百四十二萬人。夫　聖祖之稅法。雖曰深仁厚澤。然偏於固定。太乏彈力性。不能隨經費之膨脹。而增加收入。故乾隆六年。再復丁稅。命自壯丁外。老弱男女一律清查。得戶二千七百萬。口一萬萬四千三百四十萬。惟當時保甲之制。仍廢不講。緣是而所謂清查者。實甚粗疎。故乾隆二十二年。重頒精細之保甲制度。將全國戶口。嚴行調查。

按此制凡順天府五城所屬之村莊。及各省之州縣城市鄉村。年年由地方官每戶給以門牌。書家長姓名職業。附註丁男名數。出明所行入明所自。違者有罰。十戶爲牌立牌長。十牌爲甲立甲長。十甲爲保立保長。限年交代。以均勞逸。擇民間性行誠實解文字而有身家者。公舉之。報官就職。不許由地方官派官充選。其戶口之增減移動。由各長隨時報告。給以門牌。使之更易。報告詳實則有賞。否則有罰。聚族而居者。別選族中有名望地位者一人爲族長。行保長甲長事。鹽場鹽戶。別編牌甲。所雇工夫。附註鹽戶戶籍。鑛山坑夫。責成廠員。寺觀僧道。責成僧綱道紀。均按季編造戶籍。一律報告。他鄉之民有貿易於其地者。又或有財產職業者。同編入本土人中。其往來無定之行商。則使其鄉長監督之。凡投宿客館船埠寺廟。均由館主埠長住持。尋問來歷。並其車馬僕從之數。往來之期。逐一報官。如有外來之流丐。則由保正督率流丐頭目。嚴爲稽察。少壯者查其籍貫。報官送回原籍。其餘拘之棲流所。不許散處。經此次雷厲風行。後乾隆二十二年所調查得者。爲數一萬萬八千五百三十四萬八千三百二十八人。爾後疊有報告。查三十九年而得二萬萬二千一百萬人。乾隆四十年復嚴飭有司。謂所調查者。不過十之二三。於是其年忽增爲二萬萬六千五百萬人。雖彼時平定西藏青海新疆版圖日擴。然亦無驟增四千四百萬人之理。則純由 高宗督責之效。乎後此人口之數。駸駸無已。四十八年而有二萬萬八千四百三萬三千七百八十五人。五十七年而有三萬萬七百四十六萬七千二百人。至五十九年更增爲三萬萬一千三百萬人。然至嘉慶二年。忽減爲二萬萬七千一百三十三萬三千五百四四十人。雖因兵燹洪水。民不聊生。而必不至喪失四千二百萬人之多。則可斷然也。其後漸次恢復。嘉慶九年遂爲三萬萬四百五十萬人。十年而增爲三萬萬三千二百萬人。亦以一年而忽增二千七百五十萬人也。嘉慶十年以後。人口增加。更無底止。道光十二年而爲三萬萬九千七百十三萬二千六百五十九人。十八年而爲四萬萬九百萬人。二十一年四萬萬一千三百四十五萬七千三百十一人。二十二年而爲四萬萬一千四百六十八萬六千九百九十四人。至咸豐元年。遂得四萬萬三千二百十六萬四千四十七人。爲中國空前之盛。然道光三十年髮匪亂起。咸豐元年而洪秀全僭號。東南數省淪於戎馬。人民死傷無算。故咸豐二年之報告。謂彼時全國人口。合得三萬萬三千四百四十萬三千三百十五人者。至咸豐十年。則謂僅得二萬萬六千九十二萬四千六百七十五。人與始亂時相較。失去人口一萬萬餘。先後不過十年耳。雖曰亂離之慘。匪可億計。然亦何至如是。則今茲所報告者。其不足置信明矣。自咸豐十年以後。戶部關於戶口之事。從無報告。故人人惟有臆測而已。有俄人波白夫者。頗於戶部蒐得資料。著爲報告。以公於世。今特揭之於左。以供參攷焉。

省名	道光二十二年	光緒五年	光緒八年	光緒十一年	光緒二十年
直隸	36,900,000	17,900,000	—	—	29,400,000
山東	36,200,000	—	36,200,000	36,500,000	37,400,000
山西	10,300,000	—	12,200,000	10,800,000	11,100,000
河南	29,100,000	—	22,100,000	22,100,000	22,000,000
江蘇	29,600,000	—	21,000,000	21,000,000	24,600,000
安徽	36,600,000	20,600,000	—	—	35,800,000
江西	26,300,000	—	25,000,000	25,000,000	23,000,000
浙江	30,400,000	—	11,600,000	11,700,000	11,800,000

著譯 八

福建	二五、八〇〇、〇〇〇	二五、八〇〇、〇〇〇	—	二三、五〇〇、〇〇〇	二五、三〇〇、〇〇〇
湖北	二八、六〇〇、〇〇〇	—	三三、〇〇〇、〇〇〇	三三、〇〇〇、〇〇〇	三四、三〇〇、〇〇〇
湖南	二〇、〇〇〇、〇〇〇	—	二一、〇〇〇、〇〇〇	二一、〇〇〇、〇〇〇	三一、〇〇〇、〇〇〇
陝西	一〇、三〇〇、〇〇〇	八、四〇〇、〇〇〇	—	八、三〇〇、〇〇〇	八、四〇〇、〇〇〇
甘肅	一九、五〇〇、〇〇〇	五、四〇〇、〇〇〇	—	—	九、八〇〇、〇〇〇
四川	三三、三〇〇、〇〇〇	—	六七、七〇〇、〇〇〇	七一、一〇〇、〇〇〇	七九、五〇〇、〇〇〇
廣東	二一、一〇〇、〇〇〇	—	三〇、〇〇〇、〇〇〇	三〇、〇〇〇、〇〇〇	二九、九〇〇、〇〇〇
廣西	八、一〇〇、〇〇〇	五、一〇〇、〇〇〇	—	—	八、六〇〇、〇〇〇
貴州	五、七〇〇、〇〇〇	七、七〇〇、〇〇〇	—	—	四、八〇〇、〇〇〇
雲南	五、八〇〇、〇〇〇	二、八〇〇、〇〇〇	—	—	六、三〇〇、〇〇〇
合計	四一九、六〇〇、〇〇〇	一〇三、七〇〇、〇〇〇	二八、〇一〇〇、〇〇〇	—	四二一、〇〇〇、〇〇〇

髮匪亂後。保甲益弛。調查之法。滅裂亦甚。洎乎光緒。乃重申乾隆之成規而補其未備。其北京城內外。則分別民旗。一體編入保甲。而王公滿漢文武大臣。則於其邸內自行查察。居民鋪戶。則造所謂循環簿者。每年更換。客舍車屋庵觀寺廟等。則設清冊。每兩

個月更換。戲園酒館以及徘優寓所。則別立專冊。每一個月更換。由五城御史督率部下官吏稽查之。各省州縣。別編定保甲。每年由各鄉之甲長保正清查各戶姓名。各戶人口。而造爲清冊。若外來雇用之人。亦當註明其姓名鄉貫於本戶之下。然後上之按察使。按察使得此報告。不僅躬自審其合實與否。且命道府覆查。如有不實。由按察使上之督撫。指名彈劾。其沿海各省之商船漁船。應由澳甲族隣取具保結。乃許造船。復經官檢驗後。乃給以牌。十船編爲一甲。其在商船。則於牌內註明船主姓名年歲容貌籍貫舵手水夫附焉。開船之時。又須得各船互保。由官檢驗後。始能放行。其在漁船。則以其名大書刻於船側。仍於牌內註明其開船請驗與商船同。其制度之詳明也如此。然全國未能一律遵行。故內地等處。則各從其土宜斟酌而行之。若夫大都會大市鎭。則別有所謂保甲局者。立總局於城中。其附城及鄉村。則各置分局。一分局管轄數千戶。其甲長保長。由民公選。分局總局之長。則以公選之人民與官選之官吏充之。上下呼應。以舉調查戶口之實。雖然。規則雖備。而實行無人。故戶部調查戶口之報告。從未一公於世。及拳匪亂後。賠款滋繁。國力調查。勢不可緩。且爲列強所迫。始將全國人口發表。此次報告。不僅爲光緒年間惟一之報告而已。蓋自咸豐十年後。其見於官書者。亦僅有此。請得取而錄之。

省名	面積(方哩)	人口	方哩之人口
直隷	一一五、八〇〇	二〇、九三七、〇〇〇	一七二
山東	五五、九七〇	三八、二四七、九〇〇	六八三
山西	八一、八三〇	一二、二〇〇、四五六	一四九
河南	六七、九四〇	三五、三一六、八〇〇	五二〇
江蘇	三八、六〇〇	一三、九八〇、二三五	三六二
安徽	五四、八一〇	二三、六七〇、三一四	四三二
江西	六九、四八〇	二六、五三二、一二五	三八二
浙江	三六、六七〇	一一、五八〇、六九二	三一六
福建	四六、三二〇	二二、八七六、五四〇	四九四
湖北	七一、四一〇	三五、二八〇、六八五	四九二
湖南	八三、三八〇	二二、一六九、六七三	二六六

陝西	七五、二七〇	八、四五〇、一八二	一一一
甘肅	一二五、四五〇	一〇、三八五、三七六	八二
四川	二一八、四八〇	六八、七二四、八九〇	三一四
廣東	九九、九七〇	三一、八六五、二五一	三一九
廣西	七七、二〇〇	五、一四二、三三〇	六七
貴州	六七、一六〇	七六五、二八二	一一四
雲南	一四六、六八〇	一二、三二四、五七四	八四
合計	一、五三二、四二〇	四〇七、二五三、〇二九	二六六

如上所述。則知中國人口自乾隆前後其間之增加率相異實甚。蓋由康熙十一年至康熙五十年。四十年中。以一萬萬七百餘萬而增至一萬萬三千五百餘萬。其增加率不過十之二·六。由乾隆二十二年至乾隆五十九年。以一萬萬八千五百餘萬而增至三萬萬一千三百萬。三十八年中之增加率。實爲十之六·九。又由順治十四年至雍正十二年。七十八年中。以一萬萬二百餘萬而增至一萬萬四千五百餘萬。雖其增加率爲十之四·二。然由嘉慶二年至咸豐元年。五十年中。以二萬萬七千一百餘萬

而增至四萬萬三千二百餘萬。其增加率實爲十之九・三。雖曰滋生蕃息。因時而殊。然何以驟進若是。欲窮其由。豈非在人口調查之方針今昔不同乎。蓋乾隆以前。其所以清查壯丁者。純爲賦稅起見。故戒飭毋得隱匿之上諭。數見不鮮。雖然。人民咸畏賦課。加於其身。卽官吏亦慮以重稅及其所管之地。相率不報實數。而惟一家一丁也。至乾隆以後。其所以清查戶口者。不在於賦稅。而在於周知全國人口。故不問老弱男女。悉入戶籍。而誇誕之習。亦緣是啓。此所以界於乾隆前後之人口增加率。截然不同也。由是觀之。則此種報告。無論其在乾隆以前。或乾隆以後。其不足以推知中國人口之實數。一也。雖然。其在乾隆以前。以戶爲本。又有保甲之制。故僞丁雖易。而僞戶則難。據所報告。猶可得近於正確之戶數。既得近於正確之戶數。則因之以推算人口。雖不中。亦不遠。用是之故。以乾隆以前所推測之人口與其增加率爲本。而參酌種種事情。因以推測乾隆以後之人口。雖不能得一正確之實數。然較之中國政府所報告。其或更可信乎。據中國政府之報告。乾隆六年。人口一萬萬四千三百四十萬。二十二年之人口。增至一萬萬八千五百三十四萬。卽前後十六年而增加十之三也。是蓋由　高宗督促之故。其實不能如斯之多也。以康熙年間之增加率推算之。由雍正十二年至乾隆二十二年。此二十三年中。應增十之一·五。而雍正十二年之人口。一萬萬四千五百四十二萬。則乾隆二十二年之人口。亦不過一萬萬六千七百二十三萬耳。由乾隆二十二年至咸豐元年。此九十四年中。其間有十餘年之盜賊洪水。即由乾隆五十九年至嘉慶初年之時也。故人口銳減。迄嘉慶十年而未能恢復。以是此九十四年間。其人口停止增加者。約十一年。不停止增加者。約八十三年。試再以由順治十四年至雍正十二年之人口增加率推之。此七十七年中。增十之四·二。則此八十三年間亦不能增至十之五以上。可比例而得之者也。若增至十之五以上乎。則乾隆二十二年之人口為一萬萬六千七百二十三萬者。咸豐元年時之人口。不可不為二萬萬五千八十四萬五千。然咸豐元年。即洪秀全僭號太平王之始。直至同治四年。大亂始平。而同治四年之捻匪又起。至同治七年而未能廓清。前後十八年。殺傷無算。中國政府則謂自洪氏初亂之十年。喪失人口一萬萬七千萬。雖所失必非甚少。而若是之多。則苦難索解也。有巴加氏者。謂此次變亂。其人口減少之率。當可比乾隆末年嘉慶初年之內亂洪水。由是推之。彼次所損爲四千二百萬人。則洪捻兩役。亦不過四千二百萬內外耳。至同治七年前後之人口。其數約爲二萬萬八百八十四萬五千人。則由同治七年至宣統元年之四十一年中。其間雖未嘗無戰亂。如甲午庚子之事者。然要可號稱太平。則人口之增加自無疑義。然果增加幾何乎。可仍以康熙四十年間之增加率爲比。而五千四百二十九萬九千七百人。必不更少。則中國現時之人口。其爲二萬萬六千三百十四萬四千七百人乎。

乾隆以後之人口報告。其無一可信。前既明其義矣。雖然。於無可信之中而勉求其可信者。則惟有拳匪亂後。列國全權委員所要求而成之報告乎。參照前表 此報告將各省面積人口以及一方哩內之人口。詳細揭載。而其面積及人口之數。與昔大異。其撰今以此報告爲經。以旅行中國內地之外人之說爲緯。反覆論究之。其庶幾足以推定中國全國人口。果得幾何。而余二萬萬六千餘萬人之說。亦不致盡屬虛擬也。

據此次報告。謂山東人口綜計三千八百二十五萬。而一方哩內容六百八十三人。比諸世界中人口最稠密之比利時。一方哩猶多三十八人。此其爲誇誕之說。不待多辯者也。山東雖齊魯故都。田里日闢。滋生較盛。然東方半島。山岳重疊。不便耕作。西南大陸。泰山綿亘。而多石田。西北平原。黃河貫流。水患頻仍。民不安業。相率而移居東三省。以此猶言一方哩有六百八十三人。非想像而何。據占士加爾之說。則曰山東十府。二直隸州。九散州。九十六縣。五萬七千三百村。今以一村平均五百人計。田舍人口當得二千八百六十五萬。更以一市平均二萬六千七百五十人。兩數合計。全省人口應爲二千八百九十一萬七千五百。此說眞僞未可知。然其同爲想像無疑也。若夫德人所考察者。則謂山東全省人口在二千六百萬內外。其說雖不知何所依據。然德人於山東情形最熟。則必非向壁虛造明矣。又四川人口綜計六千八百七十二萬。一方哩三百十四人。夫此種密度。在歐洲最繁盛之國。然且不多見。矧如四川西有土蕃。東有山岳。其所稱膏腴之地。不過中央之紅谿一帶。則三百十四人之說。又誰信之。一八一五年之四川志。載全省人口二千七十八萬九千四百四十八。而波白夫所調查。亦言一八四二年之四川人口共二千二百三十萬。兩說皆不免誇張之弊。縱令得實。亦無六十餘年而驟加三倍之理。此益足以證其無稽耳。霍布彌曰。自髮匪之亂。由湖廣江西移居

著譯　十六

四川者。行李相屬。故一八九二年四川之人口。當在三千萬或三千五百萬之間。而何齊者。亦以通曉四川情形著。據所言則四川現時之人口。四千萬以至四千五百萬為最多。斯言也其殆近於眞實矣乎。至於江西。則報告中謂共得二千六百五十三萬。每方哩人口三百八十二。雖然。以贛省湖川山岳之多。加以髮匪亂後殘破已甚。而其一方哩之人口。較日本多六十二人。而倍於法蘭西。豈非駭人聽聞者乎。白尼爾氏謂一八九二年江西之人口。總數九百五十一萬。倭爾彌氏謂一九〇〇江西之人口。不過一千二百五十萬。由此推之。則至多亦僅在千二三百萬而已。若夫福建人口。謂有二千二百八十八萬。一方哩四百九十四人。夫以全省皆山。除福泉漳三府外。土地皆磽确。不宜耕種。而居民亦歲歲移居海外。乃謂其有多於澳地利二倍之人口密度。將誰信之。有羅士氏。於福建情形最悉。彼曾得福建人口之數於中國官吏。謂僅六百萬。後彼復躬入內地調查之。而倡為八百萬之說。然有心布森者。則曰八百萬人失之太少。當為一千六百萬人云。故福建人口總數。實疑莫能明。雖然。若折衷羅心兩氏之言。而定一平均數。則亦不過千二三百萬耳。又湖北人口。綜計三千五百二十八萬。每方哩四百九十二人。湖南人口二千二百十七萬。每方哩二百六十六人。是亦失之過多者也。夫湖廣俚諺。本有三山六水一分田之說。而外人之旅行其地者。亦咸以此諺爲眞。以此等地域。而謂其人口密度。湖北可二倍於法蘭西。湖南可與德意志匹敵。非大言而何。聞之外人之旅行湖南者曰。人口不過九百萬。而湖北面積。狹於湖南。然有漢水及位於揚子江北岸。田土豐腴。金田一役。受禍亦較少於湖南。故其人口當較湖南多半倍。以湖南而有九百萬人者。則湖北當有一千三百五十萬人。兩湖合計。應爲二千二百五十萬人。縱以湖廣面積有四萬四千七百九十方哩。而其一方哩之人口。又能等於法蘭西。亦不能過於二千九百四十一萬人以上。是兩省合計。必在三千萬以下。庶幾近之。至廣東人口三千一百八十六萬。一方哩三百十九人。廣西人口五百十四萬。一方哩六十七人。外人對之。亦頗倡異說。羅西爾、摩爾根諸氏。則曰廣東人口。由二千萬以至二千五百萬。亞拉伯特霍齊刺諸氏。則曰廣西人口。由六百萬以至九百萬。諸說紛紜。莫衷一是。然求其近於眞實。則廣東人口二千萬。廣西人口五百萬。合爲二千五百萬。或亦無大過也歟。雲南人口一千二百三十二萬。每方哩八十四人。夫以雲

著譯

南面積地味。又以舊時人數相較。本不爲多。雖然自經回亂後。死傷無算。觀雲南鑛山之荒廢。則知其戶口之未易恢復也。故至竟不能有千二百萬之多。此通曉雲南事情者所異口同聲也。至的數幾何。則諸說不一。或言四百萬。或言六百萬。或言八百萬。或言一千萬。要以六百萬之說近似。又安徽人口綜計二千三百六十七萬。每方哩四百三十二人。外人往往以此數爲非虛。雖然有旅行安徽內地者。覩其戶口蕭條。則謂一方哩平均不能得二百人以上。誠如此說。則安徽人口亦不過一千一百四十六萬耳。江蘇人口綜計一千三百九十八萬。一方哩三百六十二人。浙江人口綜計一千一百五十八萬。一方哩三百十六人。以無他說可徵。不敢辨其眞僞。而外人亦多信之。蓋江浙爲中國第一豐饒之區。自昔已然。故所言人口密度。咸以爲宜。雖然江浙徧地皆湖澤。浙江之南。地多山岳。江蘇之北。地多斥鹵。其所謂饒腴者。亦僅揚子江以南錢塘以北耳。故通計江浙。其人口密度。或較多於日本。反爲可信也。至於直隸人口二千九十四萬。每方哩百七十二人。其說當不甚過。若山西河南陝西甘肅貴州等省報告中。謂合有七千四百萬人。則外人多誚其誕。據海關所報。五省人口不過五千五百萬。吾輩

十八

猶譏其過多。況此數以上乎。今綜合前說。別製一表如左。

直隸	二〇、九四〇、〇〇〇	(戶部報告)
山東	二六、〇〇〇、〇〇〇	
江蘇	一三、九八〇、〇〇〇	(戶部報告)
安徽	一一、四六〇、〇〇〇	
江西	一二、五〇〇、〇〇〇	
浙江	一一、五八〇、〇〇〇	(戶部報告)
福建	一二、〇〇〇、〇〇〇	
四川	四〇、〇〇〇、〇〇〇	
湖北 湖南	三〇、〇〇〇、〇〇〇	
廣東	二〇、〇〇〇、〇〇〇	
廣西	五、〇〇〇、〇〇〇	

雲南　六、〇〇〇、〇〇〇

山西 河南 陝西 甘肅 貴州　五五、〇〇〇、〇〇〇（海關報告）

合計　二六四、四六〇、〇〇〇

吾既由兩方面以推測中國之人口。務期近於確實。然猶慮有未盡。今再從第三方面以觀察之夫中國人一人一日食鹽約四五錢。每年消費量約爲十斤。雖外人中頗有反對此說者。或主六斤。或主八斤。甚有主二十二斤者。若以日本人歲費鹽二十二斤論。則廿二斤之說。誠爲至當。然中國鹽之生產。時被限制。又工業用鹽甚少。故其不能如日本人之多。殆無容疑。而六斤說八斤說。雖未嘗無所根據。今採倭爾孫諸氏之言。定爲歲費十斤。故能詳悉中國各地鹽之消費量。則中國各地之人口。亦隨而詳悉也。本朝鹽法。自國初即行鹽專賣。而畫分本部十八省之產鹽地。爲長蘆、山東、河東、兩淮、兩浙、福建、四川、廣東、雲南、甘肅之十區。各定行鹽地。任其專賣。別有蒙古鹽。准其發賣邊境諸處。其各行鹽地每歲鹽之消費量。雖無統計可徵。據吾輩所調查。合計大約有二十六萬萬斤。今據此數。列爲一表以明各鹽之行鹽地域。及各行鹽地之食鹽消費量。因以推定其人口焉。

鹽名	行鹽地域	行鹽地域之食鹽消費量	行鹽地域之人口
長蘆鹽	在直隸省則長城南百三十一州縣采育舊州之二營在河南省則開封陳州彰德懷慶衛輝之五府許州屬之臨潁郾城長葛之三縣南陽府屬之舞陽縣	二九八、一二三、六五〇	二九、八一二、三六五
山東鹽	山東全省河南省之歸德府江蘇省之徐州府屬銅山蕭豐沛碭山等五縣安徽省鳳陽府之宿州	二六三、九一二、四八〇	二六、三九一、二四八
河東鹽	山西省長城以南陝西省之西安府邠州乾州商州同州府興安府河南省之河南府南陽府陝州汝州許州之襄陽	一六一、一一五、三三三	一六、一一一、五三三

著譯

甘肅鹽	甘肅之平涼慶陽寧夏西和階州暨兩當徽禮隴西寧遠伏羌安定會寧通渭岷州洮州西固州清水秦安 陝西省之鳳翔府興安府	一四、四五九、一六五	一、四四五、九一六
蒙古鹽	直隸省長城以北 山西省長城以北 陝西省除渭水流域 甘肅省由一條山五方寺至皋蘭靖遠條城安定會寧隴西寧遠經秦州以及漢南一帶	四〇、〇〇〇、〇〇〇	四、〇〇〇、〇〇〇
兩淮鹽	江蘇省之淮安海州江寧揚州通州 安徽省之廬州潁州六安泗州除州來安桐城安慶寧國池州太平鳳陽和州 河南省之汝寧光州 江西省之南昌饒州南康九江建昌撫州臨江吉安瑞州袁州 湖北省之鶴峯長樂咸豐來鳳施恩除建始六縣外及於全省 湖南省之長沙岳州寶慶衡州常德辰州沅州永州永順澧州靖州永綏 貴州省之思州鎮遠銅仁黎平	七八八、七〇〇、〇〇〇	七八、八七〇、〇〇〇

二十二

西浙鹽	江蘇省之蘇州松江常州鎮江太倉州 浙江省除甌江一帶及於全省 安徽省之徽州府廣德府 江西省之廣信府	一三四、六四〇、〇〇〇	一三、四六四、〇〇〇
福建鹽	除汀州府平和縣外福建全省 浙江省之甌江一帶	一三三、七八〇、〇〇〇	一三、三七八。〇〇〇
廣東鹽	廣東全省 廣西全省 雲南省之廣南開化 貴州省之古州 湖南省之桂陽州郴州永州府衡州府 江西省之南安贛州寗都州福建省之汀州平和縣	二四三、一五二、八五五	二四、三一五、二八五
四川鹽	四川全省 湖北省之宜昌府施南府鶴峯州長樂縣 貴州省除古州鎮遠思州銅仁黎平外及於全省 雲南省之東川府照通府曲靖府屬之霑益州南寗平彝之二縣 湖南省之極北 甘肅省之南境	四六九、四八七、二二〇	四六、九四八、七二二
雲南鹽	雲南省除廣南開化東川照通曲靖等府外及於全省	五四、〇〇〇、〇〇〇	五、四〇〇、〇〇〇

合計	二、六〇〇、三七〇、六九三	二六〇、〇三七、〇六九

由上三方面以研究中國人口之實數。雖小有差忒。而大致固不甚相遠。則夫**二萬萬六千萬之說其亦可以爲定論也**

吾既推定中國人口不過二萬萬六千萬。雖然苟欲得其一定之確數。則固非行歐美之詳密調查戶口法。實無由決之。乃者、中國政府亦以未能周知國內人口。故於施行憲政。畫定自治區域。普及教育。舉行徵兵。整理稅制。滋多不便。故參酌東西各國之良規而制定調查戶口章程。分期行之矣。五年以後。當可蕆事。則此久屬揣擬之問題。行將大白於天下。不禁延頸以企望之也。

明水曰。兩氏之說。吾固無從辨其信僞。蓋非經實地調查後。徒以口舌爭。無益也。所最奇者。則兩說不謀而同。皆以中國人口爲二萬萬六千萬也。雖然。吾於根岸氏以銷鹽之量推求人口之數。未嘗不嘆其法之佳。又未嘗不惜其所見之未廣也。何也。彼徒知有官鹽。而忘却吾國私鹽之較官鹽爲尤多也。此雖不可以責之異國人乎。而彼所立論之根據。或緣此而破壞。未可知也。抑吾述此文。更有一事焉。感不絕於余心者。則兩文中列記姓氏甚多。凡此等輩。皆日夜孜孜以考求吾國情爲事。而吾中國之大士夫學子。夫豈無人。乃竟無一人焉留心於己國之國計民生者。反恃外人之力。藉得稍知一二。其可痛一也。彼其所考求者。雖未敢信其悉合。然皆深入內地。苦志搜索。吾國人乃視若罔聞。曾不一思彼所爲如此。僕僕者用意安在。其可痛二也。且夫天下至無恥之國。莫我若也。彼外人者。無日不以我爲競爭之客體。故人口也。風俗習慣也。地理也。貿易也。礦山也。其他凡百事情也。皆競遣專員。一一調查。使無他野心。則天下調查之事。豈不甚多。調查之地豈不甚廣。而必屬力於我。此其用心。路人皆見。而吾國上自政府。下至編氓。咸甘心以被競爭之客體自居。曾不能稍自振奮。如肥豚焉。任人持衡以量其輕重。而不知刀俎之隨其後也。其可痛三也。他且勿論。吾嘗深思外人所以汲汲欲知吾人口之數者。**蓋有兩隱衷焉。一則緣此而知以中國之土地。養中國之人民。果爲地狹民多乎。抑爲地廣民稀**

乎而彼之殖民方針得以決定也以洛氏所見則謂中國苟有兩倍今日之人口亦易爲養又謂即以中國現在之生活狀態不少更易亦足以獲今日二倍之財產彼所言兩倍之人口者非中國人也所言二倍之財產者亦非冀中國人之獲之也吾恐洛氏此論一出而磨刀霍霍以向我者抑更有欲忍而不能忍者矣一則緣此而知中國之購買力爲何如也今日歐美市場所通患者則生產過剩也其所以致生產過剩者質而言之則物品對於人口之比例太相懸絕耳故相率而以我爲尾閭彼既欲自立於生產者而以我爲消費者自立於供給者而以我爲需要者以吸吾精血則於此消費者需要者之數烏得不勤爲考察哉有此二故而英國人而德國人而美國人而法國人而俄國人甚而至於日本人而亞細亞協會德國

而東洋協會英國而東亞同文會日本聯翩接踵肩摩轂擊相將以游我國者亦何足怪哉獨不知此數萬萬可憐蟲亦曾知之否耳

明水又曰吾向者以爲中國凡百不如人獨此國民生殖能力必當舉世無敵此固一差可喜之現象也及稍稍治生計學又知人口蕃殖於一國政治上、生計上、社會上咸受其福則愈益喜私心獨念曰吾擁有此廣土衆民苟少自奮厲於外患乎何有又進觀生計學中所論人口增減之原因則除徠民移民外惟有生死之一事而徠民移民固不過一時代之現象所最宜留意者則生死之比率耳生衆死寡則爲增死多生鮮則爲減不甯惟是縱令總數爲增而昨歲千人中增三十人今歲千人中增二十五人則仍不能謂之爲增而謂之爲減所謂比率之增加算口第一要義也而此比率之增減果何自乎是有種種之原因焉畧舉其要則政治修明生計豐裕社會進步者其滋生必繁民亦壽考而比率增否則反是故謂人口繁庶則政治生計社會亦因之以欣欣向榮也可即謂政治生計社會之三者皆能進於文明之域而後其民得以休養生息也亦無不可二事蓋迭爲因果者也今以吾國政治之腐敗也如此生計之涸竭也如此社會之瞀亂也如此人民愁苦抑鬱之氣充於國中水火盜賊之患發於俄頃以是而言吾國人生殖能力必較他人爲優殆無有是處則吾之樂觀主義亦將失所依據矣比述此文竟令吾廢然氣短嗟夫 **此數萬萬槁項黃馘誰歟曰欲蹙之於死者一言以蔽之則政治腐敗有以致之也惟政治腐敗也故生計日即涸竭也故社會日即瞀亂**此自然之數無可逃避者也**然則此腐敗之政治又誰致之則現政府之罪也**孟子曰殺人以梃與刃有以異乎曰無以異也以刃與政有以異乎曰無以異也**今政府日日以政殺人**而吾國民惟騈首授命視若固然其眞愍不畏死耶抑亦以政殺人者無迹可尋而民不之知耶噫

此猶以言夫內也若更以今日世界之人口大勢觀之則益有足令人驚愕者何也彼歐洲人口百年前不過一萬萬五千萬今則增爲五萬萬矣國而別之美增十六倍俄德增三倍英由一千五百萬人增至五千餘萬人亦幾四倍自餘諸國除法蘭西外罔不稱是夫地不加廣而民日以多則所恃以爲養者勢固不能不求之於外此白人殖民地所以遍世界而帝國主義所以方興而未有艾也況又挾以資本過剩之力兩者皆出於不得已惟其不得已也故勢益猛而力益强不求則已求則必得不攻則已攻則必取以是白人所至之地不轉瞬而悉化爲彼政治上之隸屬國也今也此等土地亦已分割殆盡**所餘者惟此極東一片土**則其各竭死力以相爭亦勢之必然矣然而吾數萬萬神明之胄既見逼於內復被蹙於外行將不克自保其軀自保其孫子而祖宗邱壟更不必論則眞寃哉烹也雖然**凡此未來之險象皆由吾國不能自競致之而吾國所以不能自競之故又由政治腐敗致**

之政治所以腐敗之故則純由現政府暴戾恣睢致之吾國民乎汝而欲自保其軀自保其孫子自保其祖宗邱壟而免於爲人蹴踐免於世世爲奴其可不知所自處哉

余述此文先以眎滄江先生滄江憮然欲有所論列以警告國人會游臺灣歸而百冗蝟集且須料簡游稿余不忍敦促又以徙登譯文恐讀者空空看過而不知此事關係於吾國前途甚大也郵遞期迫倉卒成稿此中眞諦萬不得一仍再請滄江先生校閱謬承許可曰吾子解人也即吾爲之亦不過如是當亟錄之余因記其原委於此蓋緣余而累滄江先生又負一文字債余滋懼也

明水附識

宣統三年三月晦日稿成

文牘

沈祖燕查覆雲南畫界失地參案稟稿（光緒三十三年）

敬稟者。竊職道於本年正月初六日。奉憲台札開光緒三十二年十二月二十三日。承准軍機大臣字寄光緒三十二年十二月初五日。奉　上諭署貴州提學使陳榮昌特參司道大員奸邪柔媚貽誤疆臣請旨查辦一摺。著按照所參各節確切查明據實具奏。毋稍徇隱。原摺著鈔給閱看。欽此。遵　旨寄信前來等因。承准此查原參各節事在滇省。亟應檄委大員馳往確查稟覆以憑核辦除附　奏外合行札委爲此札仰該道。卽便遵照酌帶穩練得力隨員。刻日束裝前往按照原參各節考察案卷詳細訪查務得實在情節。逐款據實稟覆以憑察核具奏此係奉　旨飭查要件。事關重大。該道務當切實詳查其鐵路。畫界。二事。尤當悉心體察妥籌稟辦慎勿稍涉粗率瞻徇是爲至要。仍將隨員銜名稟報。以憑檄委至各卷宗。該道調查後。將必須考查者。交由藩臬兩司洋務局。飭承鈔錄帶回呈核。並即遵照。此札。計鈔發原奏一本等因。奉此。並蒙札委候補通判張惟寅。准補保靖縣知縣孫鸞。試用巡檢張致芳。隨同前往在案。職道遵即帶同隨員等。於二十一日。由省起程。當以案中有滇越鐵路事。即浮海遄行。取道安南。至保勝。過河口。爲中國界。因分路自循現正修築之軌道。順行查勘。過河西。至蠻耗。經蒙自。以晉省計長一千二百餘里。揣計工程已及七成。約兩年內。當可竣工。沿途訪察。密資考証。於三月二十三日。馳抵雲南省城。當即分調卷宗。詳加察核。查原參各節。以畫界失地事爲最要。而派民修路次之。此二事皆隸於該省洋務局。鐵路雖設專局。而仍附於該局之內。卷查滇省自二十一年正月。奏定設立洋務局。專理交涉事宜。二月。興升道祿。以廣南府署首府。值總辦李道必昌丁憂。遂委爲代辦。與石道鴻韶以候補知府充提調。同日札委進局。旋復以興升道改爲會辦。嗣又接派總辦。至三十二年六月。赴黔臬任。始行銷差。在局十有二年之久。雖升任與褫職。亦兼差如故。始而松督憲蕃。信用之。繼則丁督憲尤倚重之。凡外交政策。罔不資爲熟手。惟其言是用。蓋任之誠不可謂不專也。原參所稱知府石鴻韶附于興祿。興祿薦其與英人畫界一節。查此次石道所勘之界。係在騰越北段尖高山以北。是特滇緬界務之一也。雲南疆域。西與緬甸毗連。自緬甸淪入於英。而屢有勘界之事。光緒十三年。總理衙門與英使歐格納議約五條。以分滇緬界綫。嗣駐使曾侯紀澤。亦經議約三條。皆議而未定。薛星使福成。於二十年有議定滇緬界務之奏。業經訂定條約。二十三年。總理衙門又與駐京英使。重訂條約附款專條。此卽所謂滇緬續約也。定約後。英人屢催畫界。是年遂派劉鎮萬勝。總辦西路勘界事宜。嗣劉鎮因與英領事會勘。英領事強以壘甸誤瓦蘭。因爭執而致停辦。所派分路會勘之委員。則知縣陳立達。自大平江北之南奔江起。至瓦崙山止。一段。計長九百餘里。游擊楊發榮。自瓦崙山起。至尖高山止。一段計長一百九十餘里。又迤南道陳道燦。由潞江至湄江一段。係由附近猛河之南馬河流入南卡河之處起。至湄江止。計長一千數百餘里。二十四年。劉鎮萬勝。又與英員司格德。自騰越南布江起。勘至順甯屬之耿馬孟定上隆渡止。計長二千餘里。均經會同勘定。釘界立案。惟餘迤南之鎮邊孟連公明山等處。亦由劉鎮萬勝陳道燦會勘。因公明山地與英人力爭。遂繪圖各畫一界線。而尚未定案。至所謂北段界務。則以光緒二十年所定條約第四款內。載有將來查明該處情形稍詳。再定界線等語。是以久懸未定。此滇緬界務之大概情形也。至此次北段勘界之緣起。則以二十六年。有英兵越界至茨竹派賴燒殺之案。英使以未定界之故。照會總署。請以恩買卡河與薩爾溫江卽潞江中間之分水嶺爲暫時從權之界。當經總署駁覆。以彼此各守現管之邊界。又聲明現管地方以小江爲界。小江至滾馬一百里至茨竹三十里。英兵燒殺均在境內。二十八年。英使又稱此分水嶺不但爲邊界天生界限。且爲中國現時管轄之邊疆。請卽以小江卽恩買卡河以東之分水嶺作爲潞界。二十九年。英使又稱查明天然界線係自東流入恩買卡河卽小江諸水之分水嶺。嗣忽有駐滇思茅之務領事照會內稱查馬囊坪卽中緬條約第一條之尖高山。茲擬將此山以北厄勒瓦諦江。卽大金沙江。與龍川潞江兩江間之分水嶺。作爲中緬界線。所有流入大金沙江之溪河。概歸緬甸。流入龍川潞江兩江之溪河。概歸中國。于是英使又向外務部聲明。恩買卡河卽係厄勒瓦諦江之北流。該北流卽大金沙江之東流。是以務領事謂爲大金沙江。甚願將界線商明畫定各等因。並由英使照會外務部。所派華員。或可由駐騰越巡道就近派委。自不難和平商結。外務部當以電達雲南督撫派員會勘爲覆查英使屢稱以小江即恩買卡河以東之分水嶺爲界而于恩買卡河與潞江中間之分水嶺久不提及已有數年忽於兩國將派員會勘時突由在滇之思茅務領事照會逕稱以大金沙江與龍潞江間之分水嶺爲界英使卽據以聲明並指請由迤西道就近派員會勘於是三十一年正月知府石鴻韶遂以署迤西道奉委會同英國所派之領事烈敦往勘查據石道勘竣詳稱前次畫界僅到尖高山卽野人名馬囊坪之北此次從尖高山起接續向北勘去越高黎共雪山直抵麗江府應管地爲滇緬界盡處於四月初旬一律勘畢並稱此段界務烈領事執定以大埡口爲界該道執定以小江邊爲界等語卷查烈領事此次所勘之界係從尖高山起東至胆札山過狠牙山磨石河頭搬瓦丫口姊妹山大埡口茨竹丫口片馬丫口直上高黎共雪山北往西藏所云大埡口卽爲恩買卡河與潞江中間之分水嶺其照會該道有云由明光河頭直上高黎共雪山頂由山頂北往西藏凡水入金沙江者概歸緬甸管理等語若不幸照此定界則是由滇而蜀而藏邊界之地所被其割去者當以數千里計外務部所謂直是分割華境是斷不能允從可無庸置議者也若石道所

擬以小江邊爲界係從尖高山起由磨石河頭直上歪頭山過之非河經張家坡登高良共山此山非即高黎共雪山又抵九角塘河順小江邊復另行橫出上至小江源又至板廠山爲止查其所勘之界於騰越保山雲龍龍陵各屬土司素有管轄之地數百年來向化中國者一旦棄去不少自經勘畢繪圖會印稟陳當由洋務局核議照辦而丁督憲亦不加詳察即經據情轉咨幸而外務部察其所勘之界失地甚多飛函駁詰逐層指斥並經詳細咨覆在案其時洋務局係興升道總辦率同局中主稿之文案等仍如原議飾詞屬稿丁督憲即擬據以頂覆查滇省洋務局凡於函電等稿皆由文案核議經總辦裁奪後呈督憲閱定發行均僅蓋用圖章而已即奏咨札文各件亦惟督憲畫諾其餘皆祇蓋章蓋洋務事皆由於督憲主政故也歷查成案即雲南巡撫未裁撤時亦多不與聞非僅現任司道未奉派委皆不會議也此案當時以業經奉部嚴駁興升道於核定覆稿後特邀同藩臬兩司至洋務局請會同蓋章劉藩司春霖以向不與議何以此事忽邀會核細察情由知其實係失地此事不特有關邊界且辱國實甚總須與英人力爭以圖補救萬不能置之不問因堅拒其請陳臬司燦亦主其說均不

允蓋章時丁督憲亦同在座以其過於固執頗不謂然劉藩司復繕具說帖指陳地勢並改擬覆稿會同陳臬司呈丁督憲請覆部協力爭持丁督憲乃酌改電稿覆外務部以此得相持至今尙未定案此三十二年八月以前之事也原參謂界務公牘達外務部外務部察其失地寓書數十紙駁詰之與祿本獨攬其權至是惶懼乃邀藩臬兩司畫稿冀得分過然聞藩臬兩司皆不肯畫稿者即係指此而言職道伏查北段界務自以外務部所言之界線由尖高山起至石我獨木二河之間循恩買卡河至小江西恩買卡河之東之分水嶺爲界按此嶺當是他戞甲大山最爲持平且英使本有以小江即恩買卡河以東之分水嶺作爲定界又云天然界綫係自東流入恩買卡河即小江諸江之分水嶺等語與此正合則此次勘界即於恩買卡河即恩梅開江循流而行至小江止已足滿英人之初意且所勘滇緬北段本祗爲騰越與野人山之界則必執定騰越諸土司之屬地及野人山之分界處以畫界自是一定不易之理而與小江即恩買卡河以東之分水嶺又自東流入恩買卡河即小江諸江之分水嶺並與譯出薛星使福成二十年簽押英文圖內之恩買卡分水嶺其部位亦均相符合在烈領事存心

叵測。欲施其狡獪之手段。固在意中。而石道膺此重要之責任。非但不能進占預爲地步。併不先自詳審界限。胸中早定成算。而惟處處曲徇以致失誤。而不可收拾。此眞爲人人意料之所不及者也。查此次勘界英使旣言以小江卽恩買卡河以東之分水嶺爲界。又言自東流入恩買卡河卽小江諸江之分水嶺。旣明曰以東。又明曰自東流入。何以任烈領事之混爲西流。竟勘至猳牙山迤北。至大啞口而止。此其誤者一。又外務部覆稱明有各守邊界之文。此爲甘稗地茨竹派賴燒殺之役而起。各守之地。自卽在此。何以不實守此小江邊界之說。至小江順流而下。而反另向東行。指鹿爲馬。再直上別尋一小江源至板廠山爲界。此其誤者二。又英使所言天界然綫。乃自東流入恩買卡河。卽小江諸水之分水嶺。而烈領事所勘。乃指恩買卡河與龍江之分水嶺謂嶺之東所有溪河均入明光龍江。嶺之西所有溪河均入恩買卡金沙江。以此嶺之東西爲中緬之分界。石道不能明據小江東流力爲駁斥。而乃以山形水勢則然一語含混答覆。是不特先未體察此段界務應如何勘辦。而竟任烈領事之隨意所指東西自便實不知石道果何爲而一至于此也。此其誤者三。且卽如英使照會恩買卡河與潞江之分水嶺之說此嶺即爲大啞口亦祇西勘至片馬丫口爲止何以任烈領事直上高黎共雪山竟偕測繪王生勘至麗江府屬蘭州邊界始回也此其誤者四又小江外如噬戛等寨係騰越屬之茨竹大塘土司所轄籠榜係保山屬之登埂土司所轄確鑿可據乃烈領事照會言貴道來示謂已摒諸化外而石道覆稱又言業經聲明久在化外石道責在勘界並不援據力爭而反先自認久在化外實所不解此其誤者五又茅貢等寨原係滇灘屬土司所轄本中國舊有之地不過英兵曾經至此並强收門戶稅而已並非英人實已占爲屬地而中國早有允認之明文也乃石道照會謂早經貴國辦過案件不復管理竟絕不置辦果如所言則將外人曾到過何省何地或用强權暫取利益我中國即舉以讓之概不過問有是理乎即使此地將來萬難爭回亦應力辨存此一說以爲預步而顧先自認定棄之不問其故何也此其誤者六至於大啞口外如甘稗地等各處烈領事欲仿三角地成案作爲永租既欲議租則已明認爲中國之地正可趁此力駁使之無辭可遁計大啞口外共有一十八寨其地甚廣豈可輕棄且既認租則茨竹派賴燒殺一百十四命之案明是入我中國之界正可提議使之不能諉卸

何以絕不論辨而反照會謂爲思深慮遠敦輯睦而固邦交當據以禀陳雖石道於租地一節因無全權尚不敢直認而其心允之意已見言外此其誤者七又狠速之地甚爲遼闊一名狠宋即狠猓大理府志莪昌散處於狠宋曹淜趕馬撒之間道光十八年准兵部議以趕馬撒曹淜等寨歸雲龍州管轄則狠速乃大理府屬境若如石道所勘另尋一小江源至板廠山爲界則不特噬戛等一十八寨摒諸化外且並將狠速地一帶地方亦概棄之不問矣此其誤者八然此八者其害尚祇在滇省也更有大誤足以爲將來之後患者一則小江外之狠速地一旦棄去再北而爲猔夷其地踞龍潞兩江之上流東接維西中甸直通麗江北與四川之巴塘裏塘諸土司相接西北即可以通至西藏一則高黎共雪山之地任其節外生枝自往履勘業經勘過彼族之心極爲堅忍豈肯輕于罷議將來若果曲從則即可從此高黎共雪山之頂沿潞江金沙江之上流由北直進不特球夷猔夷之地去其大半即維西屬之鋪拉籠西藏屬之擦瓦龍一帶皆將被其所侵佔所失之土地豈尚可以數計且猶不僅此也併由此可以直接四川巴塘土司之地而入我西藏滇緬之界事未了而川緬藏緬之界事即將迭起照此

勘界其將何所底止外務部函稱若不預先防備北段界務愈辦愈難究竟作何止境誠屬洞見萬里確中肯綮之言此原參所以謂不惟不愛滇之土地且併蜀之土地亦棄之實非虛語也查石道之照會英領事於其欲以大啞口外作租地也則曰貴國輯睦邦交故此和平商辦既有成案可援自能妥商辦法于其議租一千五百元也則曰租價已屬從豐於其酬給撫夷四千元也則曰可謂體恤人情無微不至有此盛情必爲代達至其於小江外各寨則曰業經聲明久在化外於滇灘屬各寨則曰久經貴國辦過案件不復管理又曰其小江與分水嶺兩處界綫貴領事指陳一切情形甚爲明晰自係爲顧全滇緬利益永享安靜起見容卽查照函示轉詳辦理觀其照會烈領事祇有承順之詞絕少辦難之處而其稟電中之所陳如論大啞口外之作爲租地則曰永租一層似已屬最爲和平之議又曰租價出至一千五百元已屬從豐又曰除給土司門戶歯費外尚有數百金贏餘歲濟公家之用倘力與磋磨似尚可望增加又曰否則以大啞口外區區不毛之地何故遽許租銀其於應對外人之言何以如此謙卑遜順而於稟陳上憲之詞何以如此歆動挾制甚至于論滇灘屬各地則竟曰查萬國公

法第四章此國掌某地某物即可以爲已有罵章黃鐵等處渠早已屯兵及辦過案件證引亦似有理惟竟似代爲英人力爭之語惜乎其不能如此類之援引以駁折烈領事也原參其持媚外主義觀其於此等言詞大致似可以想見矣職道詳核卷宗密訪人言考之迭次之圖說證以各屬之志書石道此次勘界所失之地其所稱業已聲明久在化外者如小江外之噬戛甘坤官寨籠榜獨木鳥洛古浪等處併及於狠速地一帶其所稱英國辦過案件不復管理者如滇灘屬之茅貢罵章黃鐵能歐猛愛怎江石路等寨此外尚有作爲永租者則大啞口外之甘稗地茨竹地派賴那歸片馬習降滾馬他戛把仰奪約那境滄浪卯照等小江南之一十八寨皆將從此而非我中國之所有矣此皆滇省騰越北段邊界實在所失之地也而在英人則或辦過案件或我中國已聲明久在化外又或作爲永租反得首尾聯絡呼應一氣形勢包舉可以進占退守而滇省則實逼處此窮蹙日甚後患更不可明言宜乎滇人之於此事無不痛心疾首而倉皇奔走以相告也幸而烈領事照會請於勘界圖中聲明雖經蓋印不過明此圖之眞僞實不能爲議定之憑石道亦經照辦在案尚可執此爲詞然若果可勘而作廢

如同兒戲則亦何必兩國籌商數年之久鄭重而出此一勘也錯已成鑄往無可追彼族之計甚狡久無駁覆猶且以爲默許況明明有界員之照會與圖說乎現英使已有旣經烈領事完全報明毋庸另勘又有中國若不照允則本國駐守該處治理一切毋須再行議商之照會顯將以此勘爲實在定界之據而在我則太阿倒持已授人以柄雖有智能殆亦難以轉圜無以善其後矣石道猶謂勘而非畫可另派員重勘竊恐木已成舟未易起滅自由耳查三十二年二月十三日丁督憲有致外務部函係洋務局文案所擬之稿而經與升道核定者猶曰石道苦心孤詣力與磋磨未肯一步放鬆又日以小江外野夷前雖隸土司管理久已不相聞問即撫爲我有亦恐難以馴服又曰其意以爲窮荒部落棄之無損戎索得之或生邊累不若溯江源爲界較有限制係爲因地因時起見又曰租地一節該道僅代爲請示未與提議等語細玩詞氣無非爲石道竭力斡旋而于其勘界之失誤毫不置議此次勘界失地一事滇中士紳無不太息痛恨以爲此時所失尙小而將來之後患實無窮盡不僅貽誤地方爲雲南邊界之憂而且有大害於全局者乃丁督憲與興升道猶力爲之擔任庇護則誠不解其意之何

居也。原參謂失地之慫。滇督不得辭其咎。故不能不袒興祿。興祿又不能不袒石鴻韶者。似非無所爲而言之也。至所稱興祿薦其與英人晝界一節。則雖滇人紛傳其與英人先有成議。故英人指請就近由迤西道派員會勘。然事無實據。亦難遽信。且其是否由於興升道所薦。則亦無從查悉也。又查滇越鐵路。自二十三年十一月。法人吉理默等。以查看格致爲名。擅勘路綫。雖經爭辨多次。而終至准其開辦。議定後。向各省招工修路。如兩廣福建四川山東。以及直之天津。浙之甯波。並本省之土工。無不設法招徠。陸續計之。殆不下二三十萬人。到工後死於烟瘴者。不知凡幾。加以尅扣工資。無錢覓食。逃亡餓斃者。實不能以數計。查法人接造滇路。以意大利人包修爲多。而希臘等國人次之。其中以意國包工爲最苛刻。中國則又有工頭。或管數百人。或管數十人不等。皆受命于洋包工。其發給工資。往往不按定章。多所扣欠。如工頭黄福記。被洋人瓦理格記。扣欠八千九百餘元。黄勝記被洋人馬約扣欠七千餘元。李寶興被欠三千餘元。沈六被欠四萬二千餘元。此等剋扣工資之案。積卷盈牘。雖經控追。亦不過一照會而已。間有撥出數成了案者。亦不可多得。又値滇中自開辦鐵路以來。人數驟增。屢逢歉歲。百物昂貴。卽以前兩年考之。凡銀一元。僅易米十一二斤。在此苦力小民。工資又多被苛扣。從何覓食。除滇中本省工人不計外。閩各省工人之被招而來。其能散亡逃回。或沿途求乞。或由人醵資遣歸。得能保全其身命者。實不過十中之二三也。當其在工之時。洋包工督責甚嚴。每日須點名兩次。偶値歇息。卽扣工資一日。並有運米給食作價倍昂者。稍不如意。鞭箠立至。甚有以鐵索貫十數人之辮髮。驅之力作。偶有倦息。卽以馬棒擊之。種種苛虐。實不以人類相待。多有兇毆致命。及無故毆斃者。如洋人基拖地之毆斃王開宗。納彌那之踢斃劉保如。基曰窩之槍斃唐貴廷。此等斃命之案。不能悉數。間有已結者。亦不過畧議撫卹。其兇犯或驅逐出境。或解回本國。自行懲辦而已。據沿路所訪查。此次滇越路工。所斃人數。其死於瘴。於病。於餓。斃於虐待者。實不止以六七萬人計。嗟我華民。何辜遭此荼毒。此滇中鐵路工人之實在情形也。原奏謂法人驅路工。冒瘴毒。昕夕操作。鞭撻從事。十死其九。生者盡逃亡。亦慘甚矣。殆卽指此等而言也。又原參謂粵督岑憫之。禁粵人勿得爲滇越路工。興祿乃請丁督咨粵。謂法人改良。請勿禁路工一節。查兩廣岑督憲。於三十年三月。迭次咨電來滇。以該公司種種淩虐。實出情理之外。已飭即日停招。請將流亡者貲遣回粵。以重民命。並送粵工名冊。請爲保護。滇中雖派彭守繼志往查。亦以尚無淩虐情事一語。含糊稟陳。即據以咨覆。而已。三十一年十月。羅領事又照會丁督憲。請粵中弛禁。查卷丁督憲先已批明。有此件似難應允字樣。旋又艷電咨粵。有仍設廠招募。公司亦願約束洋人。不蹈前弊。並於覆羅領事函內先以致粵電文。與閱而後發。是岑督憲之禁止招工。屢次咨電皆在卷中。固實有其事。惟請粵弛禁。則丁督憲先曾未允。而於事隔四日之後。忽又有豔電致粵。其是否由於興升道之所請。雖人言云然。究無從查其實據也。又原參稱滇之民近路工者。諗知其慘狀。並知越路有害於滇。不願爲法人築路。興祿乃索之於遠。令楚雄大理各府縣派民夫。給以重價。而先令民間出錢財貲送。一夫之費。至二十餘金。一縣數百夫。遂至數千金一節。查三十一年正月。羅領事函請代招雲南土工。應在路線遠處地方。并須在三千名以上。由公司送到章程。每人每日工資二角五分。洋務局即爲札飭雲南楚雄東川三府屬共十六州縣。每屬派招三百名。墊給路費。率往工作。甫及一月。法領事並未催促。而洋務局忽又嚴札飭催。並有倘敢任意玩延。定即撤任詳參。決不寬貸等語。各州縣之能以公司苛暴民不願往。無可代招。據實稟覆者。亦尚有人。而仰承風旨竭力嚴派並藉名擾累者。正復不少。如姚州知州李金鼇。爲羅漢章等公稟按戶攤銀。請紓民累。大挑縣知縣謝懷宣。爲李守忠等公稟。按鄉抽丁。爲民請命。羅次縣知縣范金鏞。爲余洪才等公稟沿村苛派貽累不堪等各案。或則勒民赴工。差捕騷擾。或則歛錢貲送。借端漁利。皆控告督院批發洋務局。或並控臬司有案者。當時以各省及滇中近鐵路等處。招來工人。皆因洋人虐待。散亡殆盡。羅領事函稱應在路線遠處地方。正是使之路遠難於逃亡之意。即原參之所謂索之於遠者是也。惟所札派乃係雲南楚雄東川三府。而並未及大理府屬。至若派民夫先令民間出錢財貲送。則大姚羅次兩縣及姚州。皆有控案在卷。證以密訪。夫固有確實不虛者。路工以爲洋人虐待。盡人知之。乃該公司一有請於遠處代招土工之說。而即奉命不遑。迭次嚴飭札派。不惜驅吾民使之入於陷阱而後已。抑又何也。兩廣岑督憲迭次咨電。以該公司凌虐停招。並請給貲遣回。以重民命。固已。而直隸袁督憲亦電請墊發川貲。將工人解至漢口。用船載回。用欵示繳。丁督憲固並未照辦。四川錫督憲個電。該公司不免虐待逃亡之事。請飭商必無虐待。方可聽招。宥電工人不得凌虐責打一層。尤爲緊要。丁督憲則僅覆一勘電。謂公司自相約束。已較斂跡。又浙江張撫憲佳電稱。津工七千人。勒給工資。用兵壓制。死多生少。甯波來者。往往三五十人。跪求在路。懇恩設法拯救。其情詞甚爲迫切。而查據覆稱。丁督憲竟置之不覆。封疆大吏。有牧民之責。他省督撫。皆能以民命爲重。竭力籲救。丁督憲顧何以一聽各省招致之工人。及本省土工之死亡。枕籍於其境內。如秦越人之相視。而漠然無所動於心。惟獨於法人一有照會或函件。如請代招土工。及轉請隣省招工。甚有招來外省工人入境。川貲請飭沿路州縣墊給。均無不奉令維謹。立即照辦者。此則誠有大惑而不可解者也。又查蒙自鐵路分局卷。有洋人賈四乃儀見粵商陳阿添路過。無故用鎗轟斃一案。粵衆大譁。蒙自關道魏道景桐。正在力爭懲辦。而興升道忽有東歐兩次私電。一云撫邮亦屬常事。考之約章。具有成案。又云不能不婉商權宜了結。與洋務局之批飭宜良縣禀洋人雷維毆斃工人馬正海案。以權宜了結者。用意正是一律。且東電云此電不作公件。歐電云俟事有端倪再行回院等語。而此事遂强以撫邮了案。可見滇省交涉之事。全由興升道一人專主。皆可惟其意之所欲爲即丁督憲亦無不徇從也觀於其以私電竟自商定遂至此等鉅案永無昭雪之日而洋人于是益肆其兇橫無所顧忌以致滇路公司中人毆斃華人之案層見疊出竟無一能得伸理者原參稱滇人是以謂興祿實助法以速滇亡助之一說大約即指此等事而言也至原參謂崧督之妾死有女曰五爺者拜興祿之妻爲義母興祿之妻遂往來督署以爲常而崧蕃與興祿之交乃益密一節查崧督憲晚年無子僅此一女其母又故因而鍾愛亦人之恒情興升道亦屬旗籍風俗無異同鄉眷屬偶一往來間亦有之至于拜爲義母則事屬曖昧外人固無從知之想或係懸揣之詞亦未可知也又原參謂興祿雖識字無多而出其便辟側媚之才實足以蠱惑長官使墮其術中而不覺一節職道遍加訪察興升道於文義似不甚通曉故一切文牘動輒需人而謂其識字無多則未免過甚始以武定州知州到省旋補廣南府二十一年調補首府而迤東道而臬司蓋不數月也歷經兼充善後局營務處金銀礦務農工商務機器電報洋務鐵路等局總會辦兼差甚多故官場不肖之徒趨之如鶩致有興黨之稱而其最爲人言之所不愉者則以機器電報兩局爲尤甚何也以其皆有報銷之款

項也。候補道莫道凱。前經接辦機器局事。不數月而即以查弊。僅將莫道參革在案。三十二年六月。興升道赴黔臬任。丁督憲並不照章另委總辦。而以由電報生出身未赴引之蔣守立成。充提調接辦其事。嗣復以局中歷年之冊籍簿據。蕩然無存。人言嘖嘖。皆謂其係焚燬滅迹者。丁督憲亦有所聞。乃於本年二月。另委何道光燮爲總辦。何道接差。即具稟聲明界限在案。其意可知。查蔣守接辦自三十二年六月起至本年正月。計八閱月之久。尚有贏餘銀一千一百兩。雖不若興升道辦理時之尚需月支善後局津貼。或千餘金。或數百金不等。而覆核蔣守之報銷。除活支之款。無憑稽考外。即據各分局所報額支各款。而總局浮開以報善後局者。每月已三百三十五兩七錢九分之多。總八個月而計之。已侵蝕至二千六百八十六兩三錢六分。此數月之冊報尚在。一經查核。即已瞭然。其弊已如此之甚。亦何怪謠諑繁興。於前十數年。興升道辦理時。無可稽查之電報局也。並查據新委電報局總辦何道光燮覆稱。局中歷年冊籍簿據。悉數抽提。無留存者。此其故似皆可揣測而知之也。查滇省洋務局。本在督署。嗣設鐵路局。即附於其內。向由興升道總辦。丁督憲尤專任之。其於交涉事件。固多所曲徇。而尤有專事假託。互爲欺朦者。則迭核卷宗。如滇緬騰越北段。爲界務最重要之事。所有致外務部函電咨呈各稿。如三十一年五月二十九日。致外務部函稱。小江外各寨野夷性旣橫悍。又與土司甚遠。久已不通聲氣。視同化外。即使撫而有之。亦屬驟難馴服。不若以小江爲界。江外野夷本少往來。可省枝節。其詞意無非附和石道之原勘。以小江源爲界。全不考察滇西實有之疆宇。而於外務部函咨駁詰之後。則三十二年二月初八日咨呈。又稱各地方官稟。各撫夷聞租借之說。環求作主。不甘自淪化外。查小江外各寨。與小江南一十八寨。地本相連。何以前後措詞。自相矛盾若此。又三十二年二月初八日咨呈外務部。內開並據該管各地方官稟。各撫夷聞租借之說。萬分驚懼。環求作主。又閏四月初五日致外務部辰密電。內開前接洽電。以事關疆界。不厭求詳。當遴派妥員馳赴騰界覆查。去後茲據稟稱。各等因。當以卷中查無各地方官之稟。又並無遴派覆查邊界委員之札稿。及該委員之稟。所謂各地方官者。係何縣何名。各撫夷者。係何處土司。並所稱遴派妥員者。係派何員。是何銜名。幷查外務部洽電係三月十七日。至閏四月初五。僅四十八日。即使電委。邊程遼遠。履勘覆稟。何以能如此之速。且兩

二十二

項稟件。均未在卷。當經備文咨詢。旋准覆稱。各地方官並無此項稟牘。實係託詞。又稱係設爲委員。馳赴騰界密查之說。其實並無各地方官之稟。當時亦並未委員各等語查滇省洋務局稿件。皆委員擬核。總辦裁閱後。呈由督憲酌定發行者。此案界務以有關國家疆域。故部中特格外慎重。何以丁督憲與興升道並不切實考求。而竟同爲欺蔽。僅飾此虛詞以塞責。則部中之惟視疆吏爲轉移者。反更大不可恃矣。又滇越鐵路卷內法領事函請代招本省土工。三十一年十一月二十六日。由局札飭楚雄雲南東川三府各州縣。每屬派招三百名。內開爲札飭遵辦事案奉督部堂丁札發。又同日呈督憲文。內開案奉憲台札發。又三十二年正月十四日札各州縣。內開爲嚴札飭催事案。經前奉督部堂丁札發各等情。以卷中查無此札。復咨請補檢。又准覆稱。凡有英法領事照會緘件。均呈院核閱。應札應行。由局核辦。如事體稍重。即加以奉督部堂札字樣。歷久相沿。並無專札。此案奉督部堂丁札。亦係局稿添入等語。並據檢同該局之義工舉約遂議給郵款。又郭秀峯在武定州游歷。又雷領事函稱竊案。嚴飭該管地方官摘項嚴緝。又委新軍第一標第二營赴鐵路填紮各案等卷。均稱係局稿沿用。並無專札。而託詞稱爲奉札者。咨送前來。詳核各卷。內有稱奉督部堂札飭者。有稱奉院憲札開者。有稱奉督憲札飭者。查皆丁督憲任內之事。夫督院之札。豈可揑冒。不謂並未奉札。而竟任意矯託。並敢揑稱奉憲台札。而呈報備案者。不知丁督憲何以明知之而竟聽之。似無怪乎人之謂其大權旁落而不能自主也。職道伏查滇省西隣緬甸。又西南毗連越南。均相接壤。自緬入於英。越入於法。而滇遂介於兩大國之間。前者緬界以外。尚有甌脫之地。後爲英人潛自佔踞。嗣又將野人山之地讓去。而滇西之唇以亡。於設險守國之義。已不堪復論。然各土司之所轄。尚足以爲我屏蔽也。自二十四年後。迭次勘界。而滇西邊界之地。更不能按籍而求。今者騰邊之界務。若聽其再誤。則逼入內地。大有莫可相遏之勢。西之與緬。已同西南之與越。直相緊接。而英法兩國。方各爭築鐵路。以均其勢力。夫路線之所及。即爲兵力之所及。此豈可輕以畀人哉。自二十五年。滇越之路。定約歸法國修築。法人卽盡力趕造。現其工程揣約已有七成。不及兩年卽可竣事。英人力爭開辦滇緬鐵路。亦已多次。幸上年滇衆公拒。始知難而退。然勢成騎虎。英人必出全力以相爭。若再一失計。輕於誤允。則法之滇越鐵路。已由保勝接入滇邊。

之河口經由蒙自以達省城英之滇緬鐵路必將自新街接入滇邊之騰越經由大理以達省城揆之形勢滇已兩面受敵而彼之狡謀未已法必由滇而通至川北英必由滇入川東而通至西藏將滇之全省皆爲其包阻在內如魚之入於釜中再無出險之術如是而滇之禍尙堪設想哉滇爲中國西南之門戶於川黔兩廣兩湖諸省有高屋建瓴之勢此斷不能漠然置之等於秦越人之相視也近年來滇中與英人交涉屢有與緬畫界之事至三十二年兩國會勘騰越北段邊界此其中之失敗有大不滿於人意者其始英人指請欲就近由迤西道派員而丁督憲卽以委之於迤西道石道已不免授人指摘乃石道會勘則果事事隨人著著落後以攸關疆土如此重大之事並不愼重詳審於先而勘畢一經詳稟興升道卽爲之核轉丁督憲復據以咨達於其失誤之處毫不加以指斥及外務部察知其失地甚多關係匪淺迭經嚴加駁詰而丁督憲猶復徇從興升道爲之竭力庇護尙欲飾詞朦覆苟非劉藩司等力持正論則界事早已定局一旦舉數千餘里之地拱手而讓之他人不特滇邊有日蹙百里之勢且貽川藏以他日無窮之禍丁督憲與興升道於此猶不思力爲設法籌商補救爲收之桑榆

之計而乃聽同局員虛詞僞託隨意鋪張如辰密電之揑稱委員覆查及咨呈內稱各地方官稟之類皆屬實無其事而竟以達之於外務部其袒庇與欺罔之咎似實無可以解免也其與法人交涉則爲與越南通造鐵路之事滇境自築路以來因全屬山境開鑿不易法公司貲本已大受虧折復因虐待華工散亡殆盡招募不易坐耗又多路工已大有難成之勢此說非僅得之於沿路所訪傳即蒙自關魏道三十年十月隨文附有致洋務局密函亦曾云然必非懸擬揣測之詞使興升道當時能不受法人之籠絡事事之稟承丁督憲設法維持則法公司虧耗之餘不能自立正可倣天津之電車軌路徐與議款收贖歸爲我有豈不甚善否則聽其自然但任護路之責不預招工之事使之不能易於告成亦可稍緩滇中之禍夫滇路之成速則滇禍之來亦速固盡人而知之乃丁督憲與興升道凡於法人路工之事無不悉力扶持於他省輾轉招工之外更爲派招本省土工以助之聞法人於興升道之籌助路工深賴其力每謂非有興升道則如此鉅工斷不能易於蕆事心甚德之丁督憲與興升道常謂滇越路成則滇中之交涉事少此實自欺之言不知路工未竣法人已屢有中國保護不力須自派兵

來華之說。若路軌一成。則由越可以長驅直達。其心本不測。何難借端肇釁。反謂我之不能護路。而遑其朝發夕至之兵。以直入省城。可以惟所欲為。此中間不容髮之機。識者皆預料及之。不謂丁督憲與興升道反全未覺察。而事事為外人作傀儡。凡此未能遠謀。所以為滇人詬病之所叢也。丁督憲在任時。凡有交涉之事。悉以屬之興升道。以其在滇辦理多年。信為情形之熟悉。而興升道則於外交本非所長。惟以酬應聯絡。冀得外人之歡心為能事。故凡事皆任其予取予求。無不設法曲從而後已。原參謂丁振鐸本短於才。無外交手段。遂以忍辱吃虧為敷衍了事之宗旨。且並謂興祿壹意媚外者。殆為此也。職道復查升任貴州布政使興升道祿。於光緒二十四年閏三月。以聲名貪鄙。為文御史悌糾參。查辦後。奉 旨革職。旋經崧督憲 奏請留滇差委。復擢迤東道。又洊升兩司。以獲咎廢員。仰荷 聖恩。棄瑕錄用。宜如何忠正自矢。力圖報稱。而乃營私滋弊。欺飾朦惑。在滇久辦洋務。於勘邊界。築鐵路等。如此重大事件。不能預籌防制。以致貽誤邊疆。喪失甚鉅。雲南迤東道前署迤西道石道鴻韶。奉委會勘界務。事關疆域。亟宜詳慎從事。盡力爭持。乃不特處處順從。惟外人之命是聽。而且先自退認授人以柄。事有成說。挽救匪易。如此庸懦無能。昧良誤國。實不敢爲之諱飾。前任雲貴總督丁督憲儉約持躬。清操甚著。且於滇中之省會自開商埠。個舊自立公司。滇蜀鐵路。滇騰鐵路等事。皆能據紳商稟請次第 奏准自辦。亦深知顧全地方利益。苟得有才識邁衆諳習外交之人。以相輔佐。則遇事既有定見。當不至輕於遷就。坐失機宜。無如地處邊徼。適當兩大之交迫。任用不得其人。以致辦理交涉重事。往往多所貽誤。叢人口實。以上遵飭確查各節。理合據實詳陳。稟候核辦。所有職道奉委馳赴雲南查辦要案。事關重大。旣不敢曲爲瞻徇。尤不敢深於文致。惟有將一切訪查考核實在情形。詳瀝稟陳。仰祈 大人鑒核批示祇遵。實爲公便。

中國紀事

鄂督被參紀聞　鄂督瑞莘儒制軍自督鄂以來。殫精竭慮。厲行新政。淘汰劣員。整肅官方。聲譽幾駕南北洋陳張二督之上。惟身罹痼疾。精神疲弱。時須請假調攝。然於政務仍無廢弛也。比聞御史胡思敬。摭拾制軍之失政。列款二十八條參之。朝廷業有廷寄。着魯撫孫寶琦據實查覆。現在魯撫已遴委山東候補道朱鍾琦到鄂查辦。據官場傳說云。所參各款。非僅在鄂督任內之事。凡涉及前官贛臬蘇藩蘇撫之種種細故。大有吹毛求疵之意。刻下鄂中士紳輿論。以制軍措施內政外交手段靈敏。而於試辦預算。尤努力實行。縷數政績。並無失德。是以羣相疑議。詆胡侍御爲妄言。卽漢口日人所發行之和文報。昨亦著論評斷。於制軍並無貶辭。至謂以如此盡職之總督。而猶不免於御史參劾。則清國二十二行省之督撫。恐悉不能免於名掛彈章矣。聞胡侍御素以方正名。然未免偏聽。故有此失。豈所謂兩賢相厄者耶。

顧葉黎參案紀畧　民政部奏參顧瑗黎宗嶽葉崇榘一案。經已奉　旨勒令回籍。嚴加約束。茲有悉其原摺者。云竊查外城騾馬市大街迤南有空地一塊。地名香廠。面積甚廣。上年議將該處開建市場。以爲振興商務之策。惟創辦伊始。深恐市儈之徒。假託招股承攬。遂其詐騙之私。迭經飭知警廳嚴定辦法。預爲防杜。旋有公益銀行總理翰林院編修顧瑗。爲香廠事一再請託。任意干求。並有空開銀條希圖搪塞情事。跡其前後行爲。有同市井。難保不在外招搖。藉端牟利。殊屬不安本分。相應請旨將翰林院編修顧瑗解去現任。勒令回籍。以免滋生事端。又查有前外城巡警總廳六品警官黎宗嶽。於上年呈請開缺回籍修墓。當經批准。咨部開缺在案。乃閱時已久。該員並未回籍。逗留在京。遇事生風。蹤迹詭秘。又查有陸軍部郎中葉崇榘。造言生事。擾亂治安。以上二員均屬不知檢束。聲名狼藉。擬請一併勒令回籍。交地方官管束云云。說者謂故事凡勒令回籍嚴加約束者。必有革職明文。今三人既無革職字樣。吾不知地方官將何以實行其約束之法也。

福建預算案之成立　福建宣統三年地方行政經費預算案經諮議局開會前後計三次八十餘日。始則歲入有無之爭。繼則議決權覆議權有無之爭。常年會不獲解決。

繼以第一臨時會。第一臨時會又不獲覆議。乃有第三臨時會之請。計自去年十一月三十日覆議預算案議決。十二日初一日。呈請松督批准公布施行。三閱月而不獲劄覆。各府州縣之留心政務者。紛紛函電馳詢。日以數十百起。計諮議局全體議員。負全省人民之責望。咸不安於其位。抱無預算即無諮議局之決心。迭行呈催。又屢經常駐議員之協議。迭由議長晉謁催促。不知幾費唇舌。乃遲之又久始於月之初三日奉到松督院劄覆。批准公布施行。蓋福建力爭預算案之難局。可謂煞費苦心矣。然而雖費盡苦心。猶有成效。獨惜蘇省諮議局。亦因預算案不成立。致令全體員紛紛辭職。以彼儆此。松督蓋猶有畏憚輿論之心焉。

長蘆鹽商借債之糾葛 長蘆鹽商綱總。王竹林李子鶴等。去歲以無本築運。挾通綱名義。借用洋款五百萬兩。由通綱衆商。担負償還。當時由運司張都轉鎭芳。蓋用印信。署名担保。比者張都轉升任湘臬。直紳特具說帖。禀請督院。挽留都轉了此債務。方能令其他遷。其說帖略謂各鹽商所欠洋債。數百餘萬。原係私人交涉。並不與國際相關。自上年張鎭芳出場調停。署名擔保。擅用運司印信。鈐蓋合同。竟將私人交涉。變爲國際交涉。將來蘆商不能淸償洋商。即可向本省官廳要索。官場無款可籌。勢必以長蘆鹽務作抵。或再加鹽價。以代償此款。是不啻以直隸人民代鹽商償還洋債也。故直紳之意。要求直督擔保此項洋債。將來不至貽累本省人民。張運司方可他去。或接任之人肯爲張擔此干係。代爲設法淸償。方可以離直省。否則不能置身事外云云。直督即將原稟交張都轉閱看。飭令自行核議詳覆。以便批示。張都轉以此事既內受鹽政處之責言。外受諮議局之反對。而數百萬之外款。一無着落。於是將舊綱總斥革。另派陸性初賓彥豐楊少熙等爲新綱總。嗣查得各鹽商欠外債者。共有三十六戶。初擬一律查抄備抵。嗣恐牽動市面。先將王竹林李子鶴何彜臣等三家將產業交商會估價抵償。後經商董甯世福等出場調停。特于日前面謁直督。力陳利害。直督以運司現已赴京。飭令甯董晉京。會同運司稟商鹽政大臣核奪云。

●吉林火災之鉅劫　四月初十日下午三時。吉林省城市場西面沿河某鐵匠店起火。該處屋宇多木構。延燒旣易。且適起大風。更難施救。歷燒二十一小時。至十一日午前十二鐘始熄。繁盛之處。焚燬殆盡。高等審判廳、檢察廳、財政局、官錢局、陸軍糧餉局、官書局、官醫局、圖書局。及度支司庫、官銀錢號、電報局皆付一炬。長春與吉林間電線。亦被燒斷。延燒及十餘里。監獄亦被燒燬。惟犯人已先押往營中。尙無死傷情事。撫署提法提學民政交涉諸司。及勸業道各署。幸獲保全。各領事署亦幸無恙。惟災民困苦不堪言狀。吉撫陳昭常急電奏聞。并請撥款救濟。并電告新東督趙次珊。一面派兵彈壓。以防災民肇事。東督錫良亦據長春道孟電稟。專電請款。即飭奉天官銀號撥三十萬尅期解去。以濟急需。並電飭長春道洽爾濱道。收買米糧。陸續運吉。以資接濟矣。

杭垣搶米風潮記　杭州近因民食恐慌。米價日漲。一日至初八日。每升需錢九十文。貧民無以爲生。迭向兩首縣跪求代稟撫台。要求減價。惟仍未見出示。於是下城機業中人。忽於是晚聯合貧民數百人。由東街直上。自普安街以至石牌樓。由石牌頭直上薦橋。由薦橋直上洋壩頭清河坊大街。所經米舖數十餘家。悉被搗毀。各處均手持火把。照耀如晝。巡警不敢過問。惟此輩宗旨專與米商爲難。銀錢等物則不搶掠。時有二局巡警者。拘獲貧民數人。押送地方審判廳。衆情益憤。遂鬨至審判廳。將一切廳內各物。搗毀一空。其時人數已聚至千餘。聲勢洶洶。莫可理喻。法官大半逃匿。警道與仁和縣。出而彈壓。詎爲貧民所窘。於是警道用電話。稟告增撫危象。增撫立飭螺獅山陸軍輜重隊。荷槍出巡。各處巡警及衛隊等。亦紛紛開槍彈壓。至初九早計共拿獲一百九人。解交督練公所暫押。警道欲以軍法治之。惟增撫未允。後由總商會官紳會商公決。交審判廳訊辦。聞已蒙開釋者有九十三人。未放者不過十餘人而已。計是役之擾攘。實起於貧民與亂民。固自殊科。要未可以軍法從事。然不徵示以創懲。則亦無以爲保護治安之計。杭中官紳。當亦於寬猛之間。斟酌善用之而已。

湘省反對幹路國有風潮記　湖南紳商學界。自奉幹路收歸國有之　明諭。人心大爲憤激。各團體特於十五日。刊發傳單。謂湘省粵漢幹路。爲全省命脉所關。將來借債修築。湘人財產性命。均操於外人之手。若不極力爭回。後患何堪設想。特請各界於十六日在教育總會。開全體大會。是日到會者一萬餘人。咸主張恪遵宣統二年　上諭。完全商辦。實力進行。並決定十八日由各團體呈請湘撫電奏收回成命。如不得請。將來或外人或督辦到湘。强事修築。定即集全力抵抗。無論釀成如何鉅案。在所不顧。是日當場議定辦法十五條。極爲激烈。至十八日。各團體同詣撫轅。求請電奏。喧嘩擾亂。

聲勢洶洶。鐵路公司長洙一帶工人萬餘名。亦一概停工進城。沿途聲言如撫台不允上奏挽回。商須罷市。學須停課。一般人民須抗租稅。楊撫見人衆勢洶。恐釀事故。當允代爲電奏乞恩。各團體始退出轅門。楊中丞見各紳民退後。卽將情形電告鄂督瑞莘帥。商議辦法。當經鄂督復電。惟鄂督覆電之意。謂宜將幹路收回爲國有。所有枝路仍爲商民所有之意。剴切曉諭。一面協商諮議局商會。公同勸導。以保治安。萬一再有舉動。卽以嚴辦重辦法對待等語。湘省民氣素盛。此事正不知如何消弭也。

世界紀事

澳洲之海軍計畫　澳洲政府提議海軍新計畫案。擬自今以後二十二年間建造軍艦五十二隻。費額約八千八百五十萬磅。聞該案起草者即此次回英之海軍提督沙賴尼那德。昔曾奉特別使命赴澳者也。

西班牙派兵之目的　西班牙宣言謂此次他國軍隊。萬一進軍扶野支時。西國決不加入。惟單純的保護自國之勢力範圍而已。

英國植民地防備問題　英國下議院伊野特氏。對於政府質問四條。一東方各植民地。對於本國政府所獻納之軍事納附金。果以單純的應於地方上之必要用於守備隊者爲目的否。二錫蘭島近於印度。其納附金額果能減少否。再香港及新嘉坡之守備究爲如何。三政府不以錫蘭島之軍事納附金爲軍事之獻納。此實以該島與東方各植民地立同等之基礎。此項納附金亦可充該島防備費。此問題果認爲得策否。四政府關於財政上與馬來聯邦國果有協力之意志否。當經殖民大臣哈科特氏答辯。

謂就以後十五年內有效力之現行規定論之。則香港及海峽殖民地納附金之最高制限。當以支辦全地駐屯守備隊最高之經費爲準。錫蘭島之事。則以特別理由。其納附金額四分之三。可支出爲駐屯守備費。其他各殖民地之納附金額如何。全視政府及各殖民地各種事業上之關係論之。此時實不能定。至馬來聯邦。雖非英領殖民地。然以千八百九十五年之條約。一旦若有戰事。新加坡可以增加守備隊。於帝國國防上有實質之貢獻也。

英美仲裁條約之草案　英美仲裁條約之草案已經發表。其重要條件如下。英美兩國今後非有相同之意見。決不與第三國結仲裁條約。或結同盟。兩國根本之利害上及影響於獨立名譽上。如有爭議。可於海牙平和會外特別委員審查判決。再此約本無限期。如欲廢約。於五年滿期之前六個月。可以聲明云云。

波斯之新國債　波斯議會。已將借英五分息之一百二十五萬磅債款認可。以波斯之關稅爲擔保云。

摩洛哥亂事稍平　四月二十八日扶野支公報云。波來門少佐之軍隊。已於二十五日抵市。軍容甚盛。摩洛哥政府亦派遣兵士七千人到彼。故該地居留之歐洲人。已無危險之慮云。

美國大統領之演說　美大統領塔虎脫氏。於第三國民平和會議之開會演說云。英美仲裁條約。實欲達世界平和之目的。此外幷無他意。然余知列强各國對於此事。不無猜議。此事前途。恐亦甚難達到目的云。

德俄協商中止　德俄兩國間緊急問題之協商。以俄外相患病停議。大約須駐俄德大使返國時始可定議。

勞働保險案　英國度支大臣羅依德覺基氏。此次提議勞働保險法案。據彼計算加入者約在一千三百萬以上。此種人如有患病者。可以不出醫費就醫。被保險者達六十五歲時。酌給養老年金。餘款即作爲保險基本金。若失業者。除被傭者自有過失。及同盟罷業工塲閉鎖等諸項外。若出於意外者。均須酌助。而女工之分娩。則尤爲體恤。一月給三十先令。此案下院第一讀會。已經通過矣。

墺匈帝讓位　墺匈帝約曉氏今年已八十二歲。自以老弱不能理政。擬傳位于子福野吉南德。目下正在商議中云。

●南西伯利亞鐵道案 俄國路政大臣盧苦羅氏。擬將西伯利亞鐵道。與達西凱特鐵道聯絡敷設南西伯利亞鐵道。現此法案已提出議會矣。

●墨西哥亂事復熾。墨西哥電傳前次所議休戰事。現已決裂。革命黨復大猖獗。美國對於此事干涉派與非干涉派大起軋轢。政府兢兢業業。唯恐稍失計云。

●婦人選舉權法案 英國下院。於婦人選舉國會議員權一案。以二百五十五票之多數。於第二讀會通過。是日出席者頗少。各大臣亦未加討議。政府亦未暇確實調查。故實行之機會。尚不可期也。

●日英條約公布 四月三日。日英兩國全權委員署名調印之通商航海條約。已批准交換。於六日之官報公布矣。

叢錄

春冰室野乘

春冰

鮑春霆軼事

鮑忠壯公超。由擔水夫從戎。立功至專閫。貴後猶不知書。自姓名兩字外。更無所識。方被圍於九江也。將遣人赴祁門大營。詣曾文正求援。囑幕客某撰稟牘。移時不至。鮑焦急。不能耐。自往促之。見幕客方握筆搆思。鮑頓足曰。此何時耶。安用此文縐縐爲者。呼親兵以白麻一幅至。自操管於幅中大書一鮑字。旁作無數連圈圍繞之。亟封函遞去。幕客皆不識其意。爭問之。鮑曰。大帥自能知其故。遞至祁門。文正幕中人拆視。亦莫知何事。持示文正。文正大笑曰。老鮑又被圍矣。乃急檄多忠勇往援。賊圍始得解。

李世忠軼事

李世忠之解兵柄也。朝旨不聽回籍。而處之安慶。蓋已逆慮其反覆。使地方官便於管束也。李亦知朝廷意旨所在。時慮禍及。杜門謝客。深自檢束。然終不免於刑戮者。蓋爲其下人所誤耳。初。世忠有豪奴某者。恃主勢頗縱恣。顧世忠深倚任之。某於安慶城中。開設一烟館。裝潢頗精潔。上流社會人頗樂就之。候補縣令某。其弟故烟籍中人也。日往館吸烟。積數月。負百餘緡。奴屢索之。弗得。一日某又至。奴怒詈之。不與以烟具。某大忿。遽訟諸懷寗縣。縶奴去。管押之。世忠忽數日不見此奴。疑而詢之。家人皆莫敢以實告。偶一剃頭者在側。遽曰。大人猶不知耶。某奴已管押懷甯署中數日矣。世忠驚問左右。始知有某令弟事。乃大憤。立率衆數十人。至某令家。適某令兄弟皆外出。則曳其六旬餘之老母于途中而辱之。某令聞警歸。世忠已去。乃詣巡撫哭訴。時官皖撫者爲裕壽峯中丞祿。因飭材官傳世忠至署痛飭之。然特欲令往某令處謝罪而已。固無意殺之也。顧世忠素輕裕。亦起而大訴。兩司急往和解之。世忠始拂袂而出。裕不能堪。遂具摺入奏。且誣以逆謀未戢。時懷反側。遂得旨就地正法。實則世忠雖橫暴。然擁貲百萬。極人間之淫樂。其絕意進取已久。決非有反心者。其死固未可云不寃也。

紀羅壽頭子

羅壽頭子者。四川綿州大俠也。其人顧溫文儒雅。力不勝匹雛。唯以才畧智計甲其曹。四川百餘州縣。無地不有會。會中人尊其魁曰大哥。然綿州一郡之大哥。無出羅右者。駱文忠之督蜀也。聞羅名。必欲禽而置之法。檄綿州牧名捕之。時知綿州事者爲唐鄂生中丞炯。唐故以健吏冠三蜀。得帥檄。即召諸捕役。授方畧。示限期。厚賞嚴罰。期以必得。然旬日後卒莫知羅所在。唐每坐堂皇。嚴比諸役。羅未嘗不在旁笑睨也。顧卒無人敢言者。蓋羅平時排難解紛。嚴戢部黨。捕役實隱受其惠。一旦失羅。則綿境內盜刦將無窮日。且不得羅。不過比期受杖。得羅則其黨莫不思甘心。而身家決無幸免理也。數月後。文忠及唐。知必不可得。意亦稍怠。而石達開驟自川南北出。綿州直兵衝。素未治守具。官紳皆皇皇無固志。郡紳某等啓唐曰。欲全此城。非羅壽頭子不可。顧其人素自簡貴。即宥其罪。亦未必肯自獻。公宜自往見。動以保衛桑梓之大義。宜無不慨然效用者。唐愕然曰。羅乃在城中耶。則應曰。彼固始終未嘗一日離此城也。唐乃太息。自媿弗及。亟命駕。以紳某爲介。詣羅氏。羅慨然應曰。是誠在我。公第安臥。無戚戚也。即署片紙。俾從者持以出。未夕。已得壯健者萬餘人。餽以粟數千石。羅即日部署城守。屹然敵至。

聞羅主守禦事。竟不敢犯而去。綿卒獲全。事定。文忠專摺奏羅功。由布衣徑保遊擊。且檄令來省。將委以某軍統領。羅笑曰。此老欲縻我以高爵厚祿。藉遂其殺我之夙願耳。即日奉老母攜妻子而去。竟莫知所終。時某邑尚有張氏者。兄弟皆諸生。豪猾傾一鄉。名與羅埒。文忠先後誘至省。委以營務。保其兄至道員。弟至郎中。卒皆以不法誅。於是益歎羅之不可及也。

羊城秋意詩

平南王尚之信之伏誅也。事在康熙十九年。滇黔肅清之後。新會黃岊山先生居石。賦羊城秋意詩十章。以咏其事。瑣記遺聞。多有出正史外者。詩云。陸賈城邊肅曉霜。滿林秋意動悲傷。榮枯夢冷槐安國。笑泣聲殘郭秃場。何處刼灰沉泮水。多時凶器伏蕭牆。憑高莫弄山陽笛。徙倚西風一斷腸。見說浮生事可哀。英雄無計避輪廻。軍前藁葬腸猶熱。殿上荼毗骨已灰。送殯山城門吏少。營齋江寺野僧來。生前恨不疎儀狄。莫向重泉更酹杯。雹掣雷轟瘴海邊。滿門金紫集貂蟬。南溟水激三千里。北斗城開尺五天。重錫土田符已剖。未離襁褓綬先懸。何堪轉瞬成朝露。黃木灣頭泣逝川。戟門開處士如雲。玉帳雄驅虎豹羣。秦戍已能忘二世。楚歌誰爲散三軍。牀頭寶劍藏秋水。壁上彤弓挂夕曛。海島義旂倡五百。幾人殉難獨從君。翩翩朱履集西園。此日驚惶出掖垣。彈鋏客依新幕府。曳裾人返舊衡門。稱藩未盡狂生策。伏劍寧忘國士恩。亞父不留時已去。彭城空鎖夜歸魂。三千紅粉泣仳離。髮亂釵橫下翠帷。一葉可能逢范蠡。千金誰爲贖文姬。含顰柳葉銷殘黛。射覆花媒冷舊枝。孰肯墜樓輕七尺。綠珠千古是男兒。庫標黃紫十經秋。悉索東南尚未休。幾處鑄山傾絕域。頻年煮海竭長流。波斯特獻珊瑚樹。隴右遙供翡翠裘。早悟多藏容易散。內廷何苦夜持籌。畫閣雕軒結彩霞。還與土木等章華。穿簾巧語殊方鳥。迎檻交垂上苑花。金勒月明嘶叱撥。玉樓春暖聽琵琶。于今冷落誰爲主。幾樹垂楊咽暮鴉。萬家傾橐築禪堂。繡閣高懸古佛缸。舍利塔藏金鷲剎。上方雲鎖玉龍窗。三城熱血塗丹壁。十郡冤魂結海幢。借問臺城饑餓魄。曾持隻履到蓮邦。全家閤淚出邊城。牧馬南來又北征。五夜管弦金屋夢。一天風雪玉關情。衰年落索憐慈母。遠道提攜仗阿兄。孤寡莫嗟行路苦。窮檐離散久吞聲。

同治詩史

同治十二年。穆宗毅皇帝既親政。議修圓明園以奉養　兩宮。議未諧而　龍馭即於次年冬上賓。其役遂罷。某朝士嘗賦四詩以紀其事。曾聞諸老輩。惜作者之姓名。已遺忘不能舉矣。詩云。長楊五柞漢離宮。閣道鉤陳紫禁通。炎統驚心陽九厄。刦灰彈指大千空。草侵蹕路芊芊綠。花颭巖墻蔌蔌紅。再造皇輿須潤色。司天揆日定方中。數行丹詔動心肝。率土宜承　聖母歡。何惜中人十家產。不令長信一加餐。雁飛汾水秋風急。龍馭蒼梧海色寒。往事艱難今宴樂。肯從壞道聽哀湍。奧室燕南黍谷開。徵求百尺豫章材。虎賁未肅清塵駕。狗監先儲獻賦才。太液波涵新日月。西山影接舊樓臺。翦除荊棘銅駝出。經始應聞頌子來。久罷芳郊玉輅巡。上林開苑趁良春。周廬千列星防客。靈沼三眠柳似人。金爵觚棱仍竦擢。石鯨鱗甲正輪囷。奠安海宇眞堂搆。　聖濬狂言恕小臣。

紀張副使請免貢鰣魚事

鰣魚之貢。始自明時。何大復所謂五月鰣魚已至燕。荔支盧橘未應先。賜鮮徧及中璫第。薦熟欣開寢廟筵。白日風塵馳驛騎。炎天氷雪護江船。銀鱗細骨堪憐汝。玉筋金盤敢望傳。即咏此事也。然今鰣魚三月中已上市。四月杪則早已絕迹矣。今五月至燕。猶訝其早。豈古今節候有不同耶。　國朝此貢。仍沿明制。吳齊之民。甚以爲苦。康熙中葉。山東按察副使張能鱗。始奏罷之。其疏云。爲欽奉　上諭事。康熙二十二年三月初二日。接奉部文。安設塘撥。飛遞鰣魚。恭進上御。値臣代攝驛篆。敢不殫心料理。隨於初四日星馳前赴蒙陰沂水等處。挑選健馬。准備飛遞。伏思　皇上勞心焦慮。廓清中外。正當飲食宴樂。頤養天和。一鰣之味。何關輕重。臣竊以爲鰣非難供。而鰣之性難供。鰣字從時。惟四月則有。他時則無。諸魚水養則生。此魚出網即息。他魚生息可餐。此魚味變極速。祇以蔾藿貧民。肉食艱難。傳爲異味。若　天廚珍羞。滋味萬品。何取一魚。竊計鰣魚產於江南之揚子江。達於京師。計程二千五百餘里。進貢之員。每三十里一塘。豎立旂竿。日則懸旂。夜則懸鐙。通計備馬三千餘匹。役支數千人。東省山路崎嶇。臣見州縣各官。督率人役。運木治橋。劉石治路。晝夜奔忙。唯恐一時馬蹶。致干重譴。且天氣炎熱。鰣性不能久延。正孔子所謂魚餒不食之時也。伏念　皇上聖德如天。豈肯以口腹之故。罪責臣民。而臣下奉法惟謹。一聞鰣魚進貢。凡此二三千里地。當孔道之官民。實有晝夜不安者。臣以疏遠外吏。何敢冒瀆　宸聽。惟伏讀律令。百官技藝之人。應有可言之事。亦許樂聞。況臣一介庸愚。荷蒙　聖恩。官至方面。目睹三省官民。祇爲膳羞一物。驚恐勞疲。官廢職事。民棄耕耘。若不據實敷陳。不忠之罪。何以自逭。故敢冒昧越陳。伏乞　皇上如天之仁。下　詔停止。不但傳之史冊。流芳千古。而三省之官民。數千之役夫。咸祝　聖壽於無疆矣。疏入。奉　旨永免進供。欽此。一時海內。莫不頌　聖祖之深仁。而嘉張公之敢言也。

文苑

奉懷南海先生星加坡兼敦請東渡　　滄江

近聞作計又圖南。渺渺離思孰可堪。自是鵾鵬辭斥鷃。不關螻蟻制鱣鱏。一冬霜雪蕭蕭鬢。滿地烟塵肅肅驂。遙想卜居問詹尹。揭來詩句徧江潭。

共有千秋萬古情。爲誰歲歲客邊城。讒言苦妒齊三士。世務寧勞魯兩生。漢月依微連海氣。蠻花悱惻吐冬榮。相逢莫話中原事。恐負當年約耦耕。

不道桃源許再來。舊時魚鳥費疑猜。風吹弱水蓬萊近。春逐先生杖履回。萬事忘懷惟酒可。（先生惠書有萬事不挂眼終身常避人語）十年有約及櫻開。（先生以已亥二月去日本有詩云櫻花開罷我來遲我正去時花滿枝半歲看花住三島盈盈春色最相思）何時一舸能相即。已剔沈槍掃綠苔。

得擊一書報蛻庵嘔血其夕大風雨感喟不寐披衣走筆紀詩以訊

君不能布被脫粟取貴仕。曲學乃似公孫子。又不能荷鍤身如劉伯倫。得酒便足百不聞。撐腸百怪不聽命。風雲蛇鳥纏其身。卽此便合以窮死。況乃無端身外悲。天人判君有。涯。生。當此萬古厄。平居。五。升。飯。不。飽。出手。欲。救。天。下。溺。怨賊躡後河橫前。左聞鬼嘯右火。然。上有。射。工。含。沙。射。君。影。君又氣憤蛟鼉淵。人生。到。此。那可說。故應。嘔。盡。身。中。血只。恐。九。天無。噴。處。灑向。九。洲。不。留。熱。天生萬變何滔滔。惟我與君同所遭。六時思君畏君病。得書淚欲將君澆。是夕。風。雨。撼。樓。柱。擊大。海。水。成。怒。濤。已經一月睡眠少。八方魂去請當招。世間萬事誰能料。東鄰號咷西鄰笑。男兒命存百無尤。不見異人今古空屠釣。作。詩。鄭。重。寄。前。途。祝。君。善。保。千。金。軀。我。今。有。血。心。已。枯。聊。舉。七。發。若。枚。叔。儻。願。聞。之。能。來。無。

荷广除夕牙痛作詩調之　前人

人生。能。得。幾。歲。除。伏臘。自。勞。作。苦。餘。破。格。忽。烹。一。匹。雛。更。拆。長。項。蒸。葫。蘆。以。犒。牙。齒。終年。枯。濃炙紅椒澆鯉魚。入口蜇舌譎出呼。尤物信美天下無。況復椰絲煎油酥。釜中芋蟹行跦跦。誰其作此惟小姑。詢謀諸婦斗酒儲。曰以待子不時需。高堂有母顏正愉。抱孫。上。樓。嗔。人。扶。君着斑衣日嬉趨。今夕侍膳罄所須。正合大嚼如過屠。乃厭粱肉胡爲乎。有。齒。自。焚。然。非。歟。恠君。堂。堂。七。尺。軀。見。窘。一。體。如。囚。拘。得毋漱石礪磨粗。或懲剛落如聃書。不然過愛掌上珠。作孺子牛反爲駒。抑疑雪恥酬臛儒。團圓向人作屠沽。斯並陳言姑舍諸。深負此腹最足吁。我方圍爐煮屠蘇。肥牛之犍肥狗腴。狂啖狂飲如追逋。頰笑君子遠庖廚。餞歲先餞吾牙車。豈有編貝爲禍樞。作詩傳筒勞僕夫。既以妙語起宿痡。亦用娛母博軒渠。明發紅旭照氍毹。儻能霍然來于于。令君齒冷狂呼盧。

遊臺灣追懷劉壯肅公　　前人

憶昨甲申之秋方用兵。南斗騷屑桴鼓鳴。海隅倒懸待霖雨。詔起將軍巡邊庭。將軍功成狎文忠。高蹈久謝塵軒攖。國家多難敢自逸。笑揖猿鶴颺南征。半天波赤馳長鯨。魑魅甘人白晝行。百年驕虜覷處女。將軍飛下萬靈驚。雞籠一戰氣先王。滬尾設險嚐能嬰。其時馬江已失利。黑雲漠漠愁孤城。忍饑犯瘴五千士。盡與將軍同死生。手提百城還　天子。異事驚倒漢公卿。揭來海氣千里平。杲杲紅日照屯耕。桑麻滿地長兒女。舉子往往劉其名。將軍謀深憂曲突。謂是脆單前可懲。酒泉樂浪宜置郡。用絕天驕揚漢旌。鑿山冶鐵作馳道。俯海列礮屯堅營。宅中議設都護府。坐控南北如建瓴。料民度地正疆界。以利庸調防兼併。鄭渠鄴漳隨地有。下邑亦滿絃歌聲。平蠻直窮鳶墮處。要

文苑　四

使鹿豕馴　王靈訏謨事事準官禮邊功區區卑李程中朝大官玩厝火枋鷃豈喻鵬徙溟司農出納吝銖寸齊威恤鄰空典型輪臺已聞罷邊議況乃盈耳來青蠅將軍受事亦六稔謂靡頂踵酬　闕廷軒車一去留不得藤蔓啼鶯空復情大潛山下（公有大潛山房文集）下有寒湫蛟可督手種菜甲日已長有時南望微撫膺任尙豈省班超策辛湯或妒充國能長城已壞仙豈惜雨拋鎖甲苔臥槍夜來風惡鼉涎腥上相出蒞城下盟燕雲投贈自古有珠厓棄捐誰輸贏可憐將軍臥大牀眼中憧憧百鬼獰噩夢驚起月墮海鹿耳鯤身山自青滔滔沈恨閟九京鴟夷不返餘濤形涇原更安得一范西涼空復說三明祇今刼火又灰冷東方千騎來輕盈黠囗竊踵將軍武竟有豎子名能成山河錦繡亦增舊獨惜花鳥長凋零吁嗟乎漢家何代無奇英陳湯無命逢匡衡賈生得放既云幸晁錯効忠行當烹及其摧折已晷盡九牧所至如罄瓶一朝有事與人遇乃若持莛撼大楹君不見將軍嘔心六載功不就翻以資敵成永甯天地生才亦匪易悵望古今徒竛竮

桂園曲

前人

明故寧靖王朱術桂。以永樂十八年奉詔入臺監鄭軍。延平王待以宗藩禮。三世不衰。克塽降。王義不辱。集諸妃王氏袁氏荷姑梅姑秀姐詔之曰。孤不德。將全髮膚以見先帝先王于地下。若輩可自爲計。衆泣對曰。王死。國。妾死。王。義。一。也。遂並服縊於堂。遺民哀焉。合葬諸臺南郡治南門外之桂子山。號五妃墓。即墓立廟享祀弗替。越二百二十八年。新會梁啓超游臺灣。以道遠未能謁也。述其事以作歌。時清明後五日也。

鶯老花飛柱子山。天高月冷聞珮環。人尋泆曲淒涼後。地接蓬萊縹緲間。憶侍王孫竄荆棘。珊瑚寶玦還顏色。萬里依劉落日黃。五湖從范煙波碧。九州南盡有桃源。華表歸來一鶴尊。高帝神靈仍日月。五溪雲物自山川。陌上條桑衣鬢綠。賣珠呼婢脩蘿屋。王自墾田百餘甲於萬年縣之竹滬督諸妃躬課耕桑歲入輒以犒軍士歸來分耦迭添香。好伴君王夜深讀。詔言萬事共悠悠。刼後相依一散愁。天荒地老存三恪。裙布釵荆占一丘。黑風一夜吹滄海。朱顏未換雕闌改。虎臣執梃傳車忙。龍種攀髯弓劍在。金環翟茀拜堂皇。王死官家妾死王。翠瀾永閟千年井。素練紛飛六月霜。昨夜香銷燈自炧。蜀魂紅徧蒼梧野。吹徹參差不見人。雲旗嫋

文苑　六

嫋靈來下百年南雪蝕冬青靈物深深護碧城遺老久忘劉氏臘秋燐猶作鮑家聲我來再換紅羊刼景陽冷盡龍鸞血雨溼清明有夢歸海枯碣石憑誰說天涯髯處晚濤哀刮骨酸風起夜臺莫唱靈均遺褋曲九疑帝子不歸來

婦人者。盡發牌。否則請讓位。剛騰深惡其饒舌。綸提氏則微笑。均不之答。各就坐席。此類博具。最重等次之先後。二人後至。只得位於先來者肩下。故二人相傍而坐。綸提氏曰。吾二人共占一方可乎。剛騰曰。不可。君博必下重注。吾不能隨君。吾占左方。君可占右方。倘吾人俱得采。則沙提里之傾覆當更速也。沙提里曰。諸君速博。毋多疑阻。爲綸提氏探囊出紙幣。下注曰。一百路易。（法金幣名準二十枚佛郎）剛騰亦下注曰。十路易。沙提里喃喃語曰。吾今其大獲矣乎。不意一博之下。囊家竟爲兩方所敗。衆賭客皆各着眼。以爲氣運已轉趨於兩方。而不知其悉趨於右左方乃殊不利。再博。剛騰已並其初博所得而盡喪之。以後遂節節失敗。剛騰所有之三千佛郎。轉瞬已盡。而綸提氏之右方。乃大得志。百戰百勝。沙提里左方之所得。不足以償右方之所失。綸提氏下必大注。所得無算。而沙提里遂不支矣。剛騰兵力不繼。計將停戰。綸提氏私語之曰。貸君五百枚路易可乎。剛騰曰。毋須。吾謝君厚誼。但假一千佛郎足矣。縱悉輸去。吾亦不之恤。剛騰至此已與綸提氏交情漸密。故不憚與之借債。綸提氏遂立以一千佛郎付之。乃一霎之間。又早作青蚨飛去。剛騰笑曰。吾其罷戰矣。幸腋有十路易之貲。足供夜膳也。此際綸提氏之右方所得愈不可計算。最後綸提氏更下一重注。復勝。沙提里胖子遂盡傾其貲。不覺面紅耳赤。嗒然若喪其偶。迪詩頓從綸提氏之後。亦已沾潤不少。復謂沙提里曰。子來必遂背罷休。盍再振軍勢。背城借一。終有得勝時也。沙提里盛氣語曰。多謝。吾已喪五萬佛耶矣。聽綸提氏爲囊家。吾乃重與之博耳。於是大衆皆目視綸提氏。綸提氏私謂剛騰曰。公倘不願復博。吾便出局。剛騰曰。吾意已足。不更博矣。沙提里曰。子懼耶。可也。吾今更一爲之。子須與我再搏戰也。惟吾已傾覆此時。囊空如洗。須以券約代之。取楮墨來。吾將備署券之用。遂切厚紙爲小張。方營營然爲之。剛騰潛曳綸提氏去案稍遠。私謂之曰。子欲算弄沙提里。莫如不與之博。不然。使彼得乘間報復。殊非計也。至我暮夜馳逐之餘。已飢疲欲死。即今便往夜膳。寧不大佳。乃顧視羅畢。見其方就牆隅熱烟以吸。問之曰。今夕之局。非在碧犀酒樓乎。羅畢曰。然。在第十九號室也。惟吾欲乘機會再博數刻。或數百路易之得。屬意中事也。公等姑先往。諸女客倘先吾至。公等可代我款接之。吾知公等均未與相識。然渠等固不至羞怯者也。剛騰曰。惡子毋憂。吾知所以馴馭之道矣。於是乘衆人投牌。剛騰潛身出。綸提氏亦繼之。剛騰曰。吾不敢徑邀君與俱恐君尚欲少留也。綸提氏曰。否。吾亦欲乘此撒手。以稍施懲戒於沙提里。彼極當受此待遇。其用心實欲窺我。冀我之貲充實渠之囊橐。且日以樗蒱爲事。此等人吾亦不之喜。而尤有足責者。則以其人不謹厚也。曰。何以言之。曰。君寧不知方纔於大衆之前。彼曾舉一婦人之名。謂爲與君共飲者。此婦必君之所關切。而彼竟當衆宣言。是豈謹言愼行家之人所宜爲者耶。曰。此亦無妨。吾知沙提里非有惡意者。彼所說之婦人。亦不以有與男子共飲之故。卽足累其名譽者也。曰。誠如此。亦不可恕。此婦人縱與君有牽涉。至今亦當事過情遷。不宜於稠人廣衆之中。特舉其名氏也。曰。此其事實顧亦不盡如君言。吾伊昔之日。實爲陸麗娘子之所歡也。此婦之名。君必已聞之。曰。吾從未之前聞。曰。歡樂場中彼甚知名者也。曰。吾固未嘗一到此中者。曰。誠然。君生性固喜淸靜者。頃承明告矣。是則無怪君之不知此婦。吾往昔殊眷戀之。近從非洲歸。又與之重逢。吾與彼交往。固非別有不可告人者。然終不喜人之饒舌如是。沙提里之言。就吾本身而論。吾絕不介意。但不宜施於陸麗娘子耳。曰。娘子之不欲人語其名。當必別有用意。曰。此其故實以其今已厭倦風塵。而其現在處境。又頗有難堪之隱耳。曰。公幸恕我。吾方訾沙提里之强預人家事。今亦自犯之矣。曰。吾之摯友君自責太苛矣。君端謹縝密乃爾。寧復可疵。人見君行誼如是。恨不得傾懷以相告耳。吾人沿路縱談。步行至彼可乎。曰。可。吾亦欲畧一舒散也。於是聯步衢路間。剛騰愈與綸提氏語久。愈益重其爲人。口念頃間脫逃之賊。已實疑其別有奸謀。將不利於沙提里。所齒及之婦人者。此意何妨爲彼男爵一剖白之。彼必不至洩吾機密。或且能慨然相助。有以裨益吾事。亦未可知也。乃謂綸提氏曰。吾方纔所尾之賊。謂其有害於吾之友朋者。此友朋非他。蓋卽陸麗娘子耳。今請爲君明言之。曰。其然耶。君非謂其居於意大利康衢者乎。彼旣爲熱鬧塲中人物。安能居此閴寂之地耶。曰。彼身實自居於駱栁巷。其女與保姆則居於意大利康衢耳。曰。然則陸麗娘子自有一女耶。曰。然。年十有九矣。此女殊可人。其名曰德理斯。彼生時吾尚未識其母也。曰。此猾賊竟欲計害一少女乎。曰。殆是也。曰。此賊意欲何爲。將毋欲擄掠此女乎。曰。吾亦無以測其用心。惟疑彼殆代他人行事者耳。曰。君意得毋疑有權力者主使之耶。然此類行事。當路易十五世皇帝之時。容或有之。近世殆無復敢爲之者矣。曰。俘虜禁錮之事。固知其未必敢爲。然世之有礙於他人。而遂爲其人殺害者則至今亦殊未盡絕於天壤也。曰誠然。此眞不幸事。然一少小女子。寧得有仇之者乎。曰。正爲此類之少女。乃多招忌。其母雖失行。而此女則一身獨潔。愼受姆敎。性行均淑善無瑕者也。曰人苟非兇險異常。當不忍遂下毒手。以洩恨於一無辜之女子。曰。吾亦爲如是設想。固亦未深信其必然。頃方與其母姌娜反覆論究之。然吾人終不免懸心亟欲有以消滅此種危疑。吾又不能終久捍衛此女惟盼其早適良人。庶得所蔭庇。其母欲挈之轉徙他州。𠑹時或容易擇得夫壻耳。曰。轉徙誠是。陸麗娘子縱有仇讐。亦未必能遠隨之也。曰。但願如君所料爲幸。頃間之事。使姌娜知之。將不知若何驚惶。彼詎知今夕果有奸人來窺伺於其門外耶。吾今夕之行事。皆非姌娜所能夢見。吾之追躡奸人。歷偸兒之巢窟。深夜爲彼作諜者。固非彼之所知。吾之卒得結識一上流君子。竟肯哀憐無告。爲彼母女若邂逅關切。尤非彼之意料所及也。曰。吾所厚之指揮。君所親愛之人。吾爲君之故而亦親愛之。關心其榮枯得失。固亦恆情耳。倘得爲渠輩有所盡力。吾且甚樂。自今而後。此賊如再到吾家。吾必縶之以待君之措置也。曰。吾知此賊必不更至。彼主謀者既經此一挫折。必將變其計畫而別求所以肆毒之方也。曰。

然則首當留意於其主謀之人。曰。然。惟此人殊無捉摸處。於此有一人。頗爲吾輩所疑。然其人固吾等所未嘗一謀面者。今且置此。吾有一言欲請問於君。願君坦懷相答。倘敎君與陸麗娘子相見。君其拒之乎。曰。何至拒之。吾惟敬待君之紹介。以期與之謀面耳。實告君。吾此刻雖身世寂寞。然倘與愜意之婦人往還。固亦未至於不悅者。即今夕夜膳。吾亦知有少婦在坐。且知其並非貞淑無過之倫。而吾亦無不可。是亦可證也。曰君惠然肯來。吾所深感。君與渠輩周旋。漫無可否別擇。尤徵大度。惟吾意君之於婦女當能平心觀察。而具有恰當之理論。以瑕疵之者。君其毋自隱諱也。曰。亦不盡如君言。吾原非深惡此輩者。不過熱鬧之場。非所適意耳。然吾亦不一意拒絕其實少年之娛樂。既已一切經過。今乃無復有此種興會也。曰。此則盡人所同也。曰。實告君。吾往昔亦曾置身於歡樂之場。今亦不以爲可悔。當吾年二十有五之際。曾管駕海船。此時最多愚騃舉動也。曰。君固海軍人物耶。吾則陸軍人物也。彼此更當相契矣。曰。非也。吾所率者。特商船耳。吾父於佛蘭西島。（其先屬法故名後轉屬英因改名麽理梭）廣有殖糖園地。又爲商船主人。吾所率之船。即吾父所有船中之一艘耳。迨後喪父。吾須承管其遺業。游樂之地。不復沈迷。

然吾之舊跡其地之人至今猶能言也。曰然則君固法人。斯島今雖易主更名。然君之心。仍當自認爲法人也。曰。然。此一定之理。吾先世原祖法蘭西。當此島改隸英國易名爲麼理梭。吾大父猶堅不肯改其籍隸也。傳至吾身乃漸安之。今之轉至巴黎本欲圖久居者。然意殊難定。或終當歸去耳。曰。君何故未能決計居此。將別有窒礙之端乎。曰無之。吾固了無牽繫者。所不足於心者。徒以居此繁華大都。而一身寂寞。且所遇之人皆浮薄無眞者。故生厭耳。曰。此但須改易君之行徑。別求新交可也。曰。泛泛之交。吾覺無其意趣。而推心置腹者。又不易得。且吾更有妄想之一境。其奢願亦恐非此間所能償。君聞吾所志。當必笑吾。然吾猶欲言之。吾所願非他。欲娶妻耳。曰。此等異想。爲吾所不肯苟同者。然人生各有所樂。寧能相同。君之所願。顧亦易足。君年尚少。又殷富有爵秩。至於吾所以評論君之身心兩者。其所欲言。今不敢遽宣諸口。君廉耻中人。恐以吾言爲阿好。反致君不安也。爲君計之。此間固不少坐承先業之女。君但於其中物色其愜心者斯可矣。曰。君言過於獎譽。且吾亦非欲希求光耀之婚事者。與其扳附於高門。毋寧擇婦於尋常百姓之家。但得好女子。而於貲產聲名爵秩均無有者。於願亦足矣。

曰。似此更無難償君之願。巴黎地方貧寒之孤女。舉目皆是也。曰。吾固知之。然吾之擇婦。於才德兩者。皆欲苛求。故不易也。不寧惟是。吾更須與立一分外之約束。其人果欲爲吾妻。須實在用愛於吾身。而非以別有希冀之故。勉强從人者乃可。然以吾之年齒。而欲得婦人之眷戀心情。此眞不易者矣。曰。君年尚非老大。曰。吾三十有六矣。曰。吾亦三十有五。與君年齒正相若。然吾自信尚能撩動他人之愛情也。君亦何不能之有。吾將爲君試圖之可乎。曰。此固吾所深願。君倘有所推許而引進於吾。吾直可無須鑑別。合眼而徑受之可耳。曰。似此吾當得臨君之婚禮。然後返於非洲也。君但委諸吾可矣。此時婚議未定。與君稍一行樂。如偶作夜飲之類。當亦無傷。吾甚欲一視迪詩頓氏所招致之嘉客。渠輩似長夜作消遣於羅甸婦家中者也。曰。羅甸婦何許人。吾似曾聞斯名者也。曰。此亦不足異。斯名固無人不知者。且俱樂部中人亦多曾道之。君殆從彼聞之耳。此人乃專作媒妁者。特其所撮合之男女。殊非正式之婚禮。不過露水之姻緣。多者聚首經月。次則經旬。最少則經時而已。綸提氏笑曰。君刻畫彼之營生。可謂窮形盡相。使人捧腹。聞君之言。足見君亦曾倩彼效力者也。曰。然。昔日曾有之。然吾之不復履

商務印書館發行

教育雜誌 第三年 第四期 目錄

月出一冊售洋一角
全年十二冊一元
郵費每冊二分

本社爲研究教育改良學務起見特設雜誌一種自己酉年出版後未及一載銷數業已逾萬南至叻埠北抵蒙古東經日韓以達西半球西由陝甘而及新疆此固同人始願所不料足徵我國教育進步之速也茲將第三年第四期目錄列左

◉附告○本雜誌每月初十日發行月出一冊洋裝八十頁乃至百頁約五六萬字插畫數幅每年首尾兩期各增加四五十頁

人間第一精本　王右軍書聖教序

右軍書精本難得。在有宋時已發此嘆。人間流傳。多是翻刻失眞。於右軍面目。何嘗得其絲毫。近見坊間有北宋拓聖教序。筆意生動。少足當意。惟筆畫過細。恐仍非至善者。此本爲崇語鈴中丞所藏。題跋徧紙。號以墨皇。且稱爲天下法書名碑第一。吾家宋搨墨寶第一。又有何道州題詩。舉以與所藏肥本黃庭並稱雙絕。則其爲鴻寶可知。拓影亦極精良。臨池家所宜手置一編也。

（每部定價八角）

初拓李璧碑

此碑最新出土。神彩與張猛龍。至爲酷肖。眞魏碑中之尤物也。有志書法者。不可不家置一編。　每册定價四角

寄售處上海福州路廣智書局

法政雜誌

國家實行立憲政治之期益迫凡吾社會必有**多數人能知立憲政治之精神**方能收立憲政治之善果本社同人特發刊雜誌宗旨在研究法律政治現象參證學理以促進羣治而尤注重法律方面之研究以期合法治精神計雜誌分類如左

(一)社說　凡論說皆依據學理按切國情以公平淺顯之詞發表意見或介紹名家學說加以論斷以備當事者采擇其一家一黨之言及空泛偏宕之詞無關學理者皆所不取

(二)資料　凡東西政法家學說海內名家論著其確有心得足爲研究之資料者及特別記載調查等件無不廣爲輯譯

(三)雜纂　凡中外關於政法之著述如講演判例批詞時評史傳筆記答問等均隨時選錄

(四)專件　凡奏摺公牘法律草案議案等擇其證引繁博議論明通或足備參考者全錄原文其已經頒布之法令已另有專書非特別重要及與本雜誌社說有對照處不再全錄

(五)記事　凡關於立法上事件及行政事件之有關係者分爲世界之部本國之部隨時記錄

(六)凡可備法政家參考之件擇要附錄

以上六類每期不必皆備每類頁數亦不限定

本雜誌月出一冊至十二冊每冊約八十頁四五萬言定價及郵費廣告辦法如左表

定價表　費須先惠

價目		一冊	半年六冊	全年十二冊
報資		一角五分	八角	一元五角
郵費	本國	三分	一角八分	三角六分
	日本	三分	一角八分	三角六分
	外國	六分	三角六分	七角二分

廣告				
等第	地位	一期	半年	全年
特等	一面	三十元	一百五十元	二百五十元
上等	一面	二十元	一百元	一百六十元
普通	一面	十二元	六十元	一百元
	半面	七元	三十五元	六十元

代派五分九折十分以上八折

發行處　上海商務印書館及各省分館

二十世紀大著作名家童君愛樓實驗自來血保証書

明州童君愛樓著作等身生平擅長詩文書畫小說戲曲等一切撰作大江南北久噪文名歷任本埠各譯局各報館秉筆多年海內文學界中莫不知有此君其爲文莊諧並作獨闢町畦實爲近今二十世紀著作家中有數人物因其朝夜著作操勞過甚以致心血大衰精神困憊時患喘咳百藥無功今讀其來書能知其服本藥房自來血後其病如失精神倍增仍能深宵著述不知勞倦深讚本藥房自來血有起衰扶弱之功今特將其惠書照登於下藉見自來血大有功於人之以思慮致疾云云〇五洲大藥房主人雅鑒今啓者鄙人向以筆墨餬口歷在廣學會山西大學堂譯書院萬國商業月報館字林滬報娛閒日報文娛報鶴鳴報春申諸處辦事多年自顧不文著書至數百萬言一人精神有限終日埋頭窗下竟成了肺喘之症近更書寫稍久神志昏不能如舊時深宵著述莫知苦辛鄙人亦稍諳醫理念小恙之來多由心血暗耗致陽氣飛越成神衰咳喘痰多內熱之症服多方均不見效後自去秋八月間服貴藥房自來血後不覺喘平痰少仍得耐勞蓋由補血而得能若此也心感之餘爲作此書聊伸謝悃幷告學界諸君之抱有同病者即頌財安

庽本埠大馬路德仁里六弄志强學堂內童隱頓

海內諸公如蒙惠購請認明全球老牌商標每瓶內加附五彩認眞劵一張値洋一角保證書一本方不致誤

小瓶一元二角 每打十二元
大瓶弍元 每打二十元 託局函購原班回件

總發行所上海四馬路老巡捕房對面五洲大藥房抄登

●太倉中斌學堂監督兼歷辦普通震旦校務聞君冠塵服自來血之後精神倍增舊病全除之保證書

五洲大藥房主人執事敬謝者鄙人自東瀛游學因病歸國瞬將十年歷辦普通震旦校務並獨力担任創辦中斌公學一所學生日見發達一切校政教科鄙人均有監督之責祇以舊患痰喘逢寒必發深受其累去秋在太倉中英大藥房購服自來血四瓶功效甚速鄙人素不信醫藥自服之後精神倍增日下舊病全除面部紅光大來日漸肥胖一切校務勝任愉悅爲此敬告中外學界今人之同病者庶得早占勿藥也專鳴謝悃即頌○○日祉

自來血價目大小瓶二元一元二角每打二十元十二元託局函購原班回件凡各界諸君如蒙惠顧須認明全球老牌商標每瓶附有値洋一角之認眞劵一張五彩保證書一本方是翼的

●總發行所上海四馬路老巡捕房對門五洲大藥房

抄登

揚州職員患腰腎虧損及風濕骨痛而得治愈

揚州鹽道署書記員郭晉安君澤民云〇余嘗患風濕腰酸背疼計歷二十寒暑腿極酸痛懶於行步身甚軟弱不克支撑曾延多醫試服各藥毫無裨益當此為難之際爰將韋廉士大醫生紅色補丸試服之不意如此痼疾一旦竟為是丸所驅除今則身甚強健舒暢異常韋廉士大醫生紅色補丸中國各處各藥局商店凡經售西藥者均有出售如疑假冒可直向上海四川路八十四號韋廉士醫生藥局中國總發行函購或向重慶白象街分行函購亦可價銀每一

揚州郭晉安君曾患風濕腰酸背痛服韋廉士大醫生紅色補丸而獲愈

此與韋廉士大醫生紅色補丸也

大清郵政局特准掛號認為新聞紙類
日本明治四十三年二月十三日第三種郵便物認可

KOUK FONG PO

No. 10

Issued on Tri-monthly

國風報

宣統三年四月十一日

第貳年第拾期

每月三期逢壹日發行

Annual Subscription $6.50 each copy 25 cents.

Published by Hor Kwok Ching

585 Foochow Road

SHANGHAI, CHINA.

愛理士紅衣補丸

治愈心腎不交不耐操勞兼精血與腦筋薄弱承煙台芝罘日報館主人兼允康人壽保險公司經理　王君炳南惠來證書玉照

僕年來俗事紛繁祇以終歲奔勞無非破耗心神精血且也身膺報務素稱瑣雜衡繁日惟往來酬應函牘交馳百事勞形積久成弱以致神思過度心腎不交且居常不耐操勞每握管凝思輒覺神惛志亂甚則頭脹眼眩兼之記力較前大爲差別隔夕便已遺忘此精血與腦筋日受損磨而成虛弱已無疑義近且身體日形消疲胃納已大不如前久思得補血補腦之方以治之而遷延日久以未逢其常今秋檢閱各報見告白中登有貴廠愛理士紅衣補丸有造血培元之力細察証書仿單似與僕患甚爲吻合遂向本埠藥房試購兩瓶按日服之不期半月之間精神漸覺爽健面上血色亦由黃轉潤矣且眠食安舒日有進步於是深信是丸能補血補腦無疑且能固腎培元亦非虛語蓋耳聞不如自行實驗也遂再購六瓶日服三頓不斷及到二月竟將吾以前所患者悉行治愈前後判若兩人故目前雖日處繁劇而毫無倦意並知體魄已強腦筋亦壯乃深嘆愛理士紅衣補丸效驗神速可謂碩大無朋矣君子得惠莫忘僕愧無以報聊草渤數行并小影一張略表寸意希登於報中俾同病者知所憑証焉

每瓶補丸四十粒價洋一元二角　每六瓶價洋六元

各埠藥房商店均有發售倘內地無從購買請至上海四川路一百十七號震寰藥廠購辦即日回件郵費不加

國風報第二年第十號目錄

宣統三年四月十一日出版

編輯兼發行者　何國楨

發行所　上海福州路　國風報館

印刷所　上海福州路　廣智書局

定價表　報費先惠閏月停刊

項目	報資	郵費	
全年三十四冊	六元五角	全年	一元
半年十七冊	三元五角	半年	五角
零售每冊	二角五分	每冊	三分
		歐美每冊七分	
		日本每冊一分	

廣告價目表

一面	十元
半面	六元

各省教育總會聯合會攝影

諭旨

三月二十二日內閣奉　上諭前據錫良電奏疫氣已經撲滅病勢加劇懇准開缺簡員接替等語該督向來辦事認眞在東兩年精力勞瘁屢經因病賞假現在防疫事竣東三省總督錫良著准其開缺回旗調理欽此

同日內閣奉　上諭趙爾巽著授爲欽差大臣調補東三省總督兼管三省將軍事務欽此

同日內閣奉　上諭法部奏熱河改設高等審判檢察廳並請將熱河道暫加提法使銜一摺熱河道著准其暫加提法使銜欽此

同日內閣奉　上諭德濟奏乍浦副都統玉璋因病懇請開缺一摺玉璋著准其開缺欽此

同日奉　旨乍浦副都統著嵩志補授欽此

二十三日內閣奉　上諭四川總督著趙爾豐署理欽此

同日內閣奉　上諭四川布政使王人文著開缺賞給侍郎銜充督辦川滇邊務大臣

欽此

同日內閣奉　上諭四川布政使著周儒臣補授張鎮芳著補授湖南提法使欽此

同日內閣奉　上諭長蘆鹽運使著劉鍾琳補授欽此

同日內閣奉　上諭楊文鼎奏呈遞大員遺摺一摺已故開缺浙江巡撫聶緝槼著加恩照巡撫例賜卹任內一切處分悉予開復應得卹典該衙門察例具奏又奏稱該故撫哀毀殉親懇恩旌卹等語該故撫聶緝槼與伊弟試用同知聶緝榮生平事母曲盡怡愉自遭母喪悲哀過度先後毀卒洵屬一門孝友至行可風聶緝槼著准其列入國史孝友傳並將聶緝榮附入以示旌獎欽此

二十四日內閣奉　上諭陳夔龍代奏翰林院侍讀學士惲毓鼎因病請開差缺一摺惲毓鼎著准其開缺欽此

二十五日內閣奉　上諭本日引見陸軍貴冑學堂畢業考列上等之二品廕生熙昌著以陸軍正軍校用欽此

二十六日內閣奉　旨錫良等電奏陳明三省疫已肅清並擬宣布中外周知等語知

道了欽此

二十七日內閣奉　上諭大理院奏職官夥謀誆騙得贓恃符狡展請旨分別革職解任一摺法部候補主事明安泰著即行革職副都統霍倫泰著先行解任一併歸案認眞訊辦餘依議欽此

同日內閣奉　上諭法部右丞著魏聯奎署理善佺著署理左參議右參議著劉嘉斌署理欽此

同日奉　旨正紅旗漢軍副都統著卓浚阿兼署欽此

交　旨

三月二十日　軍機大臣欽奉　諭旨內閣奏代遞候補中書陳震福條陳管見呈一件著會議政務處知道欽此

二十三日　軍機大臣欽奉　諭旨都察院奏據河南巡撫寶棻查覆已革河南洛陽縣知縣孫壽彭已革河南息縣知縣孔繁潔被參均不無寃抑錄咨呈覽一摺孫壽彭孔繁潔均著送部引見欽此

諭旨　四

二十五日　軍機大臣欽奉　諭旨禮部奏遵議漢儒趙岐從祀一摺漢儒趙岐著從祀　文廟欽此

二十六日　軍機大臣欽奉　諭旨御史蕭丙炎奏請將宋儒周必大從祀　孔廟一摺著禮部議奏欽此　軍機大臣欽奉　諭旨郵傳部奏張綏鐵路續辦情形並派員督理一摺著依議欽此

二十八日軍機大臣欽奉　諭旨盛宣懷奏各省官紳報効災賑鉅款籲請准予優獎一摺所有報効鉅款之楊寶瑛等二十三員均著照所請獎勵該部知道又片奏士民捐助賑款請予建坊等語著依議欽此

論說

中國前途之希望與國民責任（續第六號）

滄江

明水曰吾子反覆數萬言而歸宿於改造政府信可謂片言居要也已然吾竊料吾中國今日之國民遂永永不能改造政府則吾子所陳乃皆噪噪閑言語也吾子去國之日久於近年來國中之人心風俗恐未能盡窮情僞雖知其敗壞然未知其一至此甚也子曰言改造政府誰則與子改造政府者人方日日伺政府之嚬笑得其一顧以爲莫大之榮政府鐲其點滴之餘瀝已足以奔走天下之豪傑若投骨於地羣犬齗齗焉爭之也其他搢紳之夫鬻序之彥闤闠之子隴畝之氓無不營營然各自爲其私利利之所在不惜犧牲一切以爲之蓋猥瑣齷齪卑怯劣弱詐僞狡猾陰險傾軋偸惰淫泆凡諸惡德罔不具備似此社會非秉畀炎火不足以易其形似此人類非投諸濁流不足以滌其穢今吾子乃欲以改造政府之大業期之不亦遠耶　吾子欲

言改造政府者盍亦先謀改造社會而已 顧吾竊料改造社會之功遂不可致故吾恐中國其貟長此已矣滄江曰子言至痛吾蓋不忍聞以今日中國之人心風俗其遭一浩刼殆終不可得免所問者經此浩刼之後其遂將陸沈以終古耶抑將除舊布新而別開一境界耶由前之說則此浩刼誠爲吾國民最後所受之天譴由後之說則又安知非天之所以戩我吾甯懽喜順受而視其早一日歷此苦厄即早獲一日之息肩也鱗介之族有壽命悠長者閱若干歲而輒蛻變其形當其蛻變也則感受無量之苦痛死生一髮耳社會亦然非蛻變無以自存而蛻變則必與莫大之苦痛相聯屬試觀並世糺熳光華之國家何一非經數度之苦痛以有今日我國民欲求幸福而不以苦痛爲易此不可得之數也然驟感苦痛而遂疑幸福之棄我而去則亦自絕於天而已 天之於人也未嘗靳以幸福而恒使之自求當其求之也則必有種種魔障橫於其前求焉者則日日與此種魔障奮鬥鬥而勝之則幸

福乃湧現乎其後而不然者中道退轉甚或不能忍苦痛之相襲而憤懣自戕此則志行薄弱者之所爲彼蓋自絕於幸福非幸福之棄彼而去也惟國家亦然古人有言殷憂啓聖多難興邦此非以虛言相慰藉也天地自然之大則固如是也大抵凡一切有機體其組成分子必以新陳代謝爲功用霜露肅殺之威能使百卉彫悴非有秋冬之彫悴則無以期春夏之發榮但使有可以發榮之質點存於根榦之間無論其質點若何微細而他日固可以致盛大雖華實盡落枝葉全披非所憂矣人之一身血輪嬗蛻無有已時若一旦緩其嬗蛻之功能輙凝滯以成廢淤血既成淤在法固不容使之復存於體膚中卽存焉而在彼固不能永保其形徒傳染於體中之各部而日漸潰爛耳於斯時也苟其體中尙有一部分堅强之分子能具有不撓不屈之抵抗力無論受若何之壓迫而終不隨其浸潤之所及而潰爛以去則此健全之分子終必有能祛逐彼廢淤之分子以恢復其元氣之一日何也彼廢淤之分子本已無復生存之能力早晚固應歸澌滅者也夫當健全分子與廢淤分子奮鬥則體中自當感無量之苦痛雖然安可得避哉**夫吾所謂根榦間發榮之質點與體膚內健全**

之分子者何也則社會中最少數人之心力是已我國今日猶一病軀也而此至惡極壞之人心風俗則其淤血也彼宜代謝之日久矣宜謝而不謝而其傳染性乃益以蔓延猖獗薪盡火傳綿綿無絕前此純潔向上之少年一入社會而與相習則靡然化之皆坐是也雖然一國之大詎竟無億萬人中之一二人尚能屹然獨立不波靡以去者乎吾固見有之矣有之而或自感其力之綿薄謂決不足以戰勝惡社會而斂手莫敢與抗也或偶一出手遇一二次挫敗而嗒然不敢再嘗試也或雖懷熱誠高志然其見識與手段不能與新時代相應而故見自封曾不肯闢新途徑以自廣坐窒其進取之路也或獨力所不克任之事不思求友求助故人自爲戰壁壘終無自立也要而言之**則社會之善良分子常執消極的態度而不能執積極的態度常立於退嬰的地位而不肯立於進取的地位中國所以有今日皆坐是而已**人亦有言道高一尺魔高一丈又曰從善如登從惡如崩夫社會之常以惡性充物也人性之易染

於惡也豈惟今日卽古來亦何莫不然豈惟我國卽他國亦何莫不然此雖謂之自然現象中一共通之原則可耳而所貴乎人道者則在其常能戰勝自然現象而已（自然現象者。嚴譯天演論所謂天行是已。天行常恣虐。而人道常能戰勝之。此進化之大則也。）使人而常爲自然所宰制則今日猶爲洪水猛獸草昧獉獉之世而復何文明之可言今世人類山積不能障洋海不能隔水旱疾癘不能爲患舉凡有知無知之物悉役之以爲我用而不見役於物此戰勝自然之結果也夫自然現象之宜戰勝之者豈惟物質方面而已卽社會心理方面亦有然荀子曰人之性惡也其善者僞也注家釋僞字之義謂从人从爲人所爲也吾嘗讀紐汝士所著歐洲近世政治史述一八一四年前後德國人之風俗謂其貴族則驕侈淫泆其中流社會則猜忌排軋其一般平民則愚蠢怠惰又嘗讀馬哥黎所著維廉畢特傳言其時（十八世紀末）之英國人賄賂公行廉恥掃地又嘗讀國府種德所著日本現代史言德川家慶時（我道光末葉）之日本人奢侈柔惰靡然成風苞苴橫行紀綱蕩弛夫德國自一八一四年至帝國成立（一八六六年）爲時幾何英國自維廉畢特時及至憲政改革（一八三二年）爲時幾何日本自德川家慶時至明治維新（同治七年）爲時幾何然而以其前後之人心風俗相較乃如隔世如異國豈有他哉、不過最少數之仁人君子出其心力以與惡社會血戰而卒獲最後之勝利云爾 善夫崑山顧子之言曰觀亡新之可變爲東漢五季之可變爲宋則知天下無不可變之風俗善夫湘鄉曾子之言曰習尙也者起乎至微而終乎不可禦者也是故一國之中但使能有少數仁人君子挾主一無適之誠行百折不回之氣以日夜與惡社會爲不斷之爭鬥而謂終不能征服之者吾未之前聞此非徒徵諸各國實例而有以明其然也據常理以推之人力所至終勝天行此宇宙不易之大法也夫當其爲不斷之爭鬥也當其著著實行征服也則舊社會之腐敗分子自必感無量數之苦痛出全力以相反抗一時全社會極其泯棼而此身臨前敵之仁人君子必遭遇人世極不堪之顚沛困厄其殞身於無形之鋒鏑者必踵相接所問者當其遭遇困厄能不退轉焉否耳當前者隕於鋒鏑而後此有繼焉者否耳 抑吾嘗習聞今之君子之言矣動則曰吾之盡力於社會者有年而橫流之勢每下愈況吾知其無能爲也。或又曰吾日夜捧赤心以報效社會。而社會乃反咒詈我辱我人情涼薄至此。吾實無味再與共事也。或又曰如某某者其心力才能遠過於我。尙且爲惡社會所廢以自取隕滅。若我者又何能爲也。或又曰吾一人之力。決不足以障狂瀾皇皇求同志則莫我應不如其已也。吾請爲一一辯解之。夫謂盡力有年而每下愈況斯固然也。曾亦思我輩所以自任者爲何種事業。我輩非欲矯正全社會乎。使社會而非腐敗何勞矯正。安常處順以爲社會一健全分子。以徐徐發達盡人能之。豈待我輩我輩所欲任者。實往古來今最難之業。大多數人所不敢任也。我輩既任之而謂能一蹴有功乎。謂能順風揚帆中間絕無挫敗乎。且我輩自謂心力已盡。此語則安能出諸口者勞而無功。則或我輩精神貫注未徧也。或所用手段方法有不適也。我輩惟當自反以求向百尺竿頭進一步耳。而安有已盡之可言。若云盡乎。則孔子有言。望其壙皋如也。睪如也。君子息焉。小人休焉。曾子曰死而後已。不亦遠乎。我輩生命化爲灰塵之後。即我輩心力已盡之時耳。今託於心力已盡而自擲責任。是即不盡心力之明證也。復次。緣自己受社會所冷落所詈辱而怨社會之涼薄此其言非徒不智抑亦不恕試問我輩所爲效忠於社會者爲欲求報酬於社會乎若爲欲求報酬之故而始效忠則效忠者非其目的而實爲自利之一手段如是則我心地先不純潔先自含有惡社會之空氣方待人之矯正我而我何能矯正人者就令讓一步謂效忠者雖不求報酬而社會之所以待之者終不應如此斯固近理也雖然會亦思今日之社會爲何種社會乎苟非惡者何勞矯正我既認其惡而思矯正之矣夫涼薄則亦惡德之一也當矯正未奏功以前則其涼薄固宜也然此皆勿具論我輩有一事焉亟當自反而常目在之者我輩所自認之天職則豈不曰與惡社會奮鬥乎哉奮鬥之爲象也我欲蹙敵而敵亦欲蹙我情理之常也夫孰使汝不肯餔糟啜醨而貿然與惡社會挑戰者汝日思擢陷社會之齷敗分子其齷敗分子不得不謀自衛其窘辱汝固所宜然其僅冷落汝則所以厚汝者已至矣要之**我輩當未與社會接觸之始當先知受社會之冷落窘辱實爲我輩天職中照例應相緣而至之一現象夫安能以是懟人**

其懟人者毋亦自待太薄而已。復次謂他人所不能成之業。我亦無庸着手者。此尤自暴自棄之言也。子夏之聖。豈逮孔子。孔子轍環終老。而子夏爲侯王師。保羅之賢。豈過耶穌。耶穌死十字架。而保羅徒衆徧全歐。漢成之英。豈逾孝武。孝武不能致單于。而孝成斂衽朝呼韓邪。麥折倫之毅。豈勝維哥達馬。維哥達馬僅繞好望角。而麥折倫航太平洋。左李之器。豈比胡文忠。文忠力竭聲嘶。僅保鄂北。左李成大功於江東。餘力且蕩回捻。伊藤大隈之才。豈若吉田松陰。松陰極刑。而藤隈行其志。**天下事作始者用力多而成功少。繼起者用力少而成功多。**盱衡古今。豈不然耶。自謂不能。毋亦不負責任之言已耳。復次欲就大業。非一手一足之烈。皇皇然求友求助。固宜然也。然因驟求之不得。而遽灰心。斯大不可也。當思我輩所以自任之事業。本爲國中大多數人所不肯任。亦正惟以肯任者寡也。我輩乃起而任之。則求同志之難。固其所也。社會中腐敗分子無論矣。即其健全分子。亦豈能盡敺之使與我同道。彼安常蹈故。忠於目前一部分之職務者。則亦將來新社會不可缺之基礎也吾何必搖動之抑吾嘗案諸史乘徵諸當世之務**無論何國無論何時其措柱國家而維繫其命脈者恒不過數人或十數人而已**英國所以能確立憲政德意之所以能建國統一日本所以能倒幕維新其主動之人可屈指也即在今日各文明國之所以欣欣向榮其在朝在野指導之人皆可屈指也夫當其風行草偃景從而左右之者豈得云少而要之惟以有此數人或十數人之故遂自能得多數之景從者而國賴以昌苟無此數人或十數人或有之而其人一旦自放棄其天職則其國遂一落千丈强矣竊計我國今日人才雖消乏已極而以數千年神明之胄欲求數人或十數人足以爲國楨榦者豈得曰無**蓋有之矣而以憤時嫉俗之過甚橫一中國必亡之觀念於胸中而遂頹然自放**夫至並此少數人而頹然自放則中國其眞亡矣雖然亡之者非他即此少數人是已質而言之**則持中國必亡論者即**

亡中國之人也是故吾輩當常立一決心以自誓曰中國之存亡全繫乎吾一人之身吾欲亡之斯竟亡矣吾欲不亡之斯竟不亡矣他人如何吾勿問也吾惟知責吾一人而已但使一國中而能有百人懷此決心更少則有十數人懷此決心而並力一致以與惡政府奮戰與惡社會奮戰乃至與全世界之惡風潮奮戰而謂中國終不免於亡吾弗信也嗟乎明水先生乎嗟乎國中之仁人君子乎慎毋以吾爲病狂囈語慎毋以吾爲姑作大言以自壯而欺友朋吾蓋念此至熟而信此至堅吾日夜悚息以爲中國萬一而竟亡者其必由吾一人不盡責任尸其罪也不知吾子亦自覺有此責任焉否也不知國

中仁人君子亦自覺有此責任焉否也。

明水曰。吾子之言。鞭辟近裏。一至於此。吾雖欲逃避。亦安所得逃避。吾知責矣。雖然。竊更有數事欲爲駢枝之疑問者。吾子倘亦樂語之而不倦耶。滄江曰。唯。願恣言之。

明水曰。吾輩自身不敢一毫放鬆責任。固已。然終不能不望國中有多數豪傑之士起以共此艱鉅。昔常聞諸吾子。謂吾國歷史。每當蜩唐沸羹之既極。然後人才出現。非時勢需求之急達於極點。則不現也。然及其既現。則其人物常極偉大。且其數極衆多。若此者。徵諸前代已事。則誠然矣。然此似乞靈於氣數。作無聊空想。其必得與否。非可期也。不知此種歷史現象。亦有自然一定之原理原則。宰制其間否耶。以駑下如吾輩者。一旦迫於時勢之需求。不識亦可以一變而爲有用之人物否耶。且中國今日危急。嚮尙得云未極。而此種歷史現象。迄未見發動。則又何也。滄江曰。善哉問乎。此實學術上極有興味之一問題也。吾不嘗與子共讀盧般氏之國民心理學乎。其言曰。『人類心性之中。恒有一種特性焉。可以遇事變化者。學者稱之曰「可能性」。此種「可能性」其在平時。恒潛伏而不知所在。或終其身而不一現。一旦受外界非常之刺激。則突起而莫之能禦此徵諸個人之行動而至易見也平居極慈祥之人當飢餓焦灼則有骨肉相食獰忍如蕃族者弱不勝衣之女子拯所愛於焚溺勇健常辟易壯夫此吾輩所常覩聞也此無他焉其潛伏之特性非遇大刺激則不發發則與平時劃然若兩人夫歷史上之豪傑亦若是已耳謂其天賦之性果絕異於吾儕耶是決不然彼亦凡人耳而外界之事物無端驅其「可能性」而使之蹶起其腦細胞中之一部分平昔廢置不用者忽焉刺激而發揮其神力遂使天下後世瞠目撟舌共詫爲非常之人物實則苟在平世則亦旅進旅退與吾輩等耳』盧氏之言如此而歷舉多數事實以爲證吾子則既聞之矣。盧氏所舉事實甚多。善惡雜陳。其最親切有味者。則謂法國大革命時。若羅拔士比。若丹頓輩。後世共詫爲獰惡無人理者也。然苟非爲時勢所驅。則彼輩應終身爲一善良市民。何以證之。蓋羅氏丹氏。前此嘗爲判事。有賢名。而當時與彼同惡齊名之人若某某輩。幸逃法網後。至拿破侖時。各執一職業。蕩然與恒人無異。故知羅氏丹氏如不死。亦當與彼輩同也。 吾在我國則更可多得其例也李廣誤石爲虎射之沒羽明日再射不能復入此「可能性」偶然發動之最顯證也劉季蕭曹苟非在秦時則酒徒與刀筆吏耳寄奴劉毅非遇桓玄之變則鄉曲無賴子耳其他豪傑何莫不然且勿語遠舉其近者咸同之間苟非軍興則曾文正一文學侍從之臣耳胡文忠一循吏耳羅羅山一講學大師耳雖據其才力與其品性可以在其本來之地位中翹然秀於其儕輩若夫投身於軍界以成震古鑠今之偉業則自始固非所望然卒乃如是者則外界之境遇有機會使之得發揮其特性抑亦刺激之使不得不發揮其特性也非惟一二絕特之偉人爲然也凡並時而起者莫不皆然我國歷史上號稱人才最多者首舉戰國秦漢之交次則三國次則隋唐之交次則元明之交最近則咸同間吾儕立乎百世之下望古遙集目眩於應接而魂疲於頂禮任舉當時一下駟求諸今日杳乎不可復得謂天地生才有私愛耶此文人弄筆其非篤論無俟辨矣謂一二偉人養成之以待用耶此固一部分之實情然當時無論何方面各有瑰偉奇特之人如莽莽平原萬草齊茁其根蒂各不相聯屬不先不後而同時句出萌達則又何也此無他焉世運之窮生民之厄既達其極舉國中人心洶洶覺所處之境儳然不可終日則無形有形間自能衝動多數人腦海中有生以來潛伏不現之特性摩盪而挑撥之不期而同時並發是故

平世無人才而亂世多人才此非可付諸氣數之偶然實則國民心理上一大原則宰制乎其間也夫今者東西諸立憲國則雖平世亦有人才矣然此自緣近今發明之一種圓妙政體能使人才有秩序發達之餘地當其未經此蛻變以前其人才非至危急存亡之頃而不能出現亦猶吾國也抑自古及今未嘗一產人才之國則亦有矣若高麗等是也而我國之史實則豈其然夫以五十年前能產曾胡左李洪楊馮石之中國而謂五十年後即地氣已盡有是理乎夫自今日以前中國誠不得云不危急矣然於危急之中猶常有一二現象足以緊人餘望者且其危急之程度又非直接切於人人之肌膚是故刺激之功用未著國民潛伏之特性未動也自今以往殆其時矣故吾平居持論謂中國於最近之將來必有多數大人物出現此非夢想以聊自慰也衡以理勢而信其必然也若夫吾輩雖曰駑下乎然此潛伏

之特性爲盡人所同有者。卽吾儕亦寗得獨無。今外界之所以刺激吾儕者亦云至矣。吾輩苟非冥頑不靈腦筋全斷者。固宜有所感受磨厲培養此特性以求濟時艱。比諸弱女之計不旋踵以圖拯所愛於焚溺。則又安見其不能從將來出現之諸豪傑之後而有以自効者。亦視吾輩之所以自待何如耳。

明水曰。茲事敬聞命矣。顧吾尤有一疑欲質諸吾子者。今日國命懸於政府。政府惟瞯然不知國家之將瀕於亾也。故昏悖日益甚若恐其亾之不速而更旦旦伐之。國中仁人君子。歷舉亾徵大聲疾呼。冀政府得有所警惕而悔禍於萬一。今吾子乃言中國不亾。且言各國決不汲汲實行瓜分吾知政府得子之說將益有所藉口以爲貪黷酣嬉之資矣。且卽就國民一方面言之。其酣臥於厝火積薪而自謂安者尚不知凡幾。告以禍至無日。庶急起以共謀之子之言得毋弛方張之弓矣乎。滄江曰。不然使報章言論。而可以左右政府之心理。則中國其不至有今日矣。夫中國之瀕於亾。政府則寗不知者。吾度其所知視吾輩尤親切也。彼正惟明知其將亾。乃益急乘須臾未亾之頃。併力鹵掠朘削以期亾後飽則颺去。吾儕愈以亾相號呼。彼之鹵掠朘削乃愈日不暇給耳。

晚明諸臣當崇禎十七年正二月間怙權黷貨豈肯息肩者我輩今日論國事其安能更依賴此政府我國民而欲政府之警惕而悔禍耶則亦有道矣夫外國人出一言而政府輒唯唯從命甚且先意承志若孝子之事父母豈有他哉畏之而已我國民而能予政府以可畏則如執箠以馭羣羊東西惟所欲耳而不能者則諷諫無用也笑罵無用也策厲無用也恫嚇無用也一切皆是閑言閑語政府聞之已熟豈有一焉能芥其胸者**故吾儕今日立言惟與國民言而非與政府言**此界限之首宜認淸者也若夫日日與國民言亡國乎則吾惟見其害未覩其利夫謂全國人皆已知國之將瀕於亡此吾所不敢言也其並此而不知者則吾輩之言論殆終無從達於其耳雖言何益而國民中之稍有腦筋者蓋不待吾言而早已汲汲顧影矣善夫昔人之言曰夫兵勇氣也**氣一衰竭雖名將不能用之以克敵致果**今此國民者我國家所恃之以改造政府者也所恃之以捍禦强鄰者也奈何日以頹喪之語衰竭其氣**人之爲道也必自覺前途有希望然後**

進取之心乃油然而生否則一墮而永不能復振矣執一人而語之曰汝於此數月內必死其人不信吾言則已苟信吾言則必萬事一齊放倒惟排日娛樂以待死期之至耳今中國人心風俗日趨於偷窳敗壞何一非由人人橫一中國必亡之心有以召之者各挾一我躬不閱遑恤我後之思共懷一且以喜樂且以永日之想語之以政策則曰中國亡矣討論政策何爲語之以學問則曰中國亡矣求此學問何用語以道德氣節名譽則曰中國亡矣道德氣節名譽誰則知者其他凡百莫不皆然故極重要之事務皆以游戲敷衍出之極可貴之光陰皆以煩惱消遣度之舉國之象黯黯然其掩以嗔色魗魗然其罩以鬼氣也不啻惟是各乘此絲息僅屬之際併日爲惡以充須臾之肉慾舉凡前古未聞之穢德公然行之轉相彷效而不以爲怪夫此亦何足怪者希望盡絕之人固應如是

也。嗚呼。今日中國社會之現象。豈不然哉。然推厥所由。則中國必亡一語。使然耳。凡人之氣。頹之甚易。振之甚難。羣客滿座。一人欠伸。十人隨之。不轉瞬而零落散去矣。苟堅百萬之衆。一旦落膽。則風聲鶴唳。草木皆兵。我國今日民氣沮喪。已至此極。何堪更有此種無責任之言。洋洋盈耳也。若吾之所欲與國民共勉者。則竊有以異乎時論之所云云。微論吾國今猶未遽亡也。就令已亡矣。而吾國民尚當有事焉。苟國土而爲人占領過半也。則猶當學拿破侖時代之普魯士人。使國土而分隸於數國也。則猶當學十九世紀中葉之意大利人。使國土而爲一強國所併吞也。則猶當學蒙古時代之俄羅斯人。與夫今日之匈牙利人。夫安有以五千年之歷史。四萬萬之子姓而付諸一往不返者耶由此言之則雖中國已亡而吾儕責任終無可以息肩之時而況乎今猶可以幾幸不亡於數年或十數年間也夫過此數年或十數年以後吾儕等是不能息肩也而艱瘁則又視今日萬萬矣吾儕其忍更頹然自放以擲此至可貴之歲月也嗚呼吾音曉而口瘏吾淚盡而血枯不識國中仁人君子其終肯一垂聽焉否也

於是明水相對滂沱良久乃矍然曰吾確信中國之不亡若其亡也則吾一人實亡之吾不敢造此大惡以得罪於黃帝堯舜禹湯文武周公孔子在天之靈吾身雖微末不能裨補國家於萬一然吾舉之以獻於國家矣

明水謹案滄江先生此文述正月間吾二人連夕討論之言也文成後旬日

而余陪先生爲臺灣之遊。既察其施政。復接其遺老。而貽我以沒齒不能忘之刺激於吾腦中。先生所謂亡後尙當有事者。我同胞中有三百萬人。先嘗之矣。夫雖欲不有事。又可得耶。而雖欲有事。又可得耶。**嗟我邦人諸友。愼勿以亡國二字爲口頭禪。**亡國遺民所度之歲月。吾無以狀之。誦徐孝穆二語曰。不自知其爲生。不自知其爲死而已。臺游既罷。乃亟書數語寄編輯部。使綴此文之末。

三月晦　明水記

時評壹

論政府違法借債諉過君上之罪

滄江

四月初六日突然有宣布外債用途之　明詔其動機蓋路人皆知不過盛宣懷不堪輿論之攻擊要軍機爲之分過軍機亦不堪輿論之攻擊而全諉其過於　君上耳此其罪案重重凡我國民忠於國家忠於　皇室者不可不聲而討之也

中國是否宜借外債爲一問題現政府是否爲能利用外債之政府爲一問題外債當用之何途又爲一問題**此三者皆政治上之問題也**凡政治問題全憑各人抽象的判斷而兩端皆可以各持一是今無取深辨也中國借債當經何機關用何方式**此法律上之問題也**法律問題當法律未頒布未施行以前固無從而起若儼然既有一久經施行之法律存矣則全國君民上下對於此法律皆有具體的應遵之義務而絕無絲豪容疑議之餘地者也今中國宜借外債吾能承認之外

時評　二

債用以改革幣制振興實業推廣鐵路其用途之適當吾亦承認之謂現政府爲能利用外債之政府吾雖絕對的不承認然政府必自謂爲能吾亦無暇與辨也惟所欲問者資政院章程第十四條第三項作何語此章程是否由　欽定此章程是否現行有效此章程是否爲政府所當遵守若此者其尙有絲毫得挾異議之餘地乎此次借債之議非起於今日也當去年資政院未開會前已萌芽矣開院一百日中政府曷爲而不將此案提出今雖閉會矣曷爲不待至次會期決議後乃定契約若曰期於速成則曷爲而不奏請召集臨時會在政府之意固逆料此案提出於資政院決不能通過也乃瞯其亡而襲而取之以吾所見此案苟提出院議但使政府能有一場之佳演說則必能通過然此固勿具論若終不能通過者則或解散資政院耳或政府辭職耳或撤回成案耳三者必當居一於是此立憲國之天經地義無可逃避者也夫借債不成政府且無以卒歲斯固然也**雖然當知國家非特無財之爲大患而無法之尤爲大患法未立不可謂之無法**（不成文之慣習法皆法也）**法立而**

不行乃眞無法無財之國貧弱而已無法之國必至亂亡今試問國家之頒法律爲美觀耶爲兒戲耶抑將使民共守之耶抑又將凡名爲民者則當守凡名爲官者則不當守耶使政府以欲擅借此債之故先行奏請將資政院章程改正削去第十四條第三項而得 旨裁可則吾民更無異言今又不爾煌煌 欽定章程固在也而政府視 欽定二字其賤乃如麗足之泥塗任意蹴踏之而無所顧忌我民自今以往乃知經 先帝垂統 今上繼志之法令文告其價値乃不過如是自始固以爲美觀爲兒戲而未嘗期以實行也則凡百之法令文告何一不例此者千百道上諭皆具文也千百種章程皆廢紙也吾儕之所以樂有國者以其能庇我也國之所以能庇我者以其有法以規定公私之權利義務而保其秩序也今也法皆爲具文爲廢紙國家最高機關以身作則明教我以不必遵守 則吾

亦何苦更遵守者其不至秩序全破變成爲無國之部落蠻民而不止也嗚呼我國民今日其猶將斷斷焉辨政治上外債利害得失之問題乎**須知政府如此舉動雖使今日借得外債明日即戰勝地球萬國然猶不足以贖其罪何也彼蓋取國家所以成立之要素翻根柢而破壞之也**

政府犯此一重大罪既已萬無可逭矣及遇輿論之攻擊乃忽焉欲諉罪於　君上則又罪上加罪焉今吾但請政府下一答語公等此種舉動是否違法其對於國家已經表示之意思是否絲豪知所尊重其對於　欽定二字是否稍盡臣子之敬禮吾知公等必無從置辯明矣乃今也據四月初六日　上諭則一若作此種違法舉動者乃皇上也而非公等也夫資政院章程非他　先帝作之而　皇上述之者也今若謂　皇上敢違　先帝貽謀之章程耶則是誘　皇上爲不孝謂皇上肯自違其所手頒之章程耶則是誘　皇上爲不信夫我　皇上天縱大聖

孜孜典學天下孰不聞公等自犯滔天罪惡乃蜷伏隱匿於　黼座之下而以不孝不信誣　神聖此其在五刑中當麗於何等請公等自受良心之審判可耳吾請正告惡政府曰公等勿謂可以假　上諭以狡卸汝罪也**當知立憲國政治上之詔旨一字一句政府皆負其全責**　吾請正告我國民曰公等其勿任惡政府之假　上諭以逃罪也**當知立憲國民對於政治上之詔旨從不許政府卸責**　若謂議及詔旨卽爲不敬者則日本人今年二三月間對於緊急勅令案之討論兩議院議員及全國報館主筆皆應下獄矣嘗知我

皇上爲我國立憲之第一代君主惟有神聖而已決不能爲惡小惡猶且不爲而況於不孝不信之大者乎而孰料大逆不道之政府乃敢於以此上誣試問此種妖孽投畀豺虎豺虎又焉肯食投畀有北有北又焉肯受也而我國民乃默認之而不以爲怪斯乃眞大怪也

吾哀哀籲告我資政院議員吾哀哀籲告我諮議局議員吾哀哀籲告我全國父老兄

時評　六

弟甥舅請公等同時以誠懇之語一問政府凡以前頒布之　欽定章程是否當守違犯者爲有罪爲無罪如曰當守也違犯者有罪也則現犯此罪之政府何以處之如曰不當守也違犯者無罪也則豈惟資政院諮議局當立卽拆毀而已舉凡自李悝蕭何以來直至宣統三年四月我國家所有成文法不成文法無論其名爲詔爲勅爲誥爲制爲法爲律爲令爲格爲式爲聖訓爲上諭爲會典爲則例爲章程爲規則爲劄飭爲告示而皆付諸一炬無復以此災天下之紙而禍天下之墨自今以往凡一切法規乃至類似法規者隨頒則隨投洪爐我四萬萬人相與學澳洲之烏鬼美洲之赤蕃生活於無法律社會之下各憑其膂力以爭奪相殺嫺然以坐待彼有法律有秩序之國民磨刀霍霍以臠割我此兩途者請政府明告我民以其一俾我民得早知所以自處也

嗚呼我國民毋以吾爲過激之言也今者妖孽之政府乃至無業坐食之官吏社會全體曷嘗有尊重法律之觀念稍稍芥於其胸中者違法違　詔之事件豈止此一端蓋日常接於耳目者莫不皆然吾不過借此事以示其例耳孟子所謂上無道揆下無法

守朝不信道工不信度君子犯義小人犯刑者今一一具之嗚呼我國民思之重思之此非憲政成立與否之問題乃國家存在與否之問題也我國民今日而不求解決此問題也則毋甯四萬萬人齊蹈東海以死毋爲留此亡國孽種以爲世界博物場之玩具也

時評

時評　弍

我國民將自監督其財政乎抑待外人之監督我乎

明水

客有過明水論此次外債者曰。借債而以聘用財政顧問爲一附帶條件。非直吾國民所不欲。抑亦政府所不欲也。夫國民宜勿許現政府之借債。此固決定義無所容辨難者。然旣已不能阻止之。則吾以爲有財政顧問猶愈於無也。明水曰。有說乎。客曰。政府之借債。其本意固非欲以充國家有用之政費也。不過欲得一巨款到手。則與所親暱者聚而咕嘬之耳。聘用財政顧問。則爲彼輩達此私目的計。大不便。故顧問之爲物。非獨我國民嫌忌之。卽政府固亦嫌忌之也。但我國民旣終已無力抵抗此政府。而使此次借債已至成事不說之數。則有外人爲顧問。猶可以監督其用途。不至瞬息咕嘬以盡。卽如此次之債。固已明奉　上諭聲明爲改革幣制振興實業之用也。然我國之

時評　二

上諭則有何效力者歷年所發　上諭何嘗有一焉實見奉行今　上諭雖云不許他用而政府他用如故誰則能禁之者況乎就令不他用而此債遂豈能保全者吾見其做幣制實業等名目之下多設無量數差缺養無量數盜倉之鼠耳有外國顧問猶希冀可以免此夫實業範圍太廣泛可無論也至如幣制一事舉國人皆知其必當改革此次　上諭又聲明改革**然若聽惡政府之自爲則改革決無可望斯有目所共見矣**故不如得一外人爲顧問鞭笞惡政府而使之就範則尙可望成一事而債款之一部分猶不至入無底之銷金窟而瞬息以盡吾故曰有之猶愈於無也

明水曰吾子所云非本心之論也吾固知吾子有所深痛極慟於五中乃激而横決以爲是言雖然吾終望此言之毋出諸吾國人之口也夫區區一顧問原似不足爲深病彼日本當維新伊始其所用外國顧問豈可數計者若吾國今日用顧問則有異於是即吾子所云用顧問之視不用爲較勝者其本旨亦異於是質言之則非政府能駕馭顧問惟顧問駕馭政府而已他事且勿論卽以改革幣制一端言之曾亦思顧問之流

弊何所底止乎無論何國改革幣制未有不藉金融機關之力者質言之則必中央銀行與全國公立私立各銀行同心戮力然後可以奏效也蓋由棼亂之幣制以移於善良之幣制必以兌換劵爲其樞機而發行兌換劵者恃中央銀行流通兌換劵者恃各銀行故改革幣制之當局者非舉全國之銀行操縱於其手決不能有功者苟我政府而有人能任此耶何必待顧問**既無人而專恃顧問勢不至舉全國金融機關之權盡握諸顧問之手而不止也夫至以顧問而筦全國金融機關則其爲顧問者又豈止一人已哉**夫僅一幣制而結果尚必至如此況顧問範圍更日擴而未有已耶昔埃及之初聘歐人爲財政顧問也在一八七五年初時僅一人耳閱兩年（一八七七年）而遂增至八十六人再閱五年（一八八二年）而遂至一千三百二十五人蓋此例不開則已一開則其結果必至如是也今政府所以謝國民者豈不曰顧問非監督庸何傷者**嗚呼我國民其牢記之彼歐人之握埃及財權者自始固名爲**

顧問而不名爲監督也 如曰顧問無傷也安得此不祥之言哉

若夫今之政府非加以嚴重之監督則無一事能成斯固然矣雖然政治之爲物苟非有監督機關以與執行機關相對峙則無術以底於良此萬國之通義又豈惟我國爲然者然此權固可以假諸人乎譬有頑童於此必賴有人焉立乎其旁常操夏楚以撻之固也然此乃父母之職若聽外人入室以行扑敎未有不爲家之索者今政府之窮穢極惡固不待言雖然此豈惟政府之罪人民亦有罪焉今世稍自愛之國民未有不歷千艱萬苦以求得確實之監督財政權者**我國民至今不能得此權是我國民不盡責任之明徵也**以不盡責任之國民固宜爲政府所蹴踏爲外人所桎梏其又誰尤**一言蔽之則今後我國之財政必將有監督之者此監督權非在國民則必在外國孰取孰舍惟我國民今日所自擇耳**

四月望日稿

著譯

最近歐美各國立憲政治之趨勢

明水

此文爲日本法學博士美濃部達吉所著以其言有可以警醒吾國民者爰述其意於此並附鄙說焉　述者識

一　近代諸國二大趨向

最近三十年中世界大勢有二大趨向焉。一曰世界列强以帝國主義故而中央之權力日强。一曰國民政治上之勢力日以增長是也。請陳其要。

二　帝國主義

帝國主義維何質言之則領土擴張主義而已其意以謂一國之版圖不容局以一隅而當闢地自廣又其版圖之全體務宜聯絡使之親切有味此卽帝國主義精神之所在也。

以歷史觀之擴張領土之事其間亦自有張弛彼歐洲諸國自法蘭西革命後至十九世紀初期繼之以拿破侖之戰拿破侖敗後繼之以君權民權之爭此諸國者惟內顧之不遑故開拓疆土之思潮亦緣是而沈息自法國革命以後至十九世紀中葉又爲立憲政治傳播之時代其政治之中心在於確立國民政治上之權利故無論何國對於海外之發展皆不甚注意洎夫十九世紀後半期卽一八八〇年以後乃爲殖民政策及社會政策之時代對內則以社會政策爲政治之中心對外則以殖民政策爲國家之要政此歷史變遷之大凡也

社會政策今且勿論至於殖民政策則其重要之度眞最近國家一切政策中無有能出其右者也試觀比年所起之戰爭窮厥因由間有一焉不關繫於殖民政策者否也中日日俄兩役無論矣美西之戰南阿之戰何一非因爭殖民地而啓釁者乎夫阿非利加在數十年前固猶是一黑暗世界也曾幾何時而宰割殆盡今欲求寸土尺地之無主人者已不可復得寗獨非洲卽南洋群島亦何莫不然此眞數十年中劌心怵目之事而未容輕視者也若更以諸國情勢觀之則英國於十八世紀失其最大之殖民

地後。即今之美國至十九世紀中葉。其殖民政策。比較和緩。然自茲以來。復孜孜焉惟恐後人。故今日之英吉利。仍不失爲世界中殖民地最大之國。而其殖民地之最發達者。則有澳大利亞洲。有坎拿大。有南非洲。皆盡與以自治之權。而爲聯邦之組織。又欲使此等地對於本國。日即親洽。則有殖民地之代表。與本國之殖民行政當局者。所組織之殖民地會議。頻頻開會。以討論本國與殖民地如何而可得關係日密。近且廢殖民之名。竟改爲帝國會議矣。次爲法國。法之殖民政策。初雖失敗。然至十九世紀末季。乃併吞馬達加斯加。略安南。取突尼斯。而置於保護之下。近且對於摩洛哥。著著進取。此皆法之所以大恢張其殖民地者也。復次爲德國。德於歐洲諸國中。爲言殖民政策最晚出之國。自一八八〇年以後。始一變其退攖主義而爲進取主義。於南洋非洲。攫得之殖民地亦既不少。且進至中國。租借重要之海軍及商業根據地。德雖後起。乎今已爲世界第三之殖民國矣。復次爲美國。夫美國百三十餘年前。則英國之殖民地耳。乃一躍而爲獨立國。再躍而爲殖民國。昔之被人殖民者。今乃殖民於人。天道無常。豈不然哉。以彼無限之富力。將來發達。寗可意計耶。若夫輿地利之合併波士尼亞赫斯戈維亞比利時之合併公果則又何莫非此種政策之影響乎。自餘諸國無一不尊奉帝國主義者。即無一不欲積極的實行其殖民政策者。欲悉數之。實更僕而不能盡。且今所欲論者。不在帝國主義。而在由此主義所生之中央權力。故益無爲詞費也。請進論中央之權力。

三　中央政府權力之擴張

帝國主義勃興後。其間接之結果。則中央政府之權力日益强大是已。此最近二三十年來諸國最著之現象也。夫謂中央政府之權力。必待帝國主義勃興後始日見其增。似近於僞。雖然其爲一重要之原因。則無論何人皆不能爲之置辨者也。

前言十九世紀前半期。爲憲政傳播之時代。當是之時。人民所急欲求得者。則國會耳。爲有國會乃可與政府對抗。以限制政府之權力也。今也不然。國會之權力日衰。政府之權力日大。相距不過百年。而事勢相反一至如此。是遵何道哉。蓋國會制度。起於國民欲保護其自由權。而抵抗政府之壓制也。此實對待十七世紀至十九世紀初期之惡政府惟一之手段。不如是則民權無由伸張。國家無由進步也。然經此一度傳播後。

國民政治上之勢力已占優勢國中凡百政治非得國民贊成一事莫舉故政府之淫威至是已不足恐而以政治爲壓制國民之時代亦已成歷史上之僵石今日所謂國家者則國民之一團體政治必以國民利益爲前提之一義無論智愚賢否貧富貴賤皆已深信不疑由是言之不僅國會爲國民之代表者而已即政府亦國民之代表其凡百施爲舉不能離乎利國福民之外夫以一國政治行於此種觀念之下則不必以國會對抗政府豈非事勢之所必然者哉

且歐美諸國其政治之進步既已如彼又適有帝國主義發生其間故國民對內之用力益輕而對外之精神漸重昔以擁護自由爲天職者今以發揚國威爲義務雖然欲使一國之力伸張於外是非有强固之中央權力不可若仍事事資之不任實行徒知議論之國會則豈能謂爲適當之機關哉此國會勢力之所以日衰而政府勢力之所以日重者蓋又有此重大之關繫存也

夫謂實行帝國主義必須權力集中者其最顯之例莫如戰爭矣若以戰爭之事亦當一一付諸公議未經會議不能執行則勝負之數豈待智者然後決哉雖帝國主義未

必決出於戰然常以臨機應變實行其一貫之政策卽擬於戰爭亦不爲過用是之故不言帝國主義則已一言帝國主義則更不容有他力焉以掣肘於其旁者也而今者歐美諸國靡不奉此主義若神明以是其國會常執退讓之精神而不欲事事與政府爲難者夫亦曰將以求吾所大欲不如是則不足以達其最後之目的而已此種現象非必待專門政治學家考求而得之者也苟稍留心時事者當亦無不知之寗得謂非立憲政治之一變異哉

今日之立憲政體其源發諸英國此盡人所能知之者也然英國國會之勢力卽已漸漸移於內閣德國公法學大家伊陵尼論英國之政治狀態曰謂英國右院爲有政治上最大勢力之一語早已屬於過去時代今日英國之政治一言以蔽之則非議院政治而內閣政治也內閣雖出於右院然實權已盡移諸內閣議會所有之事惟依內閣所決定者照例議決而已又英國政治學歷史學大家西德羅亦於所著英國政治論中論此事曰右院爲最高之權力者雖理論上有是主張然右院之權力久矣夫盡移於內閣蓋自格蘭斯頓後欲再求一政治家如格氏之助長內閣權力者已不可復得

也。豈惟英國。即美國亦何莫不然。美國國會中。有若干之常任委員會。而此委員會之委員長在政治上勢力頗大。凡重要事件。多由政府與此項委員會豫先決定。至國會會議時。亦照例議決而已。況經盧斯福以來。大統領之實權。更非昔比。故謂美國今日政治上之勢力。不在國會。而在大統領及其所屬之國務卿度支卿與夫國會中之各委員會長無不可也。

歐陸諸國。其變遷之跡。不如英美之著。所以然者。緣此等諸國。其國會自初之權力。即不如英美之强。故一張一弛之間。不與人以驚異。若夫盛衰之事。則爲今日有國者之通象。不能以其國於歐洲大陸。而獨在此種趨向以外也。

四　現代中央權力之擴張與舊日專制政治之異

雖然。以國會之實力日減。政府之權力日增。因謂立憲政治瀕於末路。恐將復爲舊日之專制政治時代。則誤之甚者也。何以言之。夫舊日之專制政治。本不以國民爲基礎政府與國民。互立於反對之地位。政府爲治者。而國民爲被治者。國中多數之人民。不過服從於政府少數人權力之下。雖此種政治。不能謂其全置國民利益於度外。然其注重之點則在於實行君主之權利不暇計及國民故政府之權力亦純因君主之信任而生初非有國民之意以爲之根據者也故此種政府直可謂爲因壓抑國民於君權之下乃始存立也若夫今日中央政府之權力所以日加膨脹者則大異於是彼皆有國民之勢力立於其後政府與國民非立於反對之側而實有不可離之關係也政府之權力純因國民之信任而生惟國民信任也故政府之權力日以强大也

試以英國之政治觀之英國國會雖漸失權然內閣所以能代國會以起而占政治上優勝之勢力者因組織內閣之人即在右院占多數之人所謂多數黨也若一旦在右院失其多數則內閣一日不能自保內閣之實力無論如何强大要之得右院多數之援助而已申言之則得國民多數之信任而已其勢力之根據仍在右院即仍在國民也

用是之故所謂國會之實權日衰者其實不過國會自舉其權力委諸可信託之少數領袖質言之則國會之權並未稍損惟以委之內閣而已故內閣也者實國會之委員會內閣之權力强即國會之權力强也夫以今日國家之政策繁複如此欲行之而悉

有功。與其付諸無責任之多數人合議體。無寧付諸少數之責任政治家。反爲適當。故國會自身之決議。實際不復置重。蓋爲此耳。由是觀之。非立憲政治之式微。實因進化之故。乃克有此也。

千百年後。憲政氣運。果復何如。固非今日所可豫測。若以現勢觀之。則豈惟憲政衰兆。苦難尋覓。且國民政治上之勢力。無論何國。靡不繼長增高。脫有不可思議之大革命大變動起。則難言之矣。若其無之。而慮專制政治復見於今日。是眞杞人憂天之類也。

五　國民政治上勢力之增進

近世第二之趨向。則國民政治上之勢力。日以隆盛是也。夫以國體言。或爲君主。或爲共和。豈不有間。然民權駸駸之勢。則無往而不同也。是亦可以英國證之。夫英國法律上之形式。伊古以來。寧得謂非君主國。至於政治上之意義。則久矣夫主權在民。若更離卻法律。單言政治。即謂英國爲純粹之民主國。亦無不可。如近者英國自由黨政府以欲限制左院權限。故統一黨即持國民直接投票之說以當之。雖主張者各各不同。而其以國民政治上之勢力。爲法律所公認。則一也。

著譯

此種趨勢。奪獨英國。世界所至之處。無不遇之。夫國家既爲國民所成立之團體。則所以廣被國民教育。助長國民生計。自不可緩。而國民亦自覺其爲國家一分子。一國之事。卽一家之事。欲圖一家之利。宜先圖一國之利。此種觀念日趨明確。則國民政治上之勢力。其不能不增進者。蓋自然之勢也。

至於新聞紙之勢力。其發達亦令人可驚。而普通選舉。亦已成世界之輿論。如奥地利德意志等國。此較君權稍强。然今者亦次第採用普通選舉制。卽婦人選舉權。問題亦有二三國盛行運動。要之。今日之國民。必非僅爲被治者服從者。如有國焉。而猶欲行舊日之專制政治。置國民利益於度外。恣其壓抑之威。則豈惟抵抗現世之潮流。心勞日拙。亦難乎免於今之世矣。

明水曰。余述此文。讀者勿以余爲太早計。迂遠而不切於事情也。夫吾國。今日凡百搶攘。余豈不知。然猶欲持此以告國民者。是有故焉。自其小者言之。則今日立憲國之趨勢。既已若此。吾國不能離此世界以獨存。則爲之國民者。亦當急求世界之知識。以自奮厲。余之述此。則亦曰副本報輸入常識之義云爾。自其大者言

之則列强所以環而謀我者與我之所以因應者眞宜亟講余寡學識陋不足以暢明厥旨僅就鄙見所及分五事以論之

一事曰**吾國人當知今日之帝國主義與昔日之侵畧主義截然不同也**何以言之夫昔之侵畧主義初非因國家有所不得已不如是則不足以圖存也有一二梟雄者出欲逞其撻伐之威而就誇大之業忽焉闢地千里稱伯一世然及其身之亡而業亦旋隳其勢如飄風疾雨之不崇朝而止也試以歷史言之蒙古人有一成吉思汗亞細亞全洲悉爲所蹂躪建設一大蒙古帝國自成吉思汗死而帝國亦瓦解矣馬基頓人有一亞力山大西自波斯希臘東暨印度盡被吞噬建設一馬基頓帝國自亞力山大死而帝國亦分爲四矣法蘭西有一拿破侖歐洲中原爲之鼎沸凡今之名邦如德奧意荷比丹瑞等靡不隸屬欲重建所謂神聖帝國者然自滑鐵盧一敗身爲囚虜而諸國復紛紛自立矣此不過隨舉一二欲悉數之殆累楮而不能盡由是觀之侵畧主義其一時之勢非不甚劇然無術可以持久此其尤彰明較著者耳今之帝國主義

不然彼其所以成此主義者非由一二人之野心而出於大勢所驅迫蓋歐洲自工商業發達以來資本恒患過盈生產恒患過剩其勢滔滔靡知所屆加以生齒日繁地小不足自贍且工商興而農日病昔之居田舍業稼穡者今皆舍耒耜而麕集都市役身爲傭故荒蕪之地日多民益乏食其恃以爲養者泰半仰給他國夫當承平無事之日固不爲害然苟遇戰爭則敵人一絕其糧道而舉國啼飢矣其禍之中於國家者云胡可算在今日商工既盛之後勢固不許復移資本於農是國家無時而獲安謐也況乎諸國競行保護貿易各欲伸其所生產而屈人之生產關稅之牆壁日高即市場之範圍日狹其道雖兩弊乎然强者與强者遇勢固不肯相下於是一轉其鋒以向於弱者大抵今日之弱國或文化甚低或未知利用文明利器或政治紊亂雖種種現象各不相同要之其擁有荒廣之土地多數之人民適於供給强者之農產物而消費其工業品則一也故爭以過盈之資本過剩之生產過庶之人民移殖此等土地先以之爲生計上之隸屬國漸乃變爲政治上之隸屬國夫如是則不惟不必仰食他人卽閉關絕市亦可晏然自如

一國之內農工商三業皆備而生計獨立之事至是始成此諸國夙夜孜孜冀其終有此一日者也故所謂全英主義全美主義全俄主義全德主義不期而同時發生其所以欲貫徹此志者則無所不用其極大夫謀於朝士謀於學工謀於肆商謀於市庶民謀於野或用詐力或用强權或以甘言相餌或以恫喝相脅獰猛百端鬼怪萬狀要不過爲達此目的而已此其事雖復芻狗萬物乎然彼先進諸國舍此更無自利之術則殆所謂不得已者歟以此言之帝國主義與侵畧主義其最不同之點則彼爲個人性而此爲國民性也彼爲一時的而此爲永久的也侵畧主義所加之國雖暫受痛苦待彼個人死亡恢復尚有時日而帝國主義所加之國非俟彼國民性消滅則將永沈九淵終莫能拔而今日之世界則帝國主義之世

界而非侵畧主義之世界此吾國民所當牢記者也

二事曰吾國人當知在此帝國主義時代吾國之地位爲何如也　前既極論帝國主義之可畏矣使與我國無涉今茲所論不過令國人知世界有此一事則固無關輕重也而不幸今之中國卽在此主義競爭範圍之內也　今外資之投於吾國者已達鉅萬而世界之生產過剩品咸以我爲尾閭又以條約束縛我使我無自定稅率之權夫自由貿易與保護貿易其利害得失固不可以一言斷雖然有一原則焉則後進國必當行保護貿易然後其幼稚之產業得以勾萌茁達不致爲先進國所摧折漸次欣欣向榮以脫却債務國之地位而不然者則方播之種牛羊從而踐踏之其終無成熟之日矣今彼諸國不僅以過剩之生產吸我膏血而已且於條約上外人有可以在內地設立工廠之權利故復以所吸得之膏血就地從事生產而再吸焉卽此一端其害已不可究詰而況乎我之百業又有種種惡稅以窒其生機

則外貨之獨霸市場雖有白圭子貢豈能與之敵哉夫我國今日外債無算漏卮無算益以外人之投資無算而我何無一物焉可以與之交易者　若是乎吾國將永永爲債務國而人民則永永爲勞傭者且將由生計上隸屬國而變爲政治上隸屬國可不痛哉且也吾國地兼三帶幅員數萬里物產二十六萬萬人民勤儉耐勞此眞世界最美之國而爲言殖民者所夢寐不能忘之也　若是乎吾國又首當帝國主義之衝其地位之危有不堪設想者不審吾數萬萬同胞曾亦知之否也

三事曰吾國人當知對待帝國主義之法舍國民求得政治上權利外無可以爲抵禦之術也夫帝國主義所以能規模閎遠適往厲精一至此極者一言以蔽之則內力充足耳內力何以充足則

國民全體之力耳國民之力何以能若斯之偉則有政治上之權利耳夫國之所以不競其原因雖多而莫要於人民無確實之參政權惟其無參政權也故政府壓制之威愈甚惟其壓制也故民氣日衰而人才日乏寖假而視壓制如固然忘其爲國家一分子視國之興亡如秦越人之視肥瘠故政府愈惡政治愈壞一切風俗人心道德材藝學問皆將掃地以盡而國不國矣其始也不過起於人民不知有政治之權利而究也可以亡國此吾國人所以視若不足輕重而日衰歐洲人所以視若生命而日盛豈有他哉其道盡在是耳夫欲國家進於文明則種種機關不可不備固已然非有政治爲之前提則一切放倒而欲政治之日趨美善又非國民爭自濯磨無可希望**吾國民乎汝其不可再放棄其權利而任政府之怙惡不悛以底於亡也**本報日言吾國今日不改良政府則萬事無望想讀者諸君亦聞之爛熟矣所以不厭煩數一再以瀆諸君之聽者誠以此事爲根本之根本此著辦不到則言生計言教育言理財言練兵言外交乃至言其他種種政策開口便錯斷無有轉危爲安之一日也

況乎今之以帝國主義環伺於吾側者不知凡幾夫彼以全國民臨我者我亦當以全國民應之不如是力不足以相抗而終無倖存之一日也故今日萬事可緩惟此爲急吾國民乎其亦可以奮起矣

四事曰**吾國人當知今日之政府絕對的不能冒內閣政治之名也**夫內閣政治者何國民政治之變相耳必國民政治發達之極然後內閣政治得以發生英美是也而吾國何有焉政府方欲假憲政之名以行其專制之實上下睽離人心渙散以較人之朝野一體休戚相關者相去蓋不可以道里計也且新內閣雖已成立然不過軍機處之別名於實際上毫無裨益以此而冀其能任國家大事殆所謂磨磚成鏡蒸沙爲飯之類也必無可成之日矣夫歐美諸國所以有二十世紀今日之盛者則因彼於十八世紀及十九世紀前半期不知費幾許血淚以易得此參政權根本既立枝葉暢茂我國民而欲做之乎則亦惟有急求政治上之權利**將專制政治剷除淨盡使吾**

國純爲國民政治之國乃漸次發達以求媲美列强奠國家於磐石之安舍是蓋無他術也

五事曰**吾國人當知今之政府雖欲擴張其權力而亦絕對的不能也**　何也凡人欲擴張其權力必其才能智識足以超乎衆人之上而後人咸服之權力亦自增進也如彼英國則其組織內閣者必爲右院占多數之人對於外則全國人信之對於內則全黨人信之二者闕一立見傾覆此不待論矣即在德國日本行所謂官僚政治者與英美未嘗無問然而所以能積如許威勢者第一則其公忠體國之心爲舉國所信賴第二則其才識經驗之富克以負荷重任第三則其度量之寬宏能網羅人才而用之有此三美德故不必純任國民而國勢日即隆盛也而吾國政府又何有焉彼所知者惟有便身家之私圖國之存亡非所問也不知政治爲何物不知世界爲何物乃至不知己國歷史爲何物而靦然尸高位而不媿也權位最高者則好臣其所教而不好臣其

所受敎次者則娼嫉成風視人之才能稍高於己者則排擠之不暇也夫以若是之人處今日之世而欲仰首伸眉且爲邪說以愚民曰吾國國情不同必不能放任人民而當大權干涉也嗟乎安得此無恥之徒哉夫以英國論則內閣卽國會國會卽內閣此其不待監督固已而德國日本政府爲人才淵藪咸能忠於厥職先公後私故國會之監督亦可稍弛吾國不然國民之參政權未能確定也政府之腐敗日甚也故**今日之資政院將來之國會必當事事舉監督政府之實而不容政府絲毫有所逃其責也**

要而論之世界立憲國之趨勢雖已如此而吾國當內審國情外察時變急起直追以求得一良政府則庶乎可以言圖存矣不是之務則孟子所謂舍本齊末也抑又聞之英國鴻儒斯賓塞爾之言曰古代國家以軍事爲重故凡百施設皆附屬於軍事今世之國家不然以生計爲重故凡百施設皆附屬於生計昔者因軍事而須生計今也因生計而須軍事甯獨軍事其他要政莫不皆然斯言諒矣以

吾國今日窮蹙至此。內之企業能力薄弱。外之大勢侵壓。卽令不圖。縱未屋社瀦宮。而全國已成枯腊。雖然。政治與生計。如影之隨形。未有政治完美而生計不發達者。亦未有政治腐敗而生計能發達者。千言萬語。皆以得良政治爲鵠。而欲得良政治。又以得良政府爲鵠。欲得良政府。則視國民政治上之能力何如矣。嗚呼。國事日亟。有志之士。其念之哉。

宣統三年四月十三日稿

法令

學部奏修訂存古學堂章程摺 併單

奏為修訂存古學堂章程恭摺仰祈　聖鑒事竊查光緒三十三年五月前湖廣總督臣張之洞奏湖北設立存古學堂摺內開該學堂本年即行開學該堂章程現係創舉擬請試辦後如無窒礙即請學部核定通行各省一律仿照辦理等語現在該省存古學堂已設立數年各省亦漸有仿照設立者惟章程迄未通行未免彼此歧異或有名而無實或費多而效少非將原章修訂通行不足以收整齊畫一之效臣等查原章中於課程教法籌畫至為精詳而辦理情形今昔既略有不同故條文不無增易之處其管理規則亦為原章所未及幷參照他項學堂章程酌量加入俾底完全至畢業年限在他項學堂中等高等併計皆在八年以上吾國古學精深比之他項科學研究更為不易原章定為七年畢業期限較短自應比照他項學堂定作中等五年高等三年

以資深造又此項修明古學之人卽爲將來經師大儒之選固貴精而不必其多臣部前於籌備單內奏定各省一律設立存古學堂按之現在各省教育經費支絀情形實覺力有未逮若勉强設立經費不充師資缺乏轉不足以得眞材自應由各省體察情形其財力實在艱窘者暫准緩設或與鄰省合併辦理庶幾設立者皆屬完備之學堂用副循名核實之意如蒙

俞允卽由臣部通咨各省欽遵辦理所有臣等修訂存古學堂章程緣由謹另繕清單恭摺具陳伏乞

皇上聖鑒謹 奏

謹將修訂存古學堂章程繕具清單恭呈

御覽 計開

第一章 立學總義 第一條 存古學堂以養成初級師範學堂中學堂及與此同等學堂之經學國文中國歷史教員爲宗旨並以預儲升入經科文科大學之選 第二條 存古學堂分設中等科高等科中等科五年畢業高等科三年畢業 第三條 存古學堂學科分經學史學詞章學三門經學門爲預備升考經科大學者治之史學門爲預備升考文科大學之中國史學門者治之詞章學門爲預備升考文科大學之中國文學門者治之 第四條 各省已設及將來添設之存古學堂均應按照此

次所訂章程辦理。第五條　存古學堂每省以設一所爲限如財力實有不足者暫准緩設其在交通便利之處亦可聯合鄰近省分合設一所

第二章　學額及學生　第六條　各省存古學堂考取學生無論本籍外籍一律收錄　第七條　存古學堂每年級學生名額按照各地方情形酌定惟每級至少須滿六十名其學生過少不能成班之處應准緩設　第八條　存古學堂中等科學生以高等小學堂四年畢業生考取升入如人數不敷暫准招收讀完五經文筆通適之高才生甄錄入學（此項學生入學後於前二年省去補讀易書春秋左傳而以此鐘點補習高等小學應授之格致算學地理歷史等科）其舊日之貢生生員中文優長者考試合格准其插入中等科第三年級舉人之中文優長兼習普通學者准其考入高等科

第三章　課程　第九條　存古學堂學科程度及每星期授課時刻列表如左

經學門中等科

法令 四

學科 \ 時間	第一年每星期鐘點	第二年每星期鐘點	第三年每星期鐘點	第四年每星期鐘點	第五年每星期鐘點
經學附理學小學	二十	二十	十八	十八	十八
以上主課					
史學	四	四	二	一	一
詞章學	四	四	二	一	一
以上補助課					
算學	三	三	三	三	三
輿地學	二	二	二	一	一
外國史	〇	〇	〇	二	二
法制	一	一	三	〇	〇
理財	〇	〇	二	一	一
博物	〇	〇	〇	二	二
理化	〇	〇	〇	三	三

農業大要	○	○	二	○	○
工業大要	○	○	○	二	○
商業大要	○	○	○	○	二
體操	二	二	二	二	二

以上通習課　共計三十六

經學門高等科

學科＼時間	第一年每星期鐘點	第二年每星期鐘點	第三年每星期鐘點
經學附理學小學	十八	十八	十八
以上主課			
史學	三	三	三
詞章學	五	六	六
以上補助課			

諸子學	二	二	二
算學	二	二	二
輿地學	二	二	二
政治學	二	一	一
體操	二	二	二

以上通習課 共計三十六

史學門中等科

學科＼時間	第一年每星期鐘點	第二年每星期鐘點	第三年每星期鐘點	第四年每星期鐘點	第五年每星期鐘點
史學	二十	二十	十八	十八	十八
以上主課					
經學	四	四	二	二	一
詞章學	四	四	二	二	一

算學	三	三	三	三	三
輿地學	二	二	二	一	一
外國史	○	○	○	二	二
以上補助課					
法制	一	一	三	○	○
理財	○	○	二	一	一
博物	○	○	○	二	二
理化	○	○	○	三	三
農業大要	○	○	二	○	○
工業大要	○	○	○	二	○
商業大要	○	○	○	○	二
體操	二	二	二	二	二
以上通習課					

共計三十六

一史學門高等科

法令 八

學科＼時間	第一年每星期鐘點	第二年每星期鐘點	第三年每星期鐘點
史學	十八	十八	十八
以上主課			
經學	三	三	三
詞章學	五	六	六
以上補助課			
諸子學	二	二	二
算學	二	二	二
輿地學	二	二	二
政治學	二	一	一
體操	二	二	二
以上通習課			共計三十六

詞章學門中等科

學科＼時間	詞章學（附書法學）	經學	史學	算學	輿地學	外國史	法制	理財	博物	理化
	以上主課			以上補助課						
第一年每星期鐘點	二十	四	四	三	二	○	一	○	○	○
第二年每星期鐘點	二十	四	四	三	二	○	一	○	○	○
第三年每星期鐘點	十八	二	二	三	二	○	三	二	○	○
第四年每星期鐘點	十八	一	一	三	一	二	○	一	二	三
第五年每星期鐘點	十八	一	一	三	一	二	○	一	二	三

學科	第一年	第二年	第三年	第四年	第五年
農業大要	〇	〇	二	〇	〇
工業大要	〇	〇	〇	二	〇
商業大要	〇	〇	〇	〇	二
體操	二	二	二	二	二
以上通習課 共計三十六					

詞章學門高等科

學科╲時間	第一年每星期鐘點	第二年每星期鐘點	第三年每星期鐘點
詞章學附書法學	十八	十八	十八
以上主課			
經學	三	三	三
史學	五	六	六
以上補助課			

諸子學	二	二	二
算學	二	二	二
輿地學	二	二	二
政治學	二	一	一
體操	二	二	二

以上通習課　共計三十六

第十條　存古學堂各科課程分年教授法如左　一經學　中等科前二年講讀周易尚書春秋左傳三經以符中學堂學生必須讀完五經之通例而預培綜貫羣經之根柢後三年講明羣經要義大略先看　御纂八經一徧傳說義疏均須依篇點閱（此三年課程意在使學者統觀羣經之大恉自揣性之所近爲入高等科時選擇專經之地步）次看有關羣經總義諸書（如經典釋文叙錄　傳經表　通經表　歷代正史藝文志經籍志之經部　四庫全書提要經部　歷代正史儒林傳　惠棟九經古義　余蕭客古經解鉤沈　王引之經傳釋詞　經義述聞　陳澧東塾讀書

法令 十二

記經類　自九經古義以下略舉數部此外類推）　高等科第一二年治專經之學總以一人能治一大經兼治一中小經爲善（大率每星期中以一日研究古注疏以五日研究國朝人經說）　點閱所習本經注疏每星期四小時　點閱所習本經國朝人箸述（如孫星衍周易集解　胡渭易圖明辨　閻若璩古文尚書疏證　孫星衍尚書今古文注疏　胡渭禹貢錐指　陳奐毛詩傳疏　馬瑞辰毛詩傳箋通釋　胡承珙毛詩後箋　顧棟高春秋大事表　梁履繩左通補釋　顧炎武左傳杜解補正　惠棟春秋左傳補注　馬宗槤春秋左傳補注　沈欽韓左傳補注　孔廣森公羊通義　鍾文烝穀梁補注　王鳴盛周禮軍賦說　沈彤周官祿田考　江永周禮疑義舉要　程瑤田溝洫疆理小記　考工創物小記　段玉裁周禮漢讀考　孫詒讓周禮正義　胡培翬儀禮正義　金榜禮箋　孔廣森禮學巵言　段玉裁儀禮漢讀考　鄭珍儀禮私箋　朱彬禮記訓纂　劉寶楠論語正義　焦循孟子正義　郝懿行爾雅義疏　王念孫廣雅疏證之類　以上凡關於本經者皆須點閱此舉其最精要者並非以此數種爲限如能博綜可以類推）每星期十四小時　此外仍

宜擇學海堂刻　皇清經解南菁書院刻　皇清經解續編中之精粹者與諸名家經說中有與本經相涉者以及古經解彙函小學彙函皆可參考　第三年須參考所習本經外之他經及子部史部可以證明本經要義者並考求本經自古及今之實效見於史傳羣書者　高等科專經者其經文皆須背誦全文其漢以前授受師承一南北朝至今解經派別二本經要義三歷代經師諸家於經文經義緊要處之異同四皆須能應對純熟解說詳明無誤以此爲考核等第之實據畢業時必令呈出所習專經之心得箸述札記　義理之學當與訓詁並重應授宋儒理學源流及諸家學案之大畧又說文爾雅學漢書藝文志謂之小學爲求通經學之鈐轄應附入經學門內又音韻之學即附小學門內金石學可爲考證經史之資然要以考釋文字爲先亦附小學門內每一星期應於經學鐘點內勻出二小時中等科前二年授理學後三年授小學高等科前一年授理學後二年授小學中等科理學授近思錄高等科授四朝學案中等科小學授爾雅郝氏義疏說文序目文字蒙求高等科小學授段注說文及六書音韻表並授三代吉金文字及碑版中之有關經字經義者　經學科主課以外

以史學詞章爲補助課中等科史學授　御批通鑑輯覽三通考輯要高等科授史記漢書後漢書三國志中等科詞章授古文辭類纂高等科授文選兼參觀選學各書　二史學　中等科前三年博覽全史要事大畧點閱　御批通鑑輯覽及九種紀事本末（九種若不能徧點亦須點過五種）參閱歷代正史中之志及後世補志　後二年點閱考核全史之書有關致用者（如二十二史劄記　十七史商榷　日知錄第八卷以下　十駕齋養新錄考史各條　陔餘叢考考史各條　史通之類畧舉數部餘可類推　二十二史考異極博極精但詳考據而畧致用卷帙又繁止可參考不必點閱）　高等科三年中治專門史學　二十四史之中聽學者認習一類史記漢書後漢書三國志爲一類晉書至隋書爲一類唐書舊唐書五代史宋史爲一類遼金元三史爲一類明史及　國朝事實合爲一類治史者每人須認習一類不得僅治一朝之史四通鑑爲一類（金履祥通鑑前編　司馬光資治通鑑　畢沅續通鑑　夏燮明通鑑）　三通考爲一類（文獻通考　續文獻通考　皇朝文獻通考）第三年須兼考所習專門本史外之他史可以證明本史者並考羣經諸子之可以證

明本史者並考所習本史內當時得失治亂之大端與今日相類之處或與今日相反之處可爲今日法戒者　凡專治何史者其統系疆域重鎭職官財政典禮教派學制兵制刑律鄰國邊界均須能畫出圖表此外凡一朝之治亂大事變古大事創立法制創造有益民用軍用之物取民之制度支之數戶口息耗物產盛衰工役大舉關繫農工商各項人民生計大事外交宗旨大事均須能立表詳說若治四通鑑三通考者列朝事實均須考究貫串　高等科畢業時應令呈出所習本史之心得箸述札記　史學科主課以外以經學詞章爲補助課中等科由高等小學畢業升入者經學授書易春秋左傳由貢生生員插班者擇閱羣經總義諸書（書目同前經學門）　高等科均授春秋公羊穀梁傳國語國策中等科詞章授古文辭類纂高等科授文選兼參觀選學各書　三詞章學　中等科五年中先縱覽歷朝總集之詳博而大雅者使知歷代文章之流別　次點閱講讀古人有名總集（如　御選唐宋文醇詩醇　楚詞　文選　文心雕龍　漢魏六朝百三家集　古文辭類纂　續古文辭類纂　湖海文傳　經史百家簡編　駢體文鈔　國朝駢體正宗　樂府詩集　姚氏今體詩鈔

湖海詩傳　七十家賦鈔　詞選之類　其過繁者若文苑英華　古文苑　續古文苑　全唐文　唐文粹　宋文鑑　南宋文範　金文雅　元文類　明文衡　國朝文錄　全唐詩　全宋詩　全金詩　元詩選　明詩綜　歷代賦彙　詞綜　義取求備惟卷帙過多以備參考可也）兼練習作詩文每星期一二次　高等科講讀研究詞章諸名家專集或散體古文或駢體文或古詩古賦（詩賦共爲一門）視學者性之所近習之　第三年兼須博考經部史部子部之可以發明詞章要恉者並考古今詞章之有益世用者至考核詞章所學深淺之法除論辨源流疏解事實闡發利病證明經史等事必應考核外尤須以能自作爲實際與經史兩門不同中等高等兩科均須隨時練習製作　高等科畢業時應令呈出所習詞章之心得箸述札記　書法學兼古文（即大篆）籀文小篆八分隸書草書六朝正書唐以後正書行書各種書法而言此不惟講舊學者解經考史所必需且亦爲居官行政人民生業所不可廢若字體太涉惡劣讀書不能識篆隸下筆不能作行草於學古應世均有窒礙故必須習之應附入詞章學門內每一星期講授研究二小時詞章科主課以外以經學史學爲補

助課中等科由高等小學畢業升入者經學授易書春秋左傳由貢生生員插班者擇閱羣經總義諸書（書目同前經學門） 高等科均授說文解字及金石文字之有關小學書法者中等科史學授 御批通鑑輯覽三通考輯要高等科授史記漢書後漢書三國志 四諸子學 周秦諸子中多引古書記古事其古言古義多可考證經典且詞旨可資益詞章漢以後諸子則多膚淺不必備覽 五算學 中等科宜習西算授數學代數幾何三角高等科研究 國朝各家算術遞溯元明歷漢唐以至古代歷算以爲研究經史之資 六輿地學 中等科前二年講習中國近時地理 國朝疆域海陸邊界各省重要城鎮阨塞險要水陸道路通商口岸第三第四第五三年宜講習地球全體及外國名山大川重要都會隘口險要人種風俗宗教政治氣候物產等事以擴充學者之耳目而啓發其愛國愛種愛教之心思高等科三年中宜講習中國前代歷史地理及各國政治地理各國歷史地理使知疆域之沿革險要之變遷强弱之形勢政策之得失以激勵學者憤發之心並宜博覽輿地叢書旁及中外各家游記之類自中等科第一年起卽須兼習描摹地圖先略後詳 七外國史 先講近

百年來之大事次漸及於近古上古使知時局變遷之所趨　八法制　中等科講授法學通論及憲法民法刑法之大意以本國已頒行之法律爲主使知立憲國民應守之秩序　九理財　中等科講授經濟學原論及統計汎論簿記學原理等使具財政上之普通知識　十政治學　高等科講授政治學財政學原論及行政法之大要使知變法自强之根本爲他日出而應世之用　十一博物　十二理化　中等科於第四五兩年講授物理化學及動植礦物生理衛生之要旨使具有普通知識以便畢業後任小學教員時得以講授格致學科　十三農業大要　講授農業要恉使畧知治生之道於寒士謀生及作吏治民皆有裨益　十四工業大要　十五商業大要　講授工商實業要恉使知凡係國民人人宜各盡自食其力之才以爲共保利權之計惟工業之製造商業之販運今日多與外國有交涉者較農業尤爲精細廣博但能知其大要亦不致流於腐陋　十六體操　凡柔輭體操器械體操兵式體操皆宜肄習使文學彬雅之士具有自强之志氣衛國之精神不致流於委靡　中等科畢業者應升高等科若願充高等小學教員不升入高等科者卽於第三年加授論理學第四第五

兩年加授教育學每星期各二小時省農工商業大要鐘點授之史學及詞章學高等科學生畢業後願考升文科大學者則應預習外國文可於高等科課表中第二第三兩年每星期減補助課六小時通習課諸子學一小時算學一小時共八小時加授外國文但此項畢業生祇能入文科大學之中國史學中國文學二科不能升入他科

第四章　入學退學　第十一條　存古學堂每屆招考合格學生於入學時應將姓名籍貫三代及由某學堂畢業履歷彙造清冊呈送提學使司詳報學部備案　第十二條　學生中途遇有疾病或其他不得已事故必須退學者須呈候監督查明屬實方能照准　第十三條　學生遇有左列事項由監督核定令其退學　一　不遵守學堂章程禁令者　二　身罹痼疾及沾染嗜好者　三　學生考試兩次不及格者　四　兩次不繳學膳各費者

第五章　考試及畢業　第十四條　考試分學期考試學年考試畢業考試三項其考試時期均按照學部奏定考試章程辦理　第十五條　評定考試分數及高等科畢業後送部覆試均按照學部奏定章程辦理　第十六條　高等科畢業考試及格者除授與畢業文憑外應按照學部奏定高等學堂章程辦理並得充中學堂及與中

學同等學堂之經學中國史國文教員暨考升經科大學及文科大學之中國史學門中國文學門中等科畢業考試及格不願升習高等科者得充高等小學堂教員 第六章 學膳費及書籍費 第十七條 在學學生應收學費膳費書籍等費均按照學部奏定徵收學費章程辦理 第十八條 存古學堂毋庸備有寄宿舍如有願就學堂午膳者每人應繳膳費其數目由各監督就地方情形酌定若本學堂之從前備有寄宿齋舍一時遽難停止者准其酌量辦理惟寄宿舍須與學堂分立而距離不得過遠 第十九條 存古學堂應設管理員教員如左 監督一員 教務長一員（監督或教員兼任） 教員若干員 管課員若干員 庶務長一員 庶務員若干員 第二十條 存古學堂監督由提學使司遴請督撫委派並咨報學部備案其他管理員均由監督遴請提學使司委派教員由監督延聘確有專門著述聞望素著者充任

附則 第二十一條 本章程所未備載之處悉照學部奏定章程及其他法令辦理

第二十二條 存古學堂各項詳細規則應由本學堂監督擬訂送由提學使司轉呈學部查核

文牘

憲政編查館會奏遵擬內閣官制並辦事暫行章程繕單恭候 欽定摺 併單

奏爲遵擬內閣官制。恭候 欽定頒布。繕摺會陳。仰祈 聖鑒事。竊上年十月初三日。奉 上諭著縮改於宣統五年。實行開設議院。預即組織內閣。等因欽此。十一月二十四日。復奉 上諭。前經降旨飭令憲政編查館。修正籌備清單。着即迅速擬訂。並將內閣官制。一律詳慎纂擬具奏。候朕披覽詳酌等因。欽此十二月十七日。欽奉 諭旨。憲政編查館。奏遵擬修正逐年籌備事宜。開單呈覽一摺著依議欽此查 欽定修正逐年籌備事宜清單宣統二年。釐定內閣官制。宣統三年。頒布內閣官制。由憲政編查館會議政務處同辦。臣等督飭在事各員。懍遵迭次 諭旨。詳慎纂擬竊維責任內閣。在各國視爲成規。在中國實爲創舉。溯自籌備憲政以來。凡請開議院者。皆以設責任內

文牘 二

閣爲急務。現叅攷各國之制。折衷我國政治之宜。驟求完備。則恐滋扞格。過分同異。又恐礙進行。酌度再三。未敢輕擬。當經督飭在事各員反覆研究。妥爲纂訂。謹將遵擬內閣官制。敬舉要義。爲我 皇上詳細陳之。查各立憲國內閣之設。在負國務之責任。而對於何者應負責任。各國立法又復不同。恭繹 欽定憲法大綱。統治之權。屬諸 君上。則內閣官制。自以叅仿日德兩國爲合宜。日本憲法。各大臣輔弼天皇。任其責。以國務大臣責任。關於輔弼之任務而生。故對於君主負責任。而國務大臣任免黜陟。君主皆得自由。與英法之注重議院者不同。與德意志宰相對於其君負責任。非對於議會負責任者則相類。我國已確定爲君主立憲政體。則國務大臣責任所負。自當用對於君上主義。任免進退。皆在 朝廷。方符君主立憲宗旨。議院有彈劾之權。而不得干黜陟之柄。庶 皇極大權。益臻鞏固。輔弼之地。愈著恪恭。此應陳明者一也。又考各國內閣之制。總理大臣責任。重在確定方針。統一政權。凡所規定。皆以防權任之游移。杜政令之歧出。誠以一國政柄所寄之地。卽安危治亂所從生。治內有遞進之規模。對外有惟一之政策。必能堅持不敝。而後基業可固。富强可臻。否則前作後輟。此却彼前。百舉百廢。一無成立。宋以宰執不協。致紹聖靖國之紛更。明以樞輔不和。致疆場兵禍之日棘。今內閣之制。萃一國行政大臣於一署。分之則各專所職。合之則共秉國鈞。可否於以協商。功罪於以共負。無隔閡。無諉卸。無牽掣。而皆以利國利民爲歸。是以各國責任內閣成立以後。預算行政。皆有匯歸。緩急後先。謀定而動。洵足以挽前代政地散漫隔膜之失。現在憲政萌芽方始。外交內治。艱棘尤多。苟非統一政權。何由望有成效。此應陳明者又一也。或者謂內閣權重。近於非宜。然冢宰本總百官。丞相實長卿尹。歷代置相。用意實與各國責任內閣無殊。而彼則無議院之對待。無弼德院之贊襄。故有時或失之專恣。今則互相維繫。法理精嚴。加以兵柄別有專司。法權又歸獨並。更無從威福自擅。凡歷代强臣之弊。皆預遏於事先。且唐宋三省之長。尚書以下。幾若屬僚。行文論事。多用申狀。今則各部之長。皆爲同體。皆如宰相。地位比肩。孰甘附和。此皆其無可顧慮者也。惟現在各種政治機關。皆未完備。而設立內閣。又屬萬不可緩。亟應先立基礎。溝通新舊。以利推行。而免窒礙。謹擬內閣官制十九條。以立經邦大本。憲政始基。並擬內閣辦事暫行章程十四條。以爲過渡辦法。至內閣屬官官制。已由臣館草擬就緒。

文牘 四

俟妥酌後。即行照章會同奏明。請 旨辦理。謹將內閣官制及辦事暫行章程分繕清單恭候 欽定頒布。抑臣等更有進者。旁求之典在昔所重。爰立之舉擇賢爲先。周以旦奭領六官。漢以蕭曹長百辟。故能蔚成盛治。康濟斯民。近各國宰相之授。尤稱鄭重。往往名相受任。則其國勃興。此又人存政舉之經。爲古今中外不易者也。伏乞 聖明。愼選賢能。特爲簡畀。庶幾與民更始。以弼丕基。則大局幸甚。憲政幸甚。所有遵擬內閣官制並辦事暫行章程各緣由。謹合詞具陳。伏乞皇上聖鑒訓示。謹 奏。

謹擬內閣官制繕具清單恭候 欽定

第一條 內閣以國務大臣組織之。

第二條 國務大臣以內閣總理大臣及左列各部之大臣爲之。 外務大臣。 民政大臣。 度支大臣。 學務大臣。 陸軍大臣。 海軍大臣。 司法大臣。 農工商大臣。 郵傳大臣。 理藩大臣。

第三條 國務大臣輔弼 皇帝擔負責任。

第四條 內閣總理大臣一人爲國務大臣之領袖。秉承 宸謨。定政治之方針。保持行政之統一。
第五條　內閣總理大臣於各部大臣之命令或其處分視爲實有妨碍者得暫令停止奏請　聖裁。
第六條　內閣總理大臣就所管事務對於各省長官及各藩屬長官得發訓令。
第七條　內閣總理大臣就所管事務監督指揮各省長官及各藩屬長官於其命令或處分如有認爲違背法令或逾越權限者得暫令停止奏請　聖裁。
第八條　內閣總理大臣依其職掌或特別之委任得奏請頒發閣令。
第九條　內閣總理大臣得隨時入對各部大臣就所管事件得隨時會同內閣總理大臣入對或請　旨自行入對除國務大臣外凡例應　召見人員於國務有所陳述者由國務大臣帶領入對其蒙　特旨召見及法令有特別規定者不在此限。
第十條　關於國務之具奏事件其涉各部全體者由國務大臣會同具奏專涉一部或數部者由內閣總理大臣會同該部大臣具奏　除國務大臣外凡例應奏事人員於國務有所陳奏者由國務大臣代遞其法令有特別規定者不在此限。

第十一條　法律敕令及其他關於國務之　諭旨其涉各部全體者由國務大臣會同署名。專涉一部或數部者由內閣總理大臣會同該部大臣署名。

第十二條　左列事件應經內閣會議。　一　法律案及敕令案並官制　二　預算案及決算案。　三　預算外之支出。　四　條約及重要交涉。　五　奏任以上各官之進退。　六　各部權限之爭議。　七　特旨發交及議院移送之人民陳請事件。　八　各部重要行政事件。　九　按照法令應經閣議事件。　十　內閣總理大臣或各部大臣認爲應經閣議事件。

第十三條　內閣會議以國務大臣之同意議定之。　會議以內閣總理大臣爲議長。

第十四條　關係軍機軍令事件除　特旨交閣議外由陸軍大臣海軍大臣自行具奏承　旨辦理後報告於內閣總理大臣。

第十五條　內閣總理大臣臨時遇有事故得奏請於國務大臣內　特派一人代理。

第十六條　各部大臣臨時遇有事故得奏明以他部大臣代理。

第十七條　本官制第二條所列國務大臣外有因臨時重要事件奉　特旨列入內

閣者。爲特任國務大臣。但不在常設之列。

第十八條　特任國務大臣。所有入對具奏署名。均以臨時事件爲限。仍依本官制第九條第十條第十一條之例。會同內閣總理大臣辦理。

附則

第十九條　本官制奉　旨頒布之後。如有應行變通之處。隨時恭候　特旨裁奪。或經內閣奏明。仍恭候　特旨裁奪。

謹擬內閣辦事暫行章程繕具淸單恭候　欽定

第一條　內閣總理大臣一員。協理大臣一員或二員。均候　特旨簡任。各部大臣。均候　特旨簡任爲國務大臣。　內閣總理大臣。如因事未能到閣。協理大臣得代爲辦理。

第二條　內閣設政事堂。爲國務大臣會議之所。按照內閣官制。應經閣議事件。由內閣總理大臣。協理大臣招集各部大臣會議。

第三條　內閣官制第三條第九條第十一條之規定。內閣協理大臣均適用之。

第四條 內閣總理大臣。協理大臣。每日入對。各部大臣。分班值日。如有 召見及因事請對者。得會同內閣總理大臣。或協理大臣入對。其關於各部主管事件。應由該部大臣加班入對者。得隨時會同入對。 除前項會同入對事件外。各部大臣。仍得請 旨自行入對。

第五條 內外新官制。未經一律施行以前。按照向例。得蒙 召見人員。於國務有所陳述者。由內閣總理大臣。或協理大臣。帶領入對。其 御前大臣。領侍衛內大臣。軍諮處海軍司令部。宗人府。內務府。各大臣。弼德院院長。資政院總裁。及其他蒙 特旨召見或法令有特別規定者。(如八旗都統前鋒護軍步軍各統領或辦理旗營或宿衛 宮禁。不負國務上之責任等官皆是)不在此限。 各省將軍督撫。除請安請 訓及奉 特旨召見外。其於國務有所陳述者。應先商明內閣總理大臣。協理 大臣。主管各該部大臣。會同入對。

第六條 關於國務陳奏事件。在內外新官制未經施行以前。凡例應奏事人員。及言官奏劾國務大臣。仍得自行專摺入奏。候 旨裁奪。 凡關於一部之具奏事件。其重要者。應會同內閣總理大臣。協理大臣具奏。其尋常例奏。可逕由該部大臣具奏。仍俟上奏後。鈔稿咨送內閣查核。 前項重要事件。及尋常例奏事件。應由內閣總理大臣。會同各部大臣。分別規定奏請 聖裁。

第七條 按照內閣官制第十四條。由陸軍大臣。海軍大臣。自行具奏事件。應由該衙門自行具摺呈遞。毋庸送交內閣。

第八條 內外行政各衙門。應奏不應奏事件。除陸軍部海軍部外。由內閣總理大臣。協理大臣。會同各部大臣。另擬章程奏請 聖裁。 前項章程。未經奏定以前。所有內外循例具奏事件。照常具奏。候 旨裁奪。其關係重要應行籌議事件。仍應具奏。候 旨交付閣議。決定後。由內閣總理大臣。協理大臣。請 旨裁奪。遇有緊急事件。不及付閣議者。由內閣總理大臣。協理大臣。隨時請 旨辦理。

第九條 除內閣總理大臣。協理大臣。每日入對外。其值日之各部大臣。每遇星期。及按舊例推班之期。應行推班。但有最關緊要事件。不在此限。

第十條 除各部分班值日外。其餘各衙門。應否照舊值日。由內閣總理大臣。協理大

文牘 十

臣。妥酌後。請 旨辦理。

第十一條 各衙門帶領引 見。暫仍照舊辦理。如有應行酌改者。隨時候 旨施行。或由內閣奏請候 旨施行。至驗放事宜。應由內閣總理大臣。協理大臣。分別酌擬辦法。奏請 聖裁。

第十二條 此項章程施行之日。所有舊設內閣及辦理軍機處。內閣會議政務處。一律候 旨裁撤。

第十三條 官制及官規。未經改訂施行以前。所有文武官員。關於 特旨簡放。暨記名請 簡奏補咨補及文武爵職襲封各項事宜。均仍照現制由內閣會同主管衙門分別辦理。 關於職官叅劾及議處事宜。亦照前項分別辦理。

第十四條 此項暫行章程。與內閣官制。同時頒布。將來應否撤銷之時。仍奏明恭候 聖裁。 此項暫行章程施行之後。如有應行變通之處。隨時恭候 特旨裁奪。或經內閣奏明。仍恭候 特旨裁奪。

憲政編查館會奏遵擬弼德院官制繕單恭候

欽定摺 併單

奏為遵擬弼德院官制。恭候　欽定頒布。繕摺會陳。仰祈　聖鑒事。宣統二年十二月十七日。欽奉　諭旨。憲政編查館奏。遵擬修正逐年籌備事宜。開單呈覽一摺。著依議欽此。欽遵在案。查　欽定修正逐年籌備事宜清單。宣統二年。釐定弼德院官制。宣統三年。頒布弼德院官制。由憲政編查館會議政務處同辦。竊維弼德院制度。昉於東西各國之樞密院。參事院。與　國初議政處。及漢之中朝官。唐之翰林。明初內閣。略同。所以上備顧問。參議國務。密翊　君上帷幄之謀。隱匡政府措置之用。為國家重要機關。亟宜成立者也。臣等當飭在事人員。詳慎擬訂。敬將弼德院官制要義。為我　皇上詳細陳之。我國預備憲政。以　欽定憲法為依歸。查日本憲法中。規定緊急命令。獨立命令。皆為各國所無。而皇室事項。外交事項。歐洲必經由議院者。日本皆列之於君主大權。與　欽定憲法大綱。正相符合。故日本樞密院權限。皆有審議及解釋上列各端重要事件之規定。實為弼德院所宜倣。現擬該院權限所及。凡關於　皇室及憲法附屬法令。並外交條約內治重要者。皆由該院擬議。則任寄優崇。範圍寬廣。　朝廷獲咨詢之益。政府收補助之功。此應陳明者一也。國務大臣。皆任行政。而謀議或慮其偶疏。宗人府內務府皆分任　皇室職權。亦未便使其不預計畫。其尤要者。自院長以至顧問大臣。皆為專任。自可從容討論。決擇大政之宜。而各國務大臣。與宗人府內務府長官。皆得兼顧問大臣。亦可收聯絡之效。無隔閡之虞。此應陳明者又一也。日本樞密院大臣。多用曾任政府及立功受爵諸人。蓋取其勳望懋著。經驗素優。是以漢之功臣。每與朝議。宋之舊相。多列經筵。其職任或有不同。而用意則如一致。現擬顧問大臣。皆特重其資格。參日本之新制。即合歷代之成規。而於應議諸端。皆可酌損益之中。袪新舊之失。尤於憲政裨益實多。此應陳明者又一也。總之立憲官制。其相與維繫補助者。皆有精意存乎其間。而缺一有所不可。弼德院可以近依　帝座。朝夕論思。凡上下應達之機緘。與操縱內治外交之扃鑰。股肱　元首左右閣臣。皆於該院寄之。是又立憲初基所必宜注重者也。謹將遵擬弼德院官制二十四條。繕具清單。恭候　欽定頒布。所有遵擬弼德院官制緣由。謹合詞具陳。伏乞　皇上聖鑒訓示。謹　奏。

謹擬弼德院官制繕具清單恭候　欽定

第一章　編制

第一條　弼德院爲　皇帝親臨顧問國務之所。

第二條　弼德院設顧問大臣如左。　一　院長一人。　二　副院長一人。　三顧問大臣三十二人。

第三條　前條顧問大臣。均以著有勳勞。及富有政治上學識經驗者任之。

第四條　現任國務大臣及宗人府內務府大臣均候　旨兼任弼德院顧問大臣。國務大臣（硃筆改爲內閣總理大臣協理大臣）不得兼弼德院院長及副院長。

第五條　弼德院設參議官十人。以富有政治上學識經驗者任之。

第二章　職掌

第六條　左列事件應由弼德院議決具奏。　一　按照　皇室大典屬於弼德院權限以內事件。　二　憲法及其附屬法令之審議及解釋。　三　憲法未頒以前按照憲法大綱關於　君上大權第八項第十一項第十二項所列事件。　四　條約及重要交涉事件。　五　弼德院官制改正事件。

第七條　前條所列各款外。如有臨時顧問事件。得由弼德院議決具奏。

第八條　第六條議奏事件公布時。應敘明該事件業經弼德院議覆。

第九條　弼德院於議奏事件。不得干預主管衙門之施行。

第三章　會議

第十條　弼德院會議。非本官制第二條所列顧問大臣半數以上到會。不得開議。

第十一條　會議時。以院長爲議長。院長有事故時。以副院長爲議長。副院長並有事故時。以本官制第二條所列顧問大臣位次居前者爲議長。

第十二條　議長有整理議場秩序之權。

第十三條　會議時。本官制第四條所列顧問大臣。均得列席。共同議決。

第十四條　會議取決多數。若可否同數。則取決於議長。

第十五條　會議時。參議官得列席發議。但不列議決之數。

第十六條　會議時。關於本官制第四條所列顧問大臣主管事件。得由各大臣派員到會。說明事由。但不列議決之數。

第四章 院務

第十七條 院長總理全院事務。所有奏咨文件。由院長行之。

第十八條 副院長佐院長之職務。院長有事故時。由副院長代理。

第十九條 弼德院所有審查纂擬事件。由參議官辦理。

第二十條 弼德院設秘書廳。掌本院文牘會計議事紀錄。及一切庶務。

第二十一條 秘書廳設秘書長一人。承院長副院長之命。總理本廳事務。

第二十二條 秘書廳設秘書官若干人。承院長副院長及秘書長之命。辦理本廳事務。

附則

第二十三條 弼德院議事及辦事細則。由院長定之。

第二十四條 憲法頒布以後。本官制有不適用之處。應候 特旨交議改正。

文牘

中國紀事

中俄界務失地記　黑龍江中俄界務交涉。我國特派宋道友梅爲勘界大臣。去年業經會同俄人勘查。所以終未解決者。以滿洲里分界地方。沿江上下。實以江爲天然界線。此人人所共知者。而俄人一味强硬。任意圈佔。所劃界線。較原定佔越三百餘里。宋道以主權攸關。不敢認可。故會勘一年之久。毫無頭緒。本年哀的美敦書突然飛來。政府大懼。恐俄人復牽連及此項交涉。遂又派江撫爲勘界正大臣。會同宋道與俄人商辦。又密電江撫。着其從速解決。不妨少爲俯就。江撫接電後。即與宋道商議。以現在中俄交涉。實處萬難之中。此事不可過於認眞。該處人烟稀少。農工商業。亦寥若晨星。本係不毛之地。棄之不爲可惜。汝前往即將機就機。早日斷定可也。宋道諾諾而退。既不肯背政府之意。又不敢違江撫之命。故仍照俄人所劃界線勘定。因斷送三百餘里。日前劃界插標。該處人民始行知悉。羣相驚愕。僉謂我中國人何竟將吾等斷送於俄。疑宋道圖俄人之賄而賣己也。均唾駡宋道不止。且又擬以野蠻從事。宋道聞之。恐變出意外。親向該首領勸解。謂將欲取之。必先予之。現在吾新軍不強。不得不如此。復指天矢地。明其無圖賄之事。幸宋道在該處頗有名譽。民間信之。然如此定界。各界終不肯承認。宋道無法。聞日前已電致江撫核辦矣。

●●●●●中韓界務失地記　中韓分界。鴨綠圖們二江。史跡足徵。本無疑義。自穆克敦查邊樹碑於長白爾下。因起間島交涉。穆固未至邊界也。即含糊勒石。其文曰。（東爲圖們、西爲鴨綠、穆克敦查邊至此。）碑之西。離鴨綠相隔數重山巔。何嘗西爲鴨綠也。東爲石乙水。蓋圖們江本流爲紅丹水。有光緒初韓官李重夏勘界足考。今李尚在韓京也。己酉條約成立。斷送百三十餘方里。皆穆公之德政。往事無論。今赴白山調查。果如條約所稱石乙水者。則長白山已去其半。頂小白山全屬韓領矣。不寗惟是。且石乙水之上流。又一小支流相會。土名紅溪溝。日人之輿圖。悉以此支流分界。果爾則長白全頂又復喪失矣。查己酉約章。僅云中韓仍以石乙水爲界。仍果何言也。此條約成立之在任爲那相。成立地爲梁崧生尙書宅條約後附雜居區域圖。係日人所測繪者。而邊務公署呈進京之圖。已高閣難覔。因之地圖地名。皆有延吉並不知之新語。如稱六道溝謂龍井村。稱和龍縣謂大磊子。餘如新興坪南坪器滿洞上茶洞黑摘達三道吉利等。皆日韓語。已成現在之地名。我國之度量向來寬大。韓人稱道不休。此次將又劃界。不知又欲斷送若干土地也。

津浦鐵路北段工程記　津浦鐵路。開辦二年。由津至德州約五百里。由德州至濟南。約二百餘里。均於去年開車。茲略述現時工程之情形如後。　**全路之開通期**該鐵路由北段承修者居三分之二。計長一千五百里。自天津至濟南共七百里。已售票開車。每星期來往兩次。由濟南達泰安約百八十里。現已築成大半。不久亦可開車。自泰安以南直達韓莊約四百里。至此卽爲北段工程盡處。至明年秋間卽能全路築成。　**黃河鐵橋之現狀**　黃河鐵橋。初以地足未定。勘視周折。費時甚多。後勘定濼州後。以該處河面雖狹。河身極深。與京漢鐵路之黃河橋不同。故工程亦異。建橋之法。築以四大柱。第一橋空。計長七十米達。寬三十米達。下掘沉井。井之周圍築以鐵灰石牆。牆長三十米密。寬十米達。厚一米達。井成後。遂用鐵灰石鎔合爲柱。用重力壓之。沒入河底者三米達。其次有中等之沉井二。各列二百五十鐵灰柱。又其次沉井二。各列一百八柱。鐵橋始可賴以成立。惟現尚未成。車至灤州時。鐵路局祇備有小輪。以渡往來過客。及一切貨物而已。　**路旁之情狀**　車自天津發至良王莊。約五十里。自良王莊南行。約四百八十里。至小泗洙。沿途皆近運河。相距至近之處。不過四十米達。最遠之處。不過四里。河中船隻車中能一一見之。風景極佳。車過之處。多係平原。車行亦穩。惟堤旁義塚纍纍。不免稍殺風景耳。又去天津約六十里。有地名獨一鎭者。在庚子前。是鎭爲天津以南之名區。居民四五萬。鐵路通後。此鎭商業必大發達矣。

洛潼鐵路工程記　潼洛鐵路乃由河南洛陽縣。築至陝西潼關廳止。計長五百里。此路所勘定經過新安黽池陝州靈寶閿鄉諸州縣。皆河南省轄境。惟潼關一廳爲陝西省轄境。豫省估路計長四百八十里。至閿底鎭止。陝省估路。惟由閿底鎭至潼關二十里耳。現在豫人已籌備股本金足敷修築全路三分之二。該路土工。已築過新安縣。計長八十里。現正辦橋工。（皆小沙河橋工無難者）築車站。此路修至黽池靈寶二縣。須鑿山洞數處。較之汴洛鐵路山洞稍少而略長。）開封至洛陽。名曰汴洛鐵路。中歷成皋諸險、計鑿山洞十一處皆較鎭江山洞爲長、誠鉅工也、）此卽古二崤函谷諸險是也。此路不能兩頭同時幷築。因途中多山險。運料爲艱。只有步步前進之一法。就現在籌備股款論。已可築至陜州。過此山路。雖猶有登降之勢。然紆徐曲折。迤邐蜿蜒而上下。即乘騾車行。亦不覺其險。因無山石崎嶔。終日鏗鏘鏜鎝。可免震傷腦力耳。然山徑狹隘。往往車不能幷軌。單車早行。或遭刦奪。亦間有之事。若鐵路通至潼關。則又可免盜患矣。

滇桂鐵路勘線記

滇桂鐵路。已由郵部派羅道國瑞。賀郎中良樸。赴滇桂分勘路線。茲聞羅道與滇督電商。略謂查滇省廣南以西。峰巒重轉。幽險難通。僻處萬山。商務稀少。於此造路。得少失多。倘使追蹤大道。南繞開化。則路線遙遠。職道擬由百色走西林或西隆。繞黔省興義境。而過滇之羅平或平彝等處。然後西向入省。如此則地勢既稍平衍。路線亦較直捷。而所經各地方物產。聞亦繁盛。此路貫通脈絡。所有滇省東北一帶精華。皆可全數吸收。即彼此相形。亦較優勝等語。滇督覆電。贊其規畫詳審。惟謂入平彝境。經曲靖。以達楊林。較羅平遠約百里。而道路平坦。施工或易。且楊林至曲靖江一段。可爲滇蜀路基礎。似此則滇桂路線。當以此爲標準矣。

閩口要塞腐敗記

福建閩口之海岸要塞。前因統領之不得其人。日益腐敗。茲述其要點有三　一爲將校之卑污。按要塞人才。較陸軍爲繁難。閩口砲台各級官長。非綠營老卒。卽帳下傖奴。而有志之士。如要塞學生。率不得行其所學。因之侵吞兵額。乾沒砲費。視爲故常。毫無顧忌。而爲總司令官者。復以向無歷練之員而委充之。凡軍務一切事宜。如隔靴搔癢。無怪牧猪兒目不識丁。轉相援引。益肆其盤踞之毒。　一爲客兵之驕悍。閩口要塞兵籍。湖廣中人。十居八九。此輩皆綠營棄材。軍制不知。紀律不講。蠢如鹿豕。貪如豺狼。且多會黨渠魁。潛匿其間。無事則結其黨羽。爲會匪之耳目。有事則棄其責任。肆行劫擄。以遂其發財之私。卽有誤公革退。此台退則入於彼台。今日革則補於明日。此等人格。散布之要害之區。毋亦引虎自衞歟。　一爲台壘兵器之不合用嘗攬福州灣之形勢。島嶼錯列。港路紛歧。其正口自王虎以內。重山疊嶂。夾峙其間。成一狹隘之港口。其梅花烏豬兩港。則沙磧縈紆。潛伏水中。足以阻遏敵人艦隊之行駛。所惜者台壘兵器之未得其宜耳。就台壘論之。如烟金各砲台。則失之高。划鰍港長門南北岸各台。則失之過低。均未能據險而守。且彈藥庫則潦草建築。兵房則暴露江濱而望樓旗桿等。高揭於砲台之上。何異示敵以標準。就兵器論之。各台之砲。不能一律。且其砲無論爲克虜伯。爲阿蒙斯莊。爲羅星輝。爲法華士。均係一千八百八十年以前之老砲。其外內機關。損傷殆盡。且裝放遲緩。以之抵禦現時之電放快砲。是猶以卵投石。尤可痛者。火藥性質。不諳試驗。不解檢查。致受潮濕之氣。而不能用。每年必傾諸江中。以上各種之腐敗。非有以整頓而更張之。則有要塞與無要塞等。未知現任之要塞總司令官。其知之否。

世界紀事

墨西哥政變之一小段落　墨西哥政府自被革命軍圍困後。於是官軍與革命軍開平和談判。約休戰五日。其談判條件。經已貫徹革黨之所主張。其結果則舊統領爹阿士氏與副統領哥拉爾氏。並以下諸閣臣均辭職。惟以現任之外務大臣德拉巴拉氏爲大統領。而以革黨首領馬德羅氏。爲其顧問。掌握政權。將於陽曆六月內。行選舉大統領之正式典禮。據近日西電。謂舊統領爹阿氏。經已提出辭職表於議會。議會無異議。德拉巴拉氏。就任爲臨時大統領。德拉巴拉氏宣言。謂政府諸軍隊。宜歸馬德羅氏部下某總指揮節制。而墨西哥政變一段落。於是乎告終。舊統領爹阿士氏。遂挈其家族。密赴西班牙之威蘭克爾士港。斷送餘年矣。(按威蘭克爾士港、在墨西哥之東海岸、前臨墨西哥灣、一重要之港也、人口五十萬、歐洲之航行者必自此處而發、蓋行程最近之地云)

墨西哥暴徒戕斃中國人　墨西哥革命黨。占領都里爺之後。戕殺外國人甚夥。其中以中國人爲最多。聞是役也。中國人殺斃。計二百六十餘人。日本七人。其地歐洲各國。約二三人。中國駐美公使已電致駐墨參贊向墨廷交涉矣。（按中國與墨國通商二十餘年、未設有公使僅有參贊一員、代行公使事、由駐美欽使派遣）

●關於朝鮮之日英交涉● 英國外務大臣。在議會答議員質問云。日本之朝鮮。對於英國並無何等之讓步。唯英國在朝鮮若允撤回治外法權。則日本願償以照朝鮮之現行關稅率許十年內不更變。且英國人在朝鮮之各種既得權。均可保留。至於英人在朝鮮之永久租地權。則現方與日本政府協議進行中。今尙未能發表。

●俄國與巴爾幹之關係● 俄國日前有一覺書。照會土耳其。其要求土耳其撤去門的內哥國境附近之兵隊。其意蓋以爲自墺國倂合諸地以來。俄國在巴爾幹半島之威靈失墜已甚。今欲挽回之。再爲巴爾幹斯拉夫民族之盟主云。

●關於日加之海獸會議● 目下華盛頓催開之保護海獸會議。各國委員皆以爲宜禁止遠洋獵業。夫遠洋獵業。以膃肭臍等獸爲多。若一禁止。則日本與加拿大之損害極大。前千八百九十七年十月一日。曾開第一次會議。當時由美國提議。但禁海獵。不禁陸獵。因日本極力反對。且加拿大又無人參列會議。後遂無着。近聞此事。俄美兩國。均願給以相當之賠償。且近日加拿大又有傾於聯美之意。此次議案當可成立。但其金額若干。現尚未至協定之時期焉。

●飛行機失事與法國內閣之關係●　陽歷五月廿一日。法京巴黎。有演賽飛行機競爭會之事焉。其時內閣各大臣皆蒞會觀賽。詎驀然間。有一飛行機。自二十米突高處墜落羣衆頭上。壓斃多人。陸軍卿比路德氏壓死。內閣首相兼內務卿麼尼氏亦負重傷。其餘負傷者尚有六十名。陸軍卿既斃。現由外務卿兼攝其事。內務卿則由該部次官佝士丹陸任。

●英國提議取締飛行機●　英國內相查治爾氏。在議會提出取締飛行機法案。其內容之要點。謂內務大臣若際必要之時。得於一定之範圍內。有規定禁止飛行機空中飛行之權。其罰則重者科以五百磅之罰金。與兩年之懲役。就本法案而論。所謂必要之時者。謂當英皇舉行戴冠典禮之日。可以編定臨時取締律。且將垂諸永久。惟飛行家則以爲此法律。非甚必要之事。

●日人南極探險記●　日本人有白瀨南極探險隊者。日前乘開南丸船。航於南洋。擬作南極探險之行。其豫定之航路。則以南緯七十八度上陸之地點爲目的。陽歷二月十一日。由新西蘭出發。駛至南緯五十七及六十一二度之間。屢遭大風狂瀾怒濤。激至四十二尺高。眞有呑舟之勢。然狀雖險。幸未蒙何等之災害。難關既過。遂入洛士海。時二月末日也。天氣晴朗。流冰見於左舷周圍四哩餘。爲日光所激射。有千變萬化之奇觀。是時寒氣酷烈。不能久立於甲板上。以一小時更番交代。隊員以爲瀕死矣。白瀨隊長於是集隊員而訓儆之。士氣爲之陡振。時剛在東經一百七十五度餘。南緯六十二度半之位置也。翌日爲三月一日。天氣則晴曇參半。忽然而暴雨烈風襲來。開南丸汽帆互用。以避流冰。此處夜短晝長。眞黑暗者每夜不過二三時間而已。至六日黎明。該船駛至東經一百六十八度四十分。南緯七十度四十二分之間。陸見南極大陸一帶之山派。髣髴與水天相接。隊員得此喜信。狂喜無量。以爲可以得達上陸之目的矣。不謂羅盤針忽失方位之正鵠。且寒氣酷烈。氣候險惡。結冰期廹至。九日。大小各冰塊包圍開南丸。遮斷進路。其冰塊中有形似白牡丹者。有半白半黑者。彌漫大海。恍如蓮池。但於距左舷三哩之處。眺望哥爾猛島而已。隊員知時機既遲。不能達預期之目的。遂以三月十四日。斷念回航。歸途於澳洲之西德尼港。

叢錄

春冰室野乘

春冰

曾文正遺事兩則

曾文正之爲翰林也。穆相深器之。宣廟偶詢翰苑人才。穆對曰。翰苑中能文辭者實多。求其能辦事堪大用者。唯曾國藩一人。臣見其於朝章國故。隨事留心。是以知之。退朝。以語文正。數日後。果有　旨令文正預備召見。是日。文正至園。遞膳牌。內監引至一小室中候　召。至日暮。竟不召對。俄傳　口諭。令次日再遞膳牌。文正莫測所以。出朝。卽詣穆相寓。告以故。穆亦惘然莫解良久。始晤曰君所坐小室中。牆壁上懸有字畫諸物否乎。則曰。四壁遍粘字蹟。以候對矜持。故未暇觀覽也。穆頓足曰。誤矣。誤矣急呼蘇拉至。自懷中出四百金銀券一紙。授之曰。汝持此進內。尋至曾大人今日所坐之小屋中。賄其守者凡牆壁上所有字蹟。悉抄以來。無問何語。愈速愈好。轉語文正曰。君今夕卽留宿吾齋中。不必歸寓所。明日可同進內也。夜分。蘇拉歸。以所抄進。則世宗 高宗 仁宗三朝訓勵臣工諸 諭旨也。所戒非一人。所因非一事。 上所以爲此者。將以實穆相隨事留心之語。審其信否也。穆持授文正曰。君熟讀此足矣。次日入見。 天語垂詢。歷數刻。許然無出此諸條外者。文正以此受知。歷屆大考。皆列一等。留館不十年。至侍郎。

文正之督兩江也。中江李眉生鴻裔游其幕中。眉生年少倜儻。不矜細行。文正特愛之。視如子姪。文正秘室。唯眉生得出入無忌。時文正幕中。尚有三聖七賢之目。皆一時宋學宿儒。文正高其名。悉羅致之。然第養以厚糈。而弗責以事任。一日文正方與眉生在室中坐談。適有客至。文正出見之。眉生獨在室。繙几上案牘。得不動心說一首。爲某老儒所撰。老儒卽所稱聖賢十八人中之一也。文後幅有使置吾於曼睩蛾眉之側。問吾動好色之心否乎。曰不動。又使置吾於紅藍大頂之旁。問吾動高爵厚祿之心否乎。曰不動。眉生閱至此。戲援筆題其上曰。曼睩蛾眉側。紅藍大頂旁。爾心都不動。祇想見中堂。題訖。擲筆而出。文正送客去。歸書室見之。歎曰。必此子所爲也。因呼左右召眉生。則已不在署中。蓋又往秦淮河上冶游矣。文正即飭材官數人持令箭大索之。期必得。果得諸某姬舟中。即挾以歸。文正指所書詰之曰。此子所爲耶。曰然。曰此輩皆虛聲純盜之流。言行必不能坦白如一。吾亦知之。然彼所以能獵得厚實者。正賴此虛名耳。今汝必揭破之。使失其所以爲衣食之資。則彼之仇汝。豈尋常睚眦之怨可比。殺身赤族之禍。伏于是矣。盍戢之乎。眉生悚然受教。自此遂深自歛抑。

丁文誠軼事

太監安得海之伏法也。實臨淸州牧趙新發之。丁文誠入奏之疏。亦趙爲屬稿。奏中本以就地正法及解京交內務府治罪雙請。摺既發。文誠忽悔之。召趙至。謂曰。倘朝命必令解京。內務官吏。決不敢得罪宮監。安犯可無事。吾無地矣。奈何。趙對曰。以某觀近日朝廷舉動。必當從就地正法之請。萬無令解京理。倘竟交內府。亦必顧畏輿論。不至竟有佚罰。即萬一安犯得生。公但竢數月後。徐上疏稱疾求退可矣。何至尙有意外之禍變哉。然文誠終不肯釋然。自此不見客。不寢不食。環走室中者三日夜。訖批摺回。始如常。

徐立齋相國軼事

昔　高宗以直省官州縣多貪劣不職。欲盡易以各部院筆帖式。問諸劉文正。文正曰。州縣官所以治民。必令曾爲百姓者爲之。　高宗大悅。其議遂罷。此事人人知之。然崑山徐立齋相國元文。在康熙時。曾有一事。與文正事相類。而其時更難於文正數倍。顧知其事者絕少。立齋之爲總憲也。在康熙十九年。當三藩初定時。人心反側。尙未大定。聖祖欲派遣三品以上滿大臣。爲巡方使者。分行天下。立齋上疏力爭。以爲不可。上曰。御史巡方。前明遺制。胡獨不可行於今日。立齋對曰。御史秩卑。雖許其參劾督撫。而巡按不職。督撫亦有權劾奏。今盡用三品以上。官秩已崇。督撫不能不仰承风旨。如有貪婪之吏。將恣行無忌。而民生大受其害矣。　上厲聲曰。難道差出去的。皆是壞人嗎。立齋頓首曰。　皇上自然妙簡賢才。但數十人之中。或有一二人負恩者。雖　皇上亦不能保其必無。倘有一人。則一省已蒙其害矣。　上默然。其議遂寢。輦下公卿聞此事者。悉爲之咋舌。

純廟聖讀恭紀

乾隆中葉。英吉利進大自鳴鐘兩座。一高二丈。一高丈五尺。宮中不能置。命陳諸圓明園。招原解之西人至。竭二十日力。僅乃運致。　純廟以此。諭令沿海各督撫。嚴備海防。一諭旨凡二十餘下。而當時大吏。狃于承平。不知遠計。無一人能體　聖意者。諸諭王氏東華錄俱失載。唯道州何蝯叟先生高宗政要中載之。惜未有刋本。

仁宗聖政恭紀

仁宗睿皇帝御宇二十五年。無時不誥戒刑部。以人命至重爲念。　聖製哀敬折獄論。載入味餘書室全集中。雖老於刑律之士。有不能爲一辭之贊者。嘉慶二十一年。畿輔某邑。有某甲者。以窩賭爲生業。凶橫一邑。某乙者。亦博徒也。而素畏服甲。從其命惟謹。一日甲乙相見。方絮語。忽一少婦過其旁。甲睨而豔之。問乙。此誰家婦者。乙曰。吾妻也。適自母家回耳。甲因戲謂曰。爾乃有此婦耶。老子今夕當來汝家一宿。即以錢二千授之。乙受錢。有難色。附甲耳語曰。妻性剛。恐不易屈服。當先歸與婉商之。甲笑諾。乙歸家。未及言。妻即怒叱曰。爾不肯事正業。而日與强暴爲伍。彼今日眈眈視我者。豈人類耶。不速絕之。禍無日矣。乙氣懾。竟不敢言。奔告甲。請姑緩之。甲不可。曰。老子豈施錢振貧者耶。更與錢二千。促之歸曰。不得當。毋相見也。乙第私慶得錢。可縱博。携以歸。告妻曰。今日博幸勝矣。妻疑乙每博未嘗不負。今日安得有此。苦詰乙錢所自來。乙不承。而詞色慚沮不自勝。妻益疑。度其必自甲得來。憶日間眈視事。則大恐。乃陰衷匕首自衛。袒衣上下皆以針線縫紉甚固。事訖。乃閉門假寐。以觀其變。夜將半。忽聞叩門聲。乙故語妻將起溲。遂起出門去。妻急起。尾其後。乙啓戶。見甲。小語曰。床上臥者是也。爾第僞爲吾。事畢即出。愼勿與言。方二人小語時。妻已伏戶後。備聞之。卽出匕首以俟。乙手牽甲袂入戶。妻以爲前行者必甲也。以匕首力刺之。乙大呼倒地。甲急遁去。婦知其誤也。乃大哭。比鄰驚起。見乙死於地。而婦挾利刃。疑爲有奸。鳴之官。官詰婦。婦以實告。乃捕甲至。則曰。戲語誠有之。然詎耳。未嘗往其家也。甲故與吏役交結。多爲之道地者。官信之。竟釋甲。而施婦以嚴刑。婦備受毒楚。然終矢口不移。官竟以因奸謀殺定案。奸夫獲日另結。而置婦極刑。聞於朝。決有日矣。 上召見刑部堂官。詢是獄有疑義否。皆對以無可矜恤。 上乃慨然歎曰。好人誠難做乎。刑部堂官不解。請其故。 上曰。是烈婦也。奈何刑之。甲欲強姦。乙始賣姦。甲不強。則乙不賣。乙不賣。則婦不殺。婦之殺。殺甲。非殺乙也。乙之死雖婦殺之。實甲殺之。不誅甲而誅乙之婦。可謂平乎。且未得姦夫主名。而即坐人以極刑。何以風示天下。使婦女知保全名節之可貴耶。宜以刑婦者刑甲。而旌婦以彰其烈。庶足蔽甲之辜。而服乙之心。尙書侍郞皆駭汗伏地不敢仰視者久之。乃遵旨改讞。一時都下喧傳無不頌　上之仁聖者。時畿輔久旱。獄旣決大雨數日夜。

睿忠親王事異聞

讀桐城蕭敬孚先生穆文集中。有記吳三桂起兵後上疏於　聖祖仁皇帝一事。疏中稱睿忠親王爲九顏王子。且云。九顏王子。恃功跋扈。流毒宮闈。　章皇帝赫然奮怒。粉骨揚灰云云。考諸宗室王公表傳。睿忠王幷無九顏之稱。豈當時國語有此號耶。王卒於喀喇河屯。身後尙追崇帝號。迨蘇克薩哈詹岱譚泰等先後告王種種荒淫僭妄之罪。始有削爵黜出屬籍財產入官之　旨。不聞更有他罪。而吳逆疏乃有此語。豈當時曲爲之諱耶。蕭氏疑其爲外間訛傳。然吳逆身備藩封。子爲懿戚。非草野庶人之比。于此等大事。當不至一無所知。而誤信訛言也。

孫麻山之獄

雍正時呂晚村之獄。所牽連破家赤族者數十人。大抵皆浙湘兩省讀書之士。其姓名大都載入東華錄。今讀敬孚類稿。乃知當時尚有孫廡山之獄。廡山名學顏。字用克。號華農子。所居處曰廡山。故又號廡山。皖之桐城人。家貧而堅苦好學。初桐城有宿儒方日新。號閒阿先生。學宗宋儒。詩法少陵。廡山實師事之。相與砥礪。時率里人行呂氏鄉約。以講明聖道爲己任。閒阿卒。廡山與同門士爲同人堂於邑中。祀朱子而以閒阿配之。先是呂晚村好刻書。風行天下。廡山固未知晚村爲何如人。偶得晚村文。服其所學之正。與持論之精。因徧搜晚村文字。刻之皖中。而爲序冠集首。以致其嚮慕之誠。暨曾靜禍作。廡山亦牽連被逮。於雍正己酉夏下刑部獄。繫數年。後竟論斬。遺書身後悉散佚。敬孚始輯其詩文一卷。序而行之。

治平寶鑒

同治元年三月十五日。奉　兩宮皇太后懿旨。命上書房南書房翰林。將歷代帝王政治及前史母后垂簾事蹟。擇其可爲法戒者。據事直書。簡明註釋。彙冊進呈。侍郎張文達公之萬等遵　旨成書進呈。　懿旨奬其法戒昭然。足資考鏡。　賜名治平寶鑒。其進呈疏略云。默思聖道。上體　慈懷。克基億載之承平。尤賴　兩宮之訓迪。簡嫄並治。誠亙古而爲昭。　堯舜同居。實斯民所仰望。維日孜孜於　祖訓。既祗對夫講筵。及時汲汲於治功。更取裁夫前史。顧溯羲軒。以訖明代。數紀傳以及編年。充棟爲繁。焚膏莫究。欲裨　聖治。貴舉大綱。又云。竊惟尚書斷自唐虞。而專史則起於漢世。范紀並尊帝后。而垂簾則著於宋廷。撮舉政治之盛衰。彙列宮闈之事蹟。存史官之美刺。按時代之後先。謹繫箋詞。贅參論案。林學士士天齡筆也。

石達開軼事

石達開之未反也。雖爲諸生。而以財雄一方。慕游俠。好結納。顧不擇人。門下食客實繁有徒。多兩粵無賴子。石惟日與健兒數十輩。馳馬較騎射。擊劍舞槊以爲樂。距所居十餘里有一山。當孔道。劇盜某竊踞之。殺越人于貨。過客無幸免者。有閩商挾重貲出此。聞之憂懼。不知所出。夙耳達開名。因投刺往謁。備陳所苦。乞庇護。達開憐而許之。留閩商于家。將爲擇健者衛送度嶺。盜魁聞之。大怒。率其黨百餘人登達開門。謀篡取之。達開聞盜至。即開門延入。語之曰。壯士之所欲者貨財耳。第念閩客挾貲離鄉井。走萬里外。以謀什一利。亦艮苦。今壯士不諒其衷。而欲攘爲已有。彼喪其貲。胡以東歸。惟有蹈溝壑死耳。僕也滋所不忍。故敢爲緩頰。因問閩客所携金幾何。曰五千。則自啓其篋出五千金。陳諸几。謂曰。聊備不腆。敬以爲獻。代客請命。壯士倘矜而宥之。僕不啻身受其賜矣。盜與其黨相顧愕眙。太息曰。人言石先生重義輕財。豈不信哉。吾儕所爲。殆非人今重違公命。客第就道。無他慮。然所惠實不敢受。請辭。達開大悅。治酒爲閩客祖餞。兼觴羣盜。酒既酣。傾吐胸臆。相見恨晚。酒罷。客拜辭而去。盜亦興辭。達開仍以前金予之。盜推謝再三。僅受其半。盜既歸。感石甚。思有以報之。值達開生日。因持金玉錦繡之屬往爲壽。達開讌客三日。盜亦在座。有不慊于達開者。密報邑令。謂達開藏盜于家。恐不免爲地方害。令亦涎達開富。謀所以魚肉之者。立率衆往。座上客尚未散。即幷達開與羣盜禽之。而置諸獄。達開與楊秀清故爲莫逆交。秀清聞變。即以衆往劫出之。旋佐洪秀全反。

文苑

花朝約諸公游花之寺畏廬爲圖賦紀

癭公

客春尋詩始花朝。江亭有約楊雲招。今年花朝社三集。同蹋野綠西南郊。石橋西折見平隴。西山眉黛如人嬌。野老但聞三官廟。花傭窟此同誅茆。入門老衲驚客早。春寒尙少花含苞。南城題牓摹季海。僵石屛列苔痕焦。朝官數年不到此。空餘繐帳縈蠨蛸。最後一室委塵土。急督奴子淸泉澆。焚香佇客新茗熟。排闥漸漸多鳴鑣。長安花朝無一花。但見髡柳靑出梢。海棠未開枝出屋。親見詩老携蠻腰。吾鄉花田亦香國。惜我不泛珠江舠。林髯善詩更善畫。畫松畫出松間濤。吾宗兩峯惜不見。不然雙蝠蟠老蛟。前身跛衲在南寺。我今一官同打包。林梢落日在歸鞚。酒鑪團坐醺寒宵。詰朝石遺冒雪至。西山在手携生綃。誇髯三絕妒我福。尋春再款花之坳。我爰一一記圖尾。倘有好事傳風謠。

花朝花之寺賦此春來第三集也是爲癭公主社

堯生

文苑　二

南西門外花之寺。寺往城南復西去。今稱水府三官廟。若問花。之。人。不。悟。南花之寺在揚州。兩峯前世爲僧處。城南。曾。愛。北。花。之歸自揚州。此。中。住。當。時。寺。外。盡。花。地。寺。取。花。中。之。字。路名士從來似鯽魚。每到花開不知數。遂。令。日。下。看。花。者。呢。呢。花。前。生。掌。故。今年。二。月。好。天氣羅子。邀。看。海。棠。樹。糞除一室死人外。（寺淹二柩）生火一鑪香一炷。微。微。蛾。翠。淡。西。山。兩。兩。僧。雛。理。茶。具。日暮還期廣和飲。客來各進慈仁句。但惜花朝無一花。歲歲花紅三月暮。故山此際春分雨。一綠。秧田點。鷗鷺。坐中何客不思鄉。我到此間凡五度。休哉且讀宛陵集。（若父新惠）稍向花之得花趣。

癭公約游花之寺書此志慨　瘦唐

前朝古刹如遺老。一託文章便可傳。待。訪。伽。藍。成。別。記。重。經。滄。海。又。何。年。聯吟且作題襟館。（此賓谷先生故事寺無他古蹟惟存賓谷一匾而已）歸隱空思負郭田。旅殯淒涼寒食近。宦門中落亦堪憐。（寺中旅櫬甚多有十餘年斷祭埽者）

花之寺呈癭公　蟄公

空色難强名。欣慨每交併。尋常萬花谷。寂寞招提境。餘寒淹節序。積陰失朝暝。近郭少農事春鳩鳴。逾靜探幽果宿諾。躭寂惟徵秉。卽事難爲歡。得途不可聘。嘉敖緬宛洛。良儔類汝潁。聊巾下澤車。稽首華嚴頂。往迹旣如埽。來蹤復誰省。寥落愧吾徒。花時一延頸。

二月十五日游花之寺爲詩社第三集林畏廬先生圖以紀之瘿公屬作　衆異

瘿菴鈍宦坐躭詩。車馬寗隨世事馳。勝地不辭重趼往。荒乘能與故人期。同游語默關朝局。歸路林坰入酒悲。欲貌伽藍憑好手。壞垣殘墖雨昏碑。

辛亥二月望日瘿公招集花之寺賦此　弢庵

花朝無一花。却造花之寺。佛局僧亦去。荒寂可吾意。喜無城郭遮。西山靑到地。平生愛水竹。佳日嘗數至。此來或是夢。不飲已如醉。暝近雪且成。陰寒趣歸轡。

辛亥二月十五日瘿公招集花之寺　太夷

花寺同來寺未花。却疑題榜近浮夸。京曹盡帶儒酸味。詩社休參國論譁。二月春深偏雨雪。南城氷解屢迴車。舉杯只合催人別。自覺憂時意已奢。胡瘦篁侍御行將歸里

文苑　四

花朝癭公約游花之寺未赴戲呈一首　檗庵

惆悵尋春杜牧之。嘉辰無奈是參差。海棠未放花朝過。暫媿城南訪導師。遺事乾嘉艷曩篇。南城寺榜想依然。寶箏瑤席歸何許。（寶箏瑤席驚枯僧張文襄花之寺句指曾南城事）回首承平又百年。

花朝詩社第三集游花之寺　山腴

客游無好懷。歸心日千轉。良友貞余要。佳會及時展。連軫出城闉。西山矗瓶甗。芳池綠始漪。遠草碧已辨。紺宇自何年。牓題滮蒼蘚。行歎古人空。坐惜花事淺。清談總勝流。高咏非俗選。世勢有蕩激。群才異舒卷。孤蹤信無希。嗒然謝珪冕。

花朝集花之寺賦呈癭公　弱父

長安二月春光早。西山媚客雙蛾掃。百花生日花未開。寺名賸愛花之好。南西門外艸微青。向南走是南郭道。戰營塵起聶將軍。十年血染紅心艸。當時此寺在郭外。南城題牓攀徐浩。鎖窗蟲網室幽幽。繞榻茶煙春裊裊。諸公莫訝陳死人。（寺淹雙棺）人似風花豈長保。送老年光欺白髮。憂時清淚傾愁抱。何況傷春復傷別。新昌有田堪種稻。（瘦篁侍御將南歸）審知。哀。樂。眼前多不待花時。應。醉。倒。瘦菴主人能愛客。自作長歌激穹昊。我詩待。賀。海。棠。花。詩。成。未。用。灾。梨。棗。

瘦公集同人游花之寺海棠未開景物淒黯以圖紀之並題一詩　畏廬

選。勝。猶。選。詩。與。俗。異。憎。愛。尋春嚮廢寺。白晝卽幽暖。駭車竄豕羣。訝客哆僮啄。入門目殘。狀。傾欹賞石態。瘦公豫汎掃。浥壓當澆溉。縱有頹墜感。焉爲。清。游。礙。朝貴東簪組。耿此若遐穢。南城寺牓存。問名莫舉對。時。危。構。幽。賞。樹。的。集。群。譁。所。喜。非。近。名。屏迹入沈。晦。春。雪。易。成。泥。顚。頓。馬。力。退。雛。芽。挺。疏。筆。野。色。明。哇。菜。歸途望西山雲未橫餘黛。

瘦公招集花之寺因憶舊游　石遺

一花不見春冥冥。一僧不逢寺無名。花。之。寺。牓。在。寺。內。似。媿。無。花。相。逢。迎。我云此寺本非。寺。嘉名移錫曾南城。主人瞰名就荒僻。塔地如鏡吹瓶笙。詩人麕至詩東笱。共喜主人無世情。海棠幽怨老槐影。致客胡不過清明。昔與令威叔雅曾意行。尋花過此門無扃。牡丹斗大已飄謝。白蓮在水呈芳馨。杳然化鶴遂千古。對。面。依。舊。西。山。青。主。人。茶。山。剛父

勿感喟黃壚有酒勸當傾

瘿公社長招游花之寺　鈍宧

一春被酒不曾閑扶病來看郭外山失食僧都如我瘦譚經石解笑人頑舊題剝蝕還相認新句平章未忍删驀憶揚州好風月夢中騎鶴又南還

其地者。已數年於茲矣。彼之生涯。固非一端。茲事而外。更設一博場於其家中。又有多數之鋪陳房室。以備外人僦居也。曰其居停之客。想皆行跡詭異。斷無德望中人者。曰吁。非也。異邦之人。不知底細者。固多以之作逆旅。剛騰語至此。甚欲並說迦爾尼夫人之事。但恐牽及遺囑。仍不能不爲姌娜母子密之。乃略及之曰。數日前曾有一異邦貴婦客死於其室中。今夕諸女客。多從羅甸家中來。少間聽彼曹所語。當能知其梗概矣。吾人長談。不覺已至碧犀酒樓。此時殆將寅初也。遂與綸提氏直進門去。

第九回　一席流言驚花獻媚　十年舊雨杯酒談心

則見庭中有一車方停。其人下車。則迪詩頓氏也。剛騰曰。君何速。竟先我儕至耶。曰然也。沙提里再開之局。又復傾覆。吾已贏得五百路易。不復守待更博。急趨出趁車而來君等步行久延。故與我先後至也。剛騰曰。沙提里今必復喪巨貲矣。曰所失約共八萬佛郎。然彼尚未肯干休。今猶再接再厲也。吾不敢告彼以所往。倘告之。彼必來相聒噪。毋寧聽其喪貲耳。吾人今可登樓。諸女客必已先至也。剛騰曰。君何以知之。曰吾聞有琴聲自彼窗間透出。音節舛誤之多。無與倫比者。此必出於加路之高手。又聞一派鬼歌喉。此必洛瑟之玉音。其悄然無聲。不肯獻醜者。尚有馬甸一人。此皆吾所招致之美人也。剛騰曰。且先以渠儂之爲人。略相告語。蓋吾與綸提氏長者。均未之知也。曰。加路所歡最多。而居奇射利之商賈。尤多愛好之。視爲佳品。再三數年。彼將保其有二萬佛耶之歲入。可以退隱也。其人髮作櫻色。最僻好軍旅之士。言時顧剛騰曰。子其用心也。曰。多謝。吾不喜櫻色雲鬟之美人。曰。洛瑟雖非生長巴黎。今已習於其地。彼有一種狂氣。以爲己之歌聲。無人可及者。其所歡曾有一呆子。爲彼揮金如土。彼玩弄其人。無所不至。醜態不可殫述。惟談風頗佳。曰。可也。吾將爲彼言。謂聞此絃歌。吾深爲感動也。其餘尚有何人。得非所謂悄無聲息之一人耶。曰。然。是爲馬甸。新上場者。端推斯人。前途之致富。最可望也。其人甚有風趣。能悅人。即陸麗氏之姊娜。聲價如許。且已閉門謝客者。尚肯爲之作相導。甚或與之同詣劇場。前星期六日。吾方遇彼渠儂於彼中。吾之識馬甸。亦自彼時始。自今以後。其交往日將日益加密也。今已悉告公等。可共登樓去矣。綸提氏聽之良久。乃言曰。吾甚願公等恕余之不能隨和。羅畢曰。公毋爾。公當不我遐棄者。幸賜惠顧。吾已爲諸女言。謂將有三人來。彼曹亦三人。可各占其一也。綸提氏曰。

吾正爲此遲疑。恐彼女之來親。吾徒費其工夫耳。羅畢曰。吁。子毋慮。吾非必爲渠輩帶得有情人來者。渠儂之所望。不過俄頃之宴樂。一霎之關情已矣。倘吾輩止有二人。則諸尤物將有一人落空者。非得公同來惡乎可耶。剛騰亦曰。此當不能爲公累。諸女皆不識公。往後亦斷不相逢者。吾但圖一醉之樂。此外更無他想。似此偶作游戲耳。君盍與我儕俱。少停。公倘厭倦。吾與公同歸可也。綸提氏方始首肯。遂共登樓。入於所指定之室中。諸女歌者住口。絃者住手。皆歡然來迎。馬甸謂羅畢曰。吾知君必不爽約。加路與洛瑟皆謂君但隻身來。或竟不來。亦不可知也。故渠輩所選之殽核。僅寥寥三數色。公倘欲增加。可再一選擇。羅畢曰。渠儂所選。皆小女子之食品。吾且增益之。曰。任君所欲。今且先介紹吾儕於君之友朋。曰。吾已以若等之梗概。告諸二公矣。渠儂於此五分時中。皆渴欲見子等也。曰。此渴念苟但欻起於五分時間。亦易消滅者耳。曰。是亦難言。衆女客今且聽之。此二公。一爲綸提氏男爵。一爲答坡氏指揮使也。加路問曰。公非軍中吏士耶。剛騰曰。吾幸得備數其中。曰。吾樂聞之。今夕遇公。吾有榮施也。馬甸謂羅畢曰。請就席。吾飢渴死矣。且將有他事告公。羅畢曰。佳哉。吾最愛談話者。曰。吾今告公自吾爾日從姗娜家中回。竟得一意外之交好。其事甚可異者。剛騰聞此。又一瞿蹷。覺姗娜之名。竟若不絕於耳中者。剛騰之意。正欲介紹綸提氏於姗娜。甚不欲此類蕩婦。蜚短流長。妄及姗娜身世。殊不欲聞之。時衆已就席。馬甸坐於羅畢之側。洛瑟坐於羅畢與綸提氏之間。加路亦坐於綸提氏之左。剛騰則與加路相近。適侑食人來問添饌。剛騰乃離席。假與其人商榷。藉避此不悅耳之言。然耳中猶了了聞之也。聽羅畢問曰。子所謂奇遇者。得毋偶值一富人。遂訂交好耶。馬甸曰。君何以知之。曰。此亦不難知。吾知此人必具非常之識鑑者。彼必閱人甚多。而未見有美婦人如子者也。曰。君曷爲不作由衷之言。曰。吾言罔不由衷。子如不信。吾能誓之。曰。然則前星期六日。吾與君相遇於劇場中。何以慌忙遂去耶。爾時倘肯待吾同行。吾與君早已樽酒爲歡矣。奚待今夕哉。君爾夜之棄我而行。殆以陸麗氏之姗娜在場。恐彼見之不悅耳。曰。寧有是。吾與姗娜不過相識。更無別項情事者。子見姗娜時。可自問之。當知吾言不謬。曰。吾今後無自見之。彼已閉門自處。不復與我相見矣。曰。無是理也。子不見姗娜。幾何日耶。曰。自彼夕同往劇場後。即不復見矣。吾曾三次往訪。其待女皆云主人出外。吾固不信。而無如其不

辛亥改良 東方雜誌 第八卷第二號

目次

月出一冊每冊三角 第一號售大洋一角
預定半年大洋一元六角 全年三元郵費每冊六分

褒碧齋詞話云王右遐詞如黄河之水泥沙俱下以氣勝者也鄭叔問詞剝膚存液如經冬老樹時一著花其人品亦與白石爲近朱古微詞墨守一家之言華實並茂詞場之宿將也閩中某君嘗欲彙刻爲光緒三家詞未知付梓人否彊邨詞本局覓印發行已不脛而走今又印得王右遐半塘二稿鄭叔問冷紅詞比竹餘音二種出售海内倚聲家當先覩爲快也

上海福州路廣智書局啓

半塘二稿	六角
冷紅詞	四角
比竹餘音	四角
彊邨詞	四角
彊邨詞前別集	三角

合售二元

大日本　島津製作所告白

營業概目

理化學器械及藥品
一般測定用精密機械
電氣其他實用諸機械
蓄電池及電線工事
機械及土木學用模型
博物學標本及模型
紙製生理學用模型
地理歷史教授用標本
博物採集及實驗用器械材料

敝所創業以來已三十有七年在日本教育用器械標本製造廠中爲最老而最大者也

販賣品目錄有數種如欲取閱請詳書姓名住址寄下當即郵送

島津製作所

本店　大日本京都市木屋町二條南
長電話四八八　振替貯金口座大阪六四〇〇
標本部用電話三八〇六　工場用電話四〇九〇
納品係用電話二五六七甲　倉庫用電話二五六七乙

東京支所　大日本東京市神田區錦町一丁目十八番地
長電話本局一一四一　振替貯金口座東京二二七

九州發售舖　大日本福岡市天神町九十五番地
長電話三二〇　振替貯金口座福岡二六一

王右軍書聖教序

此帖原本爲北宋搨之至精者覺羅崇恩氏題曰天下法書名碑第一吾家宋搨墨寶第一其價值可知矣今用石影印與原本不差毫髮誠臨池家之至寶也每部

大洋八角

寄售處上海廣智書局

二十世紀大著作名家童君愛樓實驗自來血保証書

明州童君愛樓著作等身生平擅長詩文書畫小說戲曲等一切撰作大江南北久噪文名歷在本埠各譯局各報館秉筆多年海內文學界中莫不知有此君其爲文莊諧並作獨闢町畦實爲近今二十世紀著作家中有數人物因其朝夜著作操勞過甚以致心血大衰精神困憊時患喘咳百藥無功今讀其來書能知其服本藥房自來血後其病如失精神倍增仍能深宵著述不知勞倦深讀本藥房自來血有起衰扶弱之功今特將其惠書照登於下藉見自來血大有功於人之以思慮致疾云云〇五洲大藥房主人雅鑒今啓者鄙人向以筆墨餬口歷在廣學會山西大學堂譯書院萬國商業月報館字林滬報娛閒日報文娛報鶴鳴報春申諸報處辦事多年自顧不文著書至數百萬言一人精神有限終日埋頭窗下竟成了肺喘之症近更書寫稍久神志易昏不能如舊時深宵著述莫知苦辛鄙人亦稍諳醫理念小恙之來多由心血暗耗致陽氣飛越成神衰咳喘痰多內熱之症服多方均不見效後自去秋八月間服貴藥房自來血後不覺喘平痰少仍得耐勞蓋由補血而得能若此也心感之餘爲作此書聊伸謝悃并告學界諸君之抱有同病者即頌財安

厲本埠大馬路德仁里六弄志强學堂內童隱頓

海內諸公如蒙惠購請認明全球老牌商標每瓶內加附五彩認眞劵一張値洋一角

保證書一本方不致誤 小瓶一元二角每打十二元 大瓶式元每打二十元 託局函購原班回件

總發行所上海四馬路老巡捕房對面五洲大葯房抄登

●太倉中斌學堂監督兼歷辦普通震旦校務聞君冠塵服自來血之後精神倍增舊病全除之保證書

五洲大藥房主人執事敬謝者鄙人自東瀛游學因病歸國瞬將十年歷辦普通震旦校務並獨力担任創辦中斌公學一所學生日見發達一切校政教科鄙人均有監督之責祇以舊患痰喘逢寒必發深受其累去秋在太倉中英大藥房購服自來血四瓶功效甚速鄙人素不信醫藥自服之後精神倍增日下舊病全除面部紅光大來日漸肥胖一切校務勝任愉悅爲此敬告中外學界全人之同病者庶得早占勿藥也專鳴謝悃即頌〇〇日社

自來血價目 大瓶二元 每打二十元 小瓶一元二角 每打十二元 託局函購原班同件凡各界諸君如蒙惠顧須認明全球老牌商標每瓶附有値洋一角之認眞券一張五彩保證書一本方是翼的

●總發行所上海四馬路老巡捕房對門五洲大藥房

抄登

臥床四載服韋廉士大醫生紅色補丸獲愈

河南信陽州大夫節曹福堂君云九年前室人因生產後氣血虧損腦筋衰殘致風濕癱瘓脚腫背痛因此臥床四載慘苦莫名後經仁壽藥房主人勸服韋廉士大醫生紅色補丸竟獲全愈至今身甚康強毫無疾苦矣

河南曹福堂之夫人周氏玉照

此係丸藥真樣堅拒影射假冒天下馳名大英補血補腦聖藥

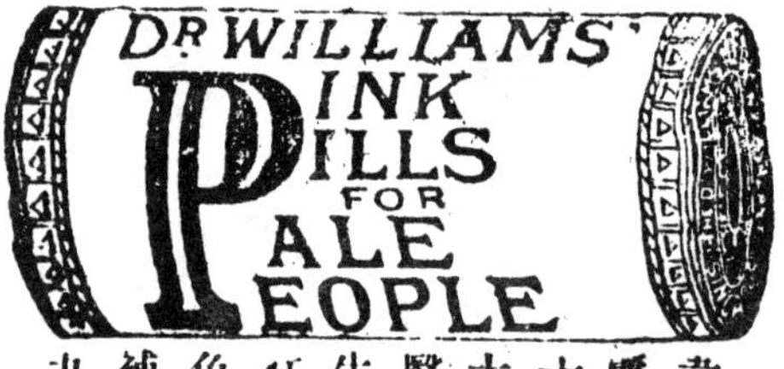

韋廉士大醫生紅色補丸

韋廉士大醫生紅色補丸中國各處各商店藥局凡經售西藥者均有出售如疑假冒可直向上海四川路八十四號韋廉士醫生藥局中國總發行函購或向重慶白象街分行函購亦可價銀每一瓶大洋一元五角每六瓶大洋八元遠近郵費一律在內

大清郵政局特准掛號認為新聞紙類
日本明治四十三年二月十三日第三種郵便物認可

KOUK FONG PO

No. 11

Issued on Tri-monthly

國風報

每月三期逢壹日發行

宣統三年四月念一日

第貳年第拾壹期

Annual Subscription $650 each copy 25 cents.

Published by Hor Kwok Ching

585 Foochow Road

SHANGHAI, CHINA.

愛理士紅衣補丸

治愈心腎不交不耐操勞兼精血與腦筋薄弱承煙台芝罘日報館主人兼允康人壽
保險公司經理　王君炳南惠來證書玉照

僕年來俗事紛繁祇以終歲奔勞無非破耗心神精血且也身膺報務素稱瑣雜衝繁日惟往來酧應函牘交馳百事勞形積久成弱以致神思過度心腎不交且居常不耐操勞每握管凝思輙覺神惛志亂甚則頭脹眼眩兼之記力較前大爲差別隔夕便已遺忘此精血與腦筋日受損膂而成虛弱已無疑義近且身體日形消疲胃納已大不如前久思得補血補腦之方以治之而還延日久以未逢其當今秋檢閱各報見告白中登有貴廠愛理士紅衣補丸有造血培元之力細察証書仿彿似與僕患甚爲吻合遂向本埠藥房試購兩瓶按日服之不期半月之間精神漸覺爽健面上血色亦由黃轉潤矣且眠食安舒日有進步於是深信是丸能補血補腦無疑且能固腎培元亦非虛語蓋耳聞不如自行實驗也遂再購六瓶日服三頓不斷及到二月竟將吾以前所患者悉行治愈前後判若兩人故目前雖日處繁劇而毫無倦意並知體魄已強腦筋亦壯乃深嘆愛理士紅衣補丸效驗神速可謂碩大無朋矣君子得惠莫忘僕愧無以報聊草泐數行幷小影一張略表寸意希登於報中俾同病者知所憑証焉

每瓶補丸四十粒價洋一元二角　每六瓶價洋六元

各埠藥房商店均有發售倘內地無從購買請至上海四川路一百十七號震寰藥廠

購辦即日回件郵費不加

國風報第二年第十一號目錄

宣統三年四月念一日出版

編輯兼發行者 何國楨

發行所 上海福州路 國風報館

印刷所 上海福州路 廣智書局

定價表

項目	報資	郵費	
			歐美每冊七分 日本每冊一分
全年三十四冊	六元五角	全年	一元
半年十七冊	三元五角	半年	五角
零售每冊	二角五分	每冊	三分

報費先惠閏月停刊

廣告價目表

一面	十元
半面	六元

諭旨

四月初一日內閣奉　上諭京察記名人員將次簡放完竣著內閣部院各衙門於京察一等未經記名各員內遴選才具優長者出具切實考語保送吏部照例辦理欽此

同日內閣奉　旨張鳴岐電奏悉廣東省城猝有匪徒多人轟擊督署殊堪詫異經該督會同李準督飭防營分投扼守圍捕擒斃多名未致蔓延辦理尚稱迅速所有文武各員著照所請免其置議張鳴岐事前已有防範臨事布置亦尚周妥所請嚴議之處著一併寬免廣東爲沿海重要地方屢有亂黨勾結滋事實屬不成事體倘不嚴加防緝誠恐釀成大變不可收拾著張鳴岐認眞督飭文武搜捕餘黨從嚴懲治勿任漏網以靖匪氛而保治安嗣後尤須加意防維切實清查毋稍鬆懈仍將辦理情形隨時電奏此次陣亡各兵弁並著查明奏請優卹欽此

初二日內閣奉　上諭馮汝騤奏江西提法使文炳假期屆滿病尚未痊呈請開缺一摺文炳著准其開缺欽此

諭旨 二

同日內閣奉 上諭江西提法使著張學華補授欽此

初三日內閣奉 上諭山東濟東泰武臨道員缺著熙臣補授欽此

初六日內閣奉 上諭近來國家財政竭蹶由於幣制不一民生困苦由於實業不興朝廷洞鑒於此不得已飭部特借英美德法四國銀行一千萬鎊日本橫濱銀行一千萬元專備改定幣制振興實業以及推廣鐵路之用該管衙門自應竭力愼節不得移作別用並著隨時造具表册呈覽以副朝廷實事求是之意欽此

同日內閣奉 上諭游擊銜都司陸軍第一鎭步一標統帶官蕭良臣著派充暫編陸軍第二十五協統領官並賞給陸軍協都統銜欽此

同日內閣奉 上諭此次驗看之學部考驗游學畢業生鍾世銘著賞給法政科進士汪爔芝李慶芳張恩綬陳模蹇先驄均著賞給法政科舉人余煥東李景鎬徐家瑞唐文晋均著賞給工科舉人欽此

初七日內閣奉 上諭奉天勸業道著蕭應椿調補趙鴻猷著調補安徽勸業道奉天興鳳道著僉明頤調補趙臣翼著調補江西吉南贛寧道欽此

同日內閣奉　上諭趙爾巽奏已故大員功績昭著懇恩賞還原官照例議卹一摺副都統銜已革廣西巡撫史念祖曾任封圻著有勞績著加恩開復原官照副都統例賜卹該部知道欽此

初九日內閣奉　上諭前據張鳴岐電奏廣東省城亂黨潛圖起事三月二十九日猝有匪徒多人轟擊督署旋據奏報省中此股亂匪搜捕略盡省外土匪又復乘機蠢起當經諭令該督督飭營隊相機勦捕並准調廣西防營協助茲據電奏稱粵垣亂黨一律肅清人心大定佛山順德股匪均已擊散請將尤爲出力員弁先予破格獎勵等語此次廣東變起倉猝大局岌岌幸賴將士用命用能迅速撲滅逆首就殲在事各員踴躍爭先自應量予獎勵以資激勸廣東水師提督李準著賞穿黃馬褂署巡警道王秉恩著賞給振勇巴圖魯名號統領廣東補用道吳宗禹著仍以道員記名簡放並賞給勸勇巴圖魯名號署廣州協副將瓊州鎮總兵黃培松著賞加頭品頂戴並賞給卓勇巴圖魯名號四川補用守備吳卞高著以參將留於廣東外海水師儘先補用並賞加副將銜用示鼓勵現在廣東伏莽尚多仍著張鳴岐督飭營隊嚴密設防切實偵緝俟

龍濟光統帶抽調營隊到粤後再將防守事宜妥籌布置以靖內奸而消隱患餘著照所議辦理該部知道欽此

交旨

三月二十九日　軍機大臣欽奉　諭旨憲政編查館奏議覆錫良奏解釋法令議論紛歧一摺又奏劃分行政審判暨司法審判權限暫行辦法一片均著依議又奏擬派楊度等充考核科總辦等差一片又奏續調科員唐寶鍔等一片均知道了欽此　軍機大臣欽奉　諭旨憲政編查館會奏核議順天府奏各級審判制度暨現行清訟辦法一摺又奏劃分地方審判廳管轄區域範圍及暫管上訴事宜一片均著依議又奏司法行政分權遇有疑義咨詢報部核定一片知道了欽此　軍機大臣欽奉　諭旨禮部會奏遵議元儒劉因從祀一摺元儒劉因著從祀　文廟欽此　軍機大臣欽奉

諭旨學部奏旅日華商創設學堂辦有成效懇賞匾額一摺著賞給御書匾額一方欽此　軍機大臣欽奉　諭旨本日吏部帶領引見之州縣事實列入最優等在任候補直隸州知州山東高唐州知州周家濟著在任以直隸州知州儘先補用欽此

四月初一日　軍機大臣欽奉　諭旨貝勒載洵等奏謹陳現修　崇陵工程情形一摺知道了又奏遴員派充監修一片著依議欽此

初二日　軍機大臣欽奉　諭旨步軍統領衙門奏兩翼五營緝捕巡防均關緊要一摺該衙門兵隊著暫緩裁撤其未經裁撤以前所有欵項仍著照舊支給該部知道欽此

初七日　軍機大臣欽奉　諭旨沈家本奏法律學堂收支各款繕單奏銷一摺著依議欽此　軍機大臣欽奉　諭旨給事中石長信奏鐵路亟宜明定幹路枝路辦法一摺該給事中所奏不爲無見著郵傳部按照所奏各節妥籌議奏欽此　軍機大臣欽奉　諭旨趙爾巽奏選調人材以資佐理一摺安徽候補道許鼎霖陸軍畢業生蔣方震江蘇會議廳參事楊廷棟均著發往東三省交趙爾巽差遣委用餘照所請該部知道欽此

初八日　軍機大臣欽奉　諭旨農工商部奏遵章續陳第三年第二屆農工商籌備事宜一摺著憲政編查館知道欽此

初九日　軍機大臣欽奉　諭旨鳳山奏交代近畿各鎮已一律完竣一摺又奏近畿陸軍各鎮宣統元年至二年八月收支餉雜各款列爲第三第四併案報銷一摺均著該部知道欽此

論說

立憲國詔旨之種類及其在國法上之地位

滄江

立憲政體。以君主不負政治上之責任爲一大原則。其所以示別於專制政體者。惟在此點。然當由何道乃能舉君主不負責任之實。此非明詔旨之種類及其在國法上之地位焉不可也。我政府絕不知此義。故動則假詔旨爲護符。以自卸責任。我國民對於此義亦不甚明瞭。故一遇政府假詔旨爲護符。輙不敢復糾問其責任。苟循此不變。則所謂責任內閣者。永無成立之時。而君主以一身當人民責備之衝。一無以異於專制時代。則立憲政體之精神。遂從根本破壞以盡。是故語對於此事不能無言。

今世立憲君主國亦多矣。其憲政精神之完缺。憲政程度之高下。等差至多。其上焉者且勿具舉。若日本者。歐美人所指爲半專制的立憲國也。憲政精神之不完。憲政程度之劣下。至日本而極矣。苟更下於此。則殊不能復謂之憲政。今我政府乃至曲學阿世之新進。動輒以效法日本憲政爲詞。此其適應於我國國情與否。且勿論。然既曰效日本矣。則亦當知日本之制度。固自有其相維於不敝者。若徒取其便於己者而效之。其不便者則隱而不言。是又得爲效日本矣乎。今試取日本各種詔旨之種類及其性質而論列之。

日本詔旨之種類。可區爲二大部。

（一）政治以外之詔旨。以國務大臣不副署爲原則。臣民但有祇奉。稍挾異議。即爲大不敬者也。復分爲四。

（甲）誥勅臣民之詔　此種或謂之詔書。或謂之勅語。或謂之勅旨。或單謂之勅。彼中最有名之教育勅語（示人倫道德之要旨）軍人詔勅（示軍人之模範）戊申詔書（敎民以勤儉貯蓄）是其例也。每年親臨議會所頒之勅語亦屬之。（親臨議會之勅語。雖似含有政治上之意味。然其措詞大率皆極泛常。不著邊際。但誥勉諸臣及議員而已。）凡此等類。只能謂之道德上之訓條。而非政治上之命令也。臣民不容挾異議。自無待言。

（乙）恩詔　今年二月日皇特賜勅旨頒百五十萬圓以賑恤窮民其最著也此外遇事恩賜固常有之其他下恩賜於箇人者亦然凡此皆格外施仁與政治無關固甚易見

（丙）皇室令之與國務無關者　日本之皇室典範與憲法別行皇室事項多規定於國家根本法以外與國務異其範圍故頒布皇室令之上諭僅以宮內大臣副署而已足然其公式令（明治四十年改定）第一條所規定則宣誥皇室大事之詔書當由宮內大臣與總理大臣同副署第四條規定改正皇室典範之手續亦然第五條關於皇室令項下則言皇室事務與國務有關連者國務大臣一併副署凡所以畫清界限其單純之皇室事務固不許人民參預其皇室事務與國務有關者仍許人民參與也

（丁）尋常體制上之詔勅　如紀元節萬壽節等例頒之勅語是也此其於政治得失毫無關係又不待言

凡此等詔旨其所以不要國務大臣副署者以其與政治絕無關係無責任之可負斷

論說 四

不至緣此而府怨於人民以損及皇室尊嚴也然此不過詔旨之一小部分耳其大部分則屬於下方所舉之第二類

(二) 政治上之詔旨以國務大臣副署爲原則而副署之大臣一字一句皆負責任議會常正式糾其責任卽全國國民亦人人皆得起而問其責任者也復分爲七

(甲) 改正憲法皇室典範及裁可法律公布之上諭（公式令第三第四第六條） 改正憲法及皇室典範爲不常見之事可勿論若夫法律則非經裁可不生效力裁可後則以上諭公布之此詔旨之最强有力者也而此種詔旨非經國會議決該法律之後不得下之苟其法律未經提出議會或提出而被否決者而擅發上諭以頒布焉則副署大臣違憲之罪決無可逭也

(乙) 公布勅令之上諭（公式令第七條） 勅令一語吾國人聞之以爲即是詔旨然在日本國法上實爲特別之一名詞蓋所謂法規者分爲法律與命令之兩大類而勅令則命令之一種也其別復三

(子) 緊急勅令 據彼憲法第八條所定當議會不能召集時得發之以代法

律者也。故其效力與法律同等。雖然。苟非迫不及待之事。又非値議會實不能召集之時。而漫然發之。則副署大臣不能逃違憲之責任。去年日本合併朝鮮。發多數之緊急勅令。今年議會。即爲此事生出違憲責任問題。攻擊政府。不遺餘力。其學者亦曉曉有所論列。若緣此勅令而生出政治上之惡果。則副署大臣尤不能逃失政之責任。故此種勅令必須於次期議會開會時。提出以求承諾。求承諾云者。卽求免除責任也。歐洲各國憲法皆用求免除責任字樣 苟議會不承諾。則此勅令立須取消。不能以有一勅字而謂言莫予違。甚者則副署大臣當引責辭職。尤不許假一勅字而自庇也。

（丑）獨立勅令　此日本所獨有也。據彼憲法第九條。則其天皇爲保持公共安寧秩序。增進臣民幸福。得發之。惟不得以之變更法律。此種勅令必須大臣副署。苟其與法律相牴觸。則副署大臣當負違法之責任。若不能舉保持公安增進幸福之實。則副署大臣當負失政之責任。

（寅）執行勅令　爲執行法律而發也。各國皆有之。而日本亦以之規定於憲法之第九條。此種勅令專以法律所委任爲範圍。苟軼此範圍。則副署大臣不能辭違法之責。

（丙）公布條約之上諭（公式令第八條）歐美各國締結國際條約。多須經議會協贊。惟日本則否。此其君權獨廣於他國者也。雖然凡條約必須冠以上諭而公布之。（我國直至今日。尚未聞以正式公布條約。其怪狀實亘古未有也。）其末則大臣副署。而條約苟有戾於國利民福者。則副署大臣失政之罪決無從諉也。

（丁）關於豫算及結契約以增加國庫負擔之上諭（公式令第九條）所謂結契約以增加國庫負擔者。如借國債其最著也。（此外尚多）日本憲法所規定。凡豫算公債及其他關於此項之契約。皆須經議會協贊。（第六十二六十五條）而以上諭公布之。其上諭要大臣副署。苟豫算案未通過於議會。公債案未提出於議會。或提出而不能通過。而貿然以上諭布之。則副署大臣不能逃違憲之罪。（如我國會雖未頒憲法。而資政院章程。實効力最強之法律也。章程第十四條。明賦予院中以議決公債之權。而此次借債之大臣。乃假上諭爲護符。其違法之罪。則豈能末減者。）使豫算內容戾於國利民福。所借之債弊餘於利。則副署大臣尤不能逃失政之責。此斷非可以藉口於上諭而卸其咎者也。

（戊）其他關於行使大權之詔書勅書（公式令第一第二條）如宣戰媾和戒嚴等其最著也。

日本憲法上屬於大權事項者甚多。不能枚舉。其行使大權。以不經議會協贊爲原則。則似此等詔旨惟由君主孤行其意。絕非人民所得容喙。而抑知不然。此等詔旨其違憲違法之責任問題固甚難發生（不過少耳。亦非盡無。例如忽然無端而布戒嚴令於全國者一年。中止憲法。此固大權之所得行也。然坐是不召集議會。則違犯彼憲法第四十一條矣。）而失政責任問題則所常有副署大臣不容狡卸也蓋行使大權無一不關涉於政治其有失政苟責任不歸諸大臣必還以歸諸君上也是烏可者。

（己）皇室令之關於國務者（公式令第五條第二項）前文已詳。

（庚）親任官之任免辭令書　彼所謂親任者。我所謂特簡也。辭令書即任官免官之上諭也用人本爲君上大權非人民所得參末議然此項辭令書必由大臣副署苟所用非人則副署者不能辭其咎不然濫引私人而諉過於君上則君上不其危哉。

以上七種皆所謂政治上之詔旨也。其所以示別於第一類之四種者。全在大臣副署之有無。曷爲必以大臣副署。凡以定責任之所歸而使君上無責任之大義得以圓滿

論說　八

貫徹也。既爲經副署之政治詔旨苟有闕失則舉國臣民皆得起而詰難之所詰難者非君上而副署之大臣也不然以日本人之崇敬其萬世一系之天皇古今萬國豈復有加者臨以勅令上諭等名義其孰敢不戢戢聽命顧何以其議會常以此爲集矢之的其報館及集會演說亦繩糾不稍假借最近而最著者則去年所頒之五種緊急勅令被攻擊無完膚也在流俗之見豈不以爲侵犯君上神聖大不敬乎哉而彼乃舉國上下視爲當然者誠以政治上之詔旨片語隻字皆當由輔弼君上之大臣任其責君上一無與焉而督責大臣使不敢不竭忠輔弼又立憲國民所當盡之天職也夫日本君

權之重可謂至矣言憲政而師日本亦可謂取法乎下矣然苟誠能師日本則憲政之根本精神固尚不謬焉卽此一事者豈不足以爲吾師乎哉

吾固嘗言之矣立憲政體非他君權有限而已此非吾私言天下學者之公言也故英人之諺曰君主不能爲惡夫人之性固可以爲善可以爲惡君主亦人耳而胡爲獨不能豈知彼固眞有所不能者存非英民之虛搆此言以貢諛也蓋君主一言一話無關於政治則已稍有關者則非經大臣副署不能有效然則君主雖欲爲惡苟非大臣長之逢之又安得成乎惡者則惡之所歸宜在大臣而不在君主明矣 **夫此實保持君主尊嚴之不二法門也** 如吾前文所論列政治上之詔旨其易惹起責任問題者有三大端(其一)則違憲責任也(其二)則違法責任也(其三)則失政責任也夫違憲違法之責任苟非冥頑不靈暴戾無狀如我現政府者自不至於屢犯可勿深論若夫失政責任則無論何國無論何時皆所常起之問題也書不云乎夏暑雨小民惟曰怨咨冬祁寒小民亦惟曰怨咨凡政治之爲物有一利必有一害與之相緣欲求絕對之美勢固不可得而稍有闕失卽爲衆怨之府 **以君主而當**

論說

此衡則皇室之危豈堪設想夫既爲君主國體則庶政不能不以詔旨行之明矣苟非使副署詔旨之大臣悉任其責則當夫詔旨之或違憲或違法或失政也人民置而不問耶則國家之本將撥其起而問之耶則是與君主爲難耳故詔旨中一字一句皆由副署大臣負完全責任而人民亦繩愆糾繆不肯絲毫放過皇室之保世滋大國家之長治久安皆恃此也

今之政府蠢如鹿豕曾不解憲政之爲何物曾不解副署之有何作用其平居失政之罪既罄南山之竹不足以書之矣不甯惟是猶復日日悍然敢於違法而無所顧忌今尙無憲之可違耳。而今日敢於違法者。卽他日敢於違憲者也。一遇輿論攻擊則假詔旨爲護符曰、非我欲之吾奉令承教耳而輿論之所以待之者則亦奉一詔旨相率以箝口而奪氣矣夫此本出於尊君親上之誠甯不可敬不知此非所以行其尊親乃適以陷君上於危而已矣夫政府之諉過於君上其罪本爲大不敬故雖以俾斯麥之有大勳勞於德國其在議院中偶出一語借德皇爲護符則全院唾罵

十

卒服罪然後釋之所謂見無禮於其君者誅之如鷹鸇之逐鳥雀不當如是耶今我國民坐視政府之不負責任諉過君上而戢戢焉不敢起而詰之**是無異與政府狼狽以行大不敬也曾是尊君親上者而宜如是耶**率此不變其不至毆全國憔悴虐政之民盡移其嫉視政府之心以嫉視皇室焉而不止也

夫政府則何足責。而我國民之見愚弄見脅制於政府而若失其對待之力者毋亦於立憲國詔旨之種類性質不甚明瞭。不知政治上詔旨與普通詔旨之別遂乃聽政府之狐假虎威以怙其惡而莫敢誰何也。吾故不能已於言。

(附言)吾爲此文。非徒欲吾民懲既往也。成事不說。雖喧爭亦奚補者。但茲非驢非馬之內閣亦既告成立矣。將來類此之事。且將日出不窮。我國民所以待之者。總要設法使內閣不能濫演此手段。雖其事非易致乎。然固不可不向此目的以進行矣。其下手第一著**則宜以法律嚴定公文**

論說 十二

格式。此雖似形式上之末節。然實憲政根本所賴以維持不可不察也。

竊謂今年資政院議決上奏之法案莫亟於是矣

容當別著專篇論之。

辛亥浴佛後五日 著者識

時評壹

收回幹線鐵路問題

滄江

讀四月十一日內閣總協理大臣及郵傳大臣所副署之　上諭。國中所有幹線鐵路。不問經商承辦與否。悉收回官辦。此新內閣成立後第一次發表政策也。吾黨嘗謂中國無政府。無政策。民間凡百言論。如無的放矢。今者新內閣成立之次日即有此絕大計畫。不可謂非一可喜之現象也。雖然。政策也者。恒兼利害兩方面。其間固容辨論之餘地。故余對於此次收回幹線鐵路之副署　上諭而欲有言。請得從四方面分別討論之。

（第一）從政治方面言　則國有鐵路之利害得失。本爲近二十年論戰最劇之一問題。持國有說者曰。鐵路收用土地至多。獲利至厚。以衆人所犧牲。供少數人壟斷。豈得謂平。歸諸國家。使歲計有餘。則可以省賦斂而弛人民負擔之一部。利一。鐵路之辦須大資本一路已成後起之他路不易與爭其性質往往偏於獨占則運費昂而利用不能普及一國產業將被其害國有能免斯弊利二私辦鐵路惟利是圖所經惟擇衝繁之地僻區即無人過問則全國交通機關偏枯爲患國家爲全體利益計自能酌盈劑虛使底於平利三且緩急之際運兵饋糧託諸私路動生窒礙或轉輸稽滯或車輛不敷國家自營則操縱如意利四左袒國有政策者其論據雖多而以此四端爲最重要其主張民有之利者雖持之有故而理由要不能如國有論之完足蓋今世之治國民生計學者以國家社會主義爲最協於中庸而國有鐵路政策實能使此主義之精神現於實者也故此策漸爲並世多數國所采用吾黨亦素所服膺今政府採之吾無以爲難也雖然政策無絕對之美故往往有學理上公認爲良策者及適用之於事實上則各國各異其結果今欲論我國採用「國有策」之當否則(第一)當先問其動機果出自公益否果能有協於國家社會主義之精神否(第二)當問國家機關之能力能貫徹此精神而行之無弊否言夫第一義則**吾敢信政府之動機決不在是而於此精神實未嘗夢見也**政府之欲收鐵路歸國有

不過以是爲籌款之一法門耳夫鐵路國有後苟能辦理得宜固未嘗不可增進國庫之收入而財政藉獲餘裕雖然謂因鐵路國有收入隨以增加也則可以欲求收入增加故乃攘鐵路爲國有也則大不可夫上述國有策之四利任擧一義皆以國民全體利益爲前提謂路歸私有恒易與此前提相戾也質言之則以私有策最足助長强兼幷朘多數以益少數惟國有斯可以矯之云爾夫朘多以益少固爲國家所宜矯正而朘下以益上又豈國家所宜自行故今歐洲日本之采國有策者其營業所獲贏利或則以之推廣枝路使普及於僻壤也或則輕減客貨乘運費使多數人蒙其利用也（奧意兩國自鐵路國有後運費視前輕減十之四日本亦輕減十之二）或則於沿線及車內爲種種改良設備予客貨以利便也夫推廣枝路及於僻壤則建築營業所費致國庫大蒙損失者有焉矣輕減乘運費是明明擧其前此已得之利益割棄其一部分矣（若在他種營業。競爭者多。則減價以求顧客。或非得已。若夫全國鐵路。既歸國有。民欲乘運。舍此無適。則國家任擡高價至何程度。皆惟所欲。而各國乃反減之何也。即此可以見國家社會主義之大精神矣。）種種改良設備又皆以增營業之支出而減其純贏矣使「國有策」而專爲國庫籌款計也則此等擧動寗非至愚而各國行之者正以此等擧動爲私人營利團體所萬不肯行惟國家以公平中正之資格超然於營利主義以外故所取於民者（即鐵路營業所贏）還用以利民（即上所述三種辦法）而國家無所私焉學者誦「國有策」之美凡以此也今政府之行「國有策」其動機絕非在是蓋路人皆見矣據此次副署　上諭以幹路歸國辦而枝路則諉民辦夫鐵路之爲物惟幹路易以獲利而枝路恆被壓於幹路此稍治茲學者所能知也（下文第三節更詳之）今大部此舉惟欲取最有利之路壟斷於己其更無普及僻壤之心已直揭以與天下共見此其大反於「國有論」之精神者一矣且我國之有國有鐵路不自今始也京奉京津京張京漢等行之久矣就中惟京奉一線與日本之南滿稍有競爭未敢濫擡高價其他則乘運費之昂爲萬國所無京張帶軍用性質且勿論若京津京漢等爲交通最頻繁之地律以國有主義正宜次第減價以利民者也今豈惟不見其減而已而增價乃歲有所聞他日舉全國有利之路悉歸國有其必襲用此卑劣手段又可推見此其大反於「國有論」之精神者二矣且上舉諸路自開辦以來設備日加廢弛改良不聞一行以致人民視乘運爲畏途非萬不得已則毋寧舍而他適雖美國鐵路托辣斯之專橫驕蹇方之蔑如是國有鐵路乃實以杜絕人民利用鐵路之途其反於「國有論」之精神

者三矣夫各國惟以民辦鐵路之易犯此諸弊也乃改爲國有以矯之今國有而悉躬犯此弊**是以國家爲豪強兼并之魁民果何樂有此政策乎哉**夫私人而行豪并猶冀得以國法節制之國家而躬行豪并則救濟之道遂窮及乎民盡瘵瘁而國之利亦何麗焉以第二義言之**則吾又敢信現在政府決非能行國有策而無弊者也**夫同一國有策也各國行之或利餘於弊或弊餘於利何也則恒視其官僚政治發達之程度以爲斷鐵路者營業之一種也營業之成績恒以人類之利己心爲其動機故往往私辦極有利之業一移諸官辦公辦動反虧蝕者徒以經辦之人利非歸己而已夫集公司以辦一路其總辦坐辦率爲占股最多之人公司利益與己身利益相一致故易忠於其所職其所以節省營業費及改良擴充以圖利者不待驅迫而自能也而股東亦以利己心故常不怠於監督使經辦者有所憚加以國法間接糾察於其後能舞弊者寡矣官辦不然官之爲物重門面而多繁文縟禮者也以之營業非惟執務不能敏捷且經費必至增加夫此固

時評 六

不利於所業明矣而官無與焉復次一業之榮必常有待於改良擴張而官也者率皆不求有功但求無過者也故以奉行成例而墮業於冥冥者有焉矣復次凡營業皆須專門之技術而工事爲尤甚官吏則循階遷次自爲風氣其能對於一業而有相當之技術者蓋不易覯焉然此猶爲官方已肅之國而官吏稍知自愛者言之耳而不然者則藉官力以舞弊既無股東以議其後而長官或且與之相朋比所謂行政上之監督盡成具文使之營有利事業其不至盡盜公利以爲私利焉不止也是故欲行國有鐵路政策者必具左方所列之諸條件而始可期於有效（第一）國家綱紀極嚴明綜覈名實纖悉周備使官吏絕無作奸犯科之餘地其有之則立卽暴露暴露則刑罰必隨其後（第二）官吏分限令保護極周雖長吏猶不能違法以侵僚屬之權使人人得各盡其才（第三）對於奉公盡職多年及特別有功者其所以獎勵之甚厚使利國者亦自蒙其利（第四）國家豫設種種特別敎育機關養成營業上之專門技術然後登庸之而責以職務（第五）官署治事養成簡易敏捷之習慣無妄自尊大繁縟閡隔之弊然此猶其枝葉也若語於根本則（第六）須國民敎育卓卓成效使在官者咸有潔己

奉公之誠人人以蠹國自肥爲恥（第七）尤須立憲政體基礎鞏固行政官吏絕對的自知責任而國民之監督機關凡有失政無鉅無細而皆得予以相當之制裁具此七者則國有鐵路之實效庶乎克舉矣今世諸國中雖以英美文治之盛而此七德未敢云具也其最稱庶幾者惟一德國德國中又惟普魯士彼蓋自腓力特列大王以來所以淬厲其官僚政治者已逾百年而今乃始收其效也**是故國有鐵路之爲良策雖全球碩學鼓吹甚力各國大政治家亦無不熟睹其利然猶或徘徊審顧不敢實行者誠恐苟非其人則利未呈而弊先積也**今我國官吏社會之現狀豈待吾言政府返躬內省當自得之靡論所資以辦鐵路者無一人有鐵路上之專門智識也（所謂專門智識者。非專指工程上之技師。凡管理及一切營業皆須之。）靡論格外之改良擴充不能望其注意也靡論繁縟閡隔犯營業之大忌也而試問有一人知勤勉奉公之爲義務者乎有一人知舞弊自肥之爲惡德者乎小吏作奸長官其肯舉發之而無狥庇乎大臣瀆職國民其能糾督之而使引責

時評　入

乎既無一能則國有鐵路徒爲一國中最卑汚無恥之游手蠹民(即官吏)開無量數之利孔而已**夫以國家而行豪強兼并然且不可況乎兼并所得又非歸諸國家而乃歸諸盜國之猾吏是無異朘小民粒粒辛苦之血汗以豢蛇虺也**此就政治上言之我國民萬不能許政府行此政策者一也

(第二)從財政方面言夫吾固嘗言之矣國有鐵路策之所以可貴者以其能使國家社會主義現於實際爲國民全體增進利益而絕非欲藉此以爲國庫謀增收入也是故當其收入之自然增進也則以所贏餘者從事於擴充改良或減輕運費如前述所云云國庫不敢以自私也若更增收不已則復以所贏餘者充鐵路以外之政費而豁減他種租稅以輕民負擔國庫尤不敢以自私也是故據財政學之眼光以論國有鐵路殆可謂無絲毫利益及於國庫者徵諸各國國有鐵路之特別會計其入不敷出者蓋甚多非必果不敷也有餘輒以之擴充併路改良工事或削減運費故常

若不敷也以此言之則在財政竭蹶之國其應采此政策與否本屬一疑問何也據此政策正當之精神則於國民生計雖有大利而於國庫實無利也夫今政府固不足以語於是矣彼方以躬行豪强兼幷爲得計則就營業收支之表面言之安在不能使之有利故彼輩日以京奉京漢等路餘利相炫而因以此爲國家籌欵不二法門此種冥頑不靈之謬見吾良無以喩之也雖然據郵部去年奏報則有利者亦惟此兩路耳其他官辦之路尙六七而皆虧蝕盈虧相補則各路合計之純贏僅得六七百萬據此可以爲國有必獲利之證乎不特此也以京奉論光緒三十年總收入一千二百九十餘萬元俸給及諸費二百九十餘萬元三十一年總收入一千二百十餘萬元俸給等三百四十餘萬元三十二年總收入九百九十餘萬元俸給等五百二十餘萬元三十三年總收入一千零九十餘萬元俸給等六百餘萬元四年之間總收入遞減十之一而俸給乃倍增於其舊謂之無贏餘焉固不可也**但國庫所應得之贏餘入於官吏之手耳**（京奉最近數年收支表。及京漢歷年收支表。此間偶無存不能列舉。然總不外此種現象。可推見也。）其在外國雖有贏餘還散之以謀公益故國庫不能多受其利其在我國雖有贏餘官吏聚而咕嘬之故國庫亦不能多受其利雖尾閭之所洩不同然就國庫一面視之則其含國有鐵路之賜者甚稀中外所同也而論者猶得曰利雖少仍不得謂之無利也**雖然京奉京漢等路實無贏餘之確證吾尤能舉之**夫此諸路皆借債以築或借債以贖囘者也京漢贖款至今猶未足而且有待於募新債矣既爲借債營業則必營業所入除支銷營業費及債息外每年更能騰出若干攤還債本斯乃眞有利耳今京奉京漢之債本曾還一文否耶京奉債五千二百餘萬京漢債七千三百餘萬合計一萬二千五百餘萬若立意以二十年攤還則每年非攤還五百二十餘萬不可一將此數算入則京奉京漢尙得云有餘利乎故知政府所云官辦鐵路有餘利者**皆自欺欺人之言**我國民不可不深察也京奉京漢猶且如是**若此次所擬收回之各幹路又更甚焉**何也彼京奉者借債以築耳築焉而即得路也彼京漢者借債以贖耳贖焉而亦即得路也若今所擬收囘之粵漢川漢江浙等路則民間本自有公司公司本自有股本而其公司所已築成之路又甚希者也

今國家收回其能憑空籍沒股東之血本而不給以賠償耶若是則國家非直爲豪强兼幷且直爲盜賊刼掠矣既須給以賠償考各國成例其賠償價格大率對於股份時價一倍或兩倍（蓋國家買收此股票。非徒將股東現在之權利買收也。並將其將來之權利亦買收之。故非給高價不足服人也。）今民間諸公司之股本雖實數未能確知然約計總在五六千萬以上援外國之例則賠償價格最少亦當在一萬萬以上即讓一步而謂可以照原價承受（此實無理）則五六千萬亦安能少然國庫並非費去此五六千萬而得價值相當之已成路線也其築路所費還仰外債**是京漢等路國庫所負擔者僅一重債本而此諸路則負兩重債本也**負一重債本者猶且無利而謂負兩重債本者能有利乎今鐵路舊債總額已達三萬萬其已償者不及三百萬今欲辦此議收回之諸幹路非再借二萬萬不可而賠償價格又須五六千萬乃至萬萬合前約爲六萬萬以平均息率五厘計則國庫負擔之息每年約三千萬二十年攤還債本則年亦須三千萬**政府若欲行鐵路國有政策者則當預算每年除繼續營業費**

外而合計諸路純贏能歲得六千萬確有把握則國家財政基礎庶可以免爲所動搖矣夫使我國官僚政治能如德國則求此把握或亦非難然此願可望乎既無可望則國庫長負此莫大之債務而債權又皆在外人嗚呼國民其思之我國雖欲不爲埃及得乎此就財政上言之我國民萬不能許政府行此政策者二也

（第三）從國民生計方面言以今日我國民企業能力如此其薄弱苟非設法獎厲之使各種生產事業漸次發達則不能禦國際生計競爭之惡潮而全國將彫瘵以斃此稍有識者所同憂矣然則獎厲企業能力之道將奈何曰導之以獲利最確實之事業使嘗試焉而有功則自能感殖產興業之興味而歆羡而踵效之者日衆則能力漸以發達矣獲利最確實之事業維何則鐵路其首也懸觀產業幼稚之諸

國其自始之導之者未嘗不以鐵路今者行「國有制」之國前此固皆嘗經過「民有制」之一階級來也吾之所以不敢驟然雷同「國有制」者蓋亦爲此難者曰子言或當雖然　上諭不云枝路仍准商民量力酌行乎欲藉鐵路爲導引人民企業興味之媒則枝路亦何嘗不可豈必幹路應之曰不然鐵路之爲物幹路常宰制枝路而枝路常爲幹路之附庸蓋鐵路職在交通而交通必所引脉絡甚長乃能有效枝路非託庇於幹路不能自立猶松柏之下其草不殖也彼美國之鐵路小公司常爲大公司所蠶食卒成爲莫大之托辣斯而橫行無忌者皆此理而已（廣東之粵漢公司已屢次挫抑枝路使不能發生成案可稽）然則所謂許辦枝路者不過門面上之美談實際決莫之應也夫獲利最確實者實爲幹路而枝路蓋遠不逮今國家既公然恣行豪強兼并而不諱將脂肪肉腴壟斷於己而投骨以使民吮嚙民非下愚寧易欺至是以吾黨所見若幹枝路皆許民辦則或有大公司並舉之或大小公司相聯絡庶幾全國交通大政可以漸次就緒若如閣臣副署之　上諭所云云則官既厭枝路獲利之無多而不屑辦民復畏幹路之壓迫而不願辦則交通機關乃眞無完備之期耳難者又曰鐵路之許民辦不自今日也然而百弊

叢生久而無成如　上諭中所舉川粵湘鄂諸弊衆目共見予雖惡政府而好詛國民若此又焉能爲諱者循此不變終必至如　諭中所云曠時愈久民累愈深然則今政府所主張國有策不謂爲救時要術得乎應之曰是當分別言之現在商辦諸路所以遷延不就者蓋有二因其一則由款絀如蘇浙等省是也其二則誠由舞弊如川粵等省是也其由款絀者則補救之法爲應否借外債之問題而非應否歸官辦之問題也此勿深論其由舞弊者則經辦之人誠狗彘不食其餘人人皆得誅之吾豈肯復爲辯護者然持是以爲應改官辦之理由則官辦遂能免舞弊乎此一問題也此問題殆更不必深論其舞弊必更甚於商辦此舉國人皆能知之者也復次商辦曷爲而多舞弊乎其舞弊果有道以防之乎若謂不能防則商辦事業遂當永廢乎此又一問題也吾於此問題不得不置數言夫商辦舞弊匪獨鐵路也凡國中一切股份有限公司莫不皆然論者或以是爲吾國民不能辦公司之明證雖然吾嘗之言矣非立憲政體確定法律狀態穩固之國則股份有限公司決不能發生（參觀去年本報第二十七號論說門敬告國中談實業者篇）然則商辦之多舞弊是得專以咎國民乎國家不盡其監察保護之責予人以舞弊之餘地人

非聖賢其相率於弊亦宜耳今使能確定立憲政體而立法司法之作用能約束民以納於軌物而謂吾民猶樂於舞弊敢於舞弊吾不信也如必曰舞弊終不能防也則吾民豈惟不能辦幹路將並枝路亦不能辦豈惟不能辦鐵路將凡百有限公司皆不能辦是吾國產業終無獲興之日而吾民亦永爲人臣妾已耳信是如也則雖國家辦成數條幹路亦復何用夫在今日之中國必須設種種方法直接間接以保護助長有限公司之發達此政府之職也政府誠能舉此職則民能集公司以辦凡百事業者曷爲獨不可以辦幹線鐵路以是爲應改歸官辦之理由其不完亦甚矣況乎官辦之舞弊更甚於商辦政府何顏之厚而靦然獨以此責吾民哉難者更曰鐵路國有之精神原所以裁抑豪强兼幷使國家社會主義得現於實吾子既言之矣夫國家社會主義既爲生計學最協於中庸之理政府采之要不失爲先見之明而吾子必抨擊之不遺餘力何也應之曰吾又聞諸政治學者矣曰政策也者從未有通於世界萬國而絕對的可稱爲善良者也亦在適不適而已夫以中國之腐敗官僚政治斷不能假其手以行國家社會之眞精神吾固言之矣但此又勿具論然謂今之中國必須事事效法國家

社會主義吾亦未見其可也彼歐人所以日提倡此主義者蓋彼自工業革命以來一切事業皆壟斷於少數資本家之手富者愈富貧者愈貧生計上之分配不均卽社會上之亂機時伏彼之汲汲於此非得已也我則何有焉商工業之幼稚如此資本之涸竭如此雖竭全力以保護企業家猶懼其不能發榮滋長況更裁抑之也要而言之則今日中國國民生計上之問題乃生產問題非分配問題也彼歐人經百年間獎勵生產至今日以生產過贍爲患其重要問題之移於分配實發達之順序宜然今我國而欲效之是猶聞有道術者能絕食飛昇而以未經修鍊之人漫然欲辟穀而行空也其餒而躓焉必矣是故今日之中國必獎厲企業爲最要之政策而鐵路之自由商辦實爲貫徹此政策之一手段觀夫現行「國有制」之國前此莫不經過「民有制」之一時代則此中消息已可參知此就國民生計上言之我國民萬不能許政府行此政策者三也

(第四)就法律方面言政府對於人民之「旣得權」果有何種應守之義務乎是政府所最宜自省也夫人民之權利本待國家之賦予然後得之國家欲將何

種權利賦予人民其何種權利則斬而不予此其全權本操自國家非人民所得而強爭也雖然國家一旦既將某權賦予於人民則雖以國家最高機關猶且不容侵犯蓋一「人格者」之權利他「人格者」有尊重之之義務權利之本質則然也然則據大清商律以設立之各鐵路公司政府果有以一紙命令取消其權利之權利乎此一問題也或曰國家既能以權利予人民亦自當能取其既予之權利而奪之苟國家非留保此權則統治權之本質何由得圓滿而「權利淵源在國家」之謂何矣應之曰變更人民權利之權誠屬於國家**然國家當經由何機關以行使此權此言法治者所最當謹也**凡一權利之變更也直接蒙其損失者不知幾何人為間接蒙其損失者又不知幾何人焉故國家慎之凡規定一權利或變更一權利必以法律而法律也者不能由執行機關（即政府）漫然發布之而已必經意思機關（即國會）之決議然後成立凡以使人民安於法律狀態斯國家之秩序乃得而常保也今國家前此既許人民以辦鐵路之權矣鐵路公司既遵大清商律經

時評 十八

大部許可而成立矣則各該鐵路公司自以一法人之資格與多數之「人格者」生出種種債權債務之關係今一旦消滅此法人資格則不徒該公司直接受損失也而凡與該公司有關係者皆受損失焉股東積其平昔勤勞儲蓄所得之資本以購得公司股票股票即其財產也甚者即其生命也而股東持此股票常以買賣抵當之形式復與他之人格者生種種關係今一旦消滅此公司而固以消滅此股票則不徒各股東直接受損失也而凡與諸股東有關係者皆受損失焉法治國所以極尊重人民之既得權而不肯輕易侵犯之變更之者誠以其牽動太大易滋民惑也夫以吾黨所見國有鐵路政策就政治方面財政方面國民生計方面言之皆弊餘於利既若彼矣今即讓一步謂國有策爲今日救時不二法門然而行之固亦不容如此其孟浪矣今國會雖未開資政院固儼然在也資政院有議決法律之權明載於　欽定章程第十三條今政府所取消之鐵路公司不下十所其營業區域綿亘十餘省其資本總額數千萬乃至萬萬以上其股東人數百萬以上其間接之權利義務關係者數百萬以上似此而猶不以法律規定之則何事始用著法律者法律範圍內之事而不付資政院決議

則又何事始用著資政院者嗚呼我民有以窺見政府之視資政院若無物視法律若無物視人民權利若無物矣夫政府之意豈不曰是區區者原不足以爲輕重也殊不知人民所以樂有國家者恃國家之能庇我耳國家所以能庇我恃其法律之神聖耳**至於法律不可信憑人民對於其所有之既得權常凜凜不自保則上下相疑儳然不可以終日矣**今以十數省百餘萬人之既得權而可以一紙詔書逕擢棄之而副署之大臣復不負責任一切以諉諸

君上曾不許人民以商畧訴願之餘地惟疾聲厲色以違制相脅嚇吾民自今乃知凡前此國家所賦與我之權利無一而得確實之保障我生命財產皆不知命在何時政府但以一紙命令可以攘奪無孑遺則舉國將囂然喪其樂生之心其悍者乃激而橫決不知政府又何以待之此就法律言之我國民不能許政府行此政策者四也

要之政策無絕對之美而行之惟存乎其人試問今之政府成何政府者而能容其虎皮蒙馬竊取他國政策之名義以肆痡毒乎夫就令此政策極適於今日之中國而猶

時評 二十

不能以實行之衡託諸現政府況其間又實有大不適者乎噫昔政府之爲惡也猶知爲惡名所必歸而畧有畏憚今也不然內之有曲學阿世之新進小子爲之敷衍門面外之復有不健全之輿論爲之後援**舉凡一切病國殃民之政皆侈然號於衆曰此各國現行之政策吾采用之耳**其惡政之涉於全體者則如假君主大權政治之名以自爲護符肆逞淫威也假中央集權之名吸全國之膏髓以供少數人之咕嘬也其惡政之涉於一部分者則如假擴張軍備之名多設局署位置私昵竭澤而漁不恤民力也假中央銀行之名爲當局者公然掛借侵蝕之機關以陷國家於破產也假利用外資之名甘賣國家使爲生計上之隸屬國而以快大小官吏一時之揮霍也今之所謂國有鐵路政策亦若是則已耳彼無恥小人之阿附政府者方且博引諸家之學說臚舉各國之事實盛氣而禦人以口給其一部人民之持反對論者或陳義未完反抗無力其多數人則乏辨別是非之常識對於兩方而皆將信將疑而消極的之助惡政府之凶燄蓋近數年來國事之敗壞於此間者

又不知幾何也。豈必遠徵他事。即以兩月以來。驟增外債至二萬萬餘。陷中國於永劫不復之地位。則豈非民間不健全之利用外資論。實促其動機耶。敬告國中仁人君子。其亦稍稍慎爾出話。毋更教猱升木。爲惡政府分過也。

時評 弍

粵亂感言

滄江

廣東亂事之始末。今雖未知其詳。然據外電所報。則其蓄勢頗極猖獗。而現在已暫歸平熄。此殆實情也。吾乃竊欲有所言。

革命暴動之舉。吾黨所素不贊成也。蓋以歷史之通則言之。革命本屬不祥之事。無論何國。苟經一次大革命後。其元氣恒閱十年或數十年而不能恢復。今日我國。彫瘵已極。譬諸萎黃之樹。豈堪復經漂搖之風雨與饕虐之霜雪。且外患方殷。動則牽引干涉。深恐徒糜爛其民以為他人作驅除。吾黨所以不敢妄贊革命主義者。凡以此也。雖然。革命黨則亦有辭矣。曰今者五千年之國命與四萬萬之民命。皆懸於現政府之手。而現政府則更有何望者。多存留一日。則元氣多斲喪一分。彫瘵以死。與服毒以死。死等耳。其又奚擇。況乎毒藥雖可殺人。有時亦可以治病。毅然投之。尚可以於萬死中求一

時評 二

生與其坐以待死期之至也。以此難非革命論者。而非革命論者無以應也。復次外國之干涉洵可畏也。然不革命而遂可得免乎。今之外交當局者。日以賣國爲專業。日敦請外人之干涉。我其干涉者。皆據條約上正當之權利。使我歷刼不能解脫。加之近年以財政紊亂之結果。聘顧問旣已見端。會議實行監督財政。早晚事耳。雖無革命。而埃及覆轍。其終不免。毋寧革命焉。而猶可以冀免干涉於萬一。且冀可以滅干涉之程度也。以此難非革命論者。而非革命論者又無以應也。要之在今日之中國而持革命論。誠不能自完其說。在今日之中國而持非革命論。其不能自完其說抑更甚。政府日日以製造革命黨爲事。日日供給革命黨以發榮滋長之資料。則導全國人心理盡趨於革命亦宜。

今茲革命黨之舉動。果足稱爲有意識與否。且勿具論。而要之死於斯難者。其中不乏愛國熱誠磊落英多之士。斯亦舉國所同認矣。彼自命革命黨首領者。身逍遙於事外。而徒敺人於死以自成其名。其用心誠可誅。死難諸人。不能得絲毫結果。而惟快數點鐘之意氣。犧牲己身以爲官吏升官發財之資。其手段亦誠可憐。雖然。夫孰使一國中愛國熱誠磊落英多之士乃至鋌而走險以出於此一途者政府之罪則上通於天矣今年春間日本有幸德秋水等謀逆事件其政府四大臣惶恐引責辭職待罪雖經溫旨慰留而彼議會劾之不少貸謂何以疇昔未聞斯變而惟今有之則政府施政失當迫之使然殆無可逭其首相桂太郎輩在議院聞此惟有慚惶今政府之交迭在即矣試問我國今次之事變與日本之事變相較其輕重大小爲何如而我當局者曾不稍自引爲罪而論功行賞之事乃日有所聞君子謂其無人心矣

抑政府其毋謂今茲之變瞬息敉平遂可以高枕爲樂也政府而不自爲製造革命黨之機器則已今既若此則革命黨之萌芽暢茂正未有已時野火燒不盡春風吹又生其不至驅全國人盡化爲革命黨焉而不止此其禍之中於國家中於　朝廷固也而政府之元惡大憝其又安能獨免嗚呼語政府以愛國吾知其詞費矣獨不識其曾亦稍一自愛焉否也

詩評

四

著譯壹

墨西哥革命之眞相

明水

頃者墨西哥革命勢益蔓延革命軍連戰連勝將進攻墨京聞大統領以下已悉辭職以爲講和之一條件雖最後之勝利未知誰屬然墨西哥自此役後將生一大變動則可斷言也請語其革命之眞相

墨西哥革命之原因有二一曰爹亞士內閣歷年過久二曰緣是而與美國生計上之關係過密是也前者之主動力爲大統領爹亞士後者之主動力爲富豪摩爾根爹亞士者墨西哥官僚黨之首領也而摩爾根者美國資本家之首領也一以權力一以富力中分墨西哥今美國資本之投於墨者不下十二萬五千萬打拉（合中國銀二十五萬萬圓）故論者謂美統領塔福特之對墨政策純爲摩爾根及其徒黨之業金融於倭兒弗街者所願使誠哉其然也然則爹亞士何如者摩爾根又何如者

爹亞士起家軍人連舉八次爲大統領執政三十餘年精力絕倫蓋以武將而兼大政治家大外交家者也彼當國既久其所養成之官僚黨發攜勢力無復餘蘊行政機關也立法機關也非其黨人則無從占一位置縱有反對派亦爲大勢所刼持蜷伏而莫能動一若舉墨西哥全國之利益犧牲於一私黨之下者

雖然爹亞士之所以能維持其勢力至於三十餘年之久非純恃其自力而更有他力焉以立乎其後也他力維何黃金是已爹氏雖以馬上得天下然其爲人非純粹之武人而實一有手腕之政治家受事之初即留心於開拓墨西哥而以振興產業爲政策然墨西哥貧國也且爹氏事屬草創欲實行其政策非仰外資不可時則有美國之資本家垂涎墨西哥之富源久欲投資而未有其會爹氏知其可利用也乃竭誠以招致之蓋一舉而彼之政策得以現於實又可藉此手段以維持其政權於不弊也自時厥後爹亞士與美國資本家如摩爾根如哈士德如洛克飛剌等情意款洽一則造成有力之官僚黨一則投十數萬萬打拉之大資本以占領墨西哥之富源而今茲之變即種因於是矣

抑爹亞氏與美資本家情意款洽何以遂爲墨西革命之導火線乎蓋爹氏名雖統領實則一專制國之君主也彼欲純賴美資使其國進於繁榮之域又欲使墨西哥市（墨京也）爲模範的文明市場投三百萬巨資築一戲園開通一萬五千哩之鐵路以便轉輸雖其規模閎濶令人想望不盡然天下事求效太急者其犧牲必多果也凡墨西哥之富源如沃壤如鑛山如產業盡以畀諸美國資本者交通機關則美人之所有也運輸事業則美人之所有也金銀銅煤油等鑛業則美人之所有也約奇河沿岸之膏腴地則美人之所有也育加丹之種麻種橡地則亦美人之所有也凡此皆墨西哥之精華也

不寗惟是觀美人既得此所有權而經營其事業則知墨西哥之所犧牲亦更有足驚者試舉一例初與約奇河沿岸地于美人也恐其民不服則先敎唆之使之謀叛而此等墨西哥人遂夷爲奴隸矣又育加丹之麻皆强役土人爲之運輸稍不聽命鞭韃隨之問其庸值幾何則僅足果腹不致餓死而已故美國資本家某曾昌言曰墨西哥者理想之黃金地也而墨西哥之勞傭者又理想之黃金穴也欲顧勞傭只消費三四十

著譯 四

打拉饋之官吏而數百之勞傭者立至矣莞此黃金穴之瑣鑰者誰歟則爹亞士又理想之政治家也何也彼有命令不許增加庸値也不特此也用此約奇人爲勞傭更有一莫大之利益焉則兼賣食物也以客歲計之五千打拉之物可獲淨利萬五千打拉三倍於其本矣故墨西哥之勞傭者眞黃金穴也觀此言則知墨西哥之苦痛爲何如矣

彼爹亞士及其徒黨所以不惜以此貴重之權利與莫大之富源盡畀美人者蓋必有相當之利益與之交換此不待言矣相當之利益維何其最要者莫如維持政權也故干涉選舉禁止新聞束縛集會言論之自由以及他種種手段皆所以壓抑人民之自覺心而銷弭其反對之聲援也八回總選舉悉因是而獲全勝耳嗟夫以金力與權力剝奪人民之自由與幸福今之墨西哥人與奴隸奚擇哉

然墨西哥人固愛國愛自由之人民也千五百萬之人口中十之二爲歐洲苗裔十之三爲合種其餘則爲純粹之墨西哥人此輩皆生而爲自由民者也然智識低下之土人竟爲金力權力之犧牲已陷於奴隸之境遇雖然自由民權之思想已震動墨西哥

之天地。排美黨。排爹亞士黨。已漸次出現。而革命之事。遂終不可免。客歲選舉大統領也。已有反對再選爹亞士之同盟會。然爹氏與美國。既有如許關繫。故用全力以壓迫此反對黨。不僅剝奪其言論出版之自由權而已。凡出而運動者與發為言論者。悉投諸獄。爹氏有私獄焉。在某港內岩石之上。為有名之政事犯犴狴。其野蠻之狀。與中世紀等。不意以爹亞士而若斯之暴也。經此種種壓制之下。故第八次選舉。爹氏仍獲全勝。

反對黨首領瑪得羅。（今之革命軍統帥亦即此人）以客歲九月倡革命。不幸事敗。死者數百人。入獄者如之。其有亡命至美國者。美政府輒應墨西哥之請。亦捕之以入美獄焉。於是美墨兩國志士。異口同聲。詰難美吏曰。夫以華盛頓。遮華臣。林肯為理想之美國官吏。何以為爹亞士所脅制。而加害於亡命之志士乎。又因放奴之事而啓南北戰爭之共和黨。何一旦反為資本家之後援。助彼等實行奴隸的產業於墨西哥乎。然詈者自詈。美國官吏置若罔聞也。今美國亦下動員令。以大兵壓墨境。然則至萬不得已之時。美墨其將合併乎。是絕不然。美墨合併。非資本家之利。亦非資本家所期望也。彼輩日夜吮土人。

之膏血方且津津有味豈肯遽然棄之彼輩所最希望者則爹亞士永握政權是爲最大之利益耳

今者美以大兵壓墨境而又宣言確守中立此殆僅對於革命黨言之耳何以明之彼嚴禁其民饋糧革命黨而許墨政府自由假彼鐵路以運兵曾是守中立而若此者乎夫美政府之所以畏革命黨而防衛如是其嚴者非有所愛於墨西哥恐害及彼資本家之利益也彼於古巴檀香山巴拿馬何嘗不左袒革命黨則以彼地之資本家素與革命黨有因緣也不意高尙純潔之門羅主義每下愈況至有今日保護專制政治而援助奴隸產業之舉也觀世變者能不爲之寒心哉

然美國之良民多不滿於大統領之對墨政策抨擊之聲四起且表同情於革命軍加盟者日有所聞全美國勞傭者亦大反對美政府之干涉墨西哥革命此則公道自在人心也雖然一切交通機關既爲金力權力者所占領吾輩雖欲知其眞相亦烏從知之惟以兩年來墨西哥內情及美墨關係則今茲所云決非出於想像此則敢斷言之者也若夫革命黨之運命如何今固無從豫測意者其終爲金力家所左右乎其一線

之生機則美國之輿論與夫正義人道之聲今方喧囂不已或可占優勝之勢力乎此雖空言然於墨西哥革命黨員如添一生力軍也

明水曰余讀論墨西哥大統領爹亞士之書至多皆言其人沈雄英鷙材力過人並世君主中罕有倫比固近代一偉大人物也及觀茲文不少貶詞則又何也然此第勿深論余非欲爲爹亞士作傳**余所欲告我國人者以資本家之可畏利用外資之不易耳**夫以堂堂北美合衆國其政所從出不在華盛頓之白宮（大統領邸）不在左右兩院不在各行政衙署乃在紐約倭兒弗街之金融店大統領無權也議員無權也國務大臣無權也乃至美國多數之國民亦悉無權也而壟操於少數腹便便目術術之素封驟以語人其誰不以爲大奇者然亦何奇之與有斯賓塞耳不云乎昔以軍政立國故國家一切設施咸以軍政爲本今以生計立國故國家一切設施咸以生計爲本斯言諒矣夫惟以軍政爲本也故易稱武人爲於大君惟以生計爲本也故太史公謂仁義之門歸於富厚此種現象寧獨美國彼號稱强國之政府又誰不爲此種勢力所宰制者

著譯

英之於埃及法之於摩洛哥非其彰彰者乎且夫今日之時代又帝國主義之時代也而帝國主義所由起則以資本充溢爲其最大之動機昔以保護通商爲政策者今以保護投資爲國是至資本而有待於國家之力以爲保護則不屋人之社潴人之宮奴人之民以盡置於其政治範圍之下不已也今大勢所趨既驅彼諸强以不能不從此主義則資本家之勢力橫絕宇內一舉手一投足內之左右政府外之震撼世界者不亦事勢之自然者哉余觀墨西哥之事而感不絕於余心矣夫以爹亞士之雄材大畧雖其專制之暴或不免爲世詬病然其欲利用外資以振興墨西哥則固人人深信不疑也而其弊一至於此是果何故哉一言以蔽之則墨西哥人企業能力薄弱不足以副爹亞士所期反令美人得乘間以入而盡吸其精華也墨西哥立國數十年矣自爹亞士執政以來亦三十餘載矣試命聞有墨西哥人所開之銀行乎有墨西哥人所築之鐵路乎有墨西哥人所經營之公司乎凡此皆無一焉則非利用外資而爲外資所利用耳夫至其國而爲外資所利用此其禍有甚於兵力及大勢既成雖有善者無可如何彼爹亞士之

八

深與美人結託而惟恐其政權之失墜或亦勢成騎虎未可知也吾於此得一原則焉**非大政治家不足以利用外資徒有大政治家而不先鼓舞國民之企業心養成其企業能力者亦不足以利用外資**彼美國固以利用外資致有今日之盛者也而日本今亦盛倡利用外資之說者也然觀美人日本人之企業與墨西哥兩兩對照則其成敗之數奚待蓍龜夫墨西哥猶幸有一爹亞士然且不勝其弊釀成大亂況有國焉上之既無大政治家下之國民又無企業能力而外資滔滔流入如水赴壑則其結果當何如乎君子曰終亦必亡而已矣

要之此次墨西哥革命其直接間接無不與外資有關係今也外電紛傳革命黨已獲全勝自大統領以下全閣辭職而以外務大臣某繼爹亞士之後革命黨首領瑪得羅則爲之顧問墨國風雲遂以暫息其政治上之變動固劇而生計上之關係恐仍不能脫美國資本家範圍之外也噫

宣統三年四月廿二日稿

著譯

子

國民與國會之關係

著譯 弍

柳隅

凡例

一本書爲英國大儒斯賓塞著其出版雖在十九世末然其敍述英國國會識解宏通論斷精闢至今讀之猶若新發於硎也今我國國會成立在指顧間矣讀此可以知國會之性質與其作用故譯之以餉國民

一中西文體不同書中反覆申言之處在原文見爲精美者然悉譯之我國人或病其冗故遇其複者節之惟應有盡有不敢疎漏

一文中多徵引事實然同一義例多或引至十餘事懼讀者生厭故將其不甚適切而又無大關係者量爲删削

一書中所擧事實或制度有爲一般人所未易知者爲附注之以便讀者易解

譯者識

第一篇 國會

第一節 緒論

昔希臘之詩人何馬曾有言曰。『尤里斯氏欲防希臘之國亂。必以口舌說服其君主。而以腕力壓服其國民。』嗚乎。豈料物換星移。今昔異致。以今日之立憲國爲政治家者。雖具尤里斯氏之才。然欲爲非常之舉動。不能以腕力壓服其國民也。而必先以口舌說服其國民。蓋尤里斯氏所以對待君主之手段。今之政治家必移之以對待國民焉。夫豈必今之政治家不能用尤里斯氏之腕力。實今世之國體與古代不同。則所以對待國民之方法。亦不能與古代同也。夫爲政治家者。欲有所建設。常向其所期望之人。而試其說服之手段。自古及今。固無所異。雖然。尤里斯氏所期望其心服者則君主也。而今之政治家所期望其心服者則國民也。使尤里斯氏未得君主之表同情。而徒於國民之前。多所陳請。雖能博一般人之歡心。其於事必無所濟。使今之政治家。未得國民之表同情。而徒於君主之前。多所陳請。雖能博一人之歡心。其於事亦無所濟也。何馬不又云乎。阿牙綿儂王（紀元前千百七十年頃之希臘王）之無道。國民有受其害者。有竟陷於死者。與經典中所謂達必特王之無道時。其情形直無所異。雖然。若以今日之國民。使不幸而罹此厄。吾知其必不束手以待斃也。有揭竿以與君主爲難而已矣。

夫今日之國民。與古代之國民。其位置所以生如此之變動者。各國固各異其原因。而在英國。則實因有**國會**。而然也。抑英國之國會。其在昔時。固專以防國王之專橫。至於近世。則並以遏制貴族之權力。故觀於國會之沿革。則國民勢力之消長。亦從可見矣。蓋國會之發達。實國民進步之反映也。國會之行動。又國民智識之反映也。國會之特權。則又國民權力之反映也。故本章所欲研究者。即在國會之發達及其行動與特權。則且進而分論之。

第二節　上議院之起源

距今一千年前。撒遜人之統治英國也。其時郡國才智之士。相聚而議國家治安之計與富強之策。時則有其集會之機關焉。即所謂**賢人議會**是也。此議會之性質凡加入其中者。非拋室家之累。舍謀生之業者。不能從事。故非素封之家。不能與於其選。於是乎所謂賢人議會者。遂變爲**貴族議會**。此實勢之必然者也。而國王之召集代議士。亦限於堪與其選者。始召集之。及諾曼人征服英國後。威廉第一。亦倣前朝之例。召集各州之貴族及賢者。使組織議會。自斯以後。歷代之王。一循此例。凡僧正、僧院長、及伯男爵之貴族。皆召集於國會中。使參與國家之大政。惟與撒遜朝有異者。即限制人民多數之參會是也。蓋其制度。凡各州之小貴族。其得充代議士者。僅許二名或三名。依此典例。逐漸推移。於是乎又發生一新慣例焉。**即僧正及大貴族。由國王之指名。而各州之代議士。則由州長之任命是也。**而此慣例。終且成爲成文之法律。約翰王之頒布大憲章也。即規定僧正、大僧正、僧院長、又伯男爵貴族。由國王親任命。而各州之代議士。則由州長舉定之。蓋其議員至此已分爲勅選與州選之二派矣。此英國上議院之沿革也。

第三節　下議院之起源

諾曼朝之君主。固依撒遜朝之例。仍見代議政體之施行。雖然。彼其各州之代議士。乃由官吏（州長即官吏）所選舉。而非由人民所選舉也。**若夫民選之議員。則自大憲章頒布後。再越四十餘年。而乃始發生**（當千二百五十四年）國王命各州之州長。各選舉善良之州士二名。使爲國會之議員。當時各州之代表者。

固得與大貴族共參與一國之大政。特所缺憾者。其代表非由人民公選耳。未幾。而忽有一大變革起焉。卽民智發達。有政治團體之組織是也。蓋英國之人民。權利之思想漸次發生。思爲政治上之活動。於是互相團結。謀占高尙之地位。而爲自由之國民。風氣所趨。彼素屈服於貴族鞭笞之下者。亦漸知醒悟。而求脫其羈勒。於是平民之勢力逐日發達。而其高掌遠蹠。爲民黨之領袖。而立民選議院之基礎者。則**西蒙是也**。西蒙生於法國。後養於英人。憤國王亨利三世之專橫。藉大貴族之援助。遂壓服之。繼而大貴族跋扈驕縱。其專橫無異於君主。西蒙又以平民之力壓服之。當西蒙之戰勝亨利第三也。尋卽開設國會。命全國各州各舉代議士二名。而各邑亦得各舉代議士二名。平民之勢力驟伸於政治上。**遂爲英國之國會史開一新紀元**。史家謂其爲民選議院之創業者。洵非溢美也。

民選之議院。雖立其基礎。曾幾何時。而國民竟忘其珍重可貴之權利。而棄之如遺。蓋自魯耶斯戰後（即西蒙戰勝亨利第三之役）數十年。迨於一二九四年之國會。猶僅有各州選出之代議士。而各邑之人民。猶未解舉代表以參與政權也。及一二九五年之國會。西蒙所設立之制度始完全施行凡各州各都府及各邑各使舉二名之代議士自斯以後迄於今日國會之組織乃合州邑都府所舉之議員而成人民之參政權至斯乃普及矣

古今世事之進步使必歸功於破壞之事業是讀史者之無識也不見乎地質學者乎彼其測量地質謂龜裂中之地層其各層之成立乃有先後而經若干之時代猶分隔而未能融和夫其分隔而未能融和馴至於破壞是地質之拙劣非地質之進步也夫人類之歷史則亦若是而已凡社會之進步皆由於一般事業之進步而非由於破壞之事之所致若以軍人之戰捷能致社會之進步推其流極恐野心家將利用之以爲口實而動起破壞馴至演成殺人如麻流血成河之景象一將成功萬骨枯皆由於社會誤認破壞爲美事之所致也今試放眼而觀克列西與亞岑戈之古戰場彼高歌而唱凱還者固亦呈一時之光榮然試問於社會之進步果有絲毫之關係否也故西蒙之戰勝亨利三世在英國政治史上固不能謂其無功然英國國會之發達乃由社會全般事業之進步正非獨西蒙一人之力也

第四節　國會之議稅權

魯耶斯之役。實確定英國人民獲有參政權之基礎也。自諾曼人征服英國後。閱二世紀之星霜。歷代之君主。固亦時有虐政。然因徵集代議士之事。遂漸以養成代議之政體。而其使代議之政體得漸次發達者。則實因諾曼朝之諸王。其財政常陷於困難也。當撒遜時代。賢人議會常輕於議決重稅。而諾曼朝諸王。亦不諒民力。惟圖謀歲入之增加。及亨利第一。其所徵之稅。且有所謂貴族貢獻稅者。此歷代苛稅之情形也。其後嗣王闇弱。國民乘之。凡由王自提議徵收之租稅。皆拒不奉納。迨於約翰王之時。除三正稅之外。一切之租稅。皆必經國會之協贊。始能徵收。**是爲國會有議決稅權之始**。及十三世紀之終。有賢主出。制定善良之法律。凡議決租稅之權。皆使屬於國會。即千二百九十七年之條例是也。依此條例。凡一切之租稅。非經僧正、大僧正、伯男爵及州邑都府所舉議員之承諾。不能徵收。**於是國會議決租稅之權。遂確定矣。**

第五節　國會之立法權

千二百九十七年之條例。既以議決租稅之權。賦與國會。而因此之故。國會又獲有一種之權力焉。卽立法權是也。當撒遜時代。立法之事。既曾經賢人議會之協贊。及諾曼朝諸王。亦多循撒遜朝之舊例。雖然。當威廉第一之時。又設立有法律顧問會。其所議決而布告者。卽成爲法律。是此會固有立法之權。然其所以獲有此權力者。實由國王之信任。且爾後閱二世紀間。其勢力又不振。是國民之有參與立法權。尙未確定也。及千二百九十五年。耶德華一世。讀羅馬帝惹斯底尼安所創法律之格言。大爲感動。曾宣言曰。凡事之關係於國民全體者。須經全體之承認。迨耶德華二世時。國會利用王之弱點。以耶德華第一之宣言爲口實。凡法律之制定。必使經國會之議決。遂制定一條例焉。曰『上自國王及皇嗣。下至於庶人。欲決定其所有權限之法律。必依從來之慣例。於國會中。合王與高僧伯男爵及庶民。依討議之一致。始得制定之』此千三百二十二年事也。

千三百二十二年之條例。非有所創作也。不過以耶德華第一之宣言。及威廉王與其後嗣所制定之規則。由慣例而變爲法律而已。而此條例。其所賦予國會之立法權。尙未十分强固也。特限制國王之立法。使無立法官之輔佐。不得擅制定而已。而國王之有制定法律之權。猶顯然承認之也。爾後英國之憲法。雖幾經變遷。獨此國王立法之權。尙依然如舊。即現今國會法規之首。所云「吾女皇陛下由國會中教權俗權二貴族及庶民之忠告及協贊。以制定法律」尙猶大書特書。確定國王之有立法權也。雖然以國王而制定法律。往往生出危險之結果。此實不可免之事也。且經由顧問會國王所發布之勅令。與經由國會勸告國王所制定之條例。實際上常難分別。蓋由國會議員中之大臣（英國大臣得爲國會議員）往往兼任顧問會之職。而此種大臣。自諾曼朝開基後。亘二世紀間常占有國會中重要之位置。故由顧問會協商制定之勅令。常誤認爲由國會審議制定之條例。以政府大臣一面爲國會中之議員。一面又爲顧問會中之職員也。而其阻礙國會立法權之發達者。**不在於條例而在於勅令** 昔斯達布氏曾區分勅令與條例之界限矣。其言曰。亨利二世所制定種種之規則。皆勅令也。即大憲章亦勅令也。至於亨利三世所頒各種之條例。特隨其意之所欲而爲之。如所謂都邑稅大法等。皆未嘗經顧問會及國會之審議。故此等條例。亦勅令也。迨千三百二

著譯

十二年以降。國王猶時濫用其立法權。即一三四一年十月。耶德華第三。會廢止其由是年國會所請願而裁可之法律。而李查特第二。亦曾揚言曰。法律者在國王之口舌與胸臆之間。又有言曰。吾國之法律。朕得自由制定及變更之。雖然。此等之專橫。決非國會之所能忍也。故一三四三年。耶德華第三。嘗再以正式廢止一三四一年所廢止之條例。國會即起而裁抑其專擅之權。而李查特第二。嘗謀解散國會。卒為國民所反攻。至於廢位。故自千三百四十四年以降。新制定法律。國會即舉其自身立法之權力。記入於其中。今試舉其一例。其新法中有云。『吾至尊之王耶德華陛下。為與國中之高僧伯男爵及其他大臣與庶民會商立法。開國會於威士特民斯塔親監督之。其所規定命令及確定之事如左』斯即國會立法權之保証矣。此英國古代國會立法權之歷史也。

第六節　國會成為上下兩院之原由

英國組織國會之分子。實包含數種之階級。即僧侶、貴族、平民、是也。而自昔以來。因計議事之便利。此三階級者。常各異其議塲焉。且國王所以召集此三級之議員者。實為財政計也蓋不得納稅者之承諾而輕課租稅旣爲法律所不許故不得不召集三級之議員使議決其各級負擔之稅額俾內帑可以不告窘乏也抑國會所以變爲兩院如今日之景象者實非一朝一夕之故也回顧一二四四年之國會高僧及伯男爵兩貴族猶異其議場爾後閱百年間彼州擧之議員將與貴族之議員同議席抑與平民之議員同議席猶時生疑難而未能決定其位置斯達布氏曾有言曰當時各階級負擔之稅租各異其比例故僧侶貴族及州議員邑議員分爲四議場則當時之國會實四院制也且夫僧侶貴族之議員所以列之上院平民之議員所以列之下院者其制蓋起於十四世紀之中蓋當時之僧侶因議決負擔租稅之故有所不利故辭國會議員之職而列於地方敎務議會而國王召集國會之目的實在於徵稅以僧侶議員之辭職無傷於徵稅之大局也故亦聽其辭職及一六六四年地方之敎務議會亦豁免僧侶納稅之義務焉此僧侶議院消滅之歷史也自斯以後國會之組織漸次變易旣而再加入僧侶之分子終至貴族僧侶之議員列之上院而平民之議員列之下院國會之組織遂確定爲二院制也

由是觀之。英國之國會。所以成爲今日之景象者。蓋實幾經變遷也。其始起於撒遜朝之賢人議會。終至成爲今日之國會。而中間爲國王立法顧問官之三階級。今也竟成爲上下兩議院。故揭其歷史之梗概。則國會之眞成立。實在於十三世紀之末也。上下兩院之分立。實始於十四世紀之中也。國會之有巴力門之稱。實起於十四世紀上半以前也。此其歷史之大畧也。

第七節　國會集合之地

國會集合之地。蓋自有巴力門名稱之後。再閱幾多之星霜。始有一定之場所也。原國會之性質。爲輔弼國王之立法行政。則其集會之塲。必附於國王所在之地。此固必然之理也。某史家嘗有言。威廉第一在位之時。每歲行加冠之式凡三次。其第一次則於耶蘇再生日。行加冠式於威因查斯達。第二次則於五旬節。（猶太宗之祭名）行加冠式於威士特民斯塔。第三次則於耶蘇生日。行加冠式於格羅紗斯他。而此行加冠式之塲所。即顧問會集合之地也。然嗣後之君。不依其例。於此三塲所之外。再加以約克、諾然布頓、林、孔佛黎、里紗士達、戈綿託、黎勒仁、克梭士、巴黎、加里爾、納丁翰、康布立寺、士路而巴里、克拉陵、東烏德士、獨克等地。爲議會集合之塲。其最後乃定以威士特民斯塔。爲召集國會之地。其上院則以其地所謂彩室之王宮爲集會之塲也。其下院則初召集於寺院之僧會堂。及條特爾朝。則移於聖勅斯顛之禮拜堂也。蓋此等之地比之其他都府。曾召集國會之會塲。易於召集。況威士特民斯塔之地形接近都城。而密邇法院沿泰晤士之河岸。交通利便。誠召集國會最良之地也。

第八節　國會之衰微

國會開設之後。數百年間。雖應定期之召集。然爲議員者。一年應三次之召集。遠離鄉井。而跋涉風霜。雖在富民。亦力所不能任。於是乃改爲一年一度之召集。千三百三十年及千三百六十一年所布之法律。即規定一年爲一度之召集。而自十四世紀以迄十五世紀之上半。一皆率循此例也。顧當時之國王。窮奢極侈。內帑常告困乏。於是不得不求助於國會。而當時之國會。即常利用此機會。以救人民之疾苦。蓋有挾而求。易使國王之從其言也。洎夫約克朝諸王。蔑視國會之權能。而別設協議會。蓋當耶德華第四時。王既勤儉節用。而又富於權謀。懷抱專制之思想。當其初即位也。忽焉有內訌起卒以王之智勇使稱亂之貴族多歸敗亡於是上議院之勢力幾掃地以盡而下議院勢成孤立其力亦不足以抵抗國王國王見臣下之不足懼也遂常施虐政肆無忌憚**故約克朝時代實爲英國之政治史別開出一局面蓋此時代實君權長而民權消之時代也**夫英國民權之進步在此時代雖不無小障礙然謂其他一切之事業皆無進步焉則不可也特就政治上言之則自爾時以降閱百五十年間實專制政治當王之時代也

約克朝以降國會開會之期常不確定且立法上之事常爲內亂所妨害又以國王之徵稅貪欲無厭也遂別設獻金之新法其名雖美爲國民所樂輸實則出於國王之强奪也夫妨害國會之開會停止立法之議事强逼國民之獻金此三大罪惡實英國百五十年間人民所共感切膚之痛者也而自千五百二十三年以降國會之不召集者且及七年彼耶里撒伯斯女王比之乃父厥罪尤大蓋女王在位間國家之大政固不求國會之協贊也其在條特爾王之時國會雖開爲議員者惟迎合國王之意旨以議事至於亨利第八年甫二十四即有操縱臣下之才國會始承認其有廢止即位以來

所發布法律之權。繼又承認其經由顧問會諮詢所布之勅令。與法律有同等之効力。

彼史家以國王之攘奪立法權。由於國會之批准。以此謂立法權予奪之大權。尚在國會。此不過無聊中之慰藉而已。蓋此時立法之實權。全在國王之掌握。彼國會者。固虛而無物也。

第九節　國會之失議稅權

立法之權。雖歸國王之掌握。及耶德華六世之時。國會所讓與其先君之立法權。再取而歸之於自己。顧猶有遺憾者。則自斯以降。立法之權。名雖在於國會。實則尚存之國王也。且專制時代。嗣君比於前王。常變本加厲者。此古今之通患也。耶里撒伯斯女王之在位也。倣其父之例。國之大政。不肯求國會之協贊。彼哈蘭氏所謂立法之追加權者。且恣侵奪之。遂頒布再度洗身教徒放逐令、青黛培養令、穀物輸出令、服裝制限令等、詔勅。此等勅令。其爲利爲害。姑勿具論。要之其爲憲法史上之污點。則固無疑也。何也此等法規本屬國會立法權之範圍今也由國王以勅令發布之夫寗非國會之羞也當布蘭他的匿託朝之時英國憲法上最珍重可貴之主義迨條特爾朝而澌滅幾盡其最可痛者則立法之事國會殆全失其權撫今思昔夫安得不使人短氣也

此專制政治之結果其弊害實有可驚者則因立法之權既爲國王所攘奪而**徵稅之事國會亦全失其議決權而一任國王之自由也**彼耶德華第四所頒之獻金新法實根本於李查特第三所設立之條例此新法之形式謂人民獻金於王法所不禁者陽藉義捐之名陰以行其勒派之實也亨利第七之時大僧正毛耳根又爲畫一聚斂之策謂國民無論貧富對於國王之横征暴歛皆遵奉而不可違而亨利第八之世計臣鄔耳紗亦導王以聚斂遣派徵稅委員於全國以如此之苛征民不堪命於是怨聲載道卒使鄔耳紗氏不安於其位詩人沙克思哈嘗作詩爲王辯護謂王之暴歛横征實由大臣導之雖然專制之國爲大臣者常迎合君主之意旨以行事故大臣之罪卽君主之罪也亨利第七時毛氏之政策與亨利第八時鄔氏之政策爲君主者皆不得辭其咎也而馬黎女王之外國織物稅耶里撒伯斯女

王之外國酒稅皆不經國會之協贊而出於大臣之迎合蓋此時國會之議決稅權直掃地以盡也

第十節　國會之回復勢力

國王得濫用徵稅權與立法權則人民之自由皆爲所犧牲故條特爾朝百二十年間實專制政治跋扈之時代也論者或謂專制之政治多起於君主之有過人之才而正不必盡然也彼亨利七世亨利八世及耶里撒伯斯女王使非國民之抵抗微弱彼三王者正不必能肆無忌憚也未幾貴族與平民黨因內訌之故同歸於疲敝者忽焉漸回復其勢力蓋其時之上議院新增加議員且後章所記之貴族因寺院領地沒收之故驟然致富其勢力因爲之一振而在下議院因社會繁榮之進步有力以盾其後其勢又駸駸焉如旭日之初昇故國會之地位已非復如前此之可侮矣要而論之條特爾朝雖專制然尚保守秩序也因此之故國民之勢力漸次回復遂以覆倒專制之政治此中之原因頗爲複雜今試畧言之耶里撒伯斯女王之在位也其所執之政策頗與祖父異蓋亨利七世之能設立專制政體而其子亦得維持之者以其時之國民無

抵抗君主之勢力也及女王嗣位竭盡智能始得維持其專制之餘燄且當亨利第八時王既窮奢極侈民力已竭於負擔故女王乘其後不得不崇尙節儉以休養民力顧女王之才有足多者彼其所施之政執嚴肅之主義使英國人民竟得漸赴於繁榮試觀當時之文化則萬百學術頗呈進步之觀而商工事業亦極隆盛一般小民皆幸生盛時而視女王之壽考舉國有歌舞太平之景象而忘專制政治之可懼謂耶里撒伯斯非女界之英雄而不得也

女王之籠絡政策誠足使人民之歸心雖然此種之專制政治比之亨利七世之虐政其害人民之自由則尤甚也嘗試論之亨利第七與亨利第八之施政如揮利刃以追逐人行道之人皆望而生畏也女王之施政則如藏利劍於金鞘但見其外光怪陸離之可愛而不知其內之有殺人之具也使此女王而天假之年則法國之變恐亦必起於英國幸也龍馭早逝以一身結專制之局蓋至查里斯一世之上斷頭臺而專制之毒乃一掃而空也夫斯宁阿特朝諸王其才能固不下於前朝之君主依史家之言查里斯二世之才實英國帝王中之最特出者然彼上斷頭臺之查里斯一世與其先帝

其才固亦不讓查里斯二世也。且斯宁阿特朝諸王。其擁護專制政治。亦不減於條特爾朝。的曆斯王嘗謂獨裁之政治。能副神意。實爲眞正之典範。故獨掌握立法權。使臣下必仰承其意旨。而其時之寺院及法院。亦兢兢於保護其詔勅。全國之裁判所。每週且發命令。諭人民當守遵奉詔勅之義務。而在寺院每日曜日。又開講壇。以說明詔勅中之意旨。其時之專制政治。蓋氣燄薰天矣。

雖然。的曆斯王時之形勢。蓋與耶里撒伯斯女王之時異。當王之時。國民之抵抗力。已逐日强盛。且王之生也。實混合蘇格蘭人與法蘭西人之血統。故舉國人民。皆以外人視之。而其尊號。亦爲特別之名稱。使國民聞之。共抱奇異之感。而問其君德何在。則不外驕慢誇大而已。彼其穢德。余固不樂於縷述也。要而論之。的曆斯王在英國所施之政。與列阿莫安王在凱斯勒耳所施之政。直無所異也。且夫條特耳朝之不召集國會。與剝奪國會之立法議稅權。至斯宁阿特朝。亦一循其舊轍。國會終歲不召集。議員有自行集會者。則受國王之侮辱。然議員憤不能平也。時起而抵抗之。蓋物極則變。必然之勢也。當的曆斯王之在位也。其第一次之國會。痛陳人民之疾苦。大觸王之忌諱。而第二次之國會亦復演前次之激論卒之不能奏效其議案無一得裁可者且至於被解散焉第三次之國會幸回復其彈劾權因暢論國會之特權以報前此逮捕議員之侮辱第四次之國會則廢止專賣權及痛陳王所布詔勅之不善而請願於王此的膺王時國會之歷史也查里斯王之在位也第一次之國會因人民供給王室之租稅力不能堪謀爲解除其疾苦第二次之國會則彈欵勃金翰公而約翰氏與達德里氏因有侮辱國王之語被逮捕焉第三次之國會提出著名之權利法典而國王拒絕其裁可第四次之國會開會僅數日旋被解散而再召集第五次之國會及第五國會人民之怨毒積之已深不能不洩其勢若決江河沛然莫之能禦也於是乎大變遂起

夫的膺斯及查里斯二王使得擅發詔勅以徵收租稅彼必不樂於召集國會不幸的膺斯王登極之初容孔克氏之勸告用三名之判官議定新法謂不經法律認可之詔勅無實行之効力受此箝制故斯宁阿特朝常苦心極思以謀募金之策既而誤用其計畫無正當募金之法而悍然鬻賣爵位與專賣權夫鬻專賣權是違反法律之事也而鬻爵位以爲財源亦有傷乎政體顧猶幸其依爵位之性質頗加限制也且斯宁阿

特朝。一循條特爾朝之舊轍。執隨意徵稅之政策。以獻金爲名。强募集國債。且課收商品稅及船稅。然隨意徵稅。實際上常感困難。以非出於人民所樂輸也。第二次國會解散後。的臏斯王所定之獻金法。爲阿來巴氏所拒絕。而斯他耳張巴法庭。竟處阿氏以違勅之罪。而科以五百磅之罰金。且加監禁。及千六百二十五年。查里斯第一所徵課之國債。亦爲國會所否拒。顧議員之因此下獄者。踵相接。彼有名之漢布丁氏。亦其一也。其他履行徵稅策之塲合。亦常遭國會之峻拒。曾課一土耳其商人之稅。對百威特量各徵以五喜林。率爲彼所反抗。不肯樂輸也。的臏斯王之時。其第一次之國會下院之中。曾痛論國王所布商品海關稅簿冊之不法。而查里斯王時。彪力丹教之信徒張巴斯。曾言寗被禁錮。而必不肯納課外國生絲不法之租稅。既而漢布丁氏拒絕船稅之繳納。大博國民之同情。斯尤爲歷史上之一大紀念也。近世政治家賓孔士信耳侯。曾謂有才識之仁君。能爲臣民謀福利。故使無責任之國會。間接以徵稅。不若使一國瞻仰之大君。直接以徵稅。其裨益更多。而此等仁君。往往遭遇大變。而不得其死。由侯之言推之。殆以查里斯第一之擅徵租稅。爲理之所當然。蓋侯精熟十七世紀之歷史。其由歷史上傳來之頑固性質未之能化故爲此不經之論亦無足怪也夫千六百三十四年張巴斯氏之繫獄實際上固與徵稅之事無關特由於王之專制不法而已且匪獨張巴斯氏已也即漢布丁氏之下獄亦特偶觸國王之怒故遭不測之禍耳夫君主而好用喜怒不測之淫威是最可恐之事也爲國民者將永爲其所蹂躪歟抑將求得自由歟何去何從不能不自擇此揭竿反抗之事所以發生也

第十一節　國會之運命可分爲三時期

自國會起源之初迄查里斯一世之被弑英國國會之歷史可分爲三時期即第一期之間確立其基礎已獲有一定之勢力第二期之間國王汲汲於排斥國會以擴張其專制之權力第三期之間國會回復其於第二期所失之權力而其勢再振而自長期國會以迄今日英國之歷史其局面又大異要之自上世以至今日國會之權力因占優强之位置也蓋當變亂之時國會常能抵抗國王之淫威而一振其勢力當斯宁阿特朝之中興也銳意於回復的膺斯第一所創立之專制政治故的膺斯二世擅施其排斥國會之權而其所布專擅之詔勅又欲廢止國會所設立之法律然查里斯第一

之運命既與斷頭臺之露俱消此等無道之詔勅亦並與朝露俱消蓋民智已開斷不容暴君之作威作福也夫當時諸王既酣條特爾朝專制之殘夢而未知醒悟而盈廷阿諛之臣又競以帝王神權之說熒惑君聽幸也斷頭臺上之刀光驚破其噩夢而阿諛之臣亦爲之斂跡卒變帝王神權之政治而爲國會之政治斯亦憲法史上之光也由上觀之條特爾及斯宁阿特兩朝皆汲汲於謀建設無道之專制政體而揭其政畧則第一國會之召集不定其期惟以遷延爲務第二以勅令代國會之法律第三不經國會之協贊而擅課租稅查里斯第一末次召集之國會嘗通過所謂三年期法律者即爲匡正上記第一之弊政也此法律所規定謂國會解散後三年內必召集新國會以國王前此常不召集國會故以是限制之也是期之國會又大攻船稅之不法且議禁止不經國會裁可之商品稅此議會之結果遂使國王每三年至少必召集國會一次且不經國會之認可亦不得擅課租稅故專制政治之氣燄遂漸以衰微也

月圓忽缺好事多磨世間萬事進步之中常不能不生頓挫此古今所數見不鮮也彼條特爾及斯宁阿特兩朝所創之專制新法實爲抵抗從來法律之手段遂使嗣後之

君有所藉以侮蔑長期國會之法律故其結果與亨利王及耶里撒伯斯女王之蔑視布蘭他的匿託朝之大憲章及法律直無所異也夫政體復古後統治英國之二王固汲汲於率循先君之政策然後斯宁阿特朝之專制與前斯宁阿特朝之專制頗異其情形卽的臀斯第一及査里斯第一其詔勅有法律之效力又其船稅之命令使人民必負遵守之義務而査里斯第二及的臀斯第二則汲汲於謀獲得廢止刑事法律効力之權也其在前斯宁阿特朝其詔勅及聚歛惹起國會之反抗其在後斯宁阿特朝其排斥國會之事則惹起寺院之反抗故前此之變亂輔翼王室之僧侶後此革命之際則皆轉而寄同情於國民也夫前後斯宁阿特二朝其所執之主義皆謂君主有左右法律之權力是非國會之所能忍也加以國會依從來之經驗知國王一切施設之事皆不足信任此其所以反抗也抑當時英國之形勢國王所最需要者有二一曰兵力一曰軍費而國會所予國王統轄海陸軍之權僅限一年其給與軍費亦僅限一年此等方法**實所以抑制國王專制最好之武器比之大憲章權利法典其効力猶覺遠在其上也**

其後國會又通過三年期及七年期之二法律。原此二法律之趣旨。非以防國會之長期不召集。實恐國會之開延至三年或七年以上也。夫查里斯第一時國會所立之舊三年期法律。原以防國王之專制。而威廉第三時之三年期法律及佐治第一時之七年期法律。則以防國會之服從國王。而無所建白。質言之。則查里斯第一時之舊三年期法律所以强國會對國王之監督權也。威廉第三時之三年期法律及佐治第一時之七年期法律所以强人民對國會之監督權也。此等之監督權。欲詳其實際之作用。請讓之後篇。而今茲所敘述者。則在說明英國所以成爲君民同治之政體與國會得占最高位置之原因。斯則本篇之大旨也。

文牘

郵傳部奏粵川漢鐵路借款緣由摺

奏爲遵　旨接辦粵漢川漢鐵路借款合同磋商定議。恭摺會陳。仰祈　聖鑒事。宣統元年八月二十四日。欽奉　諭旨。粵漢鐵路鄂境川漢鐵路事宜著歸郵傳部妥協接辦欽此。臣等查前大學士張之洞於光緒三十四年十一月六日。奏明詳察目前時勢參以津浦鐵路借款章程條款並無流弊英公司經理人來京與臣定議已派令曾廣鎔高凌霨來京與該公司面議鄂湘兩省借款條規即可定議已與湖廣總督陳夔龍湖南巡撫岑春蓂商妥等語。奏　旨依議欽此。該大學士任內已定之借款草合同。係於宣統元年四月簽字。因病不及陳奏。旋即出缺。兩年以來。各省拒款。延擱至今。而英德法美四國銀行。屢至郵傳部催辦。及本年該四國駐京使臣。照會外務部。均傳述各銀行之言。以張之洞係國家代表。草約已畫。即爲成議。催促實行。外務部郵傳部幾至難於應付。臣等又查該鐵路。倘若不歸國有。取銷舊案。則商民籌款辦工。亦必延宕。本年四月十一日。欽奉　諭旨郵傳部奏粵漢鐵路鄂境川漢鐵路借款正合同勢難久延請將該部批准前案取銷等語。著依議欽此。臣宣懷遵卽按照草合同與英德法美四銀行代表。再四磋磨。原議五釐息九五扣。借款英金六百萬磅。一爲贖回前美國合興公司發售金圓債票。約計五十萬磅。一爲建造官鐵路幹綫。由湖北省武昌府起。經岳州長沙至郴州宜章縣爲止。又爲建造幹綫。由廣水起。經襄陽荆門州至宜昌爲止。又建造枝路。自漢陽府起。至荆門州止。今改議將漢荆枝路六百里删除。以分枝幹界限。並因宜昌以上。山路崎嶇。非用專門洋工程司不能妥速。議將宜昌至夔州難工。約六百里。抵補截去之漢荆枝路。其建造工程。自實在開工之日起。限三年造竣。惟宜夔路綫艱難。期限准其稍長。此合同畫押後。六個月內。在武昌長沙廣水宜昌四處同時開工。以赴幹路速成之宗旨。又原議建造程如有不敷。則向銀行續借洋款。其利息條款。仍照現時合同。而價値須九四五扣。且須另加抵押之餉源。今改議如不敷續借。照本合同條款續售第二批債票。毋庸多扣。其數不逾四百萬磅。惟因不加抵押。年限須改四十年。仍訂明十年後。無論何時。均可還清。第十七年以後。仍無須加二磅半。雖則稱四十年之限。仍與二十五年之限。毫無分別。又原議本合同第二款所言之鐵路。將來或以爲有益。或以爲須造枝路。如須用外國資本。則先儘銀行等商辦。今改議爲第二款所言之鐵路。如欲展長。先以中國款項。自行建造。如須借外國資本。倘銀行等所給之條款利益不少於別家。則先儘銀行等商辦。又原議或在中國。或在外國所存鐵路款項。皆須存於匯豐德華匯理各銀行。今改爲照淨數一半存於郵傳部所指之交通銀行。或大清銀行。又原議於購買材料。皆注重外國。即鋼軌大宗。亦言明一半購買承辦借款之國。今改爲鋼軌。及附件。皆應自行製造供用。及購買中國材料。皆不給用錢。其外洋材料。須由郵傳部選聘專門工程司驗看此項貨物。又原議附件內。甚言津浦鐵路。原訂合同最爲詳善。允准酌照辦理。因語涉籠統。太無限制。已將此附件刪除。以上各節。磋商數月。會晤將及二十次。辯論不止數萬言。於原約稍可力爭者。舌敝唇焦。始得挽回數事。實已無可再爭。至於將來造路之遲速。用款之繁簡。駕馭工程司之疏密。是在督辦大臣之挈領提綱。及所派各路總辦之精核勤察。謹將接議合同二十五款繕具清單。恭呈　御覽。應否卽由郵傳部臣簽字蓋印。請　旨遵行。再此摺例由郵傳部主稿。臣等再三會議。意見相同。所有借款草合同。實係宣統元年四月簽字。其時資政院尙未開辦。現在正合同係遵奉　諭旨着歸郵傳部接辦之案。並非目下始行定議。惟此項借款。將來如何用法。甚關重要。自應由郵傳部會同度支部屆時分造各項表册。卽交資政院議決。合併聲明。所有接辦英德法美各銀行鐵路借款緣由。理合恭摺會陳。伏乞　皇上聖鑒訓示。謹　奏。

川粵漢鐵路借欵合同

此合同係宣統三年四月二十二日。卽西歷一千九百十一年五月二十號。在北京訂立。其訂立合同之人。一係郵傳大臣。已奉旨允准。訂立合同。一係德華銀行。匯豐銀行。東方匯理銀行。及美國資本家。（以後卽簡稱曰銀行等至美國資本家乃紐約城開設之摩根公司昆勒貝公司第一國立銀行國立城市銀行四家合成者）茲議定條款如左。

第一款。　大淸政府准銀行等辦五釐利息金鎊借款。數目係英金六百萬鎊。此次借款期限由發售債票之日起算。名爲大淸政府一千九百一十年湖廣鐵路五釐利息金遞還金鎊借款。

第二款。 此借款係爲籌備資本。一爲贖回前美國合興公司代大淸政府所發售而未贖回之金圓債票。計美金二百二十萬二千圓。幷此票按每百分應加價二分半。及應付之息。一爲建造官鐵路幹線。由湖北省城武昌府。經過岳州湖南省城長沙府至湖南省南界郴州境內宜章縣。接連廣東省所造粵漢路線爲止。此路線以後名湖北湖南兩省境內粵漢鐵路。估計約長一千八百華里。約合九百啓羅邁當。又官鐵路幹線。由湖北省附近廣水京漢路線之處起。經過襄陽荆門州至宜昌。估計約長一千二百華里。合六百啓羅邁當。又由宜昌起至四川夔州府止。（此段路線係抵補截去之荆門州至漢陽枝路）估計約長六百華里。合三百啓羅邁當。以後名爲湖北省境內川漢鐵路。二共長約一千八百華里。約合九百啓羅邁當。其勘量路線。均由郵傳部核定。以上所言金圓債票。一經銀行等稟請收回後。大淸政府應允照辦。其贖票需用之款。銀行等由此次借款進項內撥用。此項贖回之債票作廢後。卽呈交與大淸政府。大清政府收到已贖回之債票後。卽將從前案內所訂粵漢鐵路作抵押之字樣。全行註銷。並函知銀行等現並聲明贖取上開美國合興公司所售金圓債票。所需虛數五十萬磅。俟該票全數收回後。倘尚有餘款。此所餘之款。應撥歸上所載兩鐵路項內。

第三款。 此借款所備之資本。除第二款內所載贖回金圓債票之用款外。其餘專爲建造以上指明各鐵路購辦地段車輛。一切應配物料。並經營行車。又於造路期內。付還借款利息。均在其內。其建造工程自實在開工之日起。估計約需三年造竣。惟宜昌至夔州路線。工程艱難。期限准其稍長。此合同畫押後。於六個月內。在武昌長沙廣水宜昌四處。同時開工。該銀行等亦於此期限內。須備六十萬磅。知會郵傳部。如有需用款項之時。或測量路線。或建造工程。或訂購材料。或由大清政府收取該兩省已造之路。聽其或在歐洲。或在美洲。或匯中國。提用作爲銀行等代墊出售債票進款。此六十萬磅全數。或經實在提用之數。並其利息。均由出售債票進欵。儘先扣除其利息按週年六釐計算。此合同未畫押以前。所有湖北湖南兩省。已由各該省籌欵築造之路線。並該兩省鐵路之產業。應即收歸粵漢川漢鐵路官局管理。及照第十五欵所載。將來郵傳部因建築湖北湖南兩省境內粤漢川漢幹路線。欵項不敷之故。續籌之欵。均作爲湖北湖南兩省境內粤漢川漢幹線項之成本。惟此項成本。應收之進欵。不得有妨礙此次借欵歸還本利之處。

第四款。 此項借欵週年利息。按票面本金虛數百分之五計算。每半年一次。交與執債票之人。該利息自借欵發售之日起算。由大清政府付給。於造路期內。或由此次借款進項。或由他欵指撥。鐵路工程告竣後。先由該鐵路進項。次由大清政府以爲合宜之他項進款交付。自借欵發行之日起算。按本合同附表開列數目。照西歷每半年應交付之日期前十二天交付。

第五款。 此項借款期限定爲四十年。除後開第六欵所載外。自發行借款之日期後第十一年。始還本。每年應付還之數。由各該鐵路進項。或由大清政府以爲合宜之他項進款交付。每半年按照此合同附表數目。於西歷日期前十二天交付銀行等。

第六款。 自發行借款之日起至第十年後。無論何時。若大清政府欲將借款全數清還。或欲先還合同附表所載未到期之數若干。均可照辦。惟未滿第十七年以前。照債票面額加價二磅半。即每一百磅債票一張。還一百零二磅半。滿第十七年後。無須加價。每次預還若干。大清政府應於六個月之前用函知會銀行等。其預還之數。照借款招帖內載拈鬮日期。多加鬮數。一俟借款全數還清。本合同即時作廢。其已廢之債票息票。由銀行等順次收齊。交與中國出使英德法美大臣。所有已經抽出之債票及息票。自每次本息到期之日起。三十年之內。不來領取。則該項本息銀行等應悉數繳回大清政府。

第七款。本合同第四五款所載。每半年應還本利。按照此合同附表所訂數目日期前十二天。由郵傳部或在上海以規銀。或在漢口以洋例紋銀。及或新國幣。（一俟此項國幣行有實效）足敷在歐美洲交還金磅之數。均分交付銀行等。其磅價與該銀行等同日訂定。郵傳部亦可於還本利期前六個月內。無論何時。皆可隨意同時與銀行等訂定。大清政府遇有金款實在存於歐美洲。並非爲還此款而匯去者。亦可於到期前十二天。在歐美洲用以付還到期之本利。每年付還借款之本利。銀行等於每百兩計收用銀二錢五分。作爲經理費用。

第八款。此合同借款之本利。大清政府承認到期如數照付。若各該鐵路進項。或借款進項不敷到期還足本利之數。郵傳部奏明由大清政府設法以他項欵項補足。按期交付銀行等清還本利。

第九款。本合同内借款六百萬磅並第十五款所載之第二批債票之本利。以下列之款作爲頭次之抵押。湖北省百貨釐金每年關平銀約二百萬兩。湖北省川淮鹽局江防經費每年關平銀約四十萬兩。湖北省川淮鹽新加二文捐每年關平銀約三十萬兩。兩湖振糶捐鄂款。每年關平銀計二十五萬兩。湖南省百貨釐金每年關平銀約二百萬兩。湖南鹽道庫正釐每年關平銀計二十五萬兩。以上各釐捐。每年共計關平銀五百二十萬兩。特此聲明並無牽連於他項債款徵納抵押情事。此項借款本利。按期交付則不得干預各該省之釐捐。惟其本利倘屆期無著。除展緩公道時日外。則應將湖北湖南足敷歸還以上所開之釐捐及他項合宜之内地捐。即行交與海關管理。以保執票人之本利。此項借款或全數或一分未還清以前。倘再有將以上釐捐作他項抵押。或作質保等用。總須先儘此項借欵本利還清。除第十五欵所載之本借款第二批債票外。更不得有他項借款押款。或徵納各事。如於此次借款之上。亦不得與平行。無論如何不能損害其此借款之擔保利權。又在此借款之後。他項借款押款。或征納各事。由指上文所開定各釐捐抵付者。必先儘此借款有餘。再及他款。並須於在後他項借款押款或征納各事之約內載明。以上第二節所載金元小票贖回以後。此借款未還清以前。不得將各該鐵路及其收款抵押他人。此借款未還清以前。倘遇大清政府。議定修改海關稅則。減免釐捐。特彼此聲明。一則不得因此借款。係釐捐抵押。而阻止修改稅則。一則不得將此次所指釐捐減免。如欲減免。應先向銀行等商明。務於新增關稅內。如數撥足。儘先補抵。

第十款。 此項借款。准銀行等按總額數目。發售金磅債票。與承購之人。其債票每張數目。由銀行等斟酌定奪。債票式樣文字。由銀行等與郵傳部。或中國駐柏林倫敦巴黎或華盛頓出使大臣核定。並將郵傳部大臣簽名字樣。及其關防。均摹印於上。以省其親自一一簽押。未發售債票以前。可聽憑銀行等。請中國駐柏林或倫敦或巴黎或華盛頓出使大臣。逐張蓋印。並其簽名字樣。加印於上。以為中國政府允准及承認發售此項債票之憑證。銀行等之駐柏林倫敦巴黎或紐約代表人。亦須在債票上加簽。以證其爲發售債票經理人。倘此借欵發出之債票。或遺失或被竊或經焚燬。資本家或銀行等。隨卽知會郵傳部。由中國駐柏林倫敦巴黎或華盛頓出使大臣飭知資本家或銀行等。在報紙刋登告白。聲明已失之票。不能憑以取欵。並設法按各該國例章辦理。倘所失之票已過資本家或銀行等所定之期限。仍未覓回。則中國駐柏林倫敦巴黎或華盛頓出使大臣。應照原數重發別票。加蓋關防。交資本家或代表。該票主之銀行或銀行等。所需之一切費用。概由資本家或銀行等代失票主擔任。

第十一款。 所有此借款之債票息票。以及收付各款。在借欵期內。不納中國各樣釐稅

第十二款。 所有借款招帖。以及付利還本。一切詳細辦法。未經本合同詳細載明者。由銀行等會商大清國駐柏林倫敦巴黎及華盛頓出使大臣核訂。茲允准銀行等於本合同簽押後。將招帖從速分發。由大清政府飭知駐柏林倫敦巴黎及華盛頓出使大臣。遇有應會同辦理之事件。即銀行等協同酌辦。並簽押此項借款招帖。

第十三款。此借款六百萬磅。俟本合同簽押後。全數從速一次出售。不得延過十二個月外。其價值係按照虛數九五折。交付大清政府。銀行等在歐美洲及在中國招人購買。中國人與歐美洲人一律照章辦理。若大清政府定購。自應儘先照給。但須於未發出借款招帖以前。至少四日定購。發出借款招帖日期。由銀行等先七日告知大清政府。

第十四款。借款進項。或在中國。或在柏林。或在倫敦。或在巴黎。交付德華匯豐匯理各銀行。或在紐約交付美國資本家。或在中國交其現所指定之花旗銀行。或以後隨時指定之他銀行收存。歸入湖廣官辦鐵路內。至此款收賬辦法。係按照購票章程內所載購票人交付票款之日期辦理。其在柏林倫敦巴黎紐約所存之款項。按週年三釐給發利息。在中國所存之款項。作為往來賬。其利息隨後酌定。借欵進項暨生發之利息。除照本合同第二欵第三款所載。應先交付各款外。所餘淨數歸銀行等收存。聽候郵傳部提用。在中國所需欵項。可由郵傳部定奪。向德華匯豐匯理各銀行。及美國資本家。現所指定之花旗銀行。或隨後指定之他銀行。匯至中國。惟每一禮拜。不得逾二十萬磅之數。凡由歐美洲匯寄借款來華。以及在中國由銀行等撥交款項。與以下所指定之中國銀行等。或其數目。須設法使各銀行相等。每次由歐美匯款。其匯價由郵傳部與匯款之各銀行。同於當日訂定。郵傳部亦可隨意於匯款之日以前六個月之內。任選一日。或數日。預先商定匯價。由各銀行匯撥款項。倘難以使其數目均勻。則郵傳部應與銀行等定一彼此以爲妥善之匯款辦法。郵傳部可自行核奪。將以上所載淨數之一半。存於郵傳部所指定爲經理此事之交通銀行及或大清銀行。歸入湖廣官辦鐵路帳內。此項存於中國銀行之欵。全爲大清政府所擔任。在中國所存於銀行等及所指定之中國銀行之款。隨時由郵傳部按照預估造路工程一月所需之款。撥交德華銀行收入鄂境川漢造路帳內。並交匯豐銀行收入湖南湖北二省境內粵漢造路帳內。以期於造路工程無所間斷爲要郵傳部每一季應將存於所指定中國銀行此次之借款報告於銀行等。爲使下文所載之查帳員易於明瞭。除爲撥入以上所言造路帳內外。概不得提撥。由此造路帳內提撥欵項。總辦應照下開辦法。以銀兩提用。至於提出之欵。如何由中國票莊分派於需欵之處。均聽總辦遵郵傳部命令辦理。凡提用欵項。應按照建造鐵路工程隨時所需。由各該鐵路總辦或其代辦出支欵憑單。向匯豐銀行或德華銀行提用。並須將所提用之欵。先兩日另出兩單。聲明緣由。一單交該銀行。一單交該查賬員。如查帳員於所支欵項有以爲不應開支之處。可一面向總辦詳細詢商。如總辦仍不能解決。該查帳員可呈請郵傳部示遵。各該鐵路賬目中文及英文登記。按照妥善新法辦理。並佐以收支單爲據。於造路期內該賬目並收支憑單。隨時任由銀行等自給薪水僱用之粵漢川漢各查賬員查看。該查賬員之責。專爲銀行等查察此項借款。是否按照本合同第三欵所載提用開支。幷查明按照第十八款內載鐵路總局每月所購外洋材料賬目。鐵路總局每一年結賬時。將鐵路收支賬目。及行車進款。用中英文刋印。以便任人取閱。

第十五款。設若此次借欵。幷生發之利息。除付本合同第二款所載贖回金圓債票所需用之款。並於建造鐵路期內付借款利息外所餘之款。不敷修造第二款所言之各鐵路。以及裝配一切其不敷之數。先由中國欵項提付。以免延誤建造工程。如有不敷。則再由銀行等照本合同條款。續售此借款之第二批債票。其數不逾四百萬磅。此第二批債票。即以本合同第九款所指內地餉源平行抵押。至於發行該批債票日期。准銀行等自行酌定。倘以後尙須再借洋欵。以完該路工程。其辦法各節。屆時商訂。倘若鐵路造成後。鐵路項下尙有存欵。可將此未用之欵。移入後項。第二十欵內所載借款利息公債項下。以備大淸政府撥還此合同承認應還之欵。或撥作於該各鐵路改良及有益各事之用。

第十六款。倘於未發此次借欵招帖以前。遇有政治上或財政上意外之事。以致大淸政府現在市面之債票價値有碍銀行等以爲此次借款未能按章辦理。准予銀行等展緩公道期限。如於商准期限內。仍未發行此次借欵。則本合同卽行作廢。大淸政府除按照本合同第三欵。應交還預支款。及其應有之息外。毫無他項酬費。

第十七款。　此鐵路建造工程以及管理一切之權。全歸大淸政府獨自辦理。建造此項工程。大淸政府自行選用英國人一名。爲建造湖北湖南兩省武昌至郴州之宜章縣境內粵漢鐵路之總工程司。復自行選用德國人一名。爲建造湖北省廣水至宜昌境內川漢鐵路之總工程司。又自行選用美國人一名。爲建造宜昌至夔州府境內川漢鐵路之總工程司。一面知照該銀行等。若銀行等以所選之總工程司爲不合宜。須將其實在不合宜之切實理由聲明。此總工程司一切自應聽命於督辦大臣及總辦。或其代辦。所有布置造路各事。須遵照郵傳部之意辦理。其平日行爲。須敬重郵傳部與督辦大臣。及總辦。該總工程司合同。由郵傳部訂立。至鐵路上派用專門人員分派各該員應辦各事。以及辭退各該員。均由督辦大臣及總辦或其代辦與總工程司商酌。若遇有意見不合。可商請郵傳部判斷。判定後。彼此均不得有異言。工程造竣後。在借欵未清還以前。大清政府仍派歐洲人美洲人作爲各該鐵路總工程司。但其選派不須與銀行等商酌。

第十八款。 建造湖北湖南兩省境內粵漢鐵路。及湖北境內川漢鐵路。建造期內。中英公司。及德華銀行。分別作爲購買外洋各材料機器什物之經理人。除鋼軌一項。并其附件等。郵傳部奏明應由漢陽鐵廠自行製造。供川。其價目一切由郵傳部與鐵廠比較他路歐美購運鋼軌之時值訂立。惟不得遲誤。倘漢陽鐵廠不及按時供應該鐵路所應需者。卽應令該經理人由外洋購買不敷之軌。所有購買一切緊要材料。由督辦大臣或總辦招人投票。若所購之材料貨物。係購由外洋者。該經理人須以於鐵路最合宜之價購買。按照原買實價每百分加用錢五分。惟定購材料。及支取費用。非經督辦大臣或總辦核准簽字。不能照行。中英公司及德華銀行。既得上文所詳之用錢。自應各在其路內代爲監購鐵路所需建造裝配各外洋材料。此等材料。須在於公共市場擇價值最廉而質料最佳者購買。並用專門工程司之由郵傳部所選聘者驗看此項貨物。此等專門之驗費由郵傳部及該經理人等均勻分給至英法德美所製貨物。若質料及價值與他外國所製者相同。應先儘由英法德美公平購買。郵傳部鐵路總局。如欲在中國或欲在外國招他人經理購買各項外洋材料。以爲更覺合宜者。可以有權照辦。惟用錢仍照上所詳給該經理人。其輪船運費及保險費等須選用最廉者。並將其帳單及所有原來買貨單驗單等項。呈送督辦大臣及各該總辦查核。所有各項回用扣頭。均歸入鐵路項下。所有該經理人購買各材料。須有製造廠原賣單並驗單爲據。該經理人除得上文所詳用錢外。別無他項用錢。惟遇有聘用工程顧問人員。其酬費由鐵路總局鐵路項下提給。中國材料。及經在中國各廠製造之貨物若質料價值與英法德美或他外國材料相同者。由郵傳部派用之驗貨科員會同總工程司商酌定奪。儘先購買。以鼓勵中國工藝。購買中國材料。不給用錢。全路造竣後。於此借款未還清以前。鐵路總局若爲此兩路內購賣外洋材料。應先儘向由中英公司及德華銀行經理購買。其辦法章程。嗣後彼此商酌辦理。

第十九款。大清政府或將來爲有裨益於該地方起見。以爲須將本合同第二款內所言之鐵路展長。自應由大清政府先以中國款項自行建造。如須用外國資本。倘銀行等所給之條欵利益不少於別家。則先儘銀行等商辦。

第二十款。此合同未滿以前。歷年除付借款本利外。鐵路總局將本年鐵路淨進欵盈餘之內。酌提足數。交付來年到期借欵利息之數。在漢口或在上海存放銀行等。所存放之欵。隨時按照市面情形。給與利息。

第二十一款。所有經理此項借欵之費用。如分給外國各行經紀費。分售費。分售經用電報告白郵票刊印招帖債票各費。印花稅。律師酬費等。及其餘一切用項。概由承辦銀行等擔任。

第二十二款。　此項借款。係德華銀行匯豐銀行東方匯理銀行及美國資本家均分承辦。惟彼此均無互相擔任之責。

第二十三款。　德華銀行。匯豐銀行。東方匯理銀行。及美國資本家。可將其本合同應有之權利及責任。或全體或分別過割。或付託與德國他公司。英國他公司。法國他公司。美國他公司。或董事等。或經理人等接辦。或再轉過割或付託代辦。惟其接辦代辦。均須先請郵傳部核准。

第二十四款。　本合同。係宣統三年四月二十二日。即西歷一千九百十一年五月二十號。欽奉諭旨。允准簽字並由外務部用正式公文照會德國英國法國美國駐京大臣。

第二十五款。　本合同繕寫華英文各八分。大清政府執收華英文各四分。銀行等執收華英文各四分。如文意有疑難之處。以英文爲准。

宣統三年四月二十二日。即西歷一千九百十一年五月二十號。本合同兩造在北京簽押。

中國紀事

各督撫電商預算年度　日前蘇撫程雪帥有電致東滇鄂三督。署謂預算開始年度。宜以奏銷爲比例。查奏銷期限例定四月。展限一月。截至五月爲度。實含有會計年度之精意。如能比照此期限以五月或六月朔日開始。最爲正確。並擬奏請會計年度。提前頒布本年預算。卽可實行等語。鄂督覆電則謂中國收支習慣。以按季截算者較多。並謂正月奏銷。必於六月初間。始能造冊奏咨。不如以七月朔日爲會計年度開始。較爲便利。合二說以觀之。則本年之以元旦迄除夕爲一年度者。不惟不衷於學理。並不合於國情矣。

四國借款第一次交銀吃虧之鉅　郵部前與四國借款一千萬磅。(約合華銀一萬萬元。卽世所稱爲後四國借款者)經已簽押。五月初三日。爲第一次結價之期。統由匯豐德華花旗東方四銀行經理。此次所交實爲四十萬磅。以二五四三七五之先令結算。惟照初三日先令掛牌。則爲三四九三七五。今所結算者。竟加價半辨士。如此每萬磅。吃虧元一千四百兩合四十萬磅計之。已吃虧五萬六千兩矣。由此而推。將來一千萬磅結算畢後。不且吃虧一百四十萬兩乎。且除此一千萬磅之借款外。尚有各借款其吃虧不更鉅耶。查銀行章程。凡進出先令不過强弱差六毫二五至一二五之價。未有差至半辨士者。此事由經收之大清銀行。與之力爭。四銀行不允少減。復向其要求收取金磅。擬另由己賣磅兌銀。四銀行又謂借款合同訂定。不能向其收磅另行賣與他家兌銀。大清銀行不得已。將磅銀代收。轉交與駐滬東三省銀號領訖。一面電達郵部。後接郵部覆電。謂宜卽照辦。而此一百四十萬兩。遂付之東流矣。立約不愼。其禍卽至於此。此則郵部之罪也。

浙省豫算案之半成立　浙省豫算案除關於民政類內巡警及善堂經費。教育類內有兩校經費。實業類內礦質局經費。工程類內浙西水利經費四項。因諮議局覆議。未便更改。浙撫卽將此四項電咨資政院核辦。其餘均已一概公布施行。使蘇省豫算。凡關於教育各費。亦倣照此法。咨院核辦。則不至有全體議員辭職之事。惜乎行政官與議員之不能和衷商確也。語曰覆水難收。吾爲浙省幸。又不禁爲蘇省前途慮矣。

長蘆鹽商查抄記　前月天津運司張鎮芳。因長蘆鹽商借洋款事。特進京面謁鹽政大臣澤公籌議維持之法。鹽運司旋津後。至五月初四日。即派有分司及各首領委員。到各負累商家查抄家產。即將各商帶至運署。至午後。派委送交審判廳押追。所有被抄之家。如何彝臣、王竹林、李子赫、葉渭占、李筠延、陸菊垞、李子明、陳秉璋、王桐軒等。均一一查封。然除此數家外。聞尚有私借洋款者。未知續行查封否。

川鄂粵人對於國有幹路之意見　反對國有幹路一事。最先發難者莫如湘人。最劇烈者亦莫如湘人。曾記載於本報前號中。茲又得川鄂粵人士對於此事之意見。今摘要錄之如下。

一川省之意見　川省京官日前爲此事在全蜀會館會議。其結果則謂
朝廷既收爲國有。所有吾民從前舉辦此路時一切用欵。自當由國家歸還。宜公呈都察院請其代奏。籌還吾民原有之資本及利息。川路公司亦同此意見。惟要索撥還現銀則尤力。

一鄂省之意見　鄂人對於國有幹路一事。約分爲激烈與和平兩派。如諮議局及漢口各保安自治會等。則主張以激烈對待者。謂分年籌款不難集齊。而必陷吾民負擔重債。不知郵部是何居心。又各鐵路公司及鐵路協會商務總會等諸人。

則以爲曩年拒款熱度極高。而所收股本。總不及五十一之一。不如權借外債。要求監督用款之權。故主張以和平對待。　一粵省之意見。粵路公司。爲此事曾於五月初十日開股東大會議。分派決事表。請股東按條塡入計權數議決。其表內分五類甲遵照部電換國家鐵路票者。乙遵照部電換國家債票者。丙遵照部電領回資本自造支路者。丁遵照部電續繳三期股款。概換國家債票者。戊仍遵照原案力爭商辦者。其結果以主張商辦者爲多。

郵部查辦川路倒款之結果　郵傳部查辦四川鐵路被倒鉅款案。已於四月念四日覆奏。其所擬辦法。略謂施典章濫放路局所存之畝捐公款。復自向錢庄挪借銀二十萬兩。誠不得例以商家勝敗之恒情。至移存匯豐銀行之十七萬兩。暨放與德大厚大兩欵。迹近吞蝕。而洋行帳目。難以詳查。德大厚大欵歸何處。均應分別訊追。尚難據以定罪。惟虛報藍格志票價一項。已侵蝕公司存欵至十二萬餘兩之多。確有可憑。查商律一百二十九條內載。董事總辦或總司理人等。如有偸竊虧空公司欵項。或冒騙他人財物者。除追繳及充公外。依其事之輕重監禁少至一月。多至三年。並罰以少至一千元。多至一萬元之數等語。施典章除虧挪各款。應責令担任歸還。暨正元兆康之二十萬兩。歸其自理。業由江督等奏准辦理外。其虛報股票價値。侵蝕公司銀十二萬餘兩。合依資政院議決辦法照商律一併追出充公。仍俟全案完結。發交該管地方官監禁三年。罰金卽定爲一萬元。繳淸後方得釋放。惟川省人士。對於此事。以爲喬樹枏並無處分。未免欠公云。

●吉林諮議局因火災事糾舉行政官● 吉林諮議局。因此次省垣大火。當道奏報不實。特具呈民政部度支部資政院趙制軍。請爲核辦。略謂吉林四月初十十一兩日。因星微之火。釀成全城之巨災。於初十日午後兩點鐘起火。時距撫署尙遠。當經消防隊前往救濟。不難卽時撲滅。乃陳撫安居署內。忽發自衛之命令。將消防巡警各隊悉數撤回。全護撫署。左右卽司道各員。亦分派軍警多名。保護妻孥。搬運財物。爲保全身家之計。並無一人親臨火塲。至五鐘時分。延燒轆轤巴街。火勢猶不甚烈。此時公署。如將水龍分出。赶緊撲滅。猶屬易易。乃不惟不救災變。亦且擅離職守。躲出公署。潛赴勸業道前樓。轉瞬間又乘江輪游駛於松江之上。民政交涉提法各司。俱赴北城外工藝教養所。以致消防絡無督催之人。水龍竟成自衛之器。而火勢遂不可遏。迨十一日辰刻。火勢方見猖獗。街巷數十道。局所數十處。商戶居民萬餘家。蕩然一空。計全境所賸者十無二三。僅撫署巍然獨存。當撫院及民政使逃避以後。地方秩序。無人維持。巡警攜械搶掠。因而逃走者百餘人。監獄人犯無人監守。因而逃走者百餘人。消防陸軍各隊。亦有乘機攔刦之舉。且度支司官銀錢號。爲通省財幣存儲之地。一切款項經手人員。已於初十日火勢未來之際。均經押解東升當官鹽店等處。暫爲存放。乃火息後。揑稟同被火燼。希作傾害地方之計。尤堪駭異。查此次吉林大火。吉撫與民政各司。既不能撲救於前。以盡救急之職。又不能坐鎭於後。以盡守土之責。恐於法律上。殊有未合云云。

世界紀事

英國對於殖民地議案之結果　英國外相日前臨帝國議會席。其時濠洲首相亦在坐。謂本國政府。調印倫敦宣言以前對於殖民地之政府。並無何等之諮詢。不無遺憾。外相則謂向來殖民地政府。凡關於海牙仲裁裁判。並捕獲審檢各案。並無由本國政府。收受商議之事。但將來政府與他國締結條約之時。凡關於通商條約之處。當未締結以前。自宜諮商於殖民地政府。加拿大首相則對於濠洲首相之議論。謂殖民地參預此種外交。果願意與否。仍屬一疑問。而自由黨之新聞紙則援引謂倘本國政府。與日有關係之時。凡事必與濠洲政府商議。勢必生種種之困難。惟濠洲首相對於此事。仍要求各殖民地代表。撤回宣言書。然幸自彼之外。無一與之表同情者。至陽歷去月二十四日。第五回帝國議會。決議殖民地議案。則惟濠洲有參與英國外交事務之權。因濠洲地勢上與印度洋大西洋有密接之關係也。同時英國軍隊。又有依殖民地意思。得指揮命令之權。除此二端而外。凡關於殖民地之議案。尚有數種。茲錄之如下。（一一）統一各殖民地之郵便。（二）自治殖民地與本國政府交換代表。以圖意思之融洽。（三）母國與殖民地之間。以揭揚英國國旗之船舶。從事於輸運之案。（四）大西洋加拿大。架設國有電線。（五）凡航行於殖民地與母國之船舶。宜用統一法規以支配此等事務。（六）設統一上控裁判所。使殖民地之事務。歸母國裁判。（七）殖民地由母國出代表議員。組織議院。以議帝國之事務。（八）改造殖民省。（九）統一各殖民地之貨幣。（十）定領土內印度人居住之地。

仲裁條約與英美日之關係　紐約亞美利加報之社主巴士特者。美國獨立民主黨之首領也。日前爲參觀英皇加冕典禮。往倫敦。有倫敦新聞記者往訪之。談次論及美國與加拿大互惠條約。並英美仲裁條約。巴氏極表贊成之意。惟對於日本欲加入仲裁條約一事。甚爲注意。並謂此事實關係於本條約之前途。美國多數國民皆以爲將來與美國有紛議者。實爲日本。若日英兩國締結仲裁條約。其影響雖可以促美國對於英日兩國友誼之進步。然日本者好戰之國民也。美日兩國間有種種之利害關係。將來或有衝突之事。則戰爭之禍。終不可免。凡積極之國民。皆有果斷。常預存一對外權利之思想云云。觀此則美人之不欲日本加入此條約。亦可窺見一班矣。

俄國領海擴張與日本之關係 俄國近日有擴張領海案。此事經已通過上議院。惟日人對之。則謂其與日俄漁業條約抵觸甚多。慂慫外務省及營業省。研究此中利害。其言謂俄國之擴張極東領海一事。世人多以爲與國際法上之領海同視。而不知俄之所謂擴張領海者。單改正黑龍江沿道即黑龍州及沿海州水面撈漁上領海之域而已。黑龍江沿道水面之領海擴大。實與漁業有大影響。其詳細雖未盡知。然據此次俄國決議。不但擴張領海。實以改正撈漁規則爲根本。照彼議案所言。則向來海港本三海里者。今擴爲十二海里。且撈漁區域本三里者。今減少一海里。向得自由撈漁之公海。縮少八海里。似此改正。我日本果承認之否乎。實一疑問也。我國之外務省及營業者。愼毋等閒視之。今就俄國之領海擴張案與日俄漁業條約上之關係。條舉之如下。

一對於日本人不許業漁之領海。即爲禁止區域。議定書第一條所規定入江之三十處。皆限於領海範圍之內。此範圍即由三海里擴至十二海里者。故禁止漁業範圍亦因此而擴大。議定書又云。遇有軍略。禁止漁業時。即與日本海最近之某某兩處亦爲禁止漁業之區域。 一據議定書及宣言書。凡到俄國領海內之船舶。須備帶俄官之免許狀及英俄文之航海日誌。蓋領海既擴大。卽義務亦因之而大也。 一對於領海內之漁獲等物。凡由日本輸入者。得免除輸入稅。此亦因領海既擴大輸入免稅之範圍亦因之而大也。

●墨國亂事零拾●●● 墨國革命黨首領瑪的羅氏。於陽歷六月初七日入都。其軍容之盛實爲今世紀所未聞。其時有前統領爹阿士之二黨人。反對瑪氏。欲行暗殺事。洩被捕又目下墨西哥之叛徒與官軍。紛紛擾亂。肆行掠奪。卽瑪氏之部下。亦將有暴動之勢。各叛軍又要求臨時大統領巴拉氏賠償軍費二千萬弗。據巴氏之意。該項金額擬由國庫支出。以解散各革命軍。又是夕墨國有大地震。損壞建築物甚夥。斃命者百十二人。傷者數百人。

●英國大水災●●● 陽歷去月末日。英國各地。河川汎濫。山崩水溢。損害甚大。是夜大雨雷電交作。被雷火擊斃者五人。

叢錄

春冰室野乘

春冰

寶侍郎遺事

宗室寶竹坡侍郎廷。爲光緒初直臣名士風流。不拘小節。壬午典閩試歸。以娶江山船女爲妾。自劾罷官。或贈以聯曰宗室一家名士艸。江山九姓美人麻。侍郎極賞之。蓋侍郎詩集名宗室一家艸。而其妾則面有微麻也。某君有江山船曲亦咏玆事。畧曰乘槎歸指浙東路。恰向個人船上住。鐵石心腸宋廣平。可憐手把梅花賦。枝頭梅子豈無媒。一語詼諧要主裁。已將多士收珊網。何惜中途下玉臺。又那惜微名登白簡。故留韻事記紅裙。又本來鐘鼎若浮雲。未必裙釵皆禍水皆紀實也。

包愼伯軼事

包愼伯先生究心經濟。所箸安吳四種。於兵刑水利農田。尤再三致意。卓然可以坐言起行。逮作宰江右。有鬬殺人者。拘犯至官。先生自以教化不行。引爲己咎。鞫獄時不問案情及起衅之由。而以孟子井田說及呂氏鄉約爲犯者講誦。申明同閭共井宜敦禮讓之義。娓娓數千言。犯者瞠目直視。不解爲何語。吏役及觀審者皆掩口竊笑。先生不顧也。每讞獄輒如是。以故一案恒數月不決。卒以迂拙不任事。引疾歸。

馮柳東軼事

嘉興馮柳東先生登府。亦乾嘉間碩儒。精漢學。工詞章。所輯朱竹垞集外稿。最有名于時。顧迂誕不習吏事。由翰林散館改知縣。選閩中某邑。卒以不能折獄。改教授。歸閩中有一妓。年已長。色衰。且陋甚。先生顧深眷之。以爲柳河東顧眉生之儔。贈詩詞甚夥。臨行時。至輟所御七品補服爲贈。曰以此作枕。幸無忘交頸時也。一時傳爲笑柄。

石琢堂軼事

吳縣石琢堂先生韞玉。由脩撰外簡知府。洊擢湖南臬司。爲嘉慶中循吏。方在湘臬任。屬邑有以强姦事上控者。先生鞫之。無確證。批牘中用難保無三字。既而其事上聞。仁宗謂書生掉弄筆頭。以是罷官。先生意不能無歉。恆笑謂人曰。難保無正可對莫須有也。

熊知縣軼事

高宗之南巡也。黃文襄廷桂任江督。方厲威重。供張悉咄嗟取辦。屬吏惕息。無敢少忤意者。時丹徒知縣爲灊山熊君會玜。開闢 御道。不忍壞人冢墓。迂繞里許。文襄大怒。誚 蹕路所經。不由直道。是大不敬。弗急改。必誅。君對曰。豈 鑾前有人持指南針由京師直至丹徒。不一轉彎耶。且 上非秦始皇。如聞江南有發冢暴骼事。必赫然震怒。罪將在公而不在某。幸而 上不知。公獨無惻隱心乎。道府咸駭。引君袂使謝。君不肯。且大言曰。參官已耳。尚能殺我耶。文襄無如何。道卒得不改。蘇臬某公好微行訪察。一日密檄逮丹徒大猾某解省。君使人拘之至。則農家愿慤人也。立縱之去。以實上稟。未幾。以事赴蘇。臬司怒曰。君識其爲善人而遣之。策我不能識人耶。君曰。由縣解司。中閒胥吏層層需索。公即有皋陶之明。訊而釋之。而其家已破。誣者之計得矣。臬司矍然爲之改行。熊君後以治績擢至知府。嘗曰。長官亦人耳。何必懼。有患得患失心。則面少人色。將順不暇。居官之治。忽可想見矣。其言其事。足以戒世之脂韋者。

嘉慶朝之弛書禁

康熙以來。屢以書案興大獄。至嘉慶初。大興朱文正公於造膝時。始奏言。詩文之詆謗本朝者。正如桀犬之吠堯耳。聖人大公無私。何所不容。禁之則祕藏愈甚。適以增其聲價而已。仁宗然之。其禁乃弛。明末遺書。遂復有刊行者。

顧梁汾軼事

顧梁汾弱冠游都下。僑居蕭寺。一日扃戶出。適龔端毅入寺答拜客。偶經梁汾窗下。闚見几上詩箋。有落葉滿天聲似雨。關卿何事不成眠句。大驚賞之。向寺僧詢其姓名。即為延譽於納蘭太傅明珠。納蘭時官侍郎。遂延為上客。旋舉康熙五年京兆試第二人。

孫學士遺詞

羅昭諫箸述傳世者。唯遺集及讒書兩種。道光閒泰順林亨甫用霖。得其江東外紀殘本於遂昌村塾中。刊以行世。瑞安孫學士鏘鳴蕖田。為題金縷曲一闋於卷端曰。刼換千年矣。更誰尋秋風禾黍。婆留荒壘。何幸零編收爛脫。不共秦灰拋棄。話約畧殘唐遺事。逆旅空山愁寂寞。喜文章異代聯知己。宵柝盡。讀難已。東南保障今猶是。驀聽到臨平山外。鼓鼙聲死。裴僕楚娘忠俠骨。試問眼中人幾。怎得向行間呼起。却愛抱雲雲壑近。好商量學把漁竿理。掩書坐。幾揮涕。外紀本六卷。今僅存十則。所志會稽海塘壞得禹碑巨炭。餘杭都將獵天柱山獲角端。及王彥章妾楚娘。豔而才。通劍術。彥章死。以節終。事頗新異。又紀錢氏賦役。謂自古立國者。初制無不便民。久而下吏緣法生弊。便民者皆病民矣。願守國者無輕改法。唯謹擇吏。嚴察吏可耳。尤爲通儒之言。非徒小說稗史家也。

張船山蔣伯生

張船山太守。夙負狂名。由翰林出守萊州。或戒之曰。外吏非京曹比。宜少自撝抑。船山然之。初謁大吏。執禮甚恭。談次。撫軍偶譽其驛柳詩。不覺拊掌笑曰。爾亦知吾驛柳詩耶。撫軍陰銜之。齮齕不已。未數月。遽引疾去官。蔣伯生大令因培。少年亦以狂名。跅弛不羈。酒後尤好嫚罵。雖上官前無所顧。或規之。輒曰。我罵俗人耳。何預乃事。以貲郎官山左。大吏皆相與優容之。屢躓屢起。卒至被黜遣戍。及赦回。猶爲諸侯上客。嘗賦詩云。入門先向妻孥笑。吾戴吾頭今又歸。又有題友人餐花館圖金縷曲云。好在詞人屋間陂塘幾時買斷。青溪曲曲。門對南朝江令宅。隨意數竿脩竹。更位置笛牀碁局。怪底胸中無俗豔。算輸君飽飲秦淮淥。天最惜此清福。　年來載酒江湖熟。記天涯相逢幾度。西窗翦燭。照影南池池上水。不似舊時面目。多荒了故園松菊。殘客飄零才子老。歎鬢肩斗酒無人續。何處覓一囊粟。以視船山所遇。有幸有不幸矣。

揚州慢詞

揚州爲鹽院駐節地。嘉慶以前。繁盛甲東南。道光中陶文毅改行票鹽。雖取效一時。而損下益上。鹺商失業。市景日落。患乃中於社會矣。無錫楊茂才汝燮嘗賦揚州慢詞詠之曰。香袖長垂。翠樓閒倚。卷簾十里新晴。聽新腔水調。正夜月初生。幾回過臨江竹徑。隔烟回首。曾認青青。算芳春好景。淮南第一揚城。　而今寂寞。剩紅橋波影空橫。自爛漫花飛。風流夢覺。莫再多情。三十六宮禾黍。墻高處古樹雲平。更雷塘淒雨。孤舟愁絕殘鐙。

王海客輓湯貞愍詞

湯貞愍公殉節金陵。華亭王海客友光賦金縷曲輓之云。臣本心如水。恁秦淮聲聲淒咽陣雲同墜。虎踞龍蟠形勝在。借箸偏敎吐棄。儘霸上棘門兒戲。霎地江東成破竹。道乘軒有鶴南飛矣。公等且自爲計。　水仙廿載傳琴意。問春風臺城新柳。舊愁添幾。正是百花生日。卻看從容就義。想叱咤雲濤歸騎。高克翱翔難索解。料三吳毅魄能陰庇。疑復有養雞悔。有鶴南飛指陸立夫制府。陸自九江遁歸。亦死亂軍中。時有傳其南走浙者。詞故云爾。河上翱翔則斥何根雲也。

趙恭毅軼事

趙恭毅申喬撫湖北。時嘗偕藩臬微服過市。問時政得失。市人盛稱公而詆兩人。語畢。各散去。俄頃公復至。呼其人來。以所持扇與之曰。向若所詆者。藩臬兩司也。兩人必怒若矣。然毋恐。但持此扇謁之。必可無事。翌日藩司上謁。以扇還公。公徐曰。人言可畏也。其後兩司皆奉法爲良吏。

邵青門軼事詞

康熙間有兩邵青門。皆工詩詞。爲諸侯上客。一名陵。字湘綸。常熟人。一則子湘也。然子湘名滿天下。而湘綸則無人齒及者。名之顯晦。亦有數耶。湘綸有金縷曲詠秋柳云。萬樹黃金線。最無端送春辭夏。垂垂欲倦。一自漫空飛絮盡。多少朱門盡掩。便背了東風一面。記得清明寒食路。倚纖腰亂拂桃花片。又句住畫梁燕。 如今拋擲情何限。剩幾枝疎烟冷雨。水村山店。六代山河斜照裏。無數莫鴉棲徧。又何處笛聲哀怨。右丞三疊句。任行人唱煞無人管。長亭路。共天遠。此蓋哀弘光之亡。與漁洋詩同旨。而沈痛似過之。

文苑

三月八日清明游南城東遂過夕照寺十五日冒京卿鈍宧以辟疆先生生日卽寺作社阻雨不果往賦呈同社幷訂極樂寺之約

弱庵

長安春暮初煙柳垂清明郊行閱廢寺佳此夕照名停車叩淨扉遂登屋角亭水痕浮片白草色蒙淺青歸心逐飛鴻遠目限層城暖日蒸百卉游蜂喧有聲牆根老丁香碧蕊含奇馨預計花開時來尋冒子盟冒子家辟疆月望惟降生左氏命之同佛庭張壽觥杯酒有定分爲歡不可盈誰能測天心轉眼殊陰晴春寒欺敝裘暗雨滯游情僕夫怨泥塗阻此十里程羅癭一何勇驅車獨先行顧我伏書案戢影如病螢馳想三數子畏廬畫思精踵歸有山腴心繞蜀江清如何溫八乂毅夫亦思味南烹鄭公豈樗散蘇庵舉目燭八瀛趙堯生胡漱唐去嵩少嵩少豈可耕人言盜孔多窮極爲亂萌春花未全開春愁已早嬰嗟此眼中人漸散如晨星而我顧身世亦若波上萍所幸陳公賢弢庵老議禮陪明廷南豐最秀發直庵風雅合再賡五噫念梁鴻衆異去國且勿輕孟公好

胥次。叔伊醉倒同空瓶。數君幸少留。竭力春事撐。回思宴集始。時序忽變更。人日。豔積。雪。及此聞鶬鶊。會合苦不常。近局宜早營。傳聞極樂寺。綴枝多紅英。幸及春未老。花前同醉醒。作詩告同游。嗟勿吝報瓊。

庚戌九日得滬尹先生書偶成轉韻二百八十字奉報兼懷鶴公　伯宛

菊酒花餻作重九。故人書來笑開口。江湖浩蕩羨滬翁。泉石支離懷鶴叟。滬鶴相逢各啓顏。長安念我太淸孱。新聲廉墅尊前淚。舊隱臯亭畫裏山。家山遠隔靑霞外。何日扁舟趂花海。綺閣紅梅小市橋。卜鄰佳約應相待。霜落園林憶聽楓。雨餘門巷識樵風。吹笙坐月低雙髻。踏葉尋秋瘦一筇。幔亭仙眷都無恙。更託微波訴惆悵。越客空令結網絲。吳娃枉自留弓襪。廿載侵尋重惘然。別時衣被去時筵。記從燕市槐花裏。夢到橫塘兩槳船。風光掩冉成拋擲。每爲佳辰憶疇昔。瓊漿縱復飲藍橋。金勒愁看經紫陌。曾倚殘春哭袞師。龐家靈照絕嬌癡。篝燈細寫嬉飛帖。點筆工讐播喏詞。鳳城賃舍西華近。獨撫危絃屬淒引。病榻攤書旅卽家。朝衫貰酒官仍隱。誰寄金泥小字緘。歸心和雁落江南。憑將木石腸千轉。當作秋窗一夜談。

題藝蘅館日記第一編　　滄江

古人于爲學。終身與之俱。日計雖不足。月計必有餘。業終及行成。匪繫聽與愚。偶鍥旋復舍。不能摧朽株。盈科進無息。溟涬成尾閭。程功固要終。辨志良在初。汝于百家學。乃今涉其塗。日記肇庚戌。藉用知所無。卒歲得千紙。占畢亦云劬。吾唯愛汝深。責難與凡殊。文章所固有。相期在道腴。簡編我手荅。戢戢蠅頭書。發蒙通德藝。陳義雜精粗。當學豈只此。爲汝舉一隅。吾學病愛博。是用淺且蕪。尤病在無恒。有獲旋失諸。凡百可效我。此二毋我如。燈火自親人。忽忽歲己除。言念聖路遐。益感日月徂。作詩誥小子。敬哉志弗渝。

幼達同年任神戶領事僅數月受代去歌以送之　　前人

二十年前始識君。貰裘得酒忘朝昏。二十年後與君遇。髮影蕭蕭江上路。天生君才亦何爲。蓬麻長松隨所施。文皇愛老武皇少。君自錯迕行尤誰。可憐五十己過二。濩落居然成隱吏。窺盎曾無隔宿糧。著書苦作千年計。昨夜海風天雨霜。歸飛鴻雁隨稻粱。區區並此不見畀。顧念毛羽良可傷。樓頭共宿幾完月。無情看到纖纖缺。哀時己是損朱

顏況乃風波促離別一杯相屬君從容倘君與我懷抱同男兒命在百不害豈有達者辭固窮

春陰

前人

初春如窮冬萬物未出定況乃連日陰即曉寒逾勁戎戎海氣重脉脉山容暝停雲欲溼衣暗水乍迷徑鄰寺有好梅凍坼數花映豈不懷孤賞欲往怯酒病八表正同昏兀兀何時醒繞屋賴我松天秉歲寒性

納何也。彼固儘可斷絕吾交往。其意殆以我外觀不耀。然吾非不能自致。但需時日耳。吾今已有一馬一車。不久且買宅矣。曰此富厚之情人。得毋已許爲子代謀耶。曰然。彼最初即贈吾以一輧車。且問吾所欲者何。第向彼言之。蔑不可者。吾以爲不宜太造次。故未肯多有請求耳。曰子所見誠是。要索過頻。終屬非計。其人年齒若何耶。曰當在四五十之間。曰子常與會晤耶。曰每日申正至酉正之交。必與覿面。無人相見。惟談心作消遣耳。曰何謂也。但談心耶。曰然。此外更不作他想。曰然則此殆柏拉圖派之情人也。（柏拉圖希臘哲學家、其論男女情愛、但主神魂相契、而不在乎牝牡之欲、）曰然。彼固純然柏拉圖派者。曰此種人格。寔巴黎地方所罕遘者。彼見面何所語耶。曰吾則具告彼以生世。彼則贈吾以絕美之教言。如斯而已。曰吾望子毋從其所言。曰吾已從之。彼勸吾毋游蕩。吾已遵依。今夕所以至羅句家中者。徒以爲加路所牽率耳。加路急曰。子當不以至彼家爲可悔。子於其投球戲中。贏得十五枚路易。較彼柏拉圖派情人之所以許子者。不更有把握耶。世間男子。寧有但來作清談者。吾若爲子。當不之信也。曰吾亦不措意於是。其實如此更佳。蓋其人貌若僕隸。既老且醜也。而更有一端苦吾處。每見輒翻覆說陸麗氏之姌娜。幾於常掛齒頰間。羅畢曰。彼謂婀娜何如耶。曰。謂其人若有眞確之交情者。吾之擇友。莫若斯人。又教吾常常訪之。要吾必從其言。吾見其督促迫切如是。更不敢謂已與婀娜疏濶。惟有聽命。彼以爲吾果常與婀娜親炙。更屢問吾以婀娜邇日行事。吾無可如何。惟有揑造謊言。以滿其意。然吾已不堪其煩矣。異日相習稍深。吾當變計。但謂過從已多。久則生厭。庶有以謝之耳。曰。惟婀娜何至一旦。拒子至於如是耶。曰。吾亦不知其所用心。或者彼已決意再作良家婦。不欲復與故交往來。亦不可知。彼固常云欲作急流勇退者。君已稔知之矣。斯時剛騰雖與尙食者語。然席間所言。固悉聞之。即綸提氏亦傾耳以聽。加路與洛瑟。則相視互笑。剛騰甚欲彼曹易其談柄。乃復就席間謂諸人曰。今日有何新聞。盍以告我。吾昨日馳馬園林間。見諸婦女似多識面者。惟年齒加長耳。加路曰。君今夕倫至羅旬家中。當能飽享眼福矣。曰。吾今已於此間見之。亦足以自慰。邇來吾不復至羅旬家中。少年時則無所不可。今非昔比也。言次。嘉肴旨酒。已次第登進。食間。諸人復各事笑談。羅畢殊關情於馬旬。綸提氏亦與洛瑟款語。洛瑟雖非深愛其人。亦以禮貌周旋之。馬旬忽語羅畢曰。前星期六日羅旬家中異事。君殆已聞之耶。羅畢曰。殆即一英國婦人死彼家中耶。曰。然也。吾已至停屍場。獲見此英國婦人。曰。然則子必能辨認之。吾在劇塲中曾指以告子矣。蓋此婦卽彼羃面之夫人姌娜之所關心者也。曰。然吾更知姌娜彼夕曾到羅句家中。彼與吾出劇塲後。坐車中默默深思。更不一言及送吾至家。復命其御人驅車至荷世曼康衢。此必欲往羅句之家者。蓋荷世曼與般提衢路相去咫尺耳。彼不欲吾知。故待吾入室。乃命御人。而不知吾已悉聞之也。剛騰私念曰。異哉。此等事姌娜何無一語及之耶。羅畢曰。陸麗娘子縱曾往羅句家中亦不過從吾所教耳。彼以爲劇場所見之婦人。似曾相識。故欲至彼詢問。此亦尋常事。當不至有意瞞人。吾以後亦曾見彼。然未問其果到羅句家否。而新報所載羅句家中事亦未語及姌娜也。馬甸曰。吾曾向羅句婦問其內情。彼緘口不言。吾語及姌娜。彼更努目視吾。吾不復强之。以吾始得接納於其家中。不敢忤之也。加路曰。子所見誠是。子或終有借重羅句婦之時。蓋此柏拉圖派之情人。不可久恃者也。剛騰念曰。不徒於今夕夜膳中獲得如許消息。明朝見姌娜。吾將窮詰之。則聽洛瑟。又曰。吾人亦不當更紿羅句娘子。彼非故秘其事者。此英國婦人所住之房室。亦曾致吾儕入觀矣。馬甸曰。誠然。此室亦殊精美。中有一華牀。上承偉麗之穹蓋。四柱作扭絲紋。觀此牀格式。純爲路易十三世時代之遺物。吾甚愛之。吾之柏拉圖派情人。已許爲吾置備諸陳設。吾將求彼爲我購得之也。剛騰聽久之。愈覺婥娜瞞己之事。不知凡幾也。然其中必有大不得已之處。當其意外忽見此遺囑。其駭動如是。聞己之窮詰。復窘若囚拘。良非無故。此中必大有隱秘也。羅畢惟樂聞馬甸之談論。更不措意於其他。綸提氏則聞此翻支蔓語。雖屬入聽。而殊無可容喙之處。惟有靜聽之耳。則聽洛瑟又問曰。購此牀何爲者。子敢睡其中耶。馬甸曰。何爲不敢。吾非畏鬼者。況此牀又非彼死婦之物。彼特偶用之耳。且孰不購用舊器物。其中寧無曾經死人用過者。持末由細審其來歷耳。豈獨此牀哉。剛騰問曰。子且漫言購買。吾且問子。子知羅甸婦之必欲售賣耶。馬甸曰。然也。彼恐家有此物。或不利於其身。故今將付之牙儈。剛騰曰。吾亦欲一見此牀。曰。彼必肯致君一見之。不惟如是。君倘與有格外交情。彼且並以其窺測所示君。君以爲何等之窺測所耶。是蓋一間房室。壁間有隙穴。能窺見此英國死婦之室中者也。不亦甚有趣耶。剛騰曰。羅甸婦經此異事。而不至爲警吏所辱惱。吾竊訝之。彼所作諸般生涯。多有不顧面目者。今經此

掃葉山房最近新印精本書籍

本號開設上海城內彩衣街
蘇州閶門內中市

大字唐人說薈	十六册	洋二元五角
唐人萬首絶句選	二册	洋四角
硃批李長吉集	二册	洋一元四角
唐四家詩集	五册	洋一元二角
陸放翁詩鈔	六册	洋一元四角
姜白石全集	三册	洋六角
元遺山詩集箋註	八册	洋二元
李空同詩集	十册	洋二元
楊鐵厓三種	十册	洋二元
國朝六家詩鈔	六册	洋一元五角
張船山詩草	六册	洋一元五角
原板石印鄭板橋全集	四册	洋一元
彭羨門全集	十二册	洋三元
兩當軒全集	六册	洋一元二角
三二家宮詞	一册	洋二角
十國宮詞	一册	洋一角
湯海秋浮邱子	六册	洋一元五角
庚子消夏記	四册	洋一元
墨林今話	六册	洋一元二角
毛詩品物圖考	二册	洋五角

歷朝名人詞選	六册	洋一元二角
宋六十一家詞選	四册	洋一元
白香詞譜箋	四册	洋八角
吳梅村詞	一册	洋一角五分
王漁洋香祖筆記	四册	洋八角
查初白八海記	二册	洋四角
大字兩般秋雨菴隨筆	四册	洋六角
郎潛紀聞初二三筆全	十册	洋二元五角
姚伯昂竹葉亭雜記	二册	洋三角
薛叔耘庸盦筆記	三册	洋六角
仿宋本楚辭朱子註	四册	洋一元
韓昌黎文集	十二册	洋二元五角
國朝文錄	十六册	洋四元
顧亭林詩文集	四册	洋一元
曾文正公詩文集	四册	洋八角
張濂卿濂亭文集	二册	洋三角
茗柯文編	二册	洋四角
陳文恭手札	二册	洋三角
音註小倉山房尺牘	二册	洋二角五分
繪圖騙術奇談	四册	洋五角 本連史洋八角

本號開設上海棋盤街五百十三號

二十世紀大著作名家童君愛樓實驗自來血保証書

明州童君愛樓著作等身生平擅長詩文書畫小說戲曲等一切撰作大江南北久噪文名歷在本埠各譯局各報館秉筆多年海內文學界中莫不知有此君其爲文莊諧並作獨闢町畦實爲近今二十世紀著作家中有數人物因其朝夜著作操勞過甚以致心血大衰精神困憊時患喘咳百藥無功今讀其來書能知其服本藥房自來血後其病如失精神倍增仍能深宵著述不知勞倦深讚本藥房自來血有起衰扶弱之功今特將其惠書照登於下藉見自來血大有功於人之以思慮致疾云云

〇五洲大藥房主人雅鑒今啓者鄙人向以筆墨餬口歷在廣學會山西大學堂譯書院萬國商業月報館字林滬報娛閒日報文娛報鶴鳴報春申諸處辦事多年自顧不文著書至數百萬言一人精神有限終日埋頭窻下卌竟成了肺喘之症近更書寫稍久神志易昏不能如舊時深宵著述莫知苦辛鄙人亦稍諳醫理念小恙之來多由心血暗耗致陽氣飛越成神衰咳喘痰多內熱之症服多方均不見效後自去秋八月間服 貴藥房自來血後不覺喘平痰少仍得耐勞蓋由補血而得能若此也心感之餘爲作此書聊伸謝悃并告學界諸君之抱有同病者即頌 財安

厲本埠大馬路德仁里六弄志强學堂內童隱頓

海內諸公如蒙惠購請認明全球老牌商標每瓶內加附五彩認眞劵一張値洋一角保證書一本方不致誤小瓶一元二角大瓶弍元每打十二元二十元託局函購原班回件

總發行所上海四馬路老巡捕房對面五洲大藥房抄登

●太倉中斌學堂監督兼歷辦普通震旦校務聞君冠塵服自來血之後精神倍增舊病全除之保證書

五洲大藥房主人執事敬謝者鄙人自東瀛游學因病歸國瞬將十年歷辦普通震旦校務並獨力担任創辦中斌公學一所學生日見發達一切校政教科鄙人均有監督之責祇以舊患痰喘逢寒必發深受其累去秋在太倉中英大藥房購服自來血四瓶功效甚速鄙人素不信醫藥自服之後精神倍增目下舊病全除面部紅光大來日漸肥胖一切校務勝任愉悅爲此敬告中外學界仝人之同病者庶得早占勿藥也專鳴謝悃即頌〇〇日祉

自來血價目 大瓶二元 每打二十元 小瓶一元二角 每打十二元 託局函購原班回件凡各界諸君如蒙惠顧須認明全球老牌商標每瓶附有值洋一角之認眞劵一張五彩保證書一本方是眞的

●總發行所上海四馬路老巡捕房對門五洲大藥房

抄登

廣東司徒杰君云二年前余因心房輭弱苦不堪言略遇驚觸心甚跳痛頭痛難忍後承友人勸服韋廉士大醫生紅色補丸余遂依言服之未幾竟爲再造之新人矣今則已逾五月自覺身軀十分康强

廣東司徒杰君患心忡之症服韋廉士大醫生紅色補丸而得全愈

留心注意

謹防隱戤堅拒假冒　能治疾者即此丸也

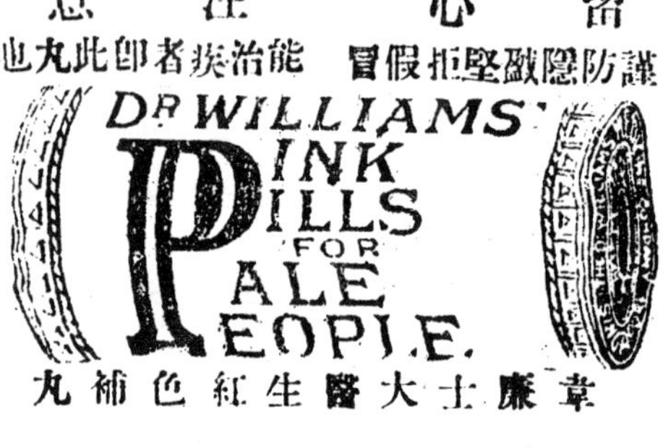

韋廉士大醫生紅色補丸

韋廉士大醫生紅色補丸中國各處商店藥局凡經售西藥者均有出售如疑假冒可直向上海四川路八十四號韋廉士醫生藥局中國總發行函購或向重慶白象街分行函購亦可價銀每瓶大洋一元五角每六瓶大洋八元遠近郵費一概在內